· 高瑞泉作品系列 ·

动力与秩序

中国哲学的现代追寻与转向

(1895–1995)

高瑞泉 著

广西师范大学出版社
· 桂林 ·

序

本书是以问题为中心的20世纪中国哲学史研究的一项尝试。跟历史学家霍布斯鲍姆说的“掐头去尾的20世纪”[①]即从1914年到1991年不到一百年有些类似，笔者在此处所说的20世纪，则可以谓之“伸头去尾的20世纪”；确切地说，本书研究的主要时段是从1895年到1995年的一百年。1895年是中国现代思想激进化的开端，1995年不但出现了若干重要的社会思潮转向的信号，而且海峡两岸最重要的两位哲学家相继离世，堪称一个哲学世纪结束的标志。当然，哲学史或者一般意义上的思想史和思潮史，并非都可以因某个历史事件而完全框定。为了说明某些趋势或共性时，我们常常不得不超出预定的时段，不过这种“超出”会是相当有限的。与一般着重于详尽地描述哲学史进程的著作有所不同，本书的宗旨是站在时代自我意识的高度，对现代中国思想和中国精神如何围绕着时代和社会的内在期待而展开的复杂历程，做出进一步的哲学反思；将中国哲学在近现代的演变，从“现代化取向”（冯友兰）、“政治革命—哲学革命”（冯契）等叙事方式做进一步的推进。尤其注意如下问题：从前现代到现代，中国社会发生的巨大变迁，是整个社会结构性的，涉及我们的存在方式和生活样态。哲学作为时代精神的精华，不能不回应这一历史巨变所带来的挑战。以往人们注意到的历史

---

① ［英］霍布斯鲍姆：《极端的年代：1914—1991》，马凡等译，江苏人民出版社，2010年。

观、认识论、价值观和方法论甚至逻辑学，它们在近代以来所发生的革命性变化，涉及哲学变革的不同层面或某些视域。本人的工作则主要从社会哲学的视角集中考察 19 世纪末以来，围绕着“动力”和“秩序”两大核心观念，前辈和时贤做了何等有深度的思考并发生了什么样的论辩，同时探寻观念史的进程如何传达了文化精神的转向，考察它对于世人理解历史、认识今日中国的现实以及我们的未来，有何值得注重的意义。作者希望能够从社会哲学这一新的视角，开拓研究近现代中国哲学史的新空间。这样的研究当然基于强烈的现实感：我们意识到，尽管“中国崛起”是一个确定的事实，但是贯穿近现代乃至当代将近一百八十年文化上的“古今中西”之争并没有最终结束。

本书对自 19 世纪末以来有关中国哲学观念史的研究所采用的社会哲学视角，其最初的焦点，是 19 世纪中叶以来，中国文化精神发生了历史性的转变，表现出对社会发展之“动力”的强烈追求，因而对于原先固有的秩序之态度以及秩序的基本原理之辩护也必定随之发生波动。

从农业文明转变为工业文明，以及从中央帝国突然被拖入高度竞争的国际环境，是“中国意识的危机”之所以产生的根本原因。1895 年在中国思想史上有特殊的意义，这一年可以成为 20 世纪中国思想主流激进化的起点：从社会史的视角看，正是由于 1894 年中国在甲午战争中的失败，严复、康有为等相继登场、危言高论惊动视听，原先在“中体西用”论的文化共识基础上儒家共同体所保持的社会团结，再也不能维系下去。由政治精英和知识精英共同组成的儒家——士大夫共同体——分化了。它是 20 世纪之所以成为“革命世纪”的原因之一，也在观念世界开启了激进主义、保守主义和自由主义的三角关系。“救亡—富强”是当时中国人的共同追求，问题是：第一，如何达到富强？第二，中国需要何等样的富强？由此转到社会哲学的向度，第一个是“社会动力学”问题，追问如何获得“动力”；第二个是“社会静力学”问题，关系到“秩序”的基本原理。19 世纪末开始儒家知识共同体的解体，其根本原因在于当时人们在这两个问题上未达成基本的共识。

在“社会动力学”问题的论域中，现在的人们承认现代科学技术和社会制度变革的重大作用。但是，在中国人普遍地运用现代科学技术之前，甚至在中国刚刚酝酿制度变革之际，知识精英的观念世界的变化，特别是价值观念的变化，预示着中国文化精神正在转向对动力性的追求。正是这一追求，成为大规模社会变革的前导。它表示现实生活中对“富强”的追求，需要哲学的辩护。因此，对“动力”的追求成为社会发展和民族复兴的内在期待。中国哲学有悠远的“变”的哲学，但是中国古代哲学中，既有儒家强调“生生之谓易”之“刚健”的一脉，也有与释道两家类似的另一种强势诠释，即以虚静为本体的哲学。古代哲学有繁复的“动静”“道器”“力命”之争，进入近代以后，中国人积极应对时代的拷问，要从古训“太上有立德，其次有立功，其次有立言”的模式中转变出来，促成中国转变为足以与“普罗米修斯—浮士德”式的西方文明相竞争的现代社会。本书特别集中于研究从1895年到1995年这一百年间，因应中国社会变革的内在期待，围绕着“动力”和“秩序”两大核心观念，活跃在中国思想界的各派代表性人物如何提出理论主张、展开学术论辩，从而形成了一个观念史的脉络：在总的趋向上，适应社会急剧的变革要求，依托进化论广泛传播的文化背景，又经过从进化论到唯物史观的飞跃，前卫思想家们提出各种不同的理论，表明“动力的追寻”曾经是这个“革命世纪”的强主题；当然其中亦蕴含了“秩序的焦虑”或者“何谓秩序”的争执，但相对而言，“秩序”是个弱主题。这种状况到20世纪最后二十年发生了转向，它以“启蒙反思”为标志，与文化激进主义让位于文化保守主义相应的，是“动力的追寻”让位于“秩序的重建”，后者迅速上升为时代的强主题。或者说，从1895年到1995年这一百年中，在较长的时段里，“动力的追寻”压倒了“秩序的焦虑”，而从20世纪最后二十年开始，在现代性批判中对“动力”之盲目性的清算，使得“秩序的重建”趋向于将“动力的反省”综合于其自身。

“动力的追寻”改变了中国文化精神的气质，对于中国现代化的精神动员、推动中国进入一个高速发展的时代或曰“中国崛起”，其作用可用“哲学革命成为社会革命的先导”来比拟，因而居功至伟。在经过长期的曲折，中国真正成为现代化强国以后，人们将会认识到，20世纪发生的这场转变具有深远的意义。不过，我们对这场“动力的追寻”决非无条件地加以肯定。这不但指对加入这场转变的各种理论的直接形态，我们需要一种批判工作（譬如对进化论传播中的社会达尔文主义、无政府主义、唯科学主义、唯意志论，等等）；而且指由于现代性有其内在的矛盾和困境，对“动力”的追求，注定了中国近现代哲学本质上具有某种激进的气质，它与被哈列维视为“哲学激进主义”的功利主义，构成了某种谱系关系。以欲望的解放为核心的“人的解放”，在带来新型的人格理想的同时，也曾经使许多普通人经历了心灵失序的迷茫。现代中国由于经历了传统的断裂——原有的秩序被打破，新的秩序如何重建——而显得尤其严重。从前现代到现代，新的政治制度需要秩序原理为其做合法性辩护。如何安顿人的心灵、重塑社会秩序，这样的思考，虽然在“动力的追寻”呈现为主流时就已经存在，但就观念史而言，直到20世纪90年代激进主义让位于保守主义之后，尤其是随着中国的崛起，我们开始面临如何重塑世界秩序的问题时，“秩序”才真正成为思想界共同关注的焦点。

在研究工作的具体展开过程中，我们充分意识到，从历史的向度看，各派哲学的意见虽有派别的区分，但是在实际进程中又是有分有合。在看似针锋相对的争论中，其实有某些“隐蔽的共识”；反过来，即使在总趋势上趋同的时刻，也不等于具体方案会始终雷同。从1895年开始形成的激进主义、保守主义和自由主义三大思潮之间的三角关系，以一种不稳定的组合方式，或隐或现地存在于革命世纪之始终。在哲学领域，一开始也可以看到中国现代哲学中有马克思主义、现代新儒家和实证主义的三大流派与其遥遥相对。无论是在“动力”问题，还是在“秩序”问题上，它们都各有自己的观点和方案。

从严复（政治上有自由主义倾向、哲学上则受实证主义影响）开始，有越来越多的人通过描绘一个“质力相推”的机械论宇宙观，并由“推天理以明人事”的方法来论证“进步”的信念，以及“竞争”和“创造”何以成为进步之动力和源泉。后来的自由主义者并不缺乏“求道”的热情，对于他们而言，“道”既是一个动力性的观念，又包含了秩序的意蕴，他们中有更多的人在积极参与政治活动的同时，试图进一步论证“自由”和“理性”为秩序原理之所以然。

马克思主义坚持，“实践”作为主客体的交互作用，是人类能动地改造世界的活动，因而将社会革命视为最重要的“动力”，并以此指导中国革命的实践。它与通过认识论与历史观的辩证综合而成的“能动的革命的反映论”，有相互映照之功；同时认为变动了的经济结构决定了社会主义才是通达“大同”的道路，未来社会需要以“个性解放和大同团结”相统一为理想的秩序。

从“中体西用”论的文化立场演化而来的现代新儒家，以“返本开新”的姿态，主要从创造性地阐发传统的“心学”义理，来解决主体的能动性问题。从梁漱溟的“意欲”论、熊十力的“心本论”到牟宗三的“道德的形而上学”，他们实际上都主张彰明道德主体意识、安顿现代人的心灵，才可能——实现“内圣外王”的理想——“开出”科学与民主，重建现代中国的社会秩序。

在处理现代社会的基本秩序的过程中，一方面有基于“平等”的激进主义的方案和实验；另一方面有更强调法治、宪政民主和市场经济秩序，倾向于自由主义的方案，理性化（韦伯）和市民社会（黑格尔）受到关注。后者在接受外来的思想的同时，也渐渐倾向于传统的自然演变是社会秩序的基础（哈耶克）。因而在经济起飞实现以后，以文化传统主义为特色的保守主义开始崛起，取代文化激进主义成为社会主流思潮。他们的运思方向，是将社会秩序、文化的连续性、人的实存三者视为内在一体的。以现代新儒家为主体的人文主义在这方面做出了引人注目的工作。在“秩序”建构上，虽然自由主义和保守主义在拒斥激进主义这一点上是共同的，但是自由主义视野中“秩序”的基础是“自由”和理性的多元竞争，保守主义认定“秩序”的基础是“权威”“等级”和“传统”。继（以港台新儒家为主体的）现代新儒家之后，晚近崛起的“大陆新儒家”则从“心性儒学”转入“政治儒学”和“制度儒学”，表现出积极干预现实社会生活的姿态。从“革命世纪”一开始，未来世界的秩序就为康有为的“大同”理想所导引，20世纪末在“中国崛起”成为一个公共话题时，中国知识分子开始更积极地讨论世界秩序的重构，并开始思考：未来是否可能出现一个“新轴心时代”？在那样的时刻，中国传统文化和现代哲学的革命成果能够做出什么积极的贡献？在民族、国家之间纷争不断，全球化趋势与反全球化运动之间出现新的对抗等新形势下，中国学者积极地从事传统的创造性转化工作，使得基于儒家王道政治的理想，与“个性解放”与“大同团结”统一的愿景，有可能达到融合。

上述三大思潮的互相交集和论辩，构成了贯穿世纪的“古今中西”之争中极为丰富而重要的哲学内容。由于它们是在持续的争论中演变的，它也就表现出中国现代哲学如何在“同归而殊途，一致而百虑”的过程中，曲折地传达了时代精神。与那些专注于对重要哲学家个人思想的研究不同，本书注意对通俗哲学和学院哲学做辩证的综合。这样做的目的，自然是希望更宽广地把握社会的精神现象，通过对于现代中国哲学如何围绕“动力”与“秩序”这一对观念而展开的历史做具体考察，提供理解中国近现代哲学史的新视角，同时也对社会哲学和政治哲学的推进提供某种个案。通过考察广泛的社会—政治思想和哲学思考的内在联系，来讨论中国现代哲学的重要侧面，希望这样的工作对认识这个时代、认识我们自己、规划未来能够有所裨益。

笔者深知，这样一种以社会哲学为视角、通过描述从思潮到观念以及诸多观点的争论的图景来书写现代哲学史的工作，既然是尝试，就一定还有许多不足与错漏，唯望方家不吝指正。

高瑞泉

己亥年大暑改定于沪西寓所

目　录

第一章 导 论

本书作为中国现代哲学史的一项研究，主要从社会哲学的视角集中考察19世纪末以来，围绕着“动力”和“秩序”两大核心观念，前辈和时贤做了何等有深度的思考并发生了什么样的论辩，同时探寻相关观念史的进程如何传达了文化精神的转向，它对于世人理解历史、认识今日中国的现实以及我们的未来有什么意义。作者并不志在撰写一部现代中国哲学的通史，但希望从社会哲学这一新的视角开拓研究近现代中国哲学史的新空间。这与我们的哲学史观、中国现代哲学史研究的现状以及“社会哲学”的一般问题等都有密切的关系，因而有必要先做一点简要的论述。

第一节 作为时代之自我理解的哲学史研究

最近四十年来，作为现代学术形态之一的中国哲学史研究，总体上说收获甚丰。不过由于需要覆盖的历史之宏阔与思想之复杂，自然其进展就不易平衡。比较而言，中国近现代哲学史在20世纪80年代一度受到比较多的关注，因而曾经出现过一批力作，但是随着现代新儒家成为显学，该论域丰富多样的内容对学术界的吸引力有所减弱。学术风气的转移原是平常事情，正如章学诚所说：“夫万物之情各有其至，而一时风尚，必有所偏。”(《文史通义·外篇三·与钱献之书》）在众多学人将热情投注于古代儒学的环境下，如何从整体上把握这一转变时代以及哲学发展的历史，开拓出中国近现代哲学史研究的新境界，既为人们的哲学观所影响，也必然有方法论上可以反思的问题。

一

作为现代学术形态的中国哲学学科是20世纪建立起来的，尽管如果从《庄子·天下篇》算起，哲学家对中国哲学的历史反省可谓源远流长，不过真正的“中国哲学史”，是与现代学院体制下的学科分界联结在一起的。所以我们看到标以“中国哲学史”的著述，基本上都是大学教授所作，因而包含了教科书的功能。作为文化传承的重要形式，“中国哲学史”的撰写承担着双重责任。它既要给予读者中国哲学三千年发展脉络的基本知识，又要启发读者追随前贤进达智慧之路，乃至在现代世界获得安身立命的根基。幸运的是，从一开始，最重要也最著名的“中国哲学史”都是哲学家如胡适、冯友兰、冯契等的创作。哲学家的哲学不同、对哲学史著述的哲学自觉程度有异，其所撰写的哲学史之面貌也各有特色。除了这些差异以外，我们还可以看到，他们对于中国近现代哲学史的研究也大不相同。胡适写了半部中国哲学史，自然可以不论；冯友兰先生研究的重心在古代，近代的部分不但简单，而且“看起来好像是一部政治社会思想史”①，这样处理近现代中国哲学史，几乎成为一时风尚。至于特殊的语境如何限制了现代中国哲学史的书写方式，我们后面将有所讨论。不过，从主观角度检讨，它也与人们对哲学史著述的时代意义之理解有关。譬如在冯友兰先生看来，近代思想就其关系到现实而言有其重要性，但是就“纯哲学”的眼光看，似乎并无价值。至于其《中国哲学史新编》第七册所写的“现代中国哲学史”，也许因为特殊的言说环境，似乎更没有在系统性上着意。域外的情况更是如此，且不说在很长一段时间内，对于相当一批学者，尤其是海外的汉学家，比起中国的现代文学

① 冯友兰：《中国哲学史新编第六册·自序》，《三松堂全集》第十卷，河南人民出版社，2001年，第285页。

和政治思想而言，中国近现代哲学史很少进入他们的视野。换言之，对于他们而言，中国哲学就只是传统的儒释道。“文革”结束以后，中国近现代哲学史的研究出现过崭新的面貌，甚至一度成为学术研究的热点。究其原因，当时中国正处于改革开放的初期，人们迫切需要从鸦片战争以来150年的历史经验中寻找“中国如何实现现代化”的方案，也就是感受到了龚自珍所谓的“欲知大道，必先为史”(龚自珍《古史钩沉论》)。在思想解放的潮流下，许多原先由于意识形态禁忌而长久消失于人们视野的哲学家，重新开始了学术研究活动。按照“两军对阵”的方式来划界的教条主义做派被舍弃以后，“现代化”开始成为另一个坐标。“中国哲学与现代化”和“中国哲学的现代化”是中国哲学界普遍关心的问题。尽管在相当一批学者眼中，现代化以及围绕它出现的种种政治社会思想，虽然有其时代的重要性和广泛性，但是对于哲学家的哲学而言，似乎并非如此。如果不是说完全无关的话，至多也只是外在关系。

其实，时代与哲学之间，既有外在关系，又有内在关系。就最一般的意义说，所谓“外在关系”，是指相关的两项，不因为其关系项的改变而改变；所谓“内在关系”，则指相关的两项中的一项改变了，另一项也将随之发生改变。在我看来，只有综合外在和内在两层关系，才能如实把握时代与哲学的关系，把握时代的一般观念与哲学史的关系，把哲学史的研究视为探求时代精神的入门向导。

在西方哲学史上，大约黑格尔可以被归结为主张“内在关系”说一派，他如此界定哲学与时代的关系：

> 它是精神的整个形态的概念，它是整个客观环境的自觉和精神本质，它是时代的精神、作为自己正在思维的精神。这多方面的全体都反映在哲学里面，以哲学作为它们单一的焦点，并作为这全体认知其自身的概念……由此可以推知哲学与它的时代是不可分的。所以哲学并不站在它的时代以外，它就是对它的时代的实质的知识。①

---

① ［德］黑格尔：《哲学史讲演录》第一卷，贺麟、王太庆等译，商务印书馆，1959年，第63—64页。

就黑格尔本人的哲学史观而言，他还主张另一层意义的“内在关系”说，即把哲学史看成“绝对精神”发展的最高阶段，所以是一个合乎逻辑、有规律的渐次推进的过程。用他的话说，就是“哲学史当然以自行发展的理性为目的，这并不是我们加进去的外来目的；这就是它本身的实质；这实质是个普遍的本源，表现为目的，各个个别的发展与形态都自动地与它相适应”①。因此，哲学史是一个有机的系统，各个历史阶段的哲学都指向其最后也是最高阶段的目的。由此演化出哲学史研究中“历史与逻辑的统一”方法。这当然是一种特别强烈的“内在关系”说，在黑格尔的庞大体系中，概念、范畴之间的辩证推进，要求合乎内在一致性，不妨说是第一序的“内在关系”；哲学史与社会历史生活的关系，则可以说是第二序的“内在关系”。

我们知道，哲学史要研究观念演变的内在逻辑，强调思想及其论证的内在一致性，这当然是学术界的共识。它甚至扩大到思想史的研究，因此有阿瑟·O. 洛夫乔伊强调思想的“内在”理路，或者所谓“内在的辩证法的工作”：“始终必须承认的是哲学家们（甚至普通人）运用（do）理性，恰如一个思想者尾随另一个。他们推理的暂时结果，在相当程度上是一个逻辑上有根据的且具有逻辑启发性的结果。”②

另一方面，黑格尔“历史与逻辑的统一”的方法，也很受后人的批评，譬如新康德主义者文德尔班说：“哲学史的发展，在某一些时期内，只能完全由内在联系去理解，也就是说，只能通过思想内在的必然性和‘事物的逻辑’去理解。”人类最基本的问题与思维提供的解决方案之间的矛盾，使得在哲学史研究中，“逻辑的、内在联系的因素无疑是非常重要的”。但是，他同时说，黑格尔的逻辑与历史的方法的一致，过于强调思想的必然性，阉割了历史的偶然性，哲学的发展“不是单独依靠‘人类’或者‘宇宙精神’的思维，而同样也依靠从事哲学思维的个人的思考、理智和感情的需要、未来先知的灵感以及倏忽的机智的闪光”。除了这种个人的因素以外，还有一种“来自文明史的因素”：

---

① ［德］黑格尔：《哲学史讲演录》第一卷，第 130 页。

② ［美］阿瑟·O. 洛夫乔伊：《反思观念史》，丁耘、陈新主编：《思想史研究（第一卷）：思想史的元问题》，广西师范大学出版社，2005 年，第 34—36 页。

> 因为哲学，从时代的一般意识的观念和从社会需要获得问题，也获得解决问题的资料。各特殊科学的重大战果和新产生的问题，宗教意识的发展，艺术的直观，社会生活和政治生活中的革命——所有这些都不定期地给予哲学以新的动力，并限制哲学兴趣的方向；此兴趣时而突出这些问题，时而突出那些问题，并暂时把另一些问题排斥在一边；所有这些也同样限制着问题和答案在历史进程中经受的种种变化。①

文德尔班的哲学史方法论，除了时代要素和逻辑要素以外，新增加了哲学家个人创造的因素。在这个近乎多元论的哲学史观中，它所要消解的是黑格尔最重视的历史必然性。因此，哲学与时代之间所具有的内在关联，在表达为概念系统的决定性上有所削弱；他强调时代给予哲学的是“动力”和“兴趣的方向”，更何况它要通过哲学家“整个人”的精神创造活动才能实现。这里我强调“整个人”，不仅说哲学是理智的产物，也是“情感的需要”（兴趣）和“洞见”的产物。换言之，时代的“动力”作用是通过哲学家个人出于对时代问题的感受而生的特殊“兴趣”来表现的，而其实现，则要依赖哲学家的“洞见”和创造性的理论思维活动。

二

在有条件地接受德国哲学家关于哲学与时代之关联的理论的基础上，我在更宽泛的意义上看待“哲学是时代精神的表现”。

第一，有各种各样的哲学家，但是在发生历史性转折的“大时代”，人们最关注的问题终究会折射为哲学的探索和创造。没有一个人对世事完全无动于衷而能成为哲学家，在一个高度动荡的革命时代，哲学家很难完全超然物外。也许他们有幸能不纠缠于生活的琐事，但那只是为了更深入、也站得更高地洞察这个世界。不过，时代精神能否得到和如何得到创造性的哲学表达，很大程度要依靠哲学家个人的天才，他们将偶然性加诸哲学史的进程。

---

① ［德］文德尔班：《哲学史教程》上卷，罗达仁译，商务印书馆，1987年，第22页。

第二，中国近现代就是这样的一个“大时代”，真正有创造性贡献的哲学家，大多以表现时代精神的历史使命自任。譬如冯契先生就明确表示：

> 真正的哲学都在回答时代的问题，要求表现时代精神。中国近代经历了空前的民族灾难和巨大的社会变革。“中国向何处去”的问题成了时代的中心问题……在思想文化领域表现为“古今中西”之争，那就是：怎样有分析地学习西方先进的文化，批判继承自己的民族传统，以便会通中西，正确地回答中国当前的现实问题，使中华民族走上自由解放、繁荣富强的道路……时代给哲学领域提出了各种需要解决的问题。①

“中国向何处去”问题的各种答案或方略，就其直接的形态而言，当然是政治社会思想。但是时代的中心问题通过政治思想的复杂争论给哲学创造提供了动力——首先就是在历史观、认识论、方法论和价值观等领域都尖锐地提出了问题。所以冯契先生进而又说：

> 时代精神不是抽象的，它通过哲学家个人的遭遇和切身感受而体现出来。一个思想家，如果他真切地感受到时代的脉搏，看到时代的矛盾（时代的问题），就会在他所从事的领域里（如哲学的某个领域里），形成某个或某些具体问题，这些具体的问题，使他感到苦恼、困惑，产生一种非把问题解决不可的心情。真正碰到了这样令人苦恼的问题，他就会有一种切肤之痛，内心有一种时代责任感，驱使他去做艰苦、持久的探索。如果问题老得不到解决，他就难免心有郁结，甚至产生黄宗羲所说的“龙挛虎跛、壮士囚缚”的心态，迫使他做强力的挣扎、抗争。如果他在这个问题的探索上有所前进，就会感到精神上有所寄寓，情感上得到升华，于是就体验到人生真正的乐趣、真正的价值。②

① 冯契：《认识世界和认识自己》，《冯契文集》第一卷，华东师范大学出版社，2016 年，第 3 页。
② 同上书，第 5 页。

其实，冯友兰先生在他的哲学史写作中，也有类似的意图。他像许多人一样，称近现代是过渡时代，又说这个时代的中国是“旧邦新命”，“旧邦新命，是现代中国的特点。我要把这个特点发扬起来”，即以哲学史为中心来发扬中国文化传统。① 其他现代新儒家也大多如此，如梁漱溟认为中、西、印三种文化的差别，根本上还是哲学的差别；牟宗三充分认识到哲学是文化的核心，近代以来“中西”之争和“中西”会通，本质上是个文化问题，它的解决有待于中西哲学的会通。②

第三，在同时代的哲学家的形态各异的哲学思维和论述后面，我们可以发现某种或某些共同的或至少是相似的预设、信念和昆廷·斯金纳所谓的“意图”（intended force）。这种意图与哲学家特定的语境和面对的读者有密切的关系，更与哲学家本人的政治、社会、文化倾向有密切的关系。不过哲学家会以更为概念化、更具统一性的方式来表达，因而也仿佛较为间接。又由于哲学家通常会借助先前已有的哲学概念、命题来表达，因此有时仿佛只是沿着完全独立的脉络在发展。当旧有的概念不足以表达其意图时——生活和实践的优先性决定了剧变时代常常会出现这类情景——哲学家就需要创造新的概念。个人创造能力的大小，对于哲学史来说似乎是偶然的，哲学家把这种偶然性带进了历史。但是，倘若他（们）用精致、周延的系统理论所表达

① 冯友兰说：“中国现在所经之时代，是生产家庭化底文化，转入生产社会化底文化之时代，是一个转变时代，是一个过渡时代。”（冯友兰：《新事论》，《三松堂全集》第四卷，第239页）又说：“中国人的城里人底资格，保持了一二千年，不意到了清末，中国人遇见了一个空前底变局。中国人本来是城里人，到此时忽然成为乡下人。这是一个空前底变局，这是中国人所遇到底，一个空前底挫折，一个空前底耻辱。”（同上书，第221页）“旧邦新命，是现代中国的特点。我要把这个特点发扬起来。我所希望的，就是用马克思主义的立场、观点和方法重写一部《中国哲学史》……我生在旧邦新命之际，体会到，一个哲学家的政治环境对于他的哲学思想的发展、变化，有很大的影响。我本人就是一个例子，因此在《新编》里边，除了说明一个哲学家的哲学体系以外，也讲了一些他所处的政治社会环境。这样做可能失之芜杂。但如果作得比较好，这部新编也可能成为一部以哲学史为中心而又对于中国文化有所阐述的历史。”（冯友兰：《中国哲学史新编·自序》，《三松堂全集》第八卷，第3—5页）

② 牟宗三说：“中西哲学之会通是核心地讲，由此核心扩大而言也可说是中西文化之会通……哲学就是指导文化发展的一个方向或智慧，也即指导一个民族文化发展的方向和智慧。”（牟宗三：《中西哲学之会通十四讲》，上海古籍出版社，1997年，第1—2页）

的意图正好与历史的趋势相合，时代精神就得到最集中的表现。前贤说“一代有一代之学”，论学要“知人论世”。探讨哲学家的那些“前哲学”的精神活动，“哲学分析和历史证据有可能实现对话。对过往言论的研究会引出某些特殊的问题，能够获得相应的哲学旨趣的洞见。假如我们采用一种更为明确的历时性（diachronic approach），许多问题将变得更为清楚。其中，我们会很快想到概念革新现象以及语言和意识形态变迁的研究”[①]。因此，时代精神与其说是一套概念、一组范畴，还不如说是围绕着某个中心问题而形成的某种主导观念——它既是认识的概括，又是意图的表现。

第四，说“哲学是时代精神的表现”，这里的“哲学”是在比较宽泛的意义上使用的，至少不局限于现代学院体制内或教科书式的哲学。正如哈贝马斯分析西方学院哲学与通俗哲学在理解时代以及对时代意识的影响力有区别那样[②]，现代意义上的学院哲学不但在中国出现甚晚，而且与时代意识即使不是渐行渐远，至少也常是若即若离的关系。中国近代，在传统的“四部之学”转变为现代学术制度的过程中，真正有创造力的首先是那些有教养的政治家和社会活动家，能够代表时代意识的，既不是官方哲学话语，也不是学院哲学，而常常是活跃在民间、借助于现代新闻出版事业或学术共同体活动而传播的通俗哲学或通俗概念。不但康有为、严复、梁启超、谭嗣同等不是学院哲学家，甚至像现代新儒家中的梁漱溟、熊十力那样的哲学家最初也是在现代学院体制之外表现出其创造力的。因此，我们研究哲学与时代的关系，不可以只局限于学院哲学和学院概念，而应该对通俗哲学和学院哲学做辩证的综合，更宽广地把握社会的精神现象。就单个哲学家的个人成就说，近一百多年来，中国可能没有黑格尔、康德或朱熹、王阳明那样的大家，但是就哲学探索的整体内容而言，其丰富程度和开放精神，足与春秋战国时期媲美。在这一百五十年中，无论沿着传统的经学—国学的路向做哲学史的诠释，还是将外国哲学家的思想学说介绍进汉语世界，或者独辟蹊

---

① ［英］昆廷·斯金纳：《观念史中的意涵与理解》，丁耘、陈新主编：《思想史研究（第一卷）：思想史的元问题》，第 86 页。

② ［德］于尔根·哈贝马斯：《现代性的哲学话语》，曹卫东等译，译林出版社，2004 年，第 60 页。

径做出个人的哲学创造，它们在不同面向上与西方哲学互相对话从而发展了传统哲学，都构成了中国近现代哲学史的一部分，都是值得珍视的文化遗产。

第五，说“哲学是时代精神的表现”，是以哲学为志业者的一种“应然”，但是，具体的某一种哲学创造和哲学史研究工作，是否真正体现了时代精神，仅仅依靠主观的承诺是无法担保的。换言之，它并非具体的某一种哲学工作成果之“实然”。因而我们是在中国近现代哲学发展演化的整体性上，去观察哲学与社会的关系，而中国近现代哲学在体现时代精神上，依然遵循了“同归而殊途，一致而百虑”的历史法则。面对这一历史过程，如何做哲学的提升，即如何解释前贤的思想，考察它们在什么意义上表达了时代精神，则是我们这些从事哲学史研究工作者的任务。

三

当我们以上述方法论的基点来考察近现代中国特殊语境中哲学与时代的关系时，首先当然应该对本书所讨论的“现代”有所界定。一方面，从社会现象看，一百五十年来，有一个引人关注的事实：如何认识自己的时代，成为中国人普遍遭遇的一大困惑。当初李鸿章们惊叹“三千年未有之大变局”；而今天，一切不存偏见的人们，不管他的个人价值取向如何，都不能否认这样一个事实：晚近一个半世纪，中国社会发生了前所未有的巨变。在这整个过程中，中国人不断地试图给时代定位，“过渡时代”“革命时代”“建设时代”，都是在自然时间中流动而未定的概念。这种流动性尤其表现为，中国人不断宣称自己进入了“新时代”或者“新时期”。20世纪40年代，著名的《观察》杂志曾经刊载过一篇文章《时代的分析》，作者问：“人人都说我们的时代是大时代，然而这大时代究竟是什么？”结果他一连串用了八个词来说这个大时代：人民时代、超国族时代、综合时代、动力时代、原子时代、计划时代、平衡时代和艺术时代。[①] 对于时代的性质与价值评判，更是分歧

---

① 陈友松：《时代的分析》，《观察》第一卷第三期，1946年。

日出，不断有人重提狄更斯的《双城记》那段著名的开头[①]，表示对于时代，我们似乎无法取得共识，这种状况甚至延伸到当下。认识自己的时代成为时代的问题，它表达了在不确定的时代寻求确定性的要求。所以，从19世纪中叶一直到现在，乃至可预见的未来相当长一段时间，如果要挑选一个汉字描述中国社会，大概就是“变”。从龚自珍开始，就以预言的方式表达了中国社会“求变”的态势。龚自珍曾经规劝清廷：“与其赠来者以劲改革，孰若自改革？”[②]不然，“则山中之民，有大音声起，天地为之钟鼓，神人为之波涛矣”[③]。历史的进程被这位诗人哲学家不幸而言中，到了晚清，康、梁等大讲“变革”。“维新”失败，则“革命”的大音声起；经过几十年革命与战争，中间经过“文革”后的拨乱反正，中国经济开始起飞，并且正在走向富强。有人说当今中国是“后革命时代”，但是我们还是在讲“改革”“创新”。所以“变”的持久性和剧烈性并未消失。当然，现在人们对于“变”的态度也许有些分歧。不仅是对20世纪某些时段曾经发生的激烈变革的看法有分歧和争论，对于现在的变化以及未来走向，人们的观点也未必完全一致。

另一方面，从学术研究的时代划分而言，它既有社会史断代的需要，又有思想史断代的需要，这两者互相联结又未必严丝合缝，而可以在时间线条上有所错位乃至部分重叠。英语“modern”在汉语世界中可以有“近代”和“现代”之分。但是关于中国“近代”和“现代”的划界问题，学术界并无完全一致的结论。以往比较常见的是以鸦片战争到五四运动为近代，五四运动到1949年为现代，1949年以后为当代。将鸦片战争视为中国近代史的开始，是因为中国从此开始了向半封建半殖民地社会的沦落史，同时也开始了中国人民反帝反封建的革命史；又以五四运动为现代史的开端，是因为由此揭开了新民主主义的革命史。中华人民共和国的建立，乃是中国现代史的

---

① 《双城记》的开头是这样一段话：“那是最美好的时代，那是最糟糕的时代；那是智慧的年头，那是愚昧的年头；那是信仰的时期，那是怀疑的时期；那是光明的季节，那是黑暗的季节；那是希望的春天，那是失望的冬天；我们全都在直奔天堂，我们全都在直奔相反的方向——简而言之，那时跟现在非常相像，某些最喧嚣的权威坚持要用形容词的最高级来形容它。说它好，是最高级的；说它不好，也是最高级的。”（孙法理译本）

② 龚自珍：《乙丙之际箸议第七》，王佩诤校：《龚自珍全集》，上海古籍出版社，1999年，第6页。

③ 龚自珍：《尊隐》，《龚自珍全集》，第88页。

终结，因为由此开启的是社会主义建设的新时期。这样一种主要建立在社会结构和革命叙事的基础上的近现代史的分期方式，其主导地位，在 20 世纪 80 年代渐渐被以现代化叙事为内在标准的划界方式所取代：19 世纪 60 年代，中国开始了早期现代化进程，由于 1894 年的中日甲午战争，引发了激进主义的潮流，由此中国进入革命时代。中华人民共和国的成立表示统一的现代民族国家建立起来，此后则经过一个有波动、曲折的时期，实现了经济起飞，即今日所谓“中国崛起”。上述两种近现代史的分期方式，实际上都承认中国社会在 19 世纪中叶以来，发生了一种具有根本性的变化，其程度之巨大，足以成为断代的标准，因此有古代中国和现代中国的“古今”之分。但是，以现代化叙事为内核的断代方式有一种延伸的或替代的形态，中国学者有的将明清之际看作“早期启蒙”，日本学者将宋代视为中国“近世”的开始，部分中国思想史或哲学史学者也沿用“近世”概念，这与他们重视宋明理学的现代价值有关。从研究哲学史的角度看，思想的年代与政治的年代虽有关联而不必如影随形。所以无论冯友兰、冯契，还是李泽厚都没有完全按照这种明晰的、也是断然的方式给思想史划界。如果按照社会结构决定的社会形态，19 世纪中叶中国开始的洋务运动被历史学家称为中国的早期现代化，因此我们可以将 19 世纪中叶称为中国的现代早期。它在经过一百多年的曲折以后，以统一的现代民族国家（中华人民共和国）的建立为标志，开始进入现代化建设时期，这一过程迄今为止的成果是众所周知的“中国崛起”，但是中国的现代化进程并未结束。因此，所谓“现代”和“当代”之间的界限也是模糊或变动的。

本书搁置上述有关近现代断代问题的繁复争论，从“古今之变”这一基本的历史事实出发，视中国晚近一个多世纪的“变”之实质为中国的现代化，即经过一个多世纪的急剧变化，古代中国已经转变为现代中国。这一历史性转变并非自然过程，而是中国人在现代世界的时势下根据自身的社会条件和期待主动追求的结果。从社会史视角，我们可以将此转变视为一次重大的社会转型，即古代社会秩序如何让位于现代社会秩序。因此，以“动力”和“秩序”两大观念为焦点，本书所论的中国现代社会哲学中的“现代”，特指从 1894 年（该年份在中国思想史上的特殊意义容后文做具体说明）开始，社会追求急剧变革，纵贯20世纪并延伸至今——在继续发展的同时寻求稳定的“秩序”的时代。

对现时代的上述判断，和本项研究的自我规定，是在前辈与时贤在中国近现代哲学史研究既有成就基础上的一种新努力。为了说明此点，下一节将对中国近现代哲学史研究的现状做必要的回顾。

第二节　中国现代哲学的书写方式

从现代学科建制的视角看，中国近现代哲学史的书写是相当晚起的，这当然很大程度上是由于这项学术活动属于当代人写史。近现代以来中国哲学的演变尚在途中，一方面有人所共知的困难，另一方面也与整个中国哲学史学科的成熟及哲学史书写方式的演变有关。所以在1949年以前，已经有郭湛波《近五十年中国思想史》①，此书虽然用了《近五十年中国思想史》作书名，主要内容还在研究从康有为时期到20世纪30年代的中国哲学史，就其自身的哲学方法而言，他公开说用了一种“新的科学方法——即唯物辩证法和辩证唯物论”。按照这一方法——严格说也是理论，因为方法和理论是统一的，理论作为规范就转化为方法——哲学的发展本质上是由社会生活实践推动的。结果我们看到郭湛波在为19世纪末到20世纪30年代的思想划界的时候，或者在探讨哲学家之所以具备某种思想的原因时，常常直截了当地运用机械的反映论公式。郭的哲学修养不够，对高深的哲学问题缺乏理解力，其哲学史自然也缺乏理论意味。20世纪30年代贺麟发表过《五十年来的中国哲学》，后来更扩展为《当代中国哲学》，包括为现代“新心学”作传的专论，虽然率先提出了现代新儒学的概念，但当时现代新儒家的哲学体系

① 《近五十年中国思想史》最初书名是《近三十年中国思想史》，1935年出版于北平（今北京），三个月以后随即再版，可见在当时的读书界颇受欢迎。再版时作者对原书做了一些增补，而且接受了著名哲学史家冯友兰的建议，将书名改为《近五十年中国思想史》，这就是现在我们看到的版本。作者郭湛波，河北人，1932年毕业于北京大学哲学系，原先治逻辑学为主，包括形式逻辑、辩证逻辑和逻辑学史，著有《论理学十六讲》《辩证法研究》《先秦辩学史》等。

性创造尚在途中，故贺著可以视为现代新儒学史的简短引言。

直到20世纪80年代，才陆续出现了系统的中国近现代哲学史的专著，最有代表性的作者当数冯友兰、侯外庐和冯契三位先生。我们知道，他们都对中国古代哲学史有过专门而系统的研究，近现代哲学史则是这种研究的延伸。相应的，最具代表性的著述即为冯友兰的《中国哲学史新编》第六、第七两册，侯外庐主编的《中国近代哲学史》，冯契的《中国近代哲学的革命进程》。此外，李泽厚有《中国近代思想史论》和《中国现代思想史论》两书出版，虽然冠名为"思想史"，但实际上也构成了中国近现代哲学史的另类表达方式。本书的工作受惠于前贤的研究甚多，故有必要对上述诸种书写方式做一简要回顾与检讨。

一

我们说到冯友兰对中国哲学史学科的贡献时，通常同时先承认开创通史形态的中国哲学史著述第一个范例的，无疑是胡适。他虽然只写了"半部"中国哲学史，但是在未走向"全盘西化论"之前，他所关心的却是一个典型的文化现代性问题，即如何能把西方现代文化的精华与中国文化自身的精华结合的大问题：

> 这个较大的问题就是：我们中国人如何能在这个骤看起来同我们的固有文化大不相同的新世界里感到泰然自若？一个具有光荣历史以及自己创造了灿烂文化的民族，在一个新的文化中绝不会感到自在的。如果那新文化被看作是从外国输入的，并且因民族生存的需要而被强加于它的，那么这种不自在是完全自然的，也是合理的。如果对新文化的接受不是有组织地吸收的形式，而是采取突然替换的形式，因而引起旧文化的消亡，这确实是全人类的一个重大损失。因此，真正的问题可以这样说：我们应该怎样才能以最有效的方式吸收现代文化，使它能同我们的固有文化相一致、协调和继续发展？
>
> 我们当前较为特殊的问题是：我们在哪里能找到可以有机地联系现

代欧美思想体系的合适基础，使我们能在新旧文化内在调和的新的基础上建立我们自己的科学和哲学？[①]

换言之，胡适对自己的《中国哲学史》著述给予了很高的期许，他规定哲学史的第一项任务是“明变”，第二项任务是“求因”，而对于历史上的哲学思想的沿革之原因则采用多元论的方案。这两项都是哲学史的“史”的向度。哲学史的第三项任务是“评判”，“但是我说的评判，并不是把做哲学史的人自己的眼光，来批评古人的是非得失。那种‘主观的’评判，没有什么大用处。如今所说，乃是‘客观的’评判。这种评判法，要把每一家学说所发生的效果表示出来。这些效果的价值，便是那种学说的价值”[②]。胡适对哲学史三项任务的分析，固然表现出其实用主义的哲学立场，不过同时也表示他认识到哲学史包含了“史”与“思”的关系，与德国哲学家文德尔班将哲学史的任务归结为三项十分相似。[③]文德尔班认为，由于有前两项任务，哲学史是语文—历史的科学；由于有第三项任务，哲学史是批判—哲学的科学。不过，胡适的《中国哲学史》，在满足“语文—历史的科学”上开了现代学术的先河，而在“批判—哲学的科学”的要求方面，则显得不足。我们在讨论中国现代哲学史的三种书写方式时，之所以先提及胡适的中国哲学史研究，一方面是因为，中国现代哲学是古代哲学的延续和演变，现代哲学史的书写也必定与中国古代哲学史的书写密切联系。胡适的中国古代哲学史虽然不算太成功，它毕竟开了先河，而且引起了“什么是好的哲学史”“如何书写中国哲学史”的讨论。这对中国近现代哲学史的书写同样有启发意义。另一方面，胡适重视用近代逻辑的方法书写哲学史，为后来的哲学史家（包括

① 胡适：《先秦名学史》，《胡适全集》第五卷，安徽教育出版社，2003 年，第 10—11 页。

② 同上书，第 198—199 页。

③ 文德尔班说：“因此，哲学史研究要完成下列任务：（1）准确地证实从各个哲学家的生活环境、智力发展和学说的可靠资料中可以推导出什么东西来；（2）从这些事实，重建出创始的发展过程，以便就每个哲学家来说，我们可能了解他的学说哪些来自前人的学说，哪些来自时代的一般观念，哪些来自他自己的性格和所受的教育；（3）从考虑全局出发来估计，这样创立的、根据根源来阐述的这些理论对于哲学史总的成果说来，具有多大价值。”（文德尔班：《哲学史教程》上卷，第 25 页）

冯友兰、侯外庐、冯契）在研究中国近现代哲学史时共同继承（当然，运用的合宜程度可以有所不同）。胡适重视正统思想以外的“异端”思想的哲学价值，在侯外庐和冯契的中国现代哲学史研究中，这种以更宽的视野看待中国哲学的方式，不同程度地得以继续。胡适注意哲学史研究应该关注材料的选择与考辨，则是所有研究哲学史的人们都不得不重视的问题。

二

依照一般研究者的意见，“中国哲学史”的第二种范例是冯友兰的两卷本《中国哲学史》。这是第一部贯通先秦到晚清的中国哲学史著述，在文化保守主义高涨的20世纪30年代，获得了相当的好评。他采用了“叙述的哲学史”与“选录式的哲学史”结合的方式，将传统哲学思想做一种近乎客观化的历史安排。按照当时学者的评价，冯友兰的《中国哲学史》因其能够悬置个人的成见，而成为一种更加成熟的学术形态。冯友兰先生自己也接受这样的分别，所以他自述，其哲学史研究是“照着讲”，而后来以“贞元六书”出现的“新理学”体系，则是“接着讲”。但是，无论是冯友兰的哲学史还是新理学哲学，都受到了不同学派的批评。关于冯友兰的文化取向如何决定其哲学史书写，在冯友兰《中国哲学史》上卷出版以后，胡适就指出其“正统”派倾向。对此，冯友兰坦然承认：

> 此书第一篇出版后，胡适之先生以为书中之主要观点系正统派的。今此书第二篇继续出版，其中之主要观点尤为正统派的。此不待别人之言，吾已自觉之。然吾之观点为正统派的，乃系用批评的态度以得之者。故吾之正统派的观点，乃黑格尔所说之“合”，而非其所说之“正”也。①

所谓“正统”派的，是指儒家的立场，重在“历史上能为一时代之大儒

① 冯友兰：《中国哲学史下卷·自序一》，《三松堂全集》第三卷，第3页。

自成派别者”，而不是对儒家与非儒学派，或者儒家中不同的学派都以“平等的眼光”对待。至于冯友兰的新理学，则受到了来自左翼思想界的批评。

事实上，冯友兰早就受到唯物史观的影响；1949 年以后，其著述的哲学倾向进一步发生转变。从 20 世纪 60 年代开始，延续二十多年，冯友兰先生又陆续撰写出版了《中国哲学史新编》共七册。该书有了不同于其先前两卷本《中国哲学史》的体裁。“照这个体裁，书不以人为纲，以时代思潮为纲；以说明时代思潮为主，不以罗列人名为贵。每一个时代思潮都有一个真正的哲学问题成为讨论的中心，哲学史以讲清楚这个问题为要，不以堆积资料为高。全书讲七个时代思潮：先秦诸子（分前后期），两汉经学，魏晋玄学，隋唐佛学，宋明道学（分前后期），近代变法，现代革命。这是客观的中国哲学史的七个中心环节，也是客观的中国哲学史发展的自然格局。”① 但是在其第六册自序中，冯友兰说：

> 现在这本《新编》第六册没有指出什么真正的哲学问题是这个时代思潮所讨论的中心。这一册《新编》看起来好像是一部政治社会思想史，这种情况是有的，但这不是我的作风改变，而是由于时代不同了。
>
> 这个时代是中国历史的第二次大转变，这个转变比第一次大转变更剧烈、更迅速，范围也更广大，这是一次东西文化的全面斗争，其范围牵涉到每一个中国人的生活和思想，其结果关系到中华民族的生死存亡。所以在这个时候，几乎每一个中国人都不得不思考这个问题，参加这个斗争。每一个大思想家同时也是一个政治社会活动家，他们都是一派政治社会活动的领袖，他们的思想和活动就是这个时代思潮的中心。要想在他们的思想和活动之外另找一个纯哲学的中心问题，都是不现实的，也是不可能的。②

冯友兰所说的第二次历史大转变，实际发生在 19 世纪中叶，这与一般

---

① 冯友兰：《中国哲学史新编第五册·自序》，《三松堂全集》第十卷，第 4 页。
② 冯友兰：《中国哲学史新编第六册·自序》，《三松堂全集》第十卷，第 285—286 页。

写中国近代哲学史的作者同调，但是冯友兰将其先驱提前至清代的黄宗羲以及颜元、戴震等哲学家。而在第七册的最后，作为经学时代结束后哲学变革的“贞下起元”，出现了“卓然能自成一系统”的哲学著述。“历史的发展是不能割断的，在发展的过程中，任何一个时代对于前一个时代，都不是全盘否定，而是扬弃。在扬弃中完成了承先启后、继往开来的责任。现代化时代的哲学家也沿用了宋明道学家的词句，但不是依傍于宋明道学，是‘接着讲’，而不是‘照着讲’的。”[①] 宋明道学分心学和理学两派，现代接着宋明道学讲的也分为金岳霖、冯友兰的理学和熊十力的心学两派。

综上所述，冯友兰所写的中国近现代哲学史，大部分其实是政治社会思想史，只是在最后一部分，即进入 20 世纪 40 年代，中国哲学才回归传统哲学的路径。或者说，冯友兰实际上认为三百年来，真正意义的哲学史还是儒家哲学史，是心学和理学的分与合的历史。从另一方面，冯友兰又承认中国必须走现代化之路，所以其现代哲学史的研究路径蕴含着一个“社会现代化—哲学现代化”的方式。但是冯友兰自述道：“中国需要现代化，哲学也需要现代化。现代化的中国哲学，并不是凭空创造一个新的中国哲学，那是不可能的。新的现代化的中国哲学，只能是用近代逻辑学的成就，分析中国传统哲学中的概念，使那些似乎含混不清的概念明确起来，这就是‘接着讲’和‘照着讲’的区别。”[②] 结果，中国现代哲学似乎本质上就是儒学的现代化史，是如何用近代逻辑学清洗传统哲学的概念，重新解释传统儒学的历史。

三

现在我们通常认为最早自觉地运用唯物史观研究中国思想史的著作，是侯外庐的《中国古代思想学说史》，那是 1942 年才出版的，后来更把它发展成著名的《中国思想通史》。就其学术抱负而言，侯外庐的目标是完成一部“统一

① 冯友兰：《中国哲学史新编第七册》，《三松堂全集》第十卷，第 610 页。
② 同上书，第 629 页。

的思想史”，用他后来的话说是“这部《中国思想通史》是综合了哲学思想、逻辑思想和社会思想在一起编著的，所涉及的范围比较广泛；它论述的内容，由于着重了基础、上层建筑和意识形态的说明，又比较复杂”[①]。这似乎是在学术目标以外达到理论创新的目标，即以中国思想史为具体对象阐述唯物主义的历史哲学。毋庸置疑，这部书对哲学思想尤为重视，因为哲学史的内容构成了它的主干和核心。由于侯外庐这部《中国思想通史》的编纂和出版，不仅在几乎长达半个世纪中，规定了中国思想史的学科典范，而且深刻地影响了中国哲学史的学科发展。侯外庐主编的《中国思想通史》是运用唯物史观研究中国思想史和哲学史的最初成果。这套书将哲学思想、逻辑思想和社会思想结合起来研究，注意研究社会经济结构和意识形态的关系，开创了中国哲学史和中国思想史研究的新范例。侯外庐所著的一大特点是在正统思想家之外，注意到以往不被重视的一批思想家，如嵇康、吕才、柳宗元、刘禹锡、王安石、方以智等人。之所以赞扬他们，多半是作者认为他们具有唯物主义倾向或是属于反正统的异端思想家。在唯物史观成为主流意识形态的语境中，由于其方法和内容比冯友兰所著都有所创新，这部著作成为当时的学科典范，不过也开启了以唯物主义和唯心主义“两军对阵”研究中国哲学史的先河。1978年侯外庐又出版了《中国近代哲学史》。在该书序言中作者说：

> 从1840年“鸦片战争”到1919年“五四运动”前夕近八十年的中国近代史，始终贯串着人民群众反对帝国主义和封建主义的英勇不屈的斗争。我们在这本书里，依据具体历史资料进行了初步的分析，力求阐述人民群众的革命斗争如何推动了中国近代历史的发展；中国近代的阶级斗争和近代自然科学知识的传播怎样影响于意识形态领域，又具有什么性质特点。[②]

经历过那场变革的人们并不难理解，出版于“文革”结束不久的侯著，

---

① 侯外庐主编：《中国思想通史》第一卷，人民出版社，1995年，第1页。
② 侯外庐主编：《中国近代哲学史》，人民出版社，1978年，第5页。

对于中国近代史和近代哲学史都尚未真正达到自觉的反思。虽然该书结合不同阶段的社会思潮，对洪秀全、严复、康有为、梁启超、章太炎、孙中山等人的思想有所讨论，然而不但严格的“两军对阵”继续被作为写作哲学史的模式，而且该书实际上停留于按照既定政治口径撰写中国近代政治思想史的水准。从唯物史观出发，作者试图直接解释群众运动和科学技术对于“意识形态领域”的影响，这一路径是有价值的解释方式之一，但是阶级斗争和科学技术对哲学发展的“影响”如何实现，在“意识形态领域”中居于核心地位的哲学问题是什么，以及近现代哲学家如何回答这些问题，他们的努力有什么经验和教训可以总结，对于这些重要的问题，作者都没有形成系统而连贯的解释。

四

20 世纪 80 年代更有社会广泛影响的是李泽厚的《中国近代思想史论》和《中国现代思想史论》。前者以思潮和人物结合的方式，讨论了在近代中国具有重大社会影响的三种思潮：太平天国的农民革命思想、带有自由主义色彩的“维新变法”思潮和以“三民主义”为代表的民主主义思想，涉及洪秀全、康有为、梁启超、谭嗣同、严复、章太炎、孙中山乃至鲁迅等思想家多人。李泽厚将社会政治思想置于全书的中心，因为社会政治问题是近代中国人的核心关切，其他思想都是附属于和服务于社会政治问题的，所以包括哲学在内都没有得到更有独立性和丰富性的进展。后者则主要分析了 20 世纪中国的六代知识分子，以此考察现代中国思想的历程，并提出了著名的“启蒙与救亡的双重变奏”的命题，使得整个论述隐含着 20 世纪的问题是“救亡压倒启蒙”，所以中国需要在两个层面进行创造性转换：在社会体制的层面，需要继续启蒙，使科学、自由、民主等深入人心；在文化心理结构层面，则需要让传统融入现代社会。这就是他所谓的“西体中用”的路径。

李泽厚的《中国近代思想史论》写得虽然朴素却比较结实，由于其出版时间正在“解放思想”的潮流之中，因此显得尤其新颖；《中国现代思想史论》虽时有洞见却缺少细密的论证功夫，且其意在提出吸引社会关注的问题，通过此问题表达其个人的现实关怀。尤其是他所谓“救亡压倒启蒙”的论断，引起了广泛持久的讨论，同时也接续了李泽厚关于主体性的哲学话语。不过，无论如何人们不会将李泽厚的“思想史三论”视为可以通古今之变的中国思想史或哲学史。其原因之一，是李泽厚的“思想史三论”中，《中国古代思想史论》表现出和前出的两论在基本倾向上的转变。哲学家改变自己的观点是平常的事情，但是，作为贯通哲学史的著述，其前后的不一贯则不能被视为优胜之处。

五

20世纪80年代后期，冯契先生出版了《中国古代哲学的逻辑发展》三卷，紧接着又出版了《中国近代哲学的革命进程》。现在我们将它们合称冯著中国哲学史两种，其间自然有理论与方法的连贯性与统一性。冯契先生说：

> 两书还是前后衔接，一以贯之的。“哲学是哲学史的总结，哲学史是哲学的展开”是其共同的指导思想。把两书视为“哲学的展开”，贯串在其中的基本原理，就是我所理解的马克思的实践唯物主义的辩证法，同时也是中国传统哲学合乎逻辑的发展的产物和中国近代社会变革在哲学理论上的集中表现。①

实际上，上述两部著作其实也有所不同，所以采用了颇不相同的命名方式。中国古代哲学经过两千多年的演变，到明清之际已经达到总结阶段，从这个意义上说，哲学的古典时代开始终结，代之而兴起的将是一个革命的时代。因而冯契先生将近代哲学史的著述题为《中国近代哲学的革命进程》。既然是“革命时代”的哲学革命进程，就预设了传统哲学的某种断裂。按照冯契自己的判断，从哲学发展的基本动力而言，近代与先秦相似，而与汉代到清代的两千年有所不同。前者是中国发生历史性变动的时期，哲学的主要

---

① 冯契：《中国近代哲学的革命进程》，《冯契文集》第七卷，第655页。

动力来自反映社会变革的政治思想争论；后者的动力则主要来自科学技术的发展。而近代哲学围绕的社会问题，又经过一个不同于先秦的中介：冯契先生将“古今中西”之争视为贯穿整个近现代中国历史的文化—政治争论，它虽然在形式上类似先秦时代的“古今、礼法”之争，却是新出现并且尚未终止的争论，它是与中国社会进入“三千年未有之大变局”的历史条件相适应的，正是这一争论决定着中国哲学的新走向。作为一个直面现实的哲学家，必定对其研究方法会有所调整。这使我们想起以赛亚·伯林所说的：“哲学中不能有正统、不能有可以无限改进的方法，否则我们就可以说每一代人都是和平地从上几代人没有完成伟大工作的地方开始接手的，就可以说哲学是连续不断地进步的。”① 中国近代的哲学革命，某种意义上说是对古代哲学的“扬弃”，而且这一进程尚未完成，因而相应地要求哲学史的书写方式做必要的调整。近现代哲学部分没有继续在“逻辑发展”的名目下，即是其表征。

同样以广义认识论为中心，在处理古代哲学史与近代哲学史的写作时，冯契先生的方法既有相同之处，又有所不同。相同的是，都采用历史与逻辑相统一的方法；其间的不同，冯先生则另有交代：

> 在古代，我比较注重把握哲学家的体系，把他们放在当时历史条件下进行分析，以揭示其中所包含的认识环节，前后联系起来考察其逻辑发展。在近代，由于现实经历着剧烈变革，思想家一生变化较大，往往来不及形成严密的哲学体系。因此，我认为对近代哲学不要在体系化上做苛求，而应注重考察思想家们在一定历史阶段上的独特贡献，看他们在当时提出了什么新观念来反对旧观念，从而推进了中国近代哲学的革命进程。②

简言之，范畴史的书写方式需要在更大的历史尺度中才能展开，而百年近代史（在冯先生那里，“近代”指从鸦片战争到中华人民共和国成立）显得

---

① ［英］以赛亚·伯林：《现实感：观念及其历史研究》，潘荣荣、林茂译，译林出版社，2004年，第79页。

② 冯契：《中国近代哲学的革命进程》，《冯契文集》第七卷，第655页。

过于短促了，更何况“时代的艰苦”曾经如黑格尔感叹的那样，束缚乃至牺牲了许多优秀人才，“使得人们没有自由的心情去理会那较高的内心生活和较纯洁的精神活动”①。各种观念的哲学争论尚未得以充分展开以前，冯契先生撰写的《中国近代哲学的革命进程》，实质上是在广义认识论视野中研究观念的新陈代谢史。

强调研究“观念的新陈代谢”，当然蕴含着“进步”观念的预设，但是它既不表示忽略文化的连续性，也不表示承认单线进化论。荀子就说过“若有王者起，必将有循于旧名，有作于新名”(《荀子·正名》)，这句话可以解释为观念世界随着现实生活（尤其是政治史）的变化而变化。古代哲学有“天人”“名实”“心物（知行）”“理气（道器）”四大问题，“中国近代哲学是在新的历史条件下，在更高的发展阶段上，对上述问题展开了具有近代特色的论争。这些论争与西方近代的哲学有着密切的联系，但它们又是合乎逻辑地从中国传统哲学中演变出来的”②。新的历史条件，加上与西方哲学的密切联系，使得从传统演变而来的哲学争论具有何等样的“中国特色”？冯契先生提出“古今中西”之争是贯串近代的基本争论，贯彻了政治思想对于哲学的动力学原则。“古今中西”的文化话语，在社会史上即是现代化的必要性与方向性的争持，在哲学上则通过文化—政治思想直接推动历史观、认识论、伦理学和逻辑学的辩难。毋庸讳言，近代以来的哲学进程与现实的关系十分密切，它常常通过一系列社会文化问题的“论战”而展开。创造体系的专业哲学家出现较晚而少，学院哲学的社会影响较迟而小。有思想的政治家、社会活动家和文学家经常成为哲学的前卫，这些如果属于通俗哲学的话，它们又汇入了特定的社会思潮。后人把它们总体上区分为人文主义与科学主义两大类，这是两大家族，各有自己的谱系。在仅仅数十年的短暂时段里，如此多的社会思潮前后更替的后面，我们可以发现“观念的新陈代谢”的轨迹——形成了现代传统，它们实际上是“传统的创造性转化”的相应成果。因此，近代哲学革命依然符合“同归而殊途，一致而百虑”的规律，但

① 黑格尔：《哲学史讲演录》第一卷，第1页。
② 冯契：《中国近代哲学的革命进程》，《冯契文集》第七卷，第11页。

是这一规律的运用可能应该有所扩充，包括关注观念的位移和转换，承认“某种概念的历史并不总是，也不全是这个观念的逐步完善的历史以及它的合理性不断增加、它的抽象化渐进的历史，而是这个概念的多种多样的构成和有效范围的历史，这个概念的逐渐演变成为使用规律的历史”①。换言之，从理解现时代精神状况的意义上看，从范畴史到观念史的转换，意味着“传统的创造性转化”是一项未竟的事业；当代观念史的研究要有一个更为开放的空间，具体的操作方式会有更多的实验性。

第三节 文化精神的历史性转向

基于哲学史研究应该体现时代精神的承诺，前辈学者重视政治思想对于中国近现代哲学的意义所提供的值得注重的视角，同时意识到尽管“中国崛起”已经是一个确定的事实，但是文化上的“古今中西”之争并没有最终结束，本书对自 19 世纪末以来的中国哲学观念史，将尝试采用社会哲学的视角来予以考察。而其最初的基点，则是注意到 19 世纪中叶以来，中国文化精神发生了历史性的转向。

一

什么是文化精神，这个问题不容易回答。一种回答是说，文化精神是一种文化的核心、本质。譬如说文化的核心是价值观，所以价值观念不同，文化精神就不同。黑格尔说哲学是时代精神的集中表现，那么哲学就是文化精神？但是，哲学是概念化安排的思想，或者说是思想的思想、第二序的思想。还有些人可能更愿意说宗教才是他们的文化精神所在，如美国人大卫·雷·格里芬说：

---

① ［法］米歇尔·福柯：《知识考古学》，谢强、马月译，生活·读书·新知三联书店，1998 年，第 3 页。

> 在许多人看来，“精神”这个词具有一种神圣的内涵，蕴含着某种形式的宗教戒律。不过，我们在这里是在广泛的意义上使用这个词的，我们用它来指称我们据以生活的终极意义和价值，不管这些价值是神圣的还是非常世俗的，不管我们是否在有意增加我们对这些价值和意义的信奉。就一个人的终极价值和意义反映着他对于什么是神圣（也就是说什么是最重要的东西）这一问题的某些假设而言，“精神”一词的确具有宗教的内涵。但是，被假定为神圣的东西，也可能是些极世俗之物，例如权力、性能量或成功，等等。这种广泛意义上的“精神”对人来说并非可有可无的东西，每个人都体现着某种精神，哪怕是一种虚无主义或物质至上主义的精神。当然，人们往往习惯于在一种更严格的意义上使用“精神”这个词，把它当作是一种事关终极意义和价值而非权力、享乐和财富的生活取向。①

在讨论文化问题的时候，尤其是在对不同文化做比较研究的时候，人们常常对那种弥漫其中、不容易明白表述却又经常影响人们思维和行为，至少是影响思维和行动的倾向的东西，或者说是影响一类文化中人们的气质，有一种直观性的认识。我们也可以把这种文化的气质和倾向叫作文化精神。

从更宽的视野看，“文化精神”并非单一的实体。文化总是在历史中变迁、发展的，任何民族的文化精神都是在历史中生成、演化的，没有什么先天的或者固定不变的文化精神。我们现在经常引用雅斯贝尔斯的“轴心时代”的说法，但是三千年来中国文化还是不断有变化，并不仅仅是先秦时期的复制。哲学家对他们各自的时代文化的认识也有不同。而且就像一切事物都服从相反相成的辩证法则一样，一个民族的文化精神恐怕也很少是单向的。在其所呈现的主要特征之下，很可能隐蔽了与此不同的方向，或者潜伏着与其相反的特征，因而有主流和潜流、中心与边缘等差别。从历史上说，

---

① ［美］大卫·雷·格里芬编：《后现代精神》，王成兵译，中央编译出版社，1998 年，第 1—2 页。

大一统的帝国是传统政治模式，但是历史上也出现过几次大分裂的时期。中国文化包含了三教及其融合，但是三教还是不尽相同：儒家讲成圣，道教要成仙，佛教则要成佛。宋明理学家讲“存天理，灭人欲”，但是《金瓶梅》那样的小说对于晚明市井生活的描写并非完全凭空创造。如果把中国文化精神规定为某些概念或命题，也一样没有减少其困难。譬如现在人们喜欢说中国文化的精神是“天人合一”，原则上并不错，但是如何解释却可以有多种进路。这类玄学的命题，其解释的多样性，正是中国哲学内部不同倾向和派别辩证发展的原因。于是就有所谓“正统”和“异端”的分别，有“大传统”和“小传统”的分别。而且，即使在“大传统”内部，也有不同的派别和倾向，在不同的历史阶段有不同的表现，所以又有所谓“风气”的转移。章学诚说：“天下不能无风气，风气不能无循环，一阴一阳之道，见于气数者然也。”(《文史通义・原学下》) 历史学家说的“风气”大概就是文化精神在具体社会条件下的表现，精神是体，风气是用；精神是能变，风气是所变。“通古今之变”是一切历史学科的任务。正视一个民族文化精神的变与不变的辩证法，是哲学家的智慧。

中国人对中国文化精神的讨论，是近代以来的中国文化自觉的一部分，是与西方文化大规模相遇以后的文化反思的结果。在此以前只有传统的“夷夏之辨”与其相仿佛。19 世纪中叶，海禁大开，最初士大夫还是视西方人为“夷”，但是渐渐地明白了中西之间有着两种文化的冲突。一半是出于学习型的现代性所特有的观念表现，一半是重建民族文化认同的需要，中西文化的讨论，成为一时之显学，而且蔓延了差不多一个世纪。这种讨论难免有化约论的倾向，而且由于是在“中—西”之间的对待关系中讨论，多少就有一种“中 / 西”二分的模式，即所谓中国文化的特点或精神，是相对于西方文化而言的。换言之，中国人是在面对一种强大的异质文化的挑战时，才发生了持续的“古今中西”之争。这一持续的争论恰恰预示了中国文化精神的某种转向。

二

中西文化争论的高峰期是新文化运动时期。我们可以从梁漱溟先生早期的著作《东西文化及其哲学》说起。在这一篇著名的讲演中，他有如下论断：

> 西方化是以意欲向前要求为根本精神的。
>
> ……
>
> 中国文化是以意欲自为、调和、持中为其根本精神的。
>
> 印度文化是以意欲反身向后要求为其根本精神的。①

我们可以认为梁先生之文化“根本精神”说，是新文化运动时期东西文化争论激烈化的产物。出于格式塔心理，许多人把中西文化的冲撞和交融看成整体性的转换。梁先生虽然是一个保守主义者，但是他以为“东方化现在已经撞在墙上无路可走，如果要开辟新局面必须翻转才行。所谓翻转自非努力奋斗不可，不是静等可以成功的。如果对于这个问题没有根本的解决，打开一条活路，是没有办法的”②，这种追求变化，希望获得“根本的解决”的心态，与当时的激进主义者没有区别。

更可注意者，梁的文化三期重演说，是特别针对李大钊的论断而提出的。李大钊提出“东西文明有根本不同之点，即东洋文明主静，西洋文明主动是也”。梁对此的反应是“太浑括”，以为李大钊的证明工作，“是一种平列的开示，不是一种因果相属的讲明。有显豁的指点，没有深刻的检讨……我们所求贯串统率的共同源泉，一个更深澈更明醒的说法，李君还没能给我们”③。

在梁先生看来，说东西文化之差别是“静”和“动”的不同，已经是一种老套的说法了。因为在数十年中，它几乎是几代中国知识分子的共识。其实“老生常谈”的家常便饭最有典型的意义，而分析这种人们习焉不察的话语，是哲学史或观念史应该进行的工作。因为它提示了我们研究近代中国文化精神转向的一种具有方法论意味的现象：用“动”与“静”来概括东西文

---

① 梁漱溟：《东西文化及其哲学》，《梁漱溟全集》第一卷，山东人民出版社，1989年，第383页。

② 同上书，第343页。

③ 同上书，第352页。

化的差别，是非常简单化的论断，所以我们现在几乎无人赞成这种整体主义的又是化约论的说法。因为它实在无法解释中国文化源远流长的发展，无法解释古代中国人何以创造了如此灿烂的文明。事实上，直到18世纪，中国在经济和文化等各方面的发展，都并不逊色于欧洲。按照最近出现的“加州学派”中的一种观念，西方的兴起和东方（包括中国）是19世纪的“大分流”的结果。[①]19世纪以后一百多年中国进步的缓慢，甚至给人一个“停滞的帝国”印象，这也许是几代学者同意用“动”和“静”来概括东西文化基本精神的原因。我们可以悬置这一判断的历史真实性的争论，但是通过这一现象，我们可以明确地描写出那个时代的人们一种普遍观念或者一种社会共识，并且进而探讨其内在的意图，以分析其文化心态或趋向。

所以我们首先可以肯定的是，从19世纪中叶开始，西方文化的动力性特征引起了中国人的高度关注。在李大钊以前，最著名的是唐才常和梁启超。梁启超著有《说动》一文，其中，梁引用唐才常的话说：

> 西人以动力横绝五洲也。通商传教、觅地布种，其粗迹也。其政学之精进不已，骎骎乎突过乎升平。无可惧也，无可骇也，乃天之日新地球之运，而生吾中国之动力也。[②]

这大约是早于李大钊二十年说的话，而晚于李大钊二十年，也有人说了类似的话，那就是钱穆。他在《国史大纲》中坚持“我民族国家精神命脉所系……在一种情之融和”，而把西方文化的特征归结为“力之向外冲击”：

> 将西洋史逐层分析，则见其莫非一种“力”的支撑，亦莫非一种

① 与学术界以往将近代转型以前的中国理解为“停滞”“衰退”“丧失了变革的动力”不同，最近三十年欧美汉学界和中国历史学家对前近代中国的历史有一个重新评价的过程。其中，以“加州学派”尤其为人所注重。他们主要是指李中清、王国斌、彭慕兰、李伯重、安德鲁·贡德·弗兰克等一批历史学家，他们对明清时代中国经济的发展给予了高度评价，但是对于近代中国和前近代中国之间的承继与断裂却缺少明断和解答。

② 梁启超：《说动》，《饮冰室合集》第一册，文集之三，中华书局，1989年，第39页。

"力"的转换。此力代彼力而起，而社会遂为变形。其文化进展之层次明晰者在此，其使人常有一种强力之感觉者亦在此。①

其实，现代性具有高度的扩张性或动力学特质，也是19世纪西方著作家，特别是那些对现代性持某种程度批判立场的思想家的观点。

我们知道，在马克思那里，现代性批判是以资本主义批判的形式出现的。著名的《共产党宣言》用了差不多七分之一的篇幅来描写资本主义那种史无前例的扩张性和动力性：

生产的不断变革，一切社会关系不停地动荡，永远的不安定和变动，这就是资产阶级时代不同于过去一切时代的地方。一切固定的古老的关系以及与之相适应的素被尊崇的观念和见解都被消除了，一切新形成的关系等不到固定下来就陈旧了。一切固定的东西都烟消云散了，一切神圣的东西都被亵渎了。

它（指资产阶级——引者注）迫使一切民族——如果他们不想灭亡的话——采用资产阶级的生产方式；它迫使他们在自己那里推行所谓文明制度，即变成资产者。一句话，它按照自己的面貌为自己创造出一个世界……正像它使乡村从属于城市一样，它使未开化的和半开化的国家从属于文明国家，使农民的民族从属于资产阶级的民族，使东方从属于西方。②

对于马克思而言，资产阶级所创造的现代社会像好莱坞电影《生死时速》中的那辆汽车：它只能一刻不停地狂奔，一旦放慢速度或停车，车内安放的炸弹就立即爆炸！——资本主义社会将因不能容纳新的社会生产力的发展而导致社会革命。

19世纪末20世纪初，西方曾经出现过对现代性悲观、怀疑和批判的思

---

① 钱穆：《国史大纲》上册，商务印书馆，1996年，第24页。

② ［德］马克思、恩格斯：《共产党宣言》，人民出版社，1964年，第27—28页。

潮，奥斯瓦尔德·斯宾格勒的《西方的没落》即是代表。有趣的是，尽管斯宾格勒的历史观和马克思可谓南辕北辙，但是对现代性的高度扩张性和动力性，却有完全相同的判断。斯宾格勒把它形象地称作“浮士德精神”，近代以来的西方文化被称作“浮士德文化”。

> 浮士德文化的人和任何其他文化的人的区别，也正在于他的不可抑制的向远方发展的冲动。
>
> 浮士德文化的唯物主义，就该词的狭隘意义来讲，也是独特和独立的。在这里，从技术的角度看待世界的观点达到了完满的境地。整个世界是一个精确的、根据数学来安排的动力体系，可以进行实验性的研究，直到探索到其原因为止，并可用数字加以固定，因而人们能够控制它——这就是我们特有的“回到自然”与所有其他的文化之区别所在。“知识就是道德”也为孔子、佛陀和苏格拉底所相信，但是“知识就是力量”一语却只是在欧美文明中间才具有意义。①

在此需要特别说明的是，我并不赞成把东西方文化的区别简单化为“动的文明”与“静的文明”，事实上，将复杂的文化化约为单一的特性，一定包含了简单化和片面性的危险。我引用上述材料的目的，只是说明现代性所具有的动力性和扩张性这类特征，曾经如何被中西思想家共同认可。如果更进一步，我们不得不承认，一个多世纪以前，当中西文化大规模相遇的时候，上述判断具有某种直观的自明性。与任何前现代文明相比，现代文明的发展速度都是惊人的。因此，即使当今的现代化问题理论家也承认现代性的这一特征，如布莱克在他的《现代化的动力》一书中，就是在由于知识的爆炸性增长导致源远流长的改革过程所呈现的动态过程这个意义上，来使用“现代化”一词的。他认为，“现代化的特殊意义在于它的动态特征以及它对人类事物影响的普遍性”②。留下的问题只是，前现代中国文化是否缺乏内在的

---

① ［德］奥斯瓦尔德·斯宾格勒：《西方的没落》，齐世荣等译，商务印书馆，1963年，第141、505页。

② C. E. Black, *The Dynamics of Modernization*, Harper & Row, 1966, p.4.

动力性，对此我将留到下面去讨论。这里可以简单提示的是，“动力”云云，或者“普罗米修斯—浮士德”精神，完全是现代性的话语。[①] 当代批评者所持“中国文化同样具有动力性”的判断背后，常常隐蔽着一个肯定动力性的价值预设。这恰恰是中国文化精神转向的结果和明证。

三

一个人所共知的事实是，晚近一个半世纪，中国社会发生了前所未有的巨变。我们完全可以在另一个意义上运用李鸿章们说的“三千年未有之大变局”。且不说这场变化的深度和广度，只要看最近四十年中国经济增长的速度，就足以窥见现代中国文化所具有的动力性之一斑。中国的崛起已经成为影响当代世界历史走向的那些最重大的事件之一。

中国社会发展的强劲动力来自何方?

我们当然承认现代科学技术的重大作用，承认社会制度变革的作用。但是，在中国人普遍地运用现代科学技术之前，甚至在中国刚刚酝酿制度变革之际，知识精英观念世界特别是价值观念的变化，预示着中国文化精神正在转向动力性的追求。正是这一追求，成为大规模的社会变革的前导。

我们知道，西方的现代化伴随着世俗化的历程。按照马克斯·韦伯的解释，西方现代化的精神动力最初是由新教伦理提供的，新教伦理给予西方文化一种特殊的精神气质，即以“天职”观念为中心的所谓资本主义精神。换言之，现代社会到处可见的追逐功利的冲动，一开始曾经有过道义论的源头。近代西方人征服自然的精神动力，也被韦伯理解成新教与对象世界之间

---

① 将动力式的精神取向视为现代性的表现，也是张灏的观点。“根据韦伯的思想，我们可以把现代化定义成一种理性化的趋势，但什么叫做理性化的趋势？即人用理性去克服并控制自然和社会环境的种种努力。假如我们接受韦伯的这个定义，就可将现代化分成三个层面：一个是动机的层面（motivational level）；一个是运作的层面（operational level）；还有一个是结构的层面（structure level）。动机的层面是什么呢？就是西方近代人的人格里面一种说不出的一往直前的进取精神。哈佛大学教授史华泽借用史宾格勒（Spengler）的一个名词把它描述为‘faustian-promethen drive’，即无限进取，为进取而进取，一往直前的精神。而我认为这是近代化或理性化在动机层面上的一个很重要的特色。”（张灏：《新儒家与中国文化危机》，罗义俊编著：《评新儒家》，上海人民出版社，1989 年，第 235 页）

巨大紧张的产物。与西方现代化所借助的世俗化形态不同，中国文化精神的转向，一开始就是在世俗的观念领域中进行的。它不是如西方那样，在对神学世界观的反叛中，而是在哲学世界观的变革中实现的。

对于中国现代性的动力之源，人们有不同的解释，但是如果我们超越“传统和反传统”的对立，对 20 世纪中国哲学世界观的历史总貌做一俯瞰，我们就会发现，许多形式上对立的哲学派别，实际上都在以不同的方式提供动力式文化精神的理论建构。简要地说，哲学进化论是以自然科学的理论架构为主体，描述了一个动力式的客观世界图景及其自然法则；马克思主义是以历史理论为中心，将历史中的主要动力理解成经济的要素，从主客体交互作用入手去获得社会进步的动力；现代新儒家以心性论为主题，则更多是在主观精神的领域发掘动力的源头。

如何解释和评价达尔文进化论，在今日西方学术界依然是个问题，更何况 19 世纪与 20 世纪之交的中国。但是有一点是确定的，像在西方，达尔文发表其著作后不到十年，进化论就被知识界普遍接受一样，严复的《天演论》曾经影响了几代中国知识分子的世界观。

我们知道，进化的观念绝非起于达尔文，达尔文的贡献在于使进化论具有了科学的形式。“其他进化论者谈的是活力的力量，历史具有方向性，活力驱动，以及心灵本质上是崇高的，这些都是经过装饰可以被传统的基督教勉强接受的概念。”① 达尔文的生物进化论，则使一个动力式的生命世界获得了严格的决定论的证明。常常有人认为中国人将一个原先只是科学的进化论误解成哲学，其实，在借进化论实现文化精神的动力式转变方面，中国人不过是像维多利亚时代的西方人一样，把“进化”理解成了“进步”。② 所谓“物

---

① ［美］斯蒂芬·杰·古尔德：《自达尔文以来：自然史沉思录》，田洺译，生活·读书·新知三联书店，1997 年，第 8 页。

② 现在人们对于达尔文的“进化”与作为普遍信仰的“进步”之间的区别，已经有了较多的洞察。达尔文所坚持的是，进化只是指生物的变化在导致提高生物适应环境的方面，而不是指将生物的变化视为趋向复杂性增加的过程，并以此来界定抽象、理想的“进步”。错将生物进化等同于进步，一方面是人类中心主义的根源之一，另一方面曾经因导致社会达尔文主义而受到严厉的批评。但是，在 19 世纪，大多数欧洲人恰恰把进化理解成进步（这种观念至今仍为普通人所拥有），更不用说中国人最初在达尔文的名字下，读到的其实是斯宾塞的理论，而他正是把进化诠释成普遍进步的代表人物之一。

竞天择之理”，是以竞争与对抗求取进步的法则，这些东西使得中国人的精神发生了方向性的变化。

在标准的旧式士大夫头脑中，自然界和历史呈现为循环论的图景，竞争虽然是生活中的现实，但是属于非常态的现象，只有负面的意义，不会获得价值的肯定。用冯友兰先生的说法：“所谓争斗的精神，中国以前是不讲底，中国以前所讲底，是无逸的精神。”① 自 19 世纪中叶开始，至少在国际关系方面，对抗和竞争从非常态变成了常态；中国人最初在“救国报种”的民族主义目标下接受它，从心理上说是被动的。此时，竞争虽然具有了有限的正义性，但是还只是工具的正义性，还没有神圣的意义。进化论的传播，不但使中国人第一次获得了进步主义的世界图景，而且使得“竞争”具有了超验的价值。

现代人日常使用的“进步”一词，其实有复杂的含义，它至少包含四重意义：一是社会向善论的预设，即相信人类社会将不断改善，趋向完美的境界；二是一个道德性的理念，指主体德性的提高和完善，所以“进步”必定又预设了人性的不断改善，趋向理想人格；三是相信理性、认识能力和科学技术将不断增长；四是对力量的追求，相信人类能够扩大自身的权能、征服自然、普遍增进人类的幸福。进步的信仰一旦确立，就发生了极其深刻的历史作用。正如希尔斯说的那样：“进步思想既是描述性的，又是规范性的……这种思想断定，进步已经发生了；它也断定，进步应该发生，而且一旦阻碍进步的障碍被排除以后，它就会出现。这些障碍便是人类一味依恋过去的陈腐习惯和信仰。促进进步成了公共政策的目标和衡量社会业绩的尺度。公共舆论的导向者们将进步的准绳运用于所有的制度和信仰，并且随着政府的作用日益突出，它还运用于政府的主要决策。”② 总之，“进步”的概念通过对经验的描述过渡为对未来的预测，结果就转变为规范性的概念。作为规范的进步概念，在实际运用中包含了理想和现实的意义二重性，即既有超越的目标起一种范导作用而具备理想性，又有生活

① 冯友兰：《新世训》，《三松堂全集》第四卷，第 356 页。
② ［美］E. 希尔斯：《论传统》，傅铿、吕乐译，上海人民出版社，1991 年，第 318 页。

世界中可予证实的经验有效性。社会向善论和道德增长论偏向理想性，对知识、科技、力量和福利增长的预期则偏向现实的运作。它们综合起来构成一个具有巨大革命性的观念，并且很快成为上自知识精英、下到普通百姓的普遍信仰。作为循环论或历史倒退论的替代品，进步的信仰使得中国文化转入一种类似西方文化“普罗米修斯—浮士德”的动力式过程，是中国实现现代化的精神转向的关键一步。无论进步主义在今天表现出多少弊病，人们依然必须承认：没有“进步”的观念，整个现代化进程是难以想象的。

既然“进步”或“进化”是价值所在，作为进步的动力，生存竞争当然也是基本的价值。原先当作非道德性而被迫接受的“竞争”，现在通过严复等人的诠释，不仅有了民族主义的正义性，而且开始闪耀起进步主义的理想光芒。敏锐的西方学者早已注意到，“在严复的眼中，达尔文的理论不只是描述了现实，而且还规定了价值观念和行动准则……很明显，严复强调的是竞争（一种确定无疑的活力）的价值观，强调的是在竞争形势下，潜在能力的充分发挥”①。事实上，严复巧妙地表达了斯宾塞式的信念：如果生活是一场适者生存的斗争，那么力量就是最终的美德，软弱和不能应付外部世界就是最大的过错；生存下去、取得胜利就是善，屈服和失败就是恶。不难看出，传统的“力命（德力）之争”的标准完全被颠倒过来了。力量和竞争不再是消极的负面的东西，而是推动社会进步的动力、使人得以充分发挥自身潜能的必要途径；既是历史之大道，也符合人道原则。

动力性的价值有宇宙论和本体论的支持。《天演论》表明严复在对力量的肯定方面，接受了斯宾塞那种典型的动力论，即充分强调宇宙整体中“力”的无比强大，“能力”在生物界和人类社会的关键意义；强调活力、精力、斗争、坚持自己的权利，以及在前所未有的水平上大胆发挥人类所有的潜力。因此，宇宙不再是契合传统儒家道德的宇宙，而是力量的宇宙。“大宇之内，质力相推，非质无以见力，非力无以呈质。”② 自然界就是一个“翕以

① ［美］本杰明·史华兹：《寻求富强：严复与西方》，叶凤美译，江苏人民出版社，1989年，第30页。

② 严复：《天演论》，王栻编：《严复集》第五册，中华书局，1986年，第1320页。

合质、辟以出力”的永恒过程，但是人类也并非只需听天由命，而应该发挥自己的力量认识自然、征服自然。“今者欲治道之有功，非与天争胜焉，固不可也。法天行者非也，而避天行者亦非。夫曰与天争胜云者，非谓逆天拂性，而为不祥不顺者也。道在尽物之性，而知所以转害而为功。”①总之，强调力量和竞争成为进化论的诠释主流。人们面前展开的是一幅机械论的世界图景，在“质力相推”的宇宙中，物质元素按照自身的动力而展开。对这样的世界，人类凭借理性和计算将完全能够控制。

在进化论从自然的客观之理来提示动力式精神之后，马克思主义从主客体交互作用来论述历史的动力。

在资本主义批判的意义上，马克思主义是对现代性的一种批评。但是，十分明显，就进步理想而言，马克思主义无疑又是属于现代性的。1869年马克思在给恩格斯的信中称赞达尔文的《物种起源》：“虽然这本书用英文写得很粗略，但是它为我们的观点提供了自然史的基础。”②唯物史观与进化论既有连续又有突破③，同样，中国马克思主义者如陈独秀、李大钊等人，都曾经历了从进化论到唯物史观的转变。从文化精神转向的角度看，追求动力的大目标并无改变，改变的只是“动力”实现的方式。以李大钊为例，他曾将马克思主义归结为三点：社会组织进化论、资本主义经济论和社会主义运动论，“而阶级竞争说恰如一条金线，把这三大原理从根本上联络起来”。社会组织何以能够实现进化？社会历史的动力是什么？这是马克思主义所要解决的问题。“马克思则以‘物质的生产力’为最高动因”，“基础构造的变动，乃以其内部促进他自己进化的最高动因，就是生产力”④。我们知道，生产力概念一直被解释成人类征服自然的能力，历史的最高动因是建立在人与自然对

---

① 严复：《天演论》，《严复集》第五册，第1396页。

② ［德］马克思、恩格斯：《马克思恩格斯全集》第三十卷，人民出版社，1975年，第131页。

③ 在另一处，马克思更明确地说：“达尔文这本书很有意义，我可以用来当作历史上的阶级斗争的自然科学根据。”（马克思：《致拉萨尔（1861年1月16日）》，《通讯选》，转引自［美］魏斐德：《历史与意志：毛泽东思想的哲学透视》，郑大华等译，贵州人民出版社，1994年，第249页）

④ 李大钊：《我的马克思主义观》，《李大钊文集》下，人民出版社，1984年，第50、53、59页。

抗和斗争的张力上的。而这种历史内部的动力之实现，至少在中国当时的历史条件下，必须通过利益对抗的不同阶级之间的斗争。不难看出，作为历史观和社会革命的理论，马克思主义从进化论那种宽泛的宇宙图景转入人类历史的领域，不仅提出一种新的社会进步——达到理想——的远景，而且具体描述了借助一个动力式过程——通过人类与自然的对抗、阶级之间的对抗和斗争——到达理想境界的规律。

在马克思主义传入以前，康有为的“大同”已经为许多中国人所追求，但是这样一个与进化论有关的现代乌托邦后来被证明缺少实现的动力和手段（我们后面会看到，康有为将“不忍人之心”的扩大作为实现理想的途径，实际上是开了新儒家从主体性发掘动力的先河），人们急迫地需要更能反映社会求变的情绪、说明民族矛盾和阶级对抗的现实、有效而迅速地实现社会变革的途径。马克思主义就指示了这样的途径。“马克思社会主义所以称为科学的不是空想的，正因为他能以唯物史观的见解，说明资本主义的生产方法和资本主义的社会制度所以成立所以发达所以崩坏，都是经济发展之自然结果，是能够在客观上说明必然的因果，不是在主观上主张当然的理想，这是马克思社会主义和别家空想的社会主义不同之要点。”①

如果说进化论以“生存竞争”“自然选择”为中心概念，在描述一个动力式的自然界的同时，已经包含了从生命与环境的关系寻找动力的话，那么马克思主义则描述了一个动力式的人类社会发展史，进一步从主客体的交互作用上寻找历史的动力，在哲学上则归结到“实践”概念的凸显。社会生活在本质上是实践的，实践是主体能动地改造自然界和人类社会的活动。“哲学家们只是用不同的方式解释世界，而问题在于改变世界。”② 人们从实践中需要获得的，并不是静观的玄理，而是行动的指南。毛泽东以《实践论》为其最著名的两本哲学著作之一的题目，而且将基于实践的认识论和历史观综合为“能动的革命的反映论”。它与机械的反映论的最大区别，恰恰在于毛泽东思想强调人不但是认识主体，更是实践主体。实践的能动性同时也是人的主体

---

① 陈独秀：《马克思学说》，《陈独秀著作选》第二卷，上海人民出版社，1993 年，第 355 页。

② ［德］马克思、恩格斯：《马克思恩格斯选集》第一卷，人民出版社，1995 年，第 57 页。

性的根源。

作为中国化的马克思主义，毛泽东将中国哲学的辩证法传统向更具有动力性的方向做了发挥。矛盾是永恒的，与世界同在；矛盾的统一性是相对的暂时的，斗争性则是绝对的永久的。“毛泽东从生活中学到的一切——证明着这条真理：一切都是斗争。康有为连自然竞争的观念都不能容忍，而毛泽东的全部思想、活动则以此为基础。”①

传统儒家也强调实践性，他们一贯注重践履。但是，中国马克思主义所强调的“实践”，追求的是改造世界的功效，即化自在之物为为我之物，是在主体与客体的交接点上呈现其意义；践履作为道德性的活动追求的是改造自我，回到主体，着眼于主体性和主体间性。不过，就是这样的哲学派别，在20世纪的中国演变出的现代新儒家，也参与到“动力的追寻”这一文化精神的转向过程中来。

对于现代新儒家的动力性理论建构，较早的有陈荣捷的论断。他认为“‘动力论的变革’（Dynamic Change）之观念，早为宋明新儒学所凸显，尤其在王阳明的良知学中；然而熊氏（指熊十力——引者注）却提供它以一形上学基础……赋予了宋明唯心论新儒学，以一更为坚实的‘形上学基础’，及更多的‘动力论性格’”。在此以前，梁漱溟则“给予儒学仁的概念以一‘动力论的直觉’（Dynamic Intuition）之新诠释”②。

“动力论”的品格确实为梁漱溟、熊十力到牟宗三一系新儒家所看重。牟宗三在将朱熹等理学从儒学正统剥离时，强调的一点就是，朱熹“对于形而上的真体只理解为‘存有而不活动者’。但在先秦旧义以及濂溪、横渠、明道之所体悟者，此形而上的实体（散开说，天命不已之体、易体、中体、太极、太虚、诚体、神体、心体、性体、仁体）乃是‘即存有即活动’者（在朱子，诚体、神体、心体即不能言）。此是差别之所由成，亦是系统之所以分”③。

比起朱熹的理学，王阳明的心学更重视心的能动性，他不把良知或心体

① ［美］魏斐德：《历史与意志：毛泽东思想的哲学透视》，第43页。
② 陈荣捷：《当代唯心论新儒学》，罗义俊编著：《评新儒家》，第420—421页。
③ 牟宗三：《心体与性体》上，上海古籍出版社，1999年，第51页。

视为静止不变的，而是内在于发用流行的过程中；与朱熹一系正统儒学把性体视为静涵静摄的虚静之本体相比，王学有更多的动力性。但是由于它不在一个进步主义的框架内，缺少现代性观念的进步论预设，所以它与我们讨论的文化精神转向还有一墙之隔。

现代新儒家的先驱梁漱溟已经有所不同，他的文化哲学之动力性，首先不在其直觉论，而在于他的哲学鲜明的唯意志论色彩。梁漱溟用生命、生活、人心、良知、意欲、情意甚至阿赖耶识等一系列概念，归根结底是说世界的本质就是意志，是精神性的创造活动，是绝对的流变过程，“生命本性可以说就是莫知其所以然的无止境的向上奋进，不断翻新”①。他借用唯识论，说宇宙无非是“事的相续”，“一问一答即唯识家所谓一‘见分’。一‘相分’——是为‘一事’。‘一事’，‘又一事’……如是涌出不已，是为‘相续’”②。世界就是主体派生客体，主体的认识能力（见分）不断产生并观照客体的过程。更进一步，梁漱溟将唯识论与柏格森的创造意志合为一体，意志所表示的是主体的创生能力和实践能力，整个宇宙即为其支配。当然，梁漱溟的直觉论，因为强调直觉不仅是认识方法，而且是知行统一的、具有自发性和实践性的德性，所以也赋予了它动力。

但是，梁漱溟的哲学最终指向佛教的出世境界，从应对现实危机的角度，他主张要“全盘”吸收西方的科学和民主，却要求改变其“根本态度”即价值取向。他的哲学所表达的动力性和创生性，不仅都受制于其传统儒佛的价值（按照这种价值，新教伦理所表现出的现代化心理驱动力是完全应予否定的）③，而且其动力理论的系统性和自洽性都明显不足。

熊十力继承着向主体自身，特别是主体的精神结构内部寻求动力的路

---

① 梁漱溟:《人心与人生》,《梁漱溟全集》第三卷，第 544 页。

② 梁漱溟:《东西文化及其哲学》,《梁漱溟全集》第一卷，第 376—377 页。

③ 梁漱溟的“文化三期重演说”认为不久的将来是儒家文化的复兴，即调和持中的价值复兴，虽然伴随有创造的冲动说，但是已经表现出对现代性的批评，而且其“直觉”理论本身就是工具理性批判。更何况他的最终价值取向是佛教的出世，在他的信仰系统中，佛教出世的境界是人类最终的归宿。《东西方文化及其哲学》已经初露端倪，《人心与人生》则明确宣示了人类的出世目标。

向，但他不是在文化哲学上发挥，而是着力于宇宙论本体论的哲学建构。简言之，熊十力用能动的心本论为动力式的文化精神提供宇宙论本体论的证明。

虽然熊十力对佛老两家都有所吸收，但是对佛老的虚静本体却坚决排斥。他说："道家偏向虚静中去领会道。此与大易从刚健与变动的功用上指点、令人于此悟实体者，便极端相反。故老氏以柔弱为用。"①此为道家之"大谬"。佛家说"诸行无常、诸法无我"，将真如本体说成是超脱于变化之外的不生不灭的真实，而生灭变化的现实世界则是虚幻不实的。熊十力反对此说，认为"真实自身即是变异，变异自身即是真实"，"实际上这一切行，只是在那极生动的、极活泼的、不断的变化的过程中。这种不断的变化，我们说为大用流行，这是无可呵毁的。我们依据这种宇宙观，来决定我们的人生态度，只有精进和向上。其于诸行，无所厌舍，亦无所谓染着了"②。

熊十力肯定真实的存在即永恒的变化之流，他以创发易理为基础，即用显体，提出著名的"翕辟成变"说："一翕一辟之谓变，原夫恒转之动也，相续不已。"凝聚的趋势（翕）和刚健变动的趋势（辟）构成相反相成的运动，其中刚健变动的元素是主宰的或主导的，"常有力焉，健以自胜，而不肯化于翕"。它足以阻止凝聚和物化的趋势，由此使得宇宙不断得以提升。因此，整个世界并不是简单的循环，而是呈现螺旋式的上升。这是一种精神性的力量，"夫是行健以物物而不物于物之自性力，对翕而言则谓之辟，对物而言，则谓之心"③。所以其"翕辟成变"说与"心本论"是一致的。读熊十力的著作，很能感受到一种刚直凌厉之气，直逼人的心志，原因之一，就是对人的精神力量和主观能动性的高度自信与张扬，在感染、撼动我们。

在熊十力那里，心的力量当然包括改变社会环境以争取自由的取向，但是更多的是指主体具备道德的创造性力量。后者被牟宗三以"智的直觉"加

① 熊十力：《体用论》，《熊十力全集》第七卷，湖北教育出版社，2001年，第6页。
② 熊十力：《新唯识论》（语体文本），《熊十力全集》第三卷，第87页。
③ 熊十力：《新唯识论》（文言文本），《熊十力全集》第二卷，第41、79页。

以进一步的发挥。牟宗三认为我们人类有“无限的认知心”，那就是康德所谓“智的直觉”。在引用了张载的著作以后，牟宗三说：“客观说的天道生德之创生之不御究竟落实处即在此主观说的‘心知之诚明’之创生之不御。”[①]所谓“智的直觉”当然是个道德性的存在，但就其绝对普遍性和自发的创造性而言，它同时也是宇宙论的原则。“本心仁体本是无限的，有其绝对普遍性。它不但特显于道德行为之成就，它亦遍润一切存在而为其体。前者是它的道德实践的意义，后者是它的存有论的意义；前者是它的道德创造，引生道德行为之‘纯亦不已’，孟子所谓‘沛然莫之能御’，后者是它的‘生物不测’引发宇宙秩序，《易传》所谓‘以言乎远，则不御’。总之，它是个创造原则。”[②]牟宗三通过建立道德形上学，阐发了主体的能动性。因为篇幅关系，这里无法展开。需要指出的是，在此过程中，我们可以明显地看到，牟宗三如何从康德的二元论转向了主观精神世界。尽管牟宗三也讨论科学民主等“外王”问题，但是他的“内圣开出外王”思路，正好表明了他如何试图从“心性”世界去获得“开出”现代文明的动力。

四

与“动力的追寻”这一文化精神转向相应的，在20世纪中国当然不止上述三种思想派别。但是从哲学的角度说，进化论、马克思主义和现代新儒家代表了三种典型的进路。它们都欲给中国文化提供某种动力精神，同时互相之间也有许多互涵互渗的内容。但是，既然进路和方式有异，则它们与现代性的关系也自然有所不同。在详细讨论不同进路以前，有一个问题必须扼要回答：如何评价中国文化精神的近代转向？

毋庸讳言，在对这一转变过程的描述中，已经或多或少地包含了对它的意义之基本的肯定。这种肯定集中在两点：第一，从现代化的客观需要出发

① 牟宗三：《智的直觉与中国哲学》，台湾商务印书馆，1971年，第186页。
② 同上书，第199页。

肯定动力性的获得；没有这一转变，就没有中国的现代化进程。试问，完全舍弃“进步”“竞争”“创造”这些动力式的现代性观念，我们将如何自处？第二，从内涵的民族情感而言，中华民族的现代复兴需要新的动力。无论历史上的进化论者、马克思主义者和现代新儒家在具体问题上有多少差距，在救亡图存、民族复兴这个大事上，异议都很小。在经过长期的曲折、中国真正成为现代化强国以后，人们将会认识到，20 世纪发生的这场转变具有深远的意义。

不过，“肯定”决非无条件的肯定。这不但指对加入这场转变的各种理论的直接形态，我们需要一种批判工作（譬如对进化论传播中的社会达尔文主义、唯科学主义、唯意志论思潮，等等）；而且指在现代性的弊病已经呈露的今天，我们应该对现代文明的动力性本身做深入的反省。中国文化精神的近代转向，最初向着民族主义的目标。现代化一旦启动，它的高速增长和不断扩张，就同急功近利、唯科学主义、消费主义乃至金钱崇拜等连接在一起了。中国人的困境在于，面对现代化弊病的同时还须努力实现全面的现代化。尽管悲观者预言，人们强制性地追赶不断增长的需求和欲望，而又永远比不上欲望的增长速度，这种动力式的现代文明只会通向“专家没有灵魂，纵欲者没有心肝”的状况，但是，既然没有什么先知能够给我们指明逸出现代化的另一种文明通道，比较现实的态度就只能是对现代性做内部的批判，即在承认现代性的有限的历史合理性的前提下，对它做相应的批判和修正。那么，就文化精神的转向，我们应该追问：现代型的动力式文明是否需要某种限制？或者说，现代动力精神是否应该有另一些要素作为必要的配置？

从更为基础的问题出发，我们也同时看到，文化上的“古今中西”之争并不局限于“动力”问题，同时也指向了理想社会和如何达到理想社会的问题。在 20 世纪的中国，它具体化为两个相关的社会问题：中国需要什么样的现代化？中国如何达成（理想的）现代化？前者是现代中国人理想的社会结构性的秩序是什么，后者是达成理想社会的过程亦即实际或历程性的秩序是如何。以“后见之明”视之，远在全世界都知道“中国崛起”是 20 世纪最重要的世界性事件之前，中国文化精神的转向已经发生。在此过程中，关于前述两个相关的社会问题的讨论络绎不绝。而且有若干历史节点本该提供更好的机遇来解决这些争论，譬如中华人民共和国的建立，既然完成了统一的现代民族国家的建立，就应该更顺利地进入经济建设的高潮，但是政治上的激烈变动容不得人们做更为沉潜往复的思考。换言之，关于秩序的思考整体上被淹没在现实的变动之中，而且重视秩序问题的通常容易被视为负面意义上的“保守”或“保守主义”。在20世纪大部分时间里，这一多年来处于潜流状态的思潮，到20世纪80年代后期开始浮出水面，迅速崛起取代激进主义，20世纪90年代后期开始，占据了思想的王座。两大思潮社会地位的易位，保守主义成为显学，并未改变中国进入动力式文明的现实——如果中华民族要真正实现新的复兴的话，一定不能丧失其强劲的动力性——却提供了我们系统而更明晰地考察现代中国思想家有关秩序的理论的契机。

第四节　观念史的社会哲学考察

贯串近现代中国历史的“古今中西”之争是推动哲学演化的动力之一。本书集中关注的是，对于中国文化精神在“古今中西”的争论过程中发生的前述转变，如何在社会哲学的视野中，通过分析围绕着“动力”和“秩序”的观念的复杂交集和演化，进而认识中国现代哲学的追求和转向。

一

什么是“社会哲学”？迄今为止，社会哲学尚未有清晰边界，还没有达到如伦理学、美学、价值哲学、政治哲学等学科哲学那样的成熟程度。恩格斯曾经提过“社会哲学”的概念，其直接的内容是以傅立叶为代表的空想社会主义理论，包含了以热爱劳动作为人的本性，它是社会发展的有效动力的构想，以及以“自由劳动”为理想社会的秩序原理的思想。但是整个论述似乎比较零散，尚有待发展为系统性理论。① 普列汉诺夫则将“社会哲学”指称为《共产党宣言》的核心内容。② 依照普列汉诺夫的界定，马克思主义的唯物史观尤其是阶级和阶级斗争的理论就是社会哲学的核心。如果说社会哲学应当要讨论人类社会发展一般规律的话，唯物史观就是以此为目标的；同时，马克思对资本主义社会的研究，注意其经济结构包括人与社会的关系，

---

① 恩格斯说过这么一段话：“和圣西门差不多同一个时候，还有另一个人——傅立叶——用自己非凡的智慧研究了人类的社会制度。虽然傅立叶的著作不像圣西门及其门徒的著作那样闪耀出天才的光芒，虽然他的文体有些晦涩，而且作者在表达法文还没有适当字眼表达的那些看法和思想的时候常常显得非常吃力，可是我们却更乐于读他的著作，并且从中看到的真正有价值的东西也更多。固然这些著作也并不是没有最荒唐的神秘主义的色彩；可是，把它剔除以后，剩下来的就是圣西门派的著作所没有的东西，也就是科学的探讨，冷静的、毫无偏见的、系统的思考，概括地说，就是**社会哲学**；而圣西门主义只能叫作**社会诗歌**。正是傅立叶第一个确立了社会哲学的伟大原理，这就是：因为每个人天生就爱好或者喜欢某种劳动，所以这些个人爱好的全部总和就必然会形成一种能满足整个社会需要的力量。从这个原理可以得出下面一个结论：如果每个人的爱好都能得到满足，每个人都能做自己愿意做的事情，那么，即使没有现代社会制度所采取的那种强制手段，也同样可以满足一切人的需要。这种论断尽管听起来是非常武断，可是经过傅立叶的论证以后，就像哥伦布竖鸡蛋一样，成了无可辩驳的、几乎不言而喻的道理。傅立叶证明，每个人生下来就有一种偏好某种劳动的习性；**绝对懒惰**是胡说，这种情形从未曾有过，也不可能有；人类精神本来就有活动的要求，并且有促使肉体活动的要求；因此就没有必要像现今社会制度那样强迫人们活动，只要给人们的活动天性以正确的指导就行了。接着他确立了劳动和享受的同一性，指出现代社会制度把这二者分裂开来，把劳动变成痛苦的事情，把欢乐变成大部分劳动者享受不到的东西，是极端不合理的。然后他又指出，在合理的制度下，当每个人都能根据自己的兴趣工作的时候，劳动就能恢复它的本来面目，成为一种享受。我在这里当然不能把傅立叶的**自由劳动**理论全部加以叙述，可是我想上面讲的已足以使英国社会主义者相信，傅立叶主义是完全值得他们注意的。”（《马克思恩格斯全集》第一卷，第577—578页）

② 普列汉诺夫说过：“在《共产党宣言》里我们特别要注意马克思和恩格斯的‘社会哲学’。这篇序言所要讲的就是这个问题。但社会哲学是很广泛的，在这篇序言中对它进行全面的研究是不可能的。因此在这里我们只研究《宣言》的基本思想，而对它的个别论点，我们将在正准备出版的《对我们的批判者的批判》小册子中来加以研究。

‘《宣言》中所始终贯彻的基本思想，即每个特定的历史时期，经济生产以及必然为经济生产决定的社会结构形成了政治史和思想史的基础的思想；与此相适应的是，自从原始公社土地占有制解体时起，全部历史都是阶级斗争的历史……在这个斗争现今所达到的阶段上，被剥削、被压迫的阶级……如果不同时使整个社会永远摆脱剥削、压迫以及阶级斗争，就不可能使它自己从剥削、压迫阶级手中解放出来——这个基本思想是属于马克思一个人的。’

上面的话是恩格斯说的，他说的正确吗？不完全正确。第一，恩格斯抹杀了自己参加制定《宣言》的基本思想，这是不正确的。第二，这个思想的某些很重要的成分在很早以前的社会政治著作中就出现过了。”（《普列汉诺夫哲学著作选集》第二卷，生活·读书·新知三联书店，1961年，第515页）

甚至可以说揭示了社会哲学的本体论向度，因此我们可以说普列汉诺夫在整体方向上具体而微地指出了马克思主义具有社会哲学的内容。与普列汉诺夫差不多同时代的俄国流亡哲学家C.谢·弗兰克著有一本《社会的精神基础》①，其第一部分“社会的精神基础”的副题就是“社会哲学绪论”。他讨论了社会哲学与社会学、法哲学、历史哲学的关系，把社会哲学规定为研究社会生活本质、基础与规律的科学。他是一位宗教哲学家，讨论的中心是宗教、社会与人这三者的问题。与此不同，法兰克福学派的霍克海姆认为“现代西方哲学各派以社会与个人的关系为其社会哲学的主要研究对象”。他自己是法兰克福大学的社会研究所所长，而他的这篇就职演说的题目叫《社会哲学的现状和社会研究所的任务》。法兰克福学派从社会批判理论的角度发展了当代的西方马克思主义。事实上。马克思早就被看成是社会批判理论的旗帜，法兰克福学派等西方马克思主义所谓的社会哲学，实质上可以视为资本主义现代性批判的理论。

更早也更为简明地界定社会哲学概念的是19世纪的社会学家赫伯特·斯宾塞。斯宾塞说：“社会哲学可以恰当地划分为（正如政治经济学曾经划分的那样）静力学和动力学，前者探讨一个完善社会的平衡状态，后者探讨社会向完善状态发展所依靠的力量。其一的目的是要决定我们为了获得完全的幸福必须服从哪些法则，而另一个的目的则是分析使我们能够去服从这些法则的力量。”②斯宾塞作为一个实证主义者，其社会哲学的界定是形式化的，因此也是抽象的。他所谓的“社会完善状态”不过是理想政治或理想社会的另一种称谓，将其课题化并展开为不可避免的辩难，就构成政治哲学的话语；“完善的社会”与人们获得“完全的幸福”互相贯通，后者与前者一样，必定涉及国家、人性、伦理、道德等一系列古老悠久的难题，在这些题目上古往今来的哲学家已经前赴后继地讨论过。斯宾塞固然也提出了“我们为了获得完全的幸福必须服从哪些法则”，但是对于“社会向完善状态发展所依靠的力量”是什么的问题，却并没有做出令人满意的回答。他的《社

① ［俄］C.谢·弗兰克：《社会的精神基础》，王永译，生活·读书·新知三联书店，2003年。
② ［英］赫伯特·斯宾塞：《社会静力学》，张雄武译，商务印书馆，1996年，第224页。

会静力学》不可能回答“社会动力学”的问题。因为那实际是需要回答历史发展的规律性问题，而实证主义在历史哲学的领域是跛足的，甚至是缺席的。不过，斯宾塞将社会哲学区分为“社会动力学”和“社会静力学”，对于我们从社会哲学的视角研究现代中国围绕着“动力”与“秩序”这两个观念展开的思想运动，还是有启发意义的。另一方面，社会哲学没有明显独立的形态，不等于社会哲学的问题没有哲学史的深厚渊源。前面我们从斯宾塞的社会学开始看到“社会哲学”的近代滥觞。事实上更往前追溯，在古希腊哲学史中就可以发现，对于古典哲学家而言，从本体论下贯就有一种对于社会一般问题的关切。柏拉图的《理想国》就是从“理念论”到国家理论。按照亚里士多德的说法，智慧是对原因和原理的阐释。神为第一原理，哲学发生于惊讶，即追求原因，阐发第一原理。所以亚里士多德的《形而上学》一开始就是“四因说”：本因（形式因）、物因、动因、极因（目的因）。从自然哲学而来的伦理学和政治学与形而上学理论是密切联系的。斯宾塞等社会学家的努力则提示了实践哲学在此范畴中的发展空间，而且自马克思主义诞生以来，已经在历史发展的一般规律、动力和共产主义理想社会以及为达到理想社会的路径等问题上，提出了系统的理论。

换言之，我们可以认为，作为一种哲学的分支的社会哲学，本身可以拥有形上学的根据，它实际上是以世界统一原理和发展法则为第一原理的哲学在社会实践向度的具体展开。在人类历史的向度上，它与历史观或者历史哲学相关；在政治学的向度上，与政治哲学相连。因而总是包括人类的社会理想（结构和秩序）和达到理想社会的动力与机制的思考。在现代中国，最基本的社会问题是，从救亡的危机触发现代化的目标和为了达成现代化而如何实现社会动员。上升到社会哲学，则就是理想社会（秩序是其题中应有之义）和实现理想的道路和动力的争论。

二

毋庸置疑，在中国思想传统中，秩序的观念自古就存在。从词源学方向上看，现代汉语所用的“秩序”一词，与西文的order相关，不过“秩序”一词在古代汉语可谓由来已久。对于古文“秩序”的含义，张岱年先生有一个解释：“事物莫不有其位置，众位置共成为秩序，合而言之，谓之秩序；分而言之，秩与序不同。宋张子云：‘生有先后，所以为天序；小大高下，相并而相形焉，是谓天秩。天之生物也有序，物之既形也有秩。’(《正蒙》) 事物之位置，有先有后，有小有大，有高有下。自其先后言之，谓之天序；自其大小高下言之，谓之天秩。”① 这是说，在这个世界中，各种事物原本就各有其位置，因而世界天然具有某种秩序，或者说是本然的秩序。这是一种理性主义的世界观，同时也意味着对于社会生活的规范性视角。整体来讲时，秩序的上述意义似乎是抽象的，但是它下落为政治生活，就和国家有关。所谓“秩序”，分别地讲，“秩”是指事物的排列具有等级性，在中国传统思想一般倾向权威是垂直赋予的背景下，由此蕴含了——由上而下的类似空间性——重要性的差别。“秩，积也。从禾，失声。”(《说文解字》) 在政治生活中，“秩”的本义是禄廪，即朝廷根据官员的功过确定官员的俸禄，那涉及权力和财产的分配。“序”是指事物的出现或排列具有时间的向度。由此蕴含了因果和（价值）优先性的差别。在社会中，则凡是尊卑、长幼都有其应然的次序。

从更一般的意义上说，中国古代哲学虽然不能说有完整的社会哲学的理论，但是中国哲学对“道”的形上学追问，如果回到“性与天道”的学说，就内在地包含了天道与人道。后者下贯到人生论，则蕴含着社会与人的关系、社会生活的连续与变迁，以及中国哲学尤为重视的伦理学。一般说来，儒家较为注重历史的连续性，因而也更重视维持稳定的社会秩序。从中国哲学的发生期开始，与其他学派相比，儒学在古代中国的突出功能是为秩序和权威提供原则与辩护，演化为围绕着“天”“命”“性”“道”“礼”等而展开的话语，表现出伦理理性主义的特色。具体地表现为，儒家都特别注重历史文化的连续性意识。孔子在回答子张提问（“十世可知也？”）的时候，很肯定地说：“殷因于夏礼，所损益可知也；周因于殷礼，所损益可知也；其或继周者，虽百世可知也。”(《四书章句集注·论语集注·为政第二》) 又说：“周监于二代，郁郁乎文哉！吾从周。”(《四书章句集注·论语集注·八佾第三》)

---

① 张岱年：《事理论》，《张岱年全集》第三卷，河北人民出版社，1996 年，第 134 页。

我们现在大体上同意这样的解释：春秋时期“礼崩乐坏”，以孔子为代表的儒家，主要通过重新解释传统的礼乐来重建秩序。

> 仲尼祖述尧、舜，宪章文、武；上律天时，下袭水土。辟如天地之无不持载，无不覆帱，辟如四时之错行，如日月之代明。万物并育而不相害，道并行而不相悖，小德川流，大德敦化，此天地之所以为大也。（《四书章句集注・中庸章句第三十章》）

按照文化历史的连续性，子思说“天命之谓性，率性之谓道，修道之谓教”，表达了儒家正统的价值原则。朱熹有更进一步的解释：

> 命，犹令也。性，即理也。天以阴阳五行化生万物，气以成形，而理亦赋焉，犹命令也。于是人物之生，因各得其所赋之理，以为健顺五常之德，所谓性也。率，循也。道，犹路也。人物各循其性之自然，则其日用事物之间，莫不各有当行之路，是则所谓道也。修，品节之也。性道虽同，而气禀或异，故不能无过不及之差，圣人因人物之所当行而品节之，以为法于天下，则谓之教，若礼、乐、刑、政之属是也。盖人之所以为人，道之所以为道，圣人之所以为教，原其所自，无一不本于天而备于我。（《四书章句集注・中庸章句第一章》）

先秦儒家就是通过对危机中的传统秩序加以重新解释来为新的社会秩序提供基本的原则规定，从而建立了持续两千多年的权威。从先秦到汉代，经历了一场历史性辩论。其中既有怀特海所谓“说服的力量”（理想的感召力、以德服人），也有怀特海所谓的“强制力”（暴力、以力服人）在起作用。总体上是采用一种自上而下、德力并用的方式，确立了一套人间性和整全性的基本秩序。

所谓“秩序”，尤其是社会秩序，在帕森斯看来，包含着两个易于混淆的含义，即规范性秩序和实际秩序。从静态的说是有结构，而结构包含了（规范性）元素与关系；从动态的说是有条理和法则，“秩序意味着依循规范体系的规定而发生的过程”[1]。思维要把握它既有观念、原则和推理。譬如荀子就说：

> 以类行杂，以一行万；始则终，终则始，若环之无端也，舍是而天下以衰矣。天地者，生之始也；礼义者，治之始也；君子者，礼义之始也。为之，贯之，积重之，致好之者，君子之始也。故天地生君子，君子理天地；君子者，天地之参也，万物之总也，民之父母也。无君子，则天地不理，礼义无统，上无君师，下无父子，夫是之谓至乱。君臣、父子、兄弟、夫妇，始则终，终则始，与天地同理，与万世同久，夫是之谓大本。故丧祭、朝聘、师旅一也；贵贱、杀生、与夺一也；君君、臣臣、父父、子子、兄兄、弟弟一也；农农、士士、工工、商商一也。(《荀子·王制篇第九》)

所谓“以类行杂，以一行万；始则终，终则始，若环之无端也”表明，秩序既是（社会的）结构又是（活动、生活、历史的）条理。“以类行杂，以一行万”，也就成为逻辑、成为分析的方法，秩序即使是变动的也是可以预测的，因而成为合理的。这里似乎是在说，社会的合乎规则性（类和一都可以是规范），是社会存在的基础和本质。这样的秩序观念是理性主义的。在理性主义的基点上承认秩序，就意味着世界本质上是合（道）理的，是可以理喻的。在中国哲学中最能体现“秩序”的概念是“道”。全部中国哲学都可以归结为求道、论道、践道的学问。道有天道，有人道，中国哲学强调天人合一，统天道人道为一个道，姑且说是大写的道。“道”成为秩序的第一原理。人道是人世间的秩序、法则和动力（“生生之谓易”），就人世间的秩序而言，朴散为器，道分为理，表现为伦理、经济、政治等的秩序。在儒家看来，所有的秩序本质上是伦理的或带有伦理意味的；伦理的秩序是基础，是根本的秩序。伦理的秩序有合乎天道的价值世界为其做神圣性的辩护，天道和伦理原则就成为权威的源头。

---

① ［美］T. 帕森斯：《社会行动的结构》，张明德等译，译林出版社，2003 年，第 103 页。

儒家当然并不认为社会应该是一成不变的，对于历史上既成的制度，正如孔子所说，后人必有所“损益”，社会也因而有“因”有“革”。所以，汉儒扬雄说：“夫道有因有循，有革有化……故因而能革，天道乃得。革而能因，天道乃驯。夫物不因不生，不革不成。故知因而不知革，物失其则。知革而不知因，物失其均。革之匪时，物失其基。因之匪理，物丧其纪，因革乎因革，国家之矩范也。”（《太玄·玄莹》）在扬雄看来，“道”是在合理的因与革的辩证过程之中。这里的“道”尽管没有用“秩序”一词，却包含了我们所说的秩序原理。

三

古代中国思想中有关“动／力”的观念，则展现为另一种情况。古代汉语中的有关哲学概念基本上是以单个“字”出现的，在此表现得尤为充分。换言之，古代文献中，“动”和“力”，不像“秩”和“序”那样（可分可合），并非一开始就可以合称的。而且如果要做价值排序，“动”和“力”既不在一个水平上，也不在一个序列中。

儒家的“秩序”原理，在强调固有的结构或规范的同时，也讲“因革”，因而就不仅仅是静态的，而是有“因”（连续性）有“革”（非连续性）、包含了动与静的辩证关系。中国古代哲学对于理解自然与人事的变动早就提供了丰富的形上学原理。“动／静”是中国古代哲学的基本范畴之一，围绕着“动静”（“有无”）之辩，古代哲学家展开了反复的争论。老子以虚静为第一原理（“静为躁君”），庄子则强调变动的绝对性，故有所谓“天籁”“消息盈虚、终则有始”“若骤若驰，无动而不变，无时而不移”。佛教讲“无常”，但是又讲“空”。僧肇“即动求静”，“旋岚偃岳而常静，江河竞注而不流，野马飘鼓而不动，日月历天而不周”（《物不迁论》）。与道家类似，佛教也主张本体是虚静的。问题是虚静的本体何以产生变动的世界？佛教的基本路径是说变动的现象世界其实是“假有”，故“真空”。这对于强调世俗生活尤其是社会伦理的秩序稳定的儒家，是一个很大的挑战。不过，儒家固然有董仲舒那样“天不变，道亦不变”的理论，更有以《周易》为纲要的玄学，强调“生生之谓易”“一阴一阳之谓道”“一阖一辟谓之变”。“刚柔相推而生变化”“穷则变，变则通，通则久”。我们不难看到，在此循环论的框架中有承认永恒变动的辩证法。不过其基本态度则是避免“过度”，同时又是指人的道德提升的过程：“苟日新，日日新，又日新”，更非现代社会的“动力”论的追求。

承认“动”的本体论或者绝对性，与现代社会的“动力”观念之间有一重要区隔。“动”而又有“力”，是否强调这种“力量”以及它是什么样的“力量”，中西哲学对之的处理不同。“动力”与“动”不同，动静之动，是现象；动力就涉及因果关系，是解释“动”之所以然。如果世界是运动的，那就要讨论何以永恒运动。这里有哲学思维方式的不同。西方人主客两分的思维方式，现象本质两分的方式，造成“推动者”（动力）和被推动者是可分的两项。亚里士多德讲“四因论”，回答“‘动’何以可能”，追溯到质料因、动力因、形式因和目的因。动力因作为一个独立的原因被探讨，基本的思考就追求“或使”，到最后有不动的推动者。在这里我们可以看到神学和自然科学的影子。希腊神话的诸神都是力量型的神灵。自然科学研究因果关系，尤具是机械的推动关系，力量是最重要的因素。但是在中国哲学中不同，孔子说：“天何言哉？四时行焉，百物生焉，天何言哉？”（《四书章句集注·论语卷九·阳货第十七》）并不问“天”如何推动万物。以后有长期的“或使/莫为”之争，它的一个正面的走向是达到后来的“实体即是动因”的“体用一如”或“体用不二”说。“张载运用‘体用不二’和对立统一的原理作为方法，对魏晋以来的‘有无（动静）’之辩做了批判的总结。”① 这是一个很高的成就，也成为中国哲学形上思维的重要传统。

在古代观念世界中，“力”是一个未经分化的观念。它包含了自然力、人力、智力、神力、意志力（毅力）、暴力等；通过文学艺术作品，人们可以发现在所谓小传统中，我们的先辈在现实生活中实际上也是崇拜“力量”的。古代神话中的羿射九日、大禹治水、夸父追日、精卫填海，乃至愚公移山等，都曲折地表达了人类征服自然的力量之价值。但是，回到社会哲学的向度，在涉及人类社会生活的时候，从先秦以来，关于“力”的观念，涉及

---

① 冯契：《中国古代哲学的逻辑发展》下，《冯契文集》第六卷，第361页。

两个大的哲学争论：一个是“德力之争”，一个是“力命之争”。总体上说，通过这两个争论的结果，在大传统中，“力”都没有上升为具有正价值的概念。

在“德力之争”中，“力”的观念通常和武力、暴力等联系在一起，在儒家的价值排序中是位置较低的，甚至是比较消极的。春秋时代发生过影响深远的“王霸之争”，又称“德力之争”。儒家讲德治，主张“以德服人”，故孟子说：“以力假仁者霸……以德行仁者王。”法家相反，比较肯定暴力，故商鞅说：“凡明君之治也，任其力，不任其德。”（《商君书・错法》）“汤武致强而征诸侯，服其力也。”（《商君书・算地》）韩非则说：“上古竞于道德，中世逐于智谋，当今争于气力。”（《五蠹》）法家其实是崇拜暴力的，但是韩非集其大成，讲的是“法、术、势”三者的统一。“势”是权力、强制力和影响力，既是可观的现象，又可以是隐而不显的或者说隐隐约约却又随时可以显现的力量。虽然自汉武帝开始，儒家在官方意识形态上取得了独尊的地位，但是国家既然是公开而合法地使用暴力的机关，大一统的帝国不可能不使用暴力而维持其存在与稳定。后来儒家社会实际政治生活的原则是“儒表法里”或者说霸王道杂用，并非简单的“王道”。在哲学话语中，“力”是不得已而用之的要素，它本身需要得到道德的辩护。即使“力”在价值系统中，也是次一级的，或者说是隐形的、边缘性的。

古代哲学“力命之争”的一个重要向度是指在人生中决定论（宿命论）和自由意志论的争论。在“力命之争”中，尽管从荀子讲“天人相分”“人定胜天”，到柳宗元、刘禹锡讲“天人不相与”“天人交相胜”，乃至阳明后学如泰州学派中人主张“造命”说，和王夫之所谓“修身以俟命，慎动以永命，一介之士，莫不有造焉”（《读通鉴论》卷二十四），都有对“命”的批判和对“力”的推崇。不过，从儒家的正统思想看来，不但王权政治的合法性来自“天命”，是一直持续到帝制被推翻才废弃的传统，而且它扩大到历史观和伦理学两大领域。前者是悠久的天命史观，后者就是“天命之谓性”的人性论和伦理学。换言之，在“力命之争”中，儒家思想的核心“天人合一”，其正面意义是肯定人与自然的和谐关系，包括天与人、人与人的和谐，肯定人的道德修为的价值；其消极的一脉则是不鼓励人们在生产实践中对自然进行探索性的认知。在人生论中，则既有强调君子自强不息的传统，又可以流为宿命论的传统。

无论是古代哲学的“动静之辩”，还是“德力之争”和“力命之争”，自19世纪中叶开始，都慢慢发生了一种翻转，其总的趋向是人们越来越追求“变革”(“动”)，同时“力”的地位迅速上升。随着科学主义和现代人文主义的传入，进化史观占据思想界的王座，在机械论世界观的背景下，“动”与“力”合一，我们在前一节所描述的“动力”的观念开始登场了。

第二章　救亡与求道

秦汉以降，尽管有过几次大分裂的时期，朝代的兴衰更替也带来了治乱的循环，但是宗法社会基础上的王权国家这一“伦理—社会—政治”的基本秩序是有高度连续性的。在这个意义上，汉儒董仲舒可以很有信心地说“天不变，道亦不变”。但是，19 世纪中叶以后，历史的连续性开始断裂，救亡的现实需求迫使中国人重新考虑“道”的现实性。

第一节　失序的危机与儒家的分化

满族入主中原以后，建立了一个幅员辽阔的大帝国，出现了著名的“康乾盛世”。不过，恰恰与此同时，美国中国学中的“加州学派”所说的“大分流”已经发生。与欧洲尤其是英国经过工业革命迅速成为世界霸主相反，到 19 世纪中叶，清帝国终于由盛转衰。敏感的诗人哲学家龚自珍当时即描述“衰世”的征兆：“履霜之屩，寒于坚冰，未雨之鸟，戚于飘摇，痹痨之疾，殆于痈疽，将萎之花，惨于槁木。”① 龚自珍在批判衰世的文化现象的同时，主张朝廷尽快“自改革”以摆脱困境。

① 龚自珍：《乙丙之际箸议第九》，《龚自珍全集》，上海人民出版社，1975 年，第 7 页。

龚自珍之后，自鸦片战争开始的列强入侵和太平天国、“捻军”等农民运动所造成的动乱，从内外两方面凸显了清廷应对世变的无能。在被视为中国早期现代化开端的洋务运动取得某些成果的同时，中国社会也开始了缓慢的结构性转型。开放口岸那些新的生产方式的出现、社会新阶层的分化、中央和地方的“权势转移”、农村的破产、国家能力的衰落等，都意味着“王纲解纽”——失序的危机来临了。

面对急迫的民族危机，士大夫集团中主张积极抵抗外侮、进行“自改革”的一派如林则徐、魏源等，曾经提出“师夷长技以制夷”的方略，洋务运动是这种方略的延伸实践。然而随之而来的是中国人观念世界的转变，除了其他的因素，很大程度是由于外来观念的强制性推动。按照怀特海的说法，推动观念的历史衍变的力量有两股：无情感的力量和理想的力量。“在他们各自的时代里，蒸汽和蛮族都是驱动它们各自的文明脱离传统秩序模式的无情感的力量（senseless agencies）……当这些力量以一种普遍相互协调的面貌出现时，希腊哲学家们便倾向于称它们为‘强制力’；当其表现为一团杂乱无章的偶发事件时，则易于被称之为‘暴力’。历史的一项任务便是展示具有不同时代特征的各种强制力和各种暴力。另一方面，现代的民主，以及罗马帝国时代的基督教都表明了那些来源于愿望又复归于愿望的明确信仰。它们的力量便是那些经深思熟虑的理想的力量，这些理想与保存并调整了种种现行社会制度的传统虔诚信仰相冲突。”① 从现代化理论出发，我们通常会把西方的民主和科学视为理性的力量。怀特海却把“蒸汽”——工业化及其后面的科学技术——视为“强制力”。事实上，对于19世纪的中国，无论是“蒸汽”代表的近代科学技术，还是现代民主与基督教，最初都以一种“强制力”乃至“暴力”的面貌出现。

实质上，“师夷长技以制夷”的方案，是“以暴力对抗暴力”的方案，尽管在中国的语境中是以“合乎道德的暴力”去抗拒或制服“非法或不义的暴力”，但是已经蕴含着“力量的追求”。由此必然引起传统的“德力之争”和“力命之争”中价值排序的颠倒。它不可避免地进入社会生活的各个层面，进而改变传统的社会秩序。

---

① ［英］A. N. 怀特海：《观念的冒险》，周邦宪译，贵州人民出版社，2011年，第6—7页。

从古典时代到现代社会的转变，本身需要相应的社会动员，以重新组织和分配社会资源，即有一个从旧秩序的解构到新秩序的重建的过程。中国不像世界上少数国家（如挪威）那么幸运，未能经历一个“田园诗般的启蒙运动”[①]，而经历了少数开放口岸与广袤内陆发展极端不平衡，少数前卫的知识精英与大量颟顸不解世事的士大夫之间呈撕裂状态，清朝贵族对权力的贪恋与国家能力的急剧下降成正比例……所有这些，都导致国家积贫积弱、民族危亡步步加深，社会价值共识被日渐撕裂，战乱频仍，终于从“衰世”走向了世纪之交开启的“乱世”。

二

当我们说“师夷长技以制夷”的方案，在中国的语境中是以“合乎道德的暴力”制服“非法或不义的暴力”的时候，是因为魏源等士大夫还是在“夷夏之辨”的视野中看待中国在世界上的地位，“长技”既然属于“夷”，那就不过是一种低等的文化而已。“师夷长技以制夷”，似乎是不得已而为之，直接的目标是“自强”（国家），根本的目标是捍卫中国固有的生活方式（文明）。因此在道德上有居高临下的意味，改革也只是在与“经”相对的“权”的意义上的改变，还是扬雄所说的“因革乎因革，国家之矩范也”（《太玄·玄莹》），秩序是在合理的因革之中。固有的传统决定着改革的方向和程度，不会破坏固有的根本秩序。

但是，19世纪60年代开启的“自强”或洋务运动，随着效法的对象由“夷”转变为“洋”[②]，效法的内容渐渐突破狭义的“技”，有扩张到学术、制

---

① ［挪威］奎纳尔·希尔贝克：《多元现代性：一个斯堪的纳维亚经验的故事》，刘进、王寅丽、翁海贞译，上海人民出版社，2014年。

② 陈旭麓先生有《辨“夷”“洋”》一文，描述了中国人对西方文化的称谓如何由“夷”而“洋”的过程，以及此过程如何表现出国人主要是士大夫文化心态的转变，即由鄙夷西方（同时也是对世界大势的无知），到崇拜西方。这种转变最初就是“强制力”的结果。陈旭麓先生评述曰：“‘洋’‘夷’两词的正式交接点，则是1858年6月26日签订的《中英天津条约》。约中第五十一款规定：‘嗣后各式公文，无论京外，内叙大英国官民，自不得提书夷字。’（王铁崖：《中外旧约章汇编》第一册，生活·读书·新知三联书店，1957年，第102页）这个规定不是不合理，但它是炮口下产生的苦果，是不平等条约的制造者要求的‘平等’，要别人给他们以平等，却把极大的不平等给别人。”（陈旭麓：《陈旭麓学术文存》，上海人民出版社，1990年，第303页）

度等领域的趋势，历史的自我理解也发生了变化。“中学为体，西学为用”成为对中国早期现代化的一种概念化表述。我们一般将“中学为体，西学为用”简称为“中体西用”，并归在张之洞的名下，既因为张身为封疆大吏，又因为其《劝学篇》比较系统地论述了“中体西用”的方略。著名历史学家陈旭麓先生著有《论“中体西用”》一文，它告诉我们，最早从冯桂芬开始提出“以中国之伦常名教为原本，辅以诸国富强之术”，薛福成提出“今诚取西人气数之学，以卫吾尧、舜、禹、汤、文、武、周公之道”，中学和西学的差异不断被类比为“道”和“器”、“本”和“末”，或者“形而上者”和“形而下者”的关系。不光是洋务派，凡是讲求西学的莫不如此，以至于渐渐成为士大夫中的流行语；直至光绪皇帝在 1898 年《定国是诏》中宣谕“中外大小臣工，自王公以及士庶，各宜发愤为雄，以圣贤义理之学植其根本，又须博采西学之切于时务者，实力讲求……以成通经济变之才”，以及张之洞所谓“新旧兼学，四书五经、中国史事、政书、地图为旧学；西政、西艺、西史为新学，旧学为体，新学为用”(《劝学篇》)。所谓“中学”亦称“旧学”，范围虽广，“推而及于中国旧有的文化皆属之，其核心则为‘伦常名教’”①。

陈旭麓先生描述的思想脉络，依今日我们从社会哲学的视角看，主导儒家精英的思想路径，在洋务运动三十多年间，从“师夷长技以制夷”到“中学为体，西学为用”，已经蕴含着融摄西学为儒学所用的意义，其本意在获得变革的动力之同时捍卫传统之秩序。

在“中学为体，西学为用”的方案中，西学被视为“技”“术”或者“用”，都被赋予了功用的价值，换言之，中国人可以利用它们去捍卫传统的秩序的前提，是它们具有实现富强的功能，一种改变中国积贫积弱的动力。但是从“夷技”经“洋务”，到“西学”，其内容也从单纯的技术，经“格致”（科学）扩大到其他多方面的学问，并触及制度层面。中国早期学习型的现代性的客观逻辑，内在地决定了变革的动力同时具有破坏传统秩序的功能。而且事实上，进至 19 世纪末，士大夫内部已经在酝酿突破其藩篱的思想运动了。

---

① 陈旭麓:《论“中体西用”》,《陈旭麓学术文存》, 第 282 页。前引冯桂芬等的文字，皆转引自该文，见《陈旭麓学术文存》, 第 274—300 页。

《劝学篇》的出版表示张之洞意识到上述的矛盾与危险。因此，我们把他在《劝学篇》中系统论述的“中体西用”论，视为文化保守主义的第一个纲领。因为它与单纯的传统主义的保守主义不同，表达了对新的国际环境之下中西文化冲突的初步概念化。它的总目标是要解决国人如何能够“明且强”[①]，但这是在保持传统的制度和秩序的基础上的事情。他不仅写了《明纲》，强调“三纲为中国神圣相传之至教，礼政之原本，人禽之大防”，是不能动摇的，即伦理政治的秩序必须保卫：

> 君为臣纲，父为子纲，夫为妻纲，此《白虎通》引《礼纬》之说也，董子所谓“道之大原出于天，天不变道亦不变”之义本之……故知君臣之纲，则民权之说不可行也；知父子之纲，则父子同罪、免丧废祀之说不可行也；知夫妇之纲，则男女平权之说不可行也。(《劝学篇·内篇·明纲第三》)

而且《劝学篇·内篇》第七篇为“循序”，规定“先入者为主，讲西学必先通中学，乃不忘其祖也”。

这是一个儒家“学以成人”的心理学秩序，它保证了传统的文化认同之连续性。

> 今之学者，必先通经以明我中国先圣先师立教之旨，考史以识我中国历代之治乱，九州之风土；涉猎子、集以通我中国之学术文章，然后择西学之可以补吾阙者用之，西政之可以起吾疾者取之，斯有其益而无其害。如养生者，先有谷气而后可饫庶馐；疗病者，先审藏府而后可施药石。西学必先由中学，亦犹是矣。(《劝学篇·内篇·循序第七》)

“中学为体，西学为用”的方案，受到双重批判：甲午战争的失败是现实否定了它，严复等思想家运用传统哲学的“体用一如”之思维模式，则是

---

① 张之洞说“无学、无力、无耻则愚且柔，有学、有力、有耻则明且强”，说明《劝学篇》的目标包括了知识、力量和道德。

对它做的理论批判。严复说：

> 善夫金匮裘可桴孝廉之言曰：体用者，即一物而言之也。有牛之体，则有负重之用；有马之体，则有致远之用。未闻以牛为体，以马为用者也。中西学之为异也，如其种人之面目然，不可强谓似也。故中学有中学之体用，西学有西学之体用，分之则并立，合之则两亡。议者必欲合之而以为一物。且一体而一用之，斯其文义违舛，固已名之不可言矣，乌望言之而可行乎？①

严复持一种格式塔心理，将中西文化比拟为不同的物种，各具固有的结构或系统。虽然他没有走激进主义的路径，还是主张以逐步改良的方式追求富强，并且也是从教育入手，即首先要“愈愚”——强调“启蒙”的动力性。由于洋务运动失败在前，严复利用传统哲学的体用论批判在后，“中体西用”论在理论上亦不克成立。但是，围绕“中体西用”的争论，本质上代表着国人因为急迫的救亡危机而呈现出对“道”的不同追求。而且，今日我们从中依然可以看到，“中体西用”论至少代表着这样一种努力：面对文化冲突和历史变革，在动力的追寻和秩序的稳定之间维持某种平衡。

二

1894 年在中国思想史上有特殊的意义，这一年可以成为 20 世纪中国思想主流激进化的起点；从社会史的视角看，正是由于 1894 年中国在甲午战争中的失败，原先儒家共同体在“中体西用”论的文化共识基础上所保持的社会团结，再也不能维系下去。换言之，由政治精英和知识精英共同组成的儒家——士大夫知识共同体——分化了。“救亡 / 富强”是当时中国人的共同追求，问题是：第一，如何到达富强？第二，中国需要何等样的富强？由此转到社会哲学的向度，第一个问题是“动力”问题，第二个问题是“秩序”

---

① 严复：《与〈外交报〉主人书》，《严复集》第三册，第 558—559 页。

问题。儒家知识共同体的解体，根本原因在于在这两个问题上尚未达成基本的共识。从甲午到戊戌，康有为领导一时之风气，同时兼容了多种倾向，又是戊戌变法的领袖。戊戌变法失败，康有为流亡国外，士大夫作为一个知识共同体（知识精英和政治精英）的分裂就公开化了，统一的儒家分裂为不同的政治—文化派别。它的历史影响极为深远。

讨论这一问题，需要对什么是“儒”“儒学”“儒家”“儒教”等一系列相关概念有一番澄清功夫。孔子身后，儒分为八。最大的两派为孟子和荀子。荀子从一开始就对儒有各种分殊：有大儒、通儒、陋儒、小儒等；近代儒者章太炎和熊十力都作有《原儒》，可看作这一貌似简单的问题，有史学与哲学的两类解答。①我以为，今天对它们的澄清，不必限于某家的定义，应该回到社会史，考察人们实际上如何使用这些概念。所谓“儒”，在古代其意义有多重性。最初是一种“术”，董仲舒建议汉武帝“罢黜百家，独尊儒术”是也。在学术的层面是指“儒学”，即研究历史上的儒家经典与同时代儒家著述的学问或学科，传统学术的经史子集四科之学都可以包括在内。从信奉一套价值、生活方式以及共享某些思维方式的角度说，它是一个政治—文化社会派别，可以称作“儒家”。在认孔子为宗主，共享某种信仰，包含了梯里希所谓的“终极关怀”，或者现代新儒家自己在强调“内在超越”，并以此来规范社会生活的意义上，儒家也可以说是“儒教”。后面两个名称都和社会建制有关系，所以海外汉学家常常会使用所谓“儒家社会”或“儒教社会”的概念。由此可见，儒家或者以认同优先的方式研究儒家学说的“儒学”（以及与其相

---

① 章太炎早期所作《訄书》就有《尊荀》《儒道》《儒法》《儒墨》《儒侠》《儒兵》诸多对传统儒家学说的评论，尊崇孔子、荀子，但对旧说圣人如尧、舜、汤、文、武、周公等则不然，因为力主改革的章太炎主张“法后王”。1909年章氏作《原儒》，后收入《国故论衡》（1910），辨析古代和后人对“儒”的不同解说，认为“儒之名，于古通为术士，于今专为师氏之守”（姚奠中、董国炎：《章太炎学术年谱》，山西古籍出版社，1996年，第170页），基本上是一个历史学家视域中的“儒”。熊十力先生则于20世纪50年代作《原儒》一书，重在发展其立足于“心本论”而来的“内圣外王”的哲学思想，一开始就是《原学统》：“一、上推孔子所承乎泰古以来圣明之绪而集大成，开内圣外王一贯之鸿宗。二、论定晚周诸子百家以逮宋、明诸师与佛氏之旨归，而折中于至圣。三、审定六经真伪。悉举西汉以来二千余年间，家法之墨守，今古文之聚讼，汉、宋之嚣争，一概屏除弗顾。独从汉人所传来之六经，穷治其篡乱，严核其流变，求复孔子真面目。而儒学之统始定。”（熊十力：《熊十力全集》第六卷，第311页）熊先生之儒的“学统”实为“道统”，多为创说。

关联的儒教）①，都不但表示一套思想观念和价值，而且表示对其生活方式的忠诚。

从最基本的文化认同说，古代社会的“儒家”是指以孔子为宗主，以“六经”为基本经典，以“仁义”为核心价值，以“礼”为可以有所损益（事实上也不断有所演变）的建制，这样一个政治—文化派别；同时，从其社会阶层来说，又特指乡绅—士大夫—官僚三位一体的知识精英和政治精英集团（这些精英集团内部中人也许有另外的信仰，如佛教、道教）。古代儒家本来不是单一的宗教组织或学术团体。孔子以后，儒家分化了，不但以孟子和荀子为两大最重要的儒家流派，按照《淮南子》的说法，墨子也曾“学儒者之业”，后来才自立门户。荀子之后学则有著名的法家李斯与韩非，两千年的中国社会虽可以笼统地称为儒家社会，其实是儒表法里。经过两千年的传承，尽管每一个朝代的儒学都有主流与潜流、中心与边缘，甚至有正统与异端的种种分流，但是由于儒学与政治的紧密关系，“一代有一代之学”，即意味着历史上每一个朝代通常都划分了儒学的“范式”，而同一时代的儒者通常共享着一套观念共识。由于有这样一套观念共识，尽管儒家内部有种种争论，儒家集团却保持着基本的社会团结，即其作为一个社会共同体是基本稳定的。

19 世纪中叶以后，上述情形发生了重大变化。此变化经过数十年的酝酿发酵，到 19 世纪末甲午战败点燃了导火索，促使儒家集团发生了前所未有的分化，儒家共同体（知识精英和政治精英）迅速瓦解。

具体而言，提倡“中体西用”论的张之洞等属于儒家是没有争议的；前面我们已经讨论过，在甲午战争以前，主导儒家精英的思想路径从“师夷长技以制夷”到“中学为体，西学为用”，已经蕴含着融摄西学为儒学所用的

---

① 我们可以运用系统分析的方法，将儒家看成一个整体而复杂的大系统，它内部包含三个互相联结又互有分殊的子系统。第一个是儒学经典义理的系统，特别是经学系统。由于“经学必专守旧，世世递嬗，毋得改易”的特性，经学内部尽管也有不同的派别，但总体有较强的连贯性。无论古今、汉宋都承认与尊重他们有一套共同的经典。第二个是儒家文化的系统，包括文学、史学、政治话语之所体现，它可能包含了在其长期发展中儒家自身不同进路的演进以及和其他来源有异的思想（譬如佛教、道教甚至基督教的早期传播）的融合。第三个是儒家社会系统或“儒教社会”，主要是社会、伦理、政治制度、风尚习俗及其中包含的观念。笼统地称为“儒家社会”是指社会伦理的基础是儒家的，但是实际上在社会生活、制度、习俗等中间，法家和佛教、道教（家）也都有自己的角色。“儒表法里”和“三教融合”都是人们对“儒家社会”复杂性的认知。

意义，其本意是在获得变革的动力之同时，捍卫传统之秩序。这派人物在19世纪中叶曾经是开风气的人物，但在“中体西用”论实际支配了19世纪后期几乎三十年的儒家精英集团以后，由于甲午战争的失败，坚持此论者迅速被视为保守的一翼。

从“中体西用”的儒家精英集团中分化出政治上被称作“改良派”的群体。它以康有为为首脑，梁启超、谭嗣同等为前驱，从思想史与后来的历史影响而言，其实还应该包括严复、章太炎。当然，这一群体迅速再次分化，在十年左右的时间中即一分为三：康有为最为复杂，也最有原创性。在他那里，激进主义、保守主义、自由主义兼而有之，不过在不同历史阶段、处理不同的问题时有不同的表现，因此，其思想在形式上表现为摇摆于激进与保守之间。严复、梁启超等是20世纪中国自由主义的先驱。谭嗣同被视为20世纪激进主义的源头，就其曾经具有“革命”主张和对传统儒学的批判而言，比20世纪初的章太炎之激进有过之而无不及。①

上述判断需要稍做展开。无论康有为的“旧瓶装新酒”如何震撼了传统儒家，其《大同书》如何惊世骇俗，康有为之属于儒家应该是没有争议的。不过借公羊学的形式来阐发其得自域外和时代创获之综合，则远远超出了宋明理学的“新”。康有为的“旧瓶装新酒”，其主旨在政教，而在玄学的构造上则没有那么成功；其学说中依然用一种新的形态阐发了这样一种终极关怀的双重走向，即将原始儒家从天的信仰下贯为“仁”及其由“不忍人之心”扩充为“大同”。康有为的追随者谭嗣同、梁启超，也都是把“仁学”和“大同”联结在一起。救亡图存固然是他们运用儒家资源来构筑理论的直接动力，但是未来人类的理想境界，可能是推动这批传统士大夫投身社会运动的更深层的动因。人们说康有为是近代中国历史上少数几个最有创造性的人物之一，就《大同书》而言，其气魄之阔大，在20世纪儒家中可谓后无来者。其影响所及，也远远超出那些效法“醇儒”的人物，因为他同时吸收了诸多学说。与其相比，自觉

① 章太炎本来是古文经学的最后一个大师，其讲“国粹”，晚年“粹然成为儒宗”(鲁迅《且介亭杂文末编·关于太炎先生二三事》)，以及“回真向俗”的转向，说其属于儒家完全成立。但是他不仅是革命家，而且曾经主张无政府主义，更对西方代议制民主持否定态度，认为中国可以实行“联省自治”下的直接民主，其实都表现出了相当激进的姿态。

“议论近乎（曾）湘乡（张）南皮之间”的陈寅恪就主张“以新瓶装旧酒”[①]，已经退守至如何在吸收外来文化的同时不忘本民族的文化认同。梁漱溟以后的新儒家则依违在两者之间，或者是这两种方式的哲学综合。

同理，无论谭嗣同如何激烈，如何否定传统政治，“他仍然承袭了儒家对人生的道德取向，在追求一个理想的社会和完美的人格”[②]，而且他的学术方向终究是《仁学》而不是其他。“《仁学》何为而作也？将以光大南海之宗旨，会通世界圣哲之心法，以救全世界之众生也。南海之教学者曰：‘以求仁为宗旨，以大同为条理，以救中国为下手，以杀身破家为究竟。’《仁学》者，即发挥此语之书也。”[③]谭嗣同心目中的宗主还是孔子，融贯儒释道墨与西学可以采纳者，是救世与救心的途径。这一翼中某些人物政治态度一时的激进，并不完全改其儒家本色。梁漱溟、熊十力等新儒家的政治立场，特别在对待帝制的问题时，实质上比康有为更为激进：梁漱溟和熊十力都参加过辛亥革命，20 世纪 50 年代以后，他们都有不同程度的儒家社会主义倾向。就其在价值排序中主张平等优先，我们通常把社会主义视为现代社会中激进的一翼。

至于自由主义的先驱严复、梁启超[④]，无论其最初的教养背景，还是晚年思想的归宿，都显示出儒家的文化认同。中国的自由主义固然有更为西化的

---

① 陈寅恪：《中国哲学史·审查报告三》，《三松堂全集》第三卷，第 462 页。

② ［美］张灏：《梁启超与中国思想的过渡（1890—1907）：烈士精神与批判意识》，崔志海、葛夫平译，新星出版社，2006 年，第 241 页。在本书中，张灏先生对谭嗣同思想的儒家源头以及儒家思想与大乘佛学、先秦子学等的紧张关系有细致的分析，尤其指出古代儒家就具有的抗议精神如何在谭嗣同那里得到突出的表达。

③ 梁启超：《仁学·序》，蔡尚思、方行编：《谭嗣同全集》，中华书局，1981 年，第 373 页。

④ 梁启超与儒学（家）的关系之深，无须赘言。严复与儒学的关系由于其思想的复杂性而需要略加阐发。尽管严复曾经对正统儒家有过激烈的批判，我们依然不能把他看作与儒家绝缘的人物。这并不仅仅因为他参加科举、直到辛亥革命前一年才获得进士身份，也不仅仅因为他晚年参与“孔教会”、卷入“筹安会”的活动，同时也因为从分析其知识世界得出这一结论。大致说来，他对于传统儒学有分析地汲取：对待汉宋之争，他崇宋而抑汉；同是理学，他批评王学“师心自用”，取“道问学”的立场，但又赞扬王学悲天悯人的道德感；在“群己之辩”上，他游弋在“群重己轻”与“群己兼顾”之间，并不是原子主义的个人主义；在“天人之辩”上，他上承荀子、刘禹锡、柳宗元，即儒学中强调“天（自然）人相分”的一脉。至于其进步主义的历史观，更是从易学的变易理论获得传统思想的基础。晚年则更回到原始儒家：“鄙人行年将近古稀，窃尝究观哲理，以为耐久无弊，尚是孔子之书。四书五经，故（固）是最富矿藏，惟须改用新式机器发掘淘炼而已；其次则莫如读史，当留心细察古今社会异同之点。”（严复：《与熊纯如书（五十二）》，《严复集》第三册，第 668 页）

一翼，但是20世纪20年代以后的新儒家内含着自由主义的另一脉：张君劢后来曾经参与设计中国的宪政；唐君毅、牟宗三等新儒家所关注的中心问题之一，是如何在儒家心性论的基础上“开出”科学与民主；徐复观在和自由主义论辩的过程中，对自由主义不乏同情的理解，以至于“儒家自由主义如何可能”成为一个值得讨论的问题。

总之，随着中国早期现代化的进程及其受挫，原先的士大夫知识共同体发生了激烈的分化，激进主义、自由主义和保守主义[①]围绕着“动力”和“秩序”的双焦，渐渐演化为一本观念史的“三国演义”。1894年开始，中国文化精神的转变，在这一阶段，是以激进主义与自由主义的联盟为主流，表现着对中国现代化之“动力的追寻”，保守主义则处于守势。本章将以严复、康有为、谭嗣同三位思想家的个案为代表，来讨论自由主义、激进主义、摇摆于激进与保守之间三种类型的人物，在动力与秩序两个观念上，各自做出了何等的探寻；同时描述甲午战争之后，中国思想界对动力之急迫追求，如何在总体上超过了对秩序的关切。

第二节 “天演哲学”与中国道路的探寻

从甲午战争到20世纪初的一段时间，是中国现代思想史的一个分界点。严复就是标志出这个“分界点”的代表性人物之一。甲午之役以后，他几乎立刻就发表了四篇著名的时论：《论世变之亟》《原强》《辟韩》和《救亡决论》，紧接着翻译出版了《天演论》；“戊戌政变”以后，他又陆续翻译了《法

① “激进主义”“保守主义”和“自由主义”，是本书用于作为分析现代中国哲学三种思想类型的概念，因此，主要是在描述的意义而不是在规范的意义上运用，因而我们对它们的界定与学术界通用的用法虽有交集，但未必相同。最重要的是，我们并不预设对这三种思潮的价值评定，然后来讨论问题，而是强调在古今中西之争的许多环节，客观上存在着三种倾向。因此，在本书行文必要的地方，会陆续给出我们的界定。另一个问题也很重要，即当我们说某人属于这三种主义中的某一种时，并不是要给他贴一个不变的标签。事实上，近现代中国社会不断变动在思想史上的反映，就是人们的思想也不断变化，极端者如梁启超就自称“然其保守性与进取性常交战于胸中，随感情而发，所执往往前后相矛盾”（梁启超：《清代学术概论·二十六》，朱维铮校注：《梁启超论清学史二种》，复旦大学出版社，1985年，第70页）。所以在涉及具体人物时，我们运用上述激进主义、保守主义或自由主义的时候，通常只是在相对于其他派别的思想意义上使用的，作为一种类型学的方式，我们希望可以运用它区分出现代思想的光谱。

意》《群己权界论》《原富》《群学肆言》《社会通诠》等西学名著，构成了“严译名著”系列。晚年的严复，似乎与当时最前卫的革命思潮拉开了距离，但始终关心着现代中国之路的探寻。严复属于从士大夫阶层中的边缘人物转变为新式知识精英的一类人，他的一系列翻译作品的发表，尤其是《天演论》的出版及其“天演哲学”的创发，让他获得了兼通中西学问的一流人物的声誉。这使得严复在以“古今中西”之争中寻找中国道路的历史中，占据了特别显著的地位。就当时的语境看，他最重要的贡献，是在激发社会进步的精神动力方面，为知识精英形成现代性的基本共识提供了新的有吸引力的理论形态。从社会哲学的视野看，严复作为一个杰出的现代思想家，其实是同时考虑到“动力”与“秩序”这两个相关的环节，当然在侧重点上有先后。这就使得其思想在形式上虽随年龄而有变化，但又有不可忽略的连续性。①

① 关于严复思想的一贯性或连贯性问题，我大致同意欧阳哲生的说法，他认为严复一生虽然前期和后期强调的重点有变化，但是始终用“交摄互融”的观点看待中西文化。严复晚年虽然表面上是倡导中国传统文化，实际上是受到西方新人文主义、新保守主义的影响和鼓励，而这种主张又是建立在对中国国民性估价极低的基础之上，这与其前期主张并不矛盾。也就是说，严复的自我评价不仅未改初衷，反而有了某种意味的强化。“在严复的思想世界里，本来就没有明显的‘近代西方’和‘传统中国’的分野，他对传统文化虽有批判，但并无所谓离异，既无离异，又何所谓复婚式的‘回归’呢？他对西方近世文化虽曾大力宣传，但也非无条件地全盘接受，那是有所选择；他对卢梭思想的批判是其对英美近代化理论和实践钻研的结论，其中包含不少合理的因素。既然如此，严复晚年重估中西文化与其说是一种倒退的历史表现，不如说是在更高的层面上理解和把握中西文化。”（欧阳哲生：《严复评传》，百花洲文艺出版社，2010 年，第 181—182 页）在强调严复前后思想的连贯性上，黄克武持有相似的观点，他认为严复的思想似乎有一个随着年龄的增加从激进到保守的转变。但是“严复思想之中的连续性是我们所不能忽略的。总之，严复一生思想变迁的底层有其一贯的脉络，并无一个斩钉截铁地从激进到保守的转变，也没有一个从西化到回归传统的自我否定的过程”（黄克武：《自由的所以然：严复对约翰弥尔自由思想的认识与批判》，台湾允晨文化实业股份有限公司，1998 年，第 301 页）。该书详尽讨论了严复思想的内涵，如何围绕着追求富强、肯定一个独特的自由民主理想，以及主张调适性的变革；并且认为严复的以上追求既是他对现实的理性思考的结果，又是西方思想和传统观念双重源头的某种程度的结合。黄克武进而提出：虽然严复其后思想有所变化，“但是不容忽视的是前后两阶段之间有其连续性，他对儒家恕与絜矩之道的认同不曾改变。而且严复一贯地主张缓进，反对激烈变革，他对弥尔式的自由理想有所了解、误会，也有所批判。并由此而建构了一个融合中西因素的自由社会的理想，在此理想中他尝试将中西、群己、义利、公私等对立的价值会通为一”（同上书，第 197 页）。萧公权也说：“严氏深信人类求存不可不适境自变，而一切改变又当循序渐进，不容躐等。此二者乃其学说之基本，殆始终未尝动摇。方清季闭塞之时，顽固者株守故常，惮于改辙。严氏乃大明变革之义以矫之，其议论遂偏于激进。及民国以后，风气大开，浮嚣之士或欲尽弃旧日文教。严氏持守旧之说以矫之。严氏主张虽先后不同，吾人未可遽断为自相违忤也。”（萧公权：《中国政治思想史》，辽宁教育出版社，1998 年，第 754—755 页）

一

我们通常把严复与《天演论》联系在一起，不过甲午战争以后严复所发表的一系列时论，不但已经表达了其基本的思想，而且可以帮助我们理解其“天演哲学”产生的语境和目标。

追求富强以救亡是严复积极参与国事和著述的首要目标。但是，与洋务派的富强只是“船坚炮利”不同，严复认为实现“富强”需要整体性的变革，而不是一蹴而就的事情。严复说：

> 夫所谓富强云者，质而言之，不外利民云尔。然政欲利民，必自民各能自利始；民各能自利，又必自皆得自由始；欲听其皆得自由，尤必自其各能自治始；反是且乱。顾彼民之能自治而自由者，皆其力、其智、其德诚优者也。是以今日要政，统于三端：一曰鼓民力，二曰开民智，三曰新民德。①

这段发表于甲午之后不久的名文，几乎概括地表达了严复的社会秩序原理，它建立在严复的中西文化比较的基础之上。严复说：

> 夫自由一言，真中国历古圣贤之所深畏，而从未尝立以为教者也……中国理道与西法自由最相似者，曰恕，曰絜矩。然谓之相似则可，谓之真同则大不可也。何则？中国恕与絜矩，专以待人及物而言。而西人自由，则于及物之中，而实寓所以存我者也。自由既异，于是群异丛然以生，粗举一二言之：则如中国最重三纲，而西人首明平等；中国亲亲，而西人尚贤；中国以孝治天下，而西人以公治天下；中国尊主，而西人隆民；中国贵一道而同风，而西人喜党居而州处；中国多忌讳，而西人众讥评。其于财用也，中国重节流，而西人重开源；中国追

---

① 严复：《原强》（修订稿），《严复集》第一册，第 27 页。

> 淳朴，而西人求欢虞。其接物也，中国美谦屈，而西人务发舒；中国尚节文，而西人乐简易。其于为学也，中国夸多识，而西人尊新知。其于祸灾也，中国委天数，西人恃人力，若斯之伦，举有与中国之理相抗，以并存于两间，而吾实未敢遽分其优绌也。[①]

严复对中西文化做了全面的对比，进而将西方文化的根本秩序归结为“推求其故，盖彼以自由为体，以民主为用”[②]。虽然没有全面地区分中西文化的优劣，但是取法西方的倾向也是明显的。这与严复承认个体为本，社会是个体的联合有关，而“民不能无私也，圣人之制治也，在合天下之私以为公”[③]。因而主张政治上设立议会制度，经济上鼓励人民“开明自营”。

另一方面，严复又并不以为中国可以通过一场急剧的变革，一举成为西方那样富强的现代国家，他坚持“窃谓国之进也，新旧二党，皆其所不可无，而其论亦不可偏废。非新无以为进，非旧无以为守；且守且进，此其国之所以骏发而又治安也”[④]。人们不难发现，在政治上，严复之所以持改良而非革命的立场，后面是博登海默式的“秩序”观念：“秩序概念，意指在自然进程与社会进程都存在着某种程度的一致性、连续性和确定性。”[⑤]基于如此的秩序概念，自由主义者如哈耶克等会坚持社会是演化的过程，而非人为建构的。[⑥]

重要的是，另一方面，鼓民力、开民智、新民德的纲领同时也表达了严复所认为进达该秩序所必需的社会动员。在严复看来，面对列强的威胁，一

① 严复：《论世变之亟》，《严复集》第一册，第 3 页。

② 严复：《原强》，《严复集》第一册，第 11 页。

③ 严复：《原强》（修订稿），《严复集》第一册，第 31 页。

④ 严复：《主客平议》，《严复集》第一册，第 119 页。

⑤ ［美］E. 博登海默：《法理学：法律哲学与法律方法》，邓正来译，中国政法大学出版社，1999 年，第 219 页。

⑥ 哈耶克说：“所谓‘秩序’，我们将一以贯之地意指这样一种样态，其间，无数且各种各样的要素之间的相互关系是极为密切的，所以我们可以从我们对整体中的某个空间部分或某个时间部分（some spatial or temporal part）所作的了解中学会对其余部分作出正确的预期，或者至少是学会作出颇有希望被证明为正确的预期。”（［英］弗里德利希·冯·哈耶克：《法律、立法与自由》第一卷，邓正来等译，中国大百科全书出版社，2000 年，第 54 页）

个落后贫穷的中国，只有通过既紧迫又需要持久努力地改变，才能在国际竞争中生存下来。具体地说，必须通过鼓民力、开民智、新民德，中国才能获得现代化的动力。国人思想观念的变化是根本性的。他翻译《天演论》即有感于进化论对西方社会进步的作用，像哥白尼的日心说破除地心说对于世界观的改变一样，“十九期民智大进步，以知人道，为生类中天演之一境，而非笃生特造，中天地为三才，如古所云云者”①。进化论使得人对自己在宇宙中的地位有了新的知识，改变了人类的宇宙观。在严复看来，宇宙就是一个“质力相推”——“翕以合质，辟以出力。始简易而终杂糅”——的过程：

> 大宇之内，质力相推，非质无以见力，非力无以呈质。②

在生物学的领域，严复接受达尔文的进化论，尤其是生存竞争、自然选择的原理：

> 其一篇曰物竞，又其一曰天择。物竞者，物争自存也；天择者，存其宜种也……民民物物，各争有以自存。其始也，种与种争，群与群争，弱者常为强肉，愚者常为智役。及其有以自存而遗种也，则必强忍魁桀，矫捷巧慧，而与其一时之天时地利人事最其相宜者也。③

现在人们批评严复将社会达尔文主义引入了中国。但是，当时的舆论却告诉我们，严复的《天演论》使得“民气为之一变”。这两种论述都可能是各执一端，比较真实的情况是，当时一些积极主张变革社会的知识分子，乃至思想家如孙中山等，都接受了普遍进化论，因而讨论社会问题的方式，常常从宇宙进化、地质进化、生物进化直线下贯到人类进化。这是一种机械论的世界观，正是通过它，严复给转变中的知识分子以一种精神动力，奋发努力不畏险境，去积极改变中国的困局。如果从逻辑分析的角度，严复这种

---

① 严复：《天演论》，《严复集》第五册，第1345页。
② 同上书，第1320页。
③ 严复：《原强》（修订稿），《严复集》第一册，第16页。

“推天理以明人事”的方式，仅仅是一种类比，有逻辑上的跳跃。自然界的生存竞争弱肉强食，不等于（也不应该是）人类社会的秩序原理。所以林毓生说：“严复并非完全没有意识到，在斯宾塞和达尔文所述的进化论具有非人的力量同他的唯意志论所主张的意识功能之间，存在着可疑的关系。”[①]而且，严复虽然意欲取法西方的动力型文明，赞成斯宾塞那种由于“力的恒久性”而决定的普遍进化过程的思想，但并没有无条件地同意斯宾塞的“任天为治”的社会学。因此，严复其实是游弋于决定论和唯意志论之间。[②]严复在取道传统的“推天理以明人事”的时候，事实上采取了双重态度，在翻译《天演论》的时候是承认这个方式的。而在讨论政治哲学，包括国家起源和政府形式诸问题的时候，其基本倾向是经验论的，是从历史出发承认后起的政治形式是先前政治的演化：“盖政治家上观历史，下察五洲，知人类相合为群，由质而文，由简入繁，其所以经天演阶级程度，与有官生物，有密切之比例。故萨维宜谓国家乃生成滋长，而非制造之物。”[③]“吾辈以天演言治，深知政界中事，往往成于自然，而非由人力。独此决策从众，与尚有一事，亦为政界所通用者，乃皆实出于人为。其尚有一事为何？代表之制是已。”[④]所以，国家和政治生活“其中不能无天事、人功二者相杂”[⑤]。

对于严复“推天理以明人事”的机械论的巨大社会效应，从观念史研究所应该注意的观念构成的复杂性看，大概应该承认古斯塔夫·勒庞的这段话说出了部分的真理：“一切文明的主要动力并不是理性，倒不如说，尽管存在着理性，文明的动力仍然是各种感情——譬如尊严、自我牺牲、宗教信仰、爱国主义以及对荣誉的爱。”[⑥]严复《天演论》所传译的思想观念，适应了“救亡”的社会期待，激发了中国人的爱国主义、自我牺牲等情感，甚至

---

① ［美］林毓生：《中国意识的危机：“五四”时期激烈的反传统主义》，穆善培译，贵州人民出版社，1986年，第53页。

② 高瑞泉：《严复：在决定论和自由意志论之间——对史华慈严复研究的一个检讨》，《江苏社会科学》2007年第1期。

③ 严复：《政治讲义》，《严复集》第五册，第1267页。

④ 同上书，第1301—1302页。

⑤ 同上书，第1252页。

⑥ ［法］古斯塔夫·勒庞：《乌合之众》，冯克利译，中央编译出版社，2000年，第95页。

我们可以说它触动了中华民族根深蒂固的生存意志。

二

严复是当时以最为开放的心态看待东西文化，努力兼容中西，寻找中国道路的人物；尽管他广泛吸收西学，但并非无原则的"拿来主义"，而是有所选择。譬如他宣扬科学的内在价值（崇真），着力提高国人的逻辑思维水平，尤其注重归纳逻辑（"内籀"）；他选择英美自由主义（翻译了约翰·密尔［又译"弥尔""穆勒"］的《论自由》和亚当·斯密的《国富论》），而排斥当时一度十分流行的卢梭的政治哲学，批评泛化的自由理论。他对于古代政治文化有认真的而不是皮相的批判，但又努力发掘中国传统思想的资源。他一方面重视原先比较边缘的，甚至是异端的思想（如荀子、柳宗元、刘禹锡、老庄、佛教），传统在严复的论域中是开放的；另一方面，他对儒学保持着相当的敬意，认为"今夫六艺之于中国也，所谓日月经天，江河行地者尔。而仲尼之于六艺也，《易》《春秋》最严"①。因而，他注意阐发中国传统的基本经典尤其是《周易》，以此来接纳和消化西学经典，表现出立足民族意识主动地融合中西的努力。他曾经说过：

> 孔教之高处，在于不设鬼神，不谈格致，专明人事，平实易行。而《大易》则有费拉索非之学，《春秋》则有大同之学。苟得其绪，并非附会，此孔教之所以不可破坏也。②

严复看重的是《周易》中的哲学意蕴，而对《春秋》则重在其政治学的价值。事实上，无论是严复翻译《天演论》，还是他的其他论著，对于《周易》的义理都有其自己的解释和发挥，由此构成了"天演哲学"的内在要素。

---

① 严复：《天演论·自序》，《严复集》第五册，第1319页。

② 严复：《保教余义》，《严复集》第一册，第85页。

近人钱基博的《经学通志·周易志第二》一章中，曾经谈及严复的易学思想，并指出严复并非易学家，他引用《周易》，是为了“阐《易》道以欧学之大辂椎轮而已”①。所谓“欧学”，虽包括经典物理学，但重点是进化论。钱基博说严复不是易学家，但是没有注意去说明，为何严复可以通过阐发《易》道来为传播进化论服务，更没有分析《易》道与进化论的差别。换言之，在钱基博那一代学人看来，由于“《易》道渊深，包罗众义，随得一隙，皆能宛转关通，有所阐发”②。所以《周易》与进化论之间本来就存在着内在相通性。最重要的就是，《周易》的主旨强调变易的永恒性与普遍性，按照易学的传统解释，“变”是常道，是超越人道利害的；在进化论视域下的“变”——进步被理解为新的取代旧的——天然是好的。这与《系辞》所谓“易穷则变，变则通，通则久”，在总体上承认“变”的价值是相通的。其中虽然有三个阶段，但中心还是“变”，它构成了中国士人接受进化论的共同观念前提。譬如谭嗣同亦说：“夫大《易》观象，变动不居，四序相宜，匪用其故。天以新为运，人以新为生。汤以日新为三省，孔以日新为盛德，川上逝者之叹，水哉水哉之取，惟日新故也。”③总之，以对“日新”的追求作为中国文化精神的解释，在接受进化论的那一代士大夫是极为普遍的。

当然，我们应该看到，强调“日新”，使得“天演哲学”在运用《周易》对于“变”的普遍性之承认，作为观念预设去接纳进化论的过程中，突破了循环论的历史观，包含了一个重要现代观念的兴起：“进步”。由此，单纯的“变”就具有了时间性，并可以纳入统一的历史叙事。“这种新概念由一种范畴组成，它通过这样一种观念，通过综合性的、内部的、被称作‘历史’的关联，把过去、现在与未来的时间关系统一起来。作为人与世界的历时性的变化的总体，历史经过进步和发展的观念得以概念化。”④“进步”的观念是在进化论的形态下，通过整个历史观的突变而成为现代中国人的观念共识的。

---

① 钱基博：《经学通志》，岳麓书社，2010 年，第 34 页。

② 同上。

③ 谭嗣同：《报贝元徵书》，《谭嗣同全集》，第 2 页。

④ ［德］吕森：《历史秩序的失落》，［英］汤因比等著，张文杰编：《历史的话语：现代西方历史哲学译文集》，广西师范大学出版社，2002 年，第 78 页。

《易传》本身尚在循环论的范式中。[①]但是，在严复的“天演哲学”中，新的信念兴起了：“吾党生于今日，所可知者，世道必进，后胜于今而已。”[②]它孕育了日后流行中国现代思想界的“无往不贵日新”的进步主义。

不过，当我们说严复“天演哲学”是对《周易》循环论——同时也是古典时代主流历史观——实现了某种突破的时候，也应该看到，“天演哲学”并未落入目的论的路径。从西方启蒙主义的理性出发，理性主宰世界历史，由此形成世界历史具有终极目标的观念。在黑格尔那里，这个终极目标就是精神达到认识与实现其自身的自由。而像康有为那样的中国进化论者，同样坚信人类社会将不断进步并可能达到一个完美的理想王国，为此他构想了“大同”世界的蓝图，这一点我们后面会有所讨论。严复则对社会是否会进化到此等终极状态采取存疑的态度，哲学上的经验主义立场促使他拒绝乌托邦的政治设计，认为“大抵治权之施，见诸事实，故明者著论，必以历史之所发见者为之本基。其间抽取公例，必用内籀归纳之术，而后可存。若夫向壁虚造，用前有假如之术（西人名学谓之 à priori）立为原创，而演绎之，及其终生，往往生害”[③]。所以他说：

> 曰：然则郅治极休，如斯宾塞所云云者，固无有乎？曰：难言也。大抵宇宙究竟，与其元始，同于不可思议。不可思议云者，谓不可以名理论证也。吾党生于今日，所可知者，世道必进，后胜于今而已。至极盛之秋，当见何象，千世之后，有能言者，犹旦暮遇之也。[④]

我们知道，《天演论》虽然形式上是翻译赫胥黎的《进化论与伦理学》，但是其思想却游弋在赫胥黎与斯宾塞之间。与有些地方严复偏向斯宾塞不同，这

---

① 朱伯崑先生说：“《易传》的‘日新’说，尚无新陈代谢、推陈致新的观念。因为其对变易的理解，是以刚柔相推说为基础的，讲刚柔相易，往复循环，不是讲更新。这是受到筮法自身的局限。《易传》关于盈虚消长的论述，始终没有突破循环论。”（朱伯崑：《易学哲学史》第一卷，华夏出版社，1995 年，第 91 页）

② 严复：《天演论》，《严复集》第五册，第 1360 页。

③ 严复：《〈民约〉平议》，《严复集》第二册，第 337 页。

④ 严复：《天演论》，《严复集》第五册，第 1360 页。

一次，严复选择了赫胥黎的不可知论，而没有选择斯宾塞的社会静力学。斯宾塞的社会有机体论认为，人类社会有一个从低级阶段到最高阶段的进步过程，到达最高阶段的社会，一切人（同时即每一个人）都自由、幸福、道德。严复称之为“郅治”“极盛之秋”。不过严复同时认为，这个终极状态类似宇宙如何开始，是一个“不可思议”的非名言之域，可以思议的论域只是经验的世界。通常我们将严复的这一立场视为其受到实证主义影响的表现，因而抱有怀疑论倾向，拒斥形而上学。但是，这样的解释不够充分。就《天演论》的译文看，严复对斯宾塞的批评是建立在赫胥黎如下论述的基础之上的：

> 然而形气内事，皆抛物线也。至于其极，不得不反。反则大宇之间，又为天行之事。人治以渐，退归无权。①

赫胥黎关于宇宙过程与伦理过程相冲突的理论，在严复的译文中被采用了《周易》“物极必反”的表述方式。我们知道，按照周易以“一阴一阳之谓道”作为变易法则的基本原理，刚柔相推，盈虚消长，事物走到极端即会转化为其反面，所谓“亢龙有悔，盈不可久也”(《象》)。这是《易传》对《周易》的第一卦“乾”卦最后一爻的解释。它与“剥”卦继之以“复”卦一样，从正反两面说明了“物极必反”的原理。更为意味深长的是，作为一个演绎体系,《周易》的最后一卦是“未济”，此前一卦则为“既济”，由“既济”而“未济”，所以它是一个开放的体系：因为尚未成功，所以要继续努力以取得成功，亨通之道就包含在这个过程之中。《周易》虽然类似演绎体系，但却并非封闭的系统。因此,《周易》的智慧不会赞成有一个尽善尽美的“郅治”状态。以易理来解释进化论的严复，虽然采取进步史观，但是在哲学上没有一般进步史观之目的论，在社会学上也免于建构乌托邦，除了在人性论采取经验主义的立场以外②，与他熟悉“既济”与“未济”的辩证法，

---

① 严复:《天演论》,《严复集》第五册，第 1359 页。

② 社会理论中采用乌托邦建构的思想家，通常会倾向于性善论，而作为哲学经验主义的思想家，严复不相信人类会进入尽善尽美世界，“世间不能有善无恶，有乐无忧”。其实在某种意义上，严复比章太炎更早地意识到“俱分进化”的现象。

应该有极为密切的关系。

三

上述讨论，大致说明严复在接受和阐发“天演哲学”的过程中，如何既运用直接表述的方式论述了易学与西学的意义关联，又实际上分享了易学传统所形成的“默认点”（default positions）。按照美国哲学家约翰·塞尔借用计算机语言中的比喻而来的这个概念，“所谓默认点就是那些不假思索就持有的观点，因而任何对这些观点的偏离都要求有意识的努力和令人信服的论证”①。我们在这里说的严复所分享的易学之“默认点”，是指由于它在易学的解释传统中几乎是不言而喻的，在士大夫中间已经成为老生常谈、家常便饭，结果沉淀为某种“隐蔽的共识”。就后者而言，我们可以说“天演哲学”分享《周易》的思维方式远不止于此，把握这一点，对于我们从历史哲学向度去理解“天演哲学”有重要意义。严复在《论世变之亟》一文中提出了一个重要观念：“运会”。他说：

> 夫世之变也，莫知其所由然，强而名之曰运会。运会既成，虽圣人无所为力，盖圣人亦运会中之一物。既为其中之一物，谓能取运会而转移之，无是理也。彼圣人者，特知运会之所由趋，而逆睹其流极，唯知其所由趋，故后天而奉天时；唯逆睹其流极，故先天而天不违，于是裁成辅相，而置天下于至安。②

社会生活的历史变迁有其“所以然”，它既超越又决定了我们的经验世界，因而属于“天道”或“天人之际”的论域，圣人可以从观察其趋向而把

---

① 塞尔同时也区分了“默认点”与“常识”的区别。“常识”绝大部分是被广泛持有、通常没有受到挑战的信念。“默认点”则更为根本，构成了认识的“背景”。见［美］约翰·塞尔《心灵、语言和社会——实在世界中的哲学》，李步楼译，上海译文出版社，2001年，第9—12页。

② 严复：《论世变之亟》，《严复集》第一册，第1页。

握其未来，到达“裁成辅相，安定天下”。严复在这里引用《易传》“先天而天弗违，后天而奉天时”，是指“大人”能够与天道规律完全契合，即所谓“与天地合其德，与日月合其明，与四时合其序，与鬼神合其吉凶”。而这是以承认宇宙间服从某种普遍的规律，由此决定了人类社会的秩序这样一种观点为前提的。这是《周易》尤其是《易传》的基本立场，即用理性的方式来处理人类的永恒问题，由此使得一本原先是占卜之书，跻身于中国哲学的重要原典，其中蕴含着如何认识天道和按照天道行事，即“天人合一”的根本性的秩序原理。《周易》强调宇宙人生都有其固有的秩序：

> 天尊地卑，乾坤定矣。卑高以陈，贵贱位矣。动静有常，刚柔断矣。方以类聚，物以群分，吉凶生矣。在天成象，在地成形，变化见矣。是故刚柔相摩，八卦相荡。鼓之以雷霆，润之以风雨。日月运行，一寒一暑。乾道成男，坤道成女。(《系辞》)

宇宙人生都符合某种统一的秩序（道），“天地之道，恒久而不已也”(《彖》)，尤其是易学家惯常自信的“易道广大，无所不包”，都贯串了决定论的观念。在严复翻译《天演论》的过程中，以《周易》接纳西学，包括以《周易》解释经典物理学和进化论。无论是经典物理学还是进化论，都承认宇宙有其固有的秩序；而“天演哲学”看重的却是斯宾塞：“有斯宾塞尔者，以天演自然言化，著书造论，贯天地人而一理之。”① “斯宾塞尔者，与达同时，亦本天演著《天人会通论》。举天、地、人、形气、心性、动植之事而一贯之，其说尤为精辟宏富。”② 所谓斯宾塞的“天人会通论”，即“贯天地人而一理之”，核心是从斯宾塞的普遍进化论抉发出类似的决定论。

问题是进化论在传播过程中已经形成一个家族：生物进化论、普遍进化论、社会进化论，乃至科学知识进化论，等等。作为自然科学的达尔文生物进化论远没有社会进化论的影响广泛深远。按照社会进化论最简约的论式，

① 严复：《天演论·自序》，《严复集》第五册，第1320页。
② 严复：《天演论·导言一·复案》，《严复集》第五册，第1325页。

把生存竞争的规律运用于解释社会现象，无异于用丛林法则解释历史。如是，则处于弱势的中华民族被欺凌甚至亡国灭种，都是符合决定论的，因而是合理的。吊诡的是，《天演论》的出版，反而激发了中国人救亡图存的勇气与信心，有所谓“民气为之一变”的社会效应。这一点引起了著名汉学家史华兹（又译“史华慈”“史华泽”）的质疑。史华兹注意到“在‘深一层’的抽象的宇宙论方面，斯宾塞对于天地万物的想象与中国某些根深蒂固的思想模式明显地相吻合”，与“中国的莫测高深的永恒哲学”具有内在亲和性。因而严复可以并不困难地用《易传》、《老子》、宋明理学的语言来解释斯宾塞的一元论哲学。[①] 同时，他也注意到严复将斯宾塞的充满决定论性质的思想“歪曲”成了唯意志论的世界观。[②] 史华兹对此表示困惑乃在情理之中，因为直到如今，决定论与自由意志是否可兼容，在西方哲学界依然是个争论不休的问题，而史华兹本人不接受用“相容主义”（compatibilism）来解决决定论与意志自由的冲突。而严复却是一个“相容主义”者，因为他在强调人类社会历史按照决定论的法则演进的同时，又认为人有自由意志，可以改变国家的命运：

> 人欲图存，必用其才力心思，以与是妨生者为斗。负者日退，而胜者日昌。胜者非他，智德力三者皆大是耳。[③]

此时他选择了赫胥黎的学说“以救斯宾塞任天为治之末流”[④]。在论述时所明确运用的中国古代哲学，主要是荀子、刘禹锡、柳宗元等的“天人相分”“天人交相胜”理论，在承认自然的客观必然性的同时，高度强调人力奋斗的必要性：

---

① ［美］本杰明·史华兹：《寻求富强：严复与西方》，第 47—48 页。

② 同上。

③ 严复：《天演论》，《严复集》第五册，第 1351—1352 页。

④ 为《天演论》作序言的吴汝纶解释严复的观点，对于社会达尔文主义的“大归以任天为治”，“赫胥黎氏起而尽变故说，以为天不可独任。要贵以人持天。以人持天，必究极乎天赋之能，使人治日即乎新，而后其国永存，而种族赖以不坠，是之谓与天争胜。而人之争天而胜天者，又皆天事之所苞，是故天行人治，同归天演”（严复：《天演论·吴序》，《严复集》第五册，第 1317 页）。

刘梦得《天论》之言曰："形器者有能有不能。天，有形之大者；人，动物之尤者。天之能，人固不能也；人之能，天亦有所不能也。故天与人交相胜耳。天之道在生植，其用在强弱；人之道在法制，其用在是非……天之所能者，生万物也；人之所能者，治万物也。"案此其所言，正与赫胥黎以天行属天，以治化属人同一理解，其言世道兴衰，视法制为消长，亦与赫胥黎所言，若出一人之口……其所论天人相胜之间，与赫胥氏尤为若合符节。①

今天回望这个问题，我们除了前面曾经提及的注意到严复游弋在决定论和自由意志论之间外，似乎还可以从易学提供的"默识点"或"隐蔽的共识"的视角提出一点分析。《周易》作为占卜的记载，原本保留着天命论的信仰，保留着神秘主义；但是从荀子就说"善为易者不占"，后儒即使再占卜，主流的指向是强调易教可以使人"洁净精微"。换言之，在其转变为哲学著作的过程中，尤其是在《易传》中，易理之阐发更为强调圣人成能，君子有为有行而心灵纯净，心思缜密，特别是注重提高人的精神境界、道德力量。因此，我们大致可以说，易理本身就包含了相容主义，尽管决定论与自由意志论在这里呈现出某种不稳定的平衡。即使是卜筮之道也是在预言某种趋势以后，可以寻找出该趋势改变的可能，然后确定人之当为——"变而通之以尽利"——促使事物朝有利于人的方向发展。人们不难发现，在"天人之际"问题上的"相容主义"，已经成为民族心理的重要积淀，此时我们再来检讨严复的如下论述，可以清楚地看到，严复如何运用易学来阐发人的主动性：

且物之极也，必有其所由极，势之反也，必有其所由反。善保其强，则强者正所以长存；不善用其柔，则柔者正所以速死。彼《周易》否泰之数，老氏雄雌之言，固圣智者之所妙用微权，而非无所事事俟其自至之谓也。无所事事而俟其自至者，正《太甲》所谓"自作孽，不可

① 严复：《天演论手稿》，《严复集》第五册，第 1471—1472 页。

活”者耳，天固不为无衣者减寒，岁亦不为不耕者减饥也。[①]

在讨论逻辑方法的时候，严复曾经将易理归结为“外籀”，即演绎推理。历代易学中也确实有一派认为，象数乃是天地之本源，阴阳之气和天地万物是从乾坤的原理派生出来的，圣人用蓍草的排列组合，就可以得到卦象和天地之数。严复在引用易理阐发“天演哲学”的时候，形式上似乎在演绎，但是其实质是调动《周易》的智慧在民族心理中的积淀，体现了传统与现代之间在发展中包含的文化连续性。总之，严复的个案可以帮助人们理解近代思想家如何通过“新知附益旧学”的方式，实现传统的创造性转化，以支持其对社会哲学的思考。

第三节 “不忍人之心”与大同世界

与严复同样是最早的进化论者，甲午战争以后中国思想界转向的另一个重要代表人物是康有为。他是戊戌变法的设计者和实际推动者。康有为与严复在政治上同样是改良派，两人在哲学上却有所不同。这不但是指严复的进化论虽有易学之“变”的思想为根基，但其系统化的理论主要是来自西学的翻译，康有为则主要从中国传统思想中引申出进化思想，而且他们的哲学路径和方法论有所不同。这一不同，使康有为在推动戊戌变法的政治改革中，离开了张之洞“中体西用”的纲领，实际上比严复走得更远。陈寅恪在谈及戊戌变法时期的思想流派时曾经回忆说：“当时之言变法者，盖有不同之二源，未可混一论之也。咸丰之世，先祖亦应进上举，居京师。亲见圆明园干霄之火，痛哭南归。其后治军治民，益知中国旧法之不可不变。后交湘阴郭筠仙侍郎嵩焘，极相倾服，许为孤忠闳识。先君亦从郭公论文论学，而郭公者，亦颂美西法，当时士大夫目为汉奸国贼，群欲得杀之而甘心者也。至南海康先生治今文公羊之学，附会孔子改制以言变法。其与历验世务欲借镜西

---

① 严复:《原强》,《严复集》第一册，第 12 页。

国以变神州旧法者，本自不同。故先祖先君见义乌朱鼎甫先生一新‘无邪堂答问’驳斥南海公羊春秋之说，深以为然。据是可知余家之主变法，其思想源流之所在矣。”① 这里涉及政治学的思想方式问题。康有为利用今文经学的“微言大义”来指导改革，是用一个先验的原理来规范现实。而陈寅恪所说的“历验世务欲借镜西国以变神州旧法”是按照经验论的方式实施“渐变”。康有为的特点不仅是讲公羊学，他推崇孟子心学，批评朱熹理学；严复却批评王学的师心自用。② 在逻辑学上，严复是经验论者，重视归纳；康有为却一面重视演绎，一面强调“逆乎常纬”的创造性。思想方式的不同是不同政治方略的“内里”，它必然影响到社会哲学的领域。

二

康有为的著述给人的最初印象，就是本身充满了矛盾，最显著者如：“康氏一方推尊孔子，一方却推倒孔子一尊观念，孔子与诸子平列。一方尊崇孔子之真经，却一方认为孔子托古改制之作，根本推翻孔子之经典：这却是矛盾的现象，这个矛盾正是康氏时代之反映。”③ 在我们看来，康有为的上述矛盾恰恰是其思想的多向度的复杂性表征。人们认为康有为以“旧瓶装新酒”的方式阐发其理论，即借传统经学来阐发其得自域外和时代创获之综合。在这一点上，他开启了现代新儒学的先河，历史上的宋明理学之所以被海外汉学家称为“新儒学”，是因为他们融摄佛老阐释儒家学说，而康有为却试图融摄西学来阐明儒学。虽然其根底在儒家，但是其学说已经不再是纯粹的或传统的儒家思想，而被附加上了某些西方的或现代性的观念，因而是新旧杂糅或东西合璧的产物。从其心理结构而言，康有为既不是传统的士

① 陈寅恪：《读吴其昌撰〈梁启超传〉书后》，陈美延编：《陈寅恪集·寒柳堂集》，生活·读书·新知三联书店，2001 年，第 167 页。

② 对于王阳明“心外无物”等理论，严复批评说：“知者，人心之所同具也；理者，必物对待而后形焉者也。是故吾心之所觉，必征诸物之见象，而后得其符。火之必然，理欤？顾使王子生于燧人氏之前，将炰燔烹饪之宜，未必求诸其一心而遂得也。”（严复：《〈阳明先生集要三种〉序》，《严复集》第二册，第 238 页）

③ 郭湛波：《近五十年中国思想史》，上海古籍出版社，2005 年，第 7 页。

大夫，也不是反叛的农民，而是一个接受了进化论、人道主义和功利主义思想，处于从士大夫转变为新式知识分子过程中的思想家。

不过，康有为的复杂性很大程度是由于他既是思想的人物，又是行动的人物。思想的人物可以单单坐而论道，精心完善其理论；行动的人物面对的社会改革必定更具体也更复杂。我们不能把康有为视为单纯的思想家（类似现代学院制度下讨生活的大学教授），恰恰相反，康有为首先是一个不成功的政治家，或者说康有为首先是以政治家自居，遵循着传统士大夫的理想期待成为帝王师，进而成为教主式的人物。因为此故，康有为与朱熹那样以“醇儒”为理想的儒家有一大区别，即他自觉到他所处的时代与汉唐宋明不同，其间的距离是“列国与一统迥异”。所以从一开始他就不忌讳“霸王道杂用”的方略：

> 王、霸之辨，辨于其心而已。其心肫肫于为民，而导之以富强者，王道也；其心规规为私，而导之以富强者，霸术也。吾惟哀生民之多艰，故破常操，坏方隅，孜孜焉起而言治，以不忍人之心，行不忍人之政，虽尧、禹之心，不过是也。所以不能不假权术者，以习俗甚深，言议甚多，不能无轻重开塞以倾耸而利导之。若人心既服，风俗既成，则当熙熙皞皞，以久导化之。为之君、相，只以为吾民无所利焉，此非迂儒所能识也。①

在康有为看来，“夫今日在列大竞争之中，国保自存之策，舍变法外别无他图”。欲讲求变法，就绝非醇儒死守儒学义理者所能担当：

> 故能变则秦用商鞅而亦强，不能变则建文用方孝孺而亦败，当变不变，鲜不为害。法《易》之变通，观《春秋》之改制，百王之变法，日日为新，治道其是在矣。②

这提示我们，在考察康有为对于“动力”问题的思考时，应该注意其基

① 康有为：《康子内外篇》，《康有为全集》第一集，中国人民大学出版社，2007年，第97页。
② 康有为：《变则通通则久论》，《康有为全集》第二集，第30页。

本思路有三个特点：第一，沿袭中国专制王权的政治传统，“变”的路径是自上而下的垂直型，而非自下而上的颠覆型，或者横向合作型；第二，垂直型的驱动力之实现，既有“霸术”之谋划，更有“仁心”之扩充；第三，重视观念的动力性。

前面我们论述了前两个特点，下面我们来检视其第三个特点。康有为认为人的观念之所以有力量，包含了情感意志的力量和智力两个方面：

> 今吾中国以无动为大，无一事能举，民穷财尽，兵弱士愚，好言安靖而恶兴作……救之之道，惟增心之热力而已。凡能办大事、复大仇、成大业者，皆有热力为之，其心力弱者，热力减故也……故今日之会，欲救亡无他法，但激厉其心力、增长其心力，念兹在兹，则爝火之微，自足以争日月，基于滥觞，流为江河。果能合四万万人，人人热愤，则无不可为者，奚患于不能救。①

> 夫强者有二：有力强，有智强。虎豹之猛，而扼于人，虎豹不能学问考论，即愚，人能学问考论，则智，是智胜也。至于天人鬼物，昆虫草木，莫不考论，则益智，故贵学。②

深信“学问考论”可以启发人的心智，激动人的热情和心力，是康有为从事著述的现实关切所向。康有为最初震动中国思想界的是其《孔子改制考》和《新学伪经考》，它们和后来发表的《春秋董氏学》等，都是公羊学的路径。沿着这一路径，康有为阐释了其历史进步论：

> “三世”为孔子非常大义，托之《春秋》以明之，所传闻世为据乱，所闻世托升平，所见世托太平。乱世者，文教未明也。升平者，渐有文教，小康也。太平者，大同之世，远近大小如一，文教全备也。③

---

① 康有为：《京师保国会第一次集会演说》，《康有为全集》第四集，第59页。
② 康有为：《上海强学会后序》，《康有为全集》第二集，第97页。
③ 康有为：《春秋董氏学卷二·春秋例第二》，《康有为全集》第二集，第324页。

与严复类似，康有为的学说服从于他急迫的社会改革之政治主张。“三世”进化说提供了一种新的历史观，它是其改革主张的哲学背景。通过社会改革获得进步，同时也需要将历史进步的动力具体化，即要回答三世进化何以可能的问题。如果说严复是以“鼓民力、开民智、新民德”作为社会动员的纲领的话，康有为更加强调的是观念的力量。康有为历有做帝王师的志向，早年即推崇的阳明心学对他的思想影响也许是终身的，与孟子“先立乎其大者”的心学立场相似，他说：“心，有知者也。体，无知者也。物无知而人有知，故人贵于物，知人贵于物，则知心贵于体矣。”[①]在尚未开始“维新变法”时，他就说：

天下移人最巨者何哉？莫大于言议、觉议矣。父子之亲，天性也，而佛氏能夺之而立师徒；身命之私，至切也，而圣人能夺之而殉君父。夫以其自有之身，及其生身之亲，说一法立一义而能夺之，则天下无有不能夺者也，故明此术者，何移而不得……明于时势，通于人心，顺而导之，曲而致之，而才智足以操驭焉，则若决江河之堰，放湖堤之波，积巨石大木于高山之上，惟其意所欲为，无不如志矣。[②]

康有为深信观念有改变人进而改变社会的力量，可以达到“惟其意所欲为，无不如志矣”，表示其信念蕴含着唯意志论的因素。对于观念的力量的这种信念，并非康有为所独有，不过康有为主要是借历史来立言，而观念史家如《进步的观念》的作者约翰·伯瑞，则从心理学的角度来分析观念之所以具有力量：

正如弗耶利（Fouillé）所言，观念是“我们的感觉和冲动所呈现出的知觉形式；每个观念不仅涵盖一种智力行为，而且涵盖知觉和意志的某种特定的方向。因此，对于社会亦如对于个体一样，每个观念均为一

① 康有为：《春秋董氏学卷六下·春秋微言大义第六下》，《康有为全集》第二集，第392页。
② 康有为：《康子内外篇》，《康有为全集》第一集，第97页。

种力量，这种力量愈加趋向于实现其自身的目的”。换言之，观念并非一种纯粹的智力上的构想；其自身内部即蕴涵着一种动态的力量，激发个体和民族，驱使个体和民族去实现目标并建构目标中所蕴涵的社会制度。尽管观念有时是由于力量强大的个人为了将来的蓝图而阐述出来的，但是也经常来自模糊不清的源流，并在一段时期内被那些位卑言轻的弱者所珍视，最后战胜一切漠视和压制，在一个文明时代的整个进程中取得主导地位。[①]

约翰·伯瑞只是平面地描述了观念的结构中有知觉和意志的联合，即观念本身由于是理智和意志的混合物，因而有内在的驱动力，他并没有更深地讨论具体的观念之所以产生的原因。康有为则注意到“观念的力量”之所以能实现，需要有“时势”“人心”两方面的根据。然而，即使明于时势，通于人心，从旧观念的流行到新观念的产生，在理智活动中依然存在着一个不能用思维的连续性来解释的裂隙，这时他就用观念的创造性飞跃来解释。康有为说道：

同是物也，人能学则贵，异于万物矣；同是人也，能学则异于常人矣；同是学人也，博学则胜于陋学矣；同是博学，通于宙合，则胜于一方矣；通于百业，则胜于一隅矣；通天人之故，极阴阳之变，则胜于循常蹈故拘文牵义矣。故人之所以异于人者，在勉强学问而已。夫勉强学问，务在逆乎常纬。[②]

所谓精神的“逆乎常纬”即是一种不同于流俗的创造性活动，它下贯至社会实践，既体现为康有为极力提倡物质生产的“创新器”，因而主张“奖创造新器、著作新书、寻发新地、启发新俗者”[③]；又体现为康有为主张政治上要以创造的态势去从事改革：“窃以为今之为治，当以开创之势治天下，

① ［英］约翰·伯瑞：《进步的观念》，范祥涛译，上海三联书店，2005年，第1页。
② 康有为：《长兴学记》，《康有为全集》第一集，第341页。
③ 康有为：《请厉工艺奖创新折》，《康有为全集》第四集，第302页。

不当以守成之势治天下。”[①] 换言之，康有为不仅仅强调观念的动力来自主体的创造，而且强调“创造”观念本身在实践中的动力性。这就是我们为什么在导论中提及康有为实际上已经开启了梁漱溟、熊十力等现代新儒家从主体性去开掘动力的先河的原因。

康有为和严复通过不同的途径，在传播进化论的过程中，共同提供了“进步”观念。它改变了中国人的历史观和世界图景，成为现代性的前提和核心。救亡图存被安置在进步观念的背景下，就获得了“天人之际”与“古今之变”的理论辩护。“进步”本身之所以可能，又是由相关的观念提供的，那就是“竞争”与“创造”两大观念。原则上，进步论者会同时赞成这两个观念，但是比较而言，严复似乎更强调“竞争”的意义[②]；而康有为则比较重视“创造”的动力性，对竞争（尤其是社会内部的竞争）和冲突则取更为谨慎的态度，这与他对“大同”理想的秩序构想有关，“大同”本身内含了互助和合作的意蕴。关于这一点，我们后面会做稍多些讨论。

二

儒学原本就有强烈的政治意蕴，今文经学则与政治的关系尤为紧密，康有为的“三世”进化说，之所以采用“旧瓶装新酒”的方式“托古改制”，是因为“布衣改制，事大骇人，故不如与之先王，既不惊人，自可避祸”[③]。换言之，在“三世”说的古老外壳下，有着实质性的现代政治诉求：

> 或民主，或君主，皆因民情所推戴，而为天命所归依，不能强也。乱世、升平世、太平世，皆有时命运遇，不能强致……即如今大地中，

① 康有为：《上清帝第二书》，《康有为全集》第二集，第 37 页。

② 这一点本杰明 · 史华兹早就指出：“很明显，严复强调的是竞争（一种确定无疑的活力）的价值，强调的是在竞争的形势下，潜在能力的充分发挥。因此，‘爪牙用而杀伐行’的形象描绘非但并未使他沮丧，反而使他兴奋。”（[美] 本杰明 · 史华兹：《寻求富强：严复与西方》，第 45 页）

③ 康有为：《孔子改制考》，《康有为全集》第三集，第 141 页。

> 三法并存，大约据乱世尚君主，升平世尚君民共主，太平世尚民主矣。[①]

我们不难看出，康有为的“三世”说的直接政治目标是实现君主立宪（君民共主），未来的理想目标则是“太平世”（民主）。值得注意的是，在其实现的过程中，上需要“天命”，下需要“民情”。因此，康有为尽管强调观念的力量，重视“心”的创造力，但是依旧保持着“天命”信仰的残余。[②]进一步的分析可以告诉我们，康有为的“三世”进化学说，用一种新的形态阐发了包含终极关怀的双重走向，即将原始儒家从天的信仰下贯为“仁”以及由“不忍人之心”扩充而为“大同”。

> 《春秋》本仁，上本天心，下该人事，故兼据乱、升平、太平三世之制。子游受孔子大同之道，传之子思，而孟子受业于子思之门，深得孔子《春秋》之学而神明之，故论人性则主善而本仁，始于孝悌，终于推民物。论修学则养气而知言，始于资深逢源，终于塞天地。论治法则本于不忍之仁，推心于亲亲、仁民、爱物，法乎尧、舜之平世。[③]

这段话与其说是对儒学史的一种描述，不如说是给其“三世”说提供的历史论证，说明从“天心”下贯为人心即为“仁”，“仁”（不忍人之心）在社会改革和政治建构中的推扩，最终将导向太平世界的实现。

就社会哲学的进步动力而言，康有为的“天心”基本上是一个相对薄的概念，“不忍人之心”（仁）才是一个核心概念，因而意涵比较丰富。简言之，“不忍人之心”是康有为取法孔孟而又加以现代发挥的概念。在此过程中，康有为将孔子的人道精神进一步改造成近代人道主义，“故夫人道者依

---

① 康有为：《孟子微》，《康有为全集》第五集，第464页。

② 康有为保留了“天命”“天心”等传统观念的某种神秘意蕴，但是他所谓的“天”更多的时候又是物理的天，是可以用实测的科学观察到的自然界。不过，“天命”或“天心”的观念也更加表明他终究还是一个儒家中人，需要一个带有神秘意味的终极存在作为其理论的“挂搭处”。

③ 康有为：《孟子微》，《康有为全集》第五集，第411页。

人以为道。依人之道，苦乐而已，为人谋者，去苦以求乐而已”①。这是以类似西方功利主义的“求乐免苦”为人道的内容。当康有为以“求乐免苦”为人道进化的标准时，也就蕴含着欲望的满足是历史进步的动力的意味。康有为认为“性相近，习相远”的合理推论是人皆有爱恶之情，或者说“人生而有欲，天之性哉”“人情所愿者何？口之欲饮食也，居之欲美宫室也，身之欲美衣服也，鼻之欲美香泽也，耳之欲美音声也”，乃至“精义妙道之欲入于心耳也，名书、妙画、古器、异物之欲罗于眼底也，美男妙女之欲得我意而交之也”，顺此人情或人欲，即文明的进步。它和孟子的“不忍人之心”是可以统一的。“凡圣贤豪杰之救世任事，亦不过自纵其救世任事之欲而已。”②

康有为以为：

> 一切仁政，皆从不忍人之心生……人道之仁爱，人道之文明，人道之进化，至于太平大同，皆从此出。③

所以冯契先生分析道：“康有为的人性论近于告子与孟子两说的折中；而他讲人道之进化，既指求乐免苦之方的改进，也是不忍人之心的扩充。”④

总体来看，康有为虽然也从事过实际的政治活动，但是他更是一个思想家和政治设计者，因而更重视观念的力量。康有为将历史进步的动力主要归结为“心”，包括观念、创造精神和人道主义的“不忍人之心”等主观的力量，这使得其思想理论的总体气质是乐观主义的，虽然他主张“三世”的每一世都将再细分为更小的“三世”，以表示中国政治只能实行逐步的改良：

> 吾中国二千年来，凡汉、唐、宋、明，不别其治乱兴衰，总总皆小康之世也。凡中国二千年儒先所言，自荀卿、刘歆、朱子之说，所言不

---

① 康有为：《大同书·第一》，《康有为全集》第七集，第6页。
② 梁启超：《南海康先生传》，《饮冰室合集》第一册，文集之六，第72页。
③ 康有为：《孟子微》，《康有为全集》第五集，第414页。
④ 冯契：《中国近代哲学的革命进程》，《冯契文集》第七卷，第107页。

> 别其真伪、精粗、美恶，总总皆小康之道也。其故则群经诸传所发明，皆三代之道，亦不离乎小康故也。夫孔子哀生民之艰，拯斯人之溺，深心厚望，私欲高怀，其注于大同也至矣。但以生当乱世，道难躐等，虽默想太平，世犹未升，乱犹未拨，不能不盈科乃进，循序而行。故此篇余论及它经所明，多为小康之论，而寡发大同之道，亦所谓知其不可而为之者耶！①

从这个意义上说，“三世”进化论又包含了康有为关于社会进步必须“循序而行”“道难躐等”的秩序原理。而后又在其乐观的主观精神趋向驱使下，“三世”进化说指向一个未来的理想世界。

三

与严复悬置了未来是否有终极的理想世界的问题不同，康有为写了　部《大同书》，描画了他所理想的“大同”世界。在这里，康有为展示出其思想与严复思想的另一种不同面相：严复以自由为秩序的第一原理，康有为以平等为秩序的第一原理。我们知道，现代社会注重平等，在价值优先性的排序中将平等置于首位者，通常容易取激进的姿态。因为，不幸的是，有史以来的文明社会都是不同形式的等级社会，迄今为止的政治实质上都是少数人对多数人的管制，总是以荣誉、权力和财富分配之事实上的不平等为特征。因而“平等”常常成为改变固有社会秩序的口号。改变固有社会秩序的目标是建立一个世界级的大政府。正如以赛亚·伯林说的那样，“有两种学说，一种将自由理想化，一种将平等理想化。自由派希望政府的权力越小越好，平等派希望政府的权力越大越好”②。从这一视角看，《大同书》既包含了社会改革的动力论，又包含了理想社会的秩序原理。

---

① 康有为：《礼运注·叙》，《康有为全集》第五集，第553页。

② ［英］以赛亚·伯林：《民主、共产主义与个人》，《观念的力量》，胡自信、魏钊凌译，上海译文出版社，2019年，第337页。

“大同”本来是儒家的古老观念，但是近代以来，率先讲“大同”的洪秀全是用西方人的上帝作为平等的根据，提出了“太平天国”的乌托邦，正是这一点使太平天国被曾国藩等人视为洪水猛兽。康有为的平等观念则具备了更为理性的形态和传统的外衣。前文已经提及，“天”是康有为理论的“挂搭处”。人与人是天然平等的，因为“人皆天所生也，同为天之子，同此圆首方足之形，同在一种族之中，至平等也”。而现实常常是“以阶级之限人，以投胎为定位，而不论才能也”，由此造成各种各样的不平等。他借用传统信仰的“天”，后来更把人叫作“天民”，自称“天游化人”，表示他实际上已经接受了“天赋人权”的观念。换言之，平等已经是先验的价值原则，康有为构筑其思想体系的时候，曾经模仿欧几里得几何学的方法，根据类似几何学中的公理、定义的所谓“实理”，去推论和衡量人类社会的“公法”。这就是“实理明则公法定。间有不能定者，则以有益于人道者为断。然二者均合众人之见定之”[①]。所谓实理之“实”有三层意思：一是经验中抽取的实在，二是事实之实，三是虚实之实。实理是不受时空限制的真实的法则。“公”的意思，一是公共，二是普遍必然之公，三是公推之公。实理最重要的是两条：一是人各分天地原质以为人；二是人各具一魂，故有知识，所谓智也。然灵魂之性，各各不同。公法最重要的也是两条：一是人各有自主之权，康有为说：“此为几何公理所出之法，与人各分原质以为人，及各具一魂之实理全合，最有益于人道。”二是以平等之意，用人立之法。康有为又解释说：“人类平等是几何公理。但人立之法，万不能用，惟以平等之意，用之可矣。”[②]

总之，康有为调动传统思想中人是由魂魄组成的观念来论证人的平等：每个人都从自然（天）取得相同的元素构成其体魄，每个人都有自己的灵魂，因此有知识、有智慧。当然，这一被论证为先验价值的平等信仰，同时还有经验事实的根据。因为他将“平等”的价值与功利主义或快乐主义联结起来，而不平等的社会制度与普遍的快乐主义是违背的：

---

① 康有为：《实理公法全书》，《康有为全集》第一集，第147页。

② 同上书，第148页。

> 夫人类之生，皆本于天，同为兄弟，实为平等，岂可妄分流品而有所轻重、有所摈斥哉？且以事势言之，凡多为阶级、人类不平等者，人必愚而苦，国必弱而亡，如印度是已。凡扫尽阶级、人类平等者，人必智而乐，国必盛而治，如美国是也。其他人民、国势之愚智、苦乐、强弱、盛衰，皆视其人民平等不平等之多少分数为之。①

平等观念与功利主义的联结非常重要。当康有为从公理推论出平等之公法的时候，它与儒家的圣凡平等、佛教的佛法平等、基督教的平等观念、自然主义的天人观念，可能都有关系，并且还只是平等的形上学，仍然停留在“消极平等”的状态。一旦将平等理解成人人都有追求幸福和快乐的相同权利，甚至与国家的强弱密切相关的时候，“消极平等”就转变为“积极平等”，成为平等的政治学和社会学，带上了强烈的社会实践意向。

在平等观念的古今变迁中，康有为的特殊地位，不仅在于他将古代消极平等引向现实的积极平等，而且将农民朴素的平均主义的“均贫富”转变为具有社会主义色彩的经济平等。古代农民“均贫富”的要求，总是建立在对私有制和小生产的肯定的基础上的，“均贫富”的实质是私有土地的趋平均化，因此它在造反农民的行动中就是分田分地。康有为经济平等的实质是消灭私有制，在“太平世”中，人们根本没有私有财产。现代工业和科技的巨大生产力将一往无前地发展，人们可以充分地满足各自的物质生活需要，所以也没有必要拥有私人财产。

“大同”世界中即将贯彻的激进经济平等纲领，其实行从家庭革命开始，只要废除婚姻制度，没有家庭、子嗣需要积累私有财富，经济平等自然而然就实现了。经济平等乃至整个大同都要从男女平等开始。正如梁启超评论的那样：“其最要关键，在毁灭家族。有为谓佛法出家，求脱苦也，不如使其无家可出；谓私有财产为争乱之源，无家族则谁复乐有私产？若夫国家，则

---

① 康有为：《大同书·第二》，《康有为全集》第七集，第 40 页。

又随家族而消灭者也。”[①] 这有助于我们理解为什么康有为那么重视男女平等的问题。他一开始就注意到女性在政治参与方面的权利诉求，同时注意到教育、人格独立、自由等权利平等的重要性。而在大同时代，更要废除婚姻制度，这不仅对解放妇女，而且对实现经济平等有极大的重要性，“欲行农工商之大同则在明男女人权始”。对于康有为而言，解决经济不平等的方法是简单的：“若去民私业，此事甚易，即自去人之家始也。即欲急去国界者，亦自去家始。”天赋人权、男女平等，不再是夫妇关系，而是“岁月交好之和约而已。行之六十年，则全世界之人类皆无家矣，无有夫妇父子之私矣，其有遗产无人可传，其金银什器皆听赠人。若其农田、工厂、商货皆归之公，即可至大同之世矣。全世界之人既无家，则去国而至大同易易矣”[②]。

《大同书》可以说是第一个平等主义纲领。在中国近代特殊的历史背景下，身处救亡图存困境中的中国人，最迫切的平等诉求之一，就是和世界上其他民族国家之间的平等，使中国得以自立于世界民族之林。康有为当然赞成民族平等，不过他并非一般意义上的民族主义者。他的“大同”之路要去“九界”，先要去“国界”，消除由于民族国家之间的竞争而带来的不平等。因此，他不是在民族主义的意义上而是在世界主义的意义上要求平等，即相信世界应该有统一、合理的制度与秩序，以保证人们的普遍平等。当然，《大同书》之为第一个平等主义的纲领，更因为它有非常激进的经济平等观念，要求消除阶级之间的不平等；有非常激进的社会平等观念，要求实现男女之间的完全平等；此外，它还将平等表达为一个强烈的普遍主义的观念。从康有为开始，平等观念的古今之变呈现出一个历史性的飞跃。建立在“人的相同性”基础上的古代“平等”观念，具体的理路可能各有不同，但是总体上都走向某种“平等”的形上学，即将“人的相同性”引向超越的层面或道德修养的终极目标，其意义在于改变我们的境界或视域，而不是改变不平等的现实关系。《大同书》依然以“人的相同性”为预设，但是其重点已经不再停留在超越的层面或道德修养的必要性和共通性上，而是将“平等”理

① 梁启超：《清代学术概论》，《饮冰室合集》第八册，专集之三十五，第 60 页。
② 康有为：《大同书·第六》，《康有为全集》第七集，第 163 页。

解为一个基本的价值、实践的指针与行动的规范。换言之，现代平等观念不仅要求改变人们的思想，更要改变社会制度和社会生活中的不平等关系。“平等”成为现代人有计划地规范、改造社会的原则，表现出普遍主义的动力。

当我们如此评价康有为的《大同书》在“动力”和“秩序”方面的关切时，实际上已经注意到，在赞成“平等”作为基本价值的现代社会中，存在着自由主义与平等主义的不同派别。换言之，康有为的平等观念与作为现代资本主义的主流观念之自由主义之间，有着重大的区别。

对于一般自由主义者，平等是作为自由的补充和假设条件，而不是作为对经验事实的一种陈述来思考的，“它要求人只有在经济和政治领域的竞争中是平等的，而不是在所有的生活领域都平等化”①，与自由主义在价值排序中自由优先的方式不同，平等主义主张平等优先的原则；与自由主义重在保证进入竞争的“机会平等”不同，平等主义重在追求结果的和实质性的平等。后者与平均主义有内在的联系。平均主义追求所有人都同样享有不伴有任何程度不平等条件的平等。政治上，所有人都拥有与他参与政治生活所需要的相等的政治权力和政治自由；经济方面，所有人都拥有相等数量的财富，以保证他获得幸福。而自由主义的立场是机会平等才是真正的平等，因为它可以促使个人的行动自由，尤其是促使个人在经济活动中获得最大程度的自由。他们反对平均主义，因为平均主义必定需要限制个人自由，特别是个人在经济活动中进取发展的自由。康有为的“大同”，虽然容纳了一定程度的个人自由，包括参与政治的自由、居住和旅行的自由、闲暇与从事创造活动的自由，乃至在未来世界享有性爱的高度自由。但是，无论如何，自由在“大同”世界中只是一个弱主题，平等才是压倒一切的强主题。“大同”可以说是“平等”观念的一种修辞学方式的诠释，而自由却受到许多限制。最重要的，大同社会严厉禁止追求个人经济利益的竞争。康有为认为，人性都是自私的，因而在自然状态下竞争是生活的常态；但是在“大同”世界将消灭竞争，因为“大同之世，视人如己，无有畛域，‘货恶其弃于地也，不必

---

① ［德］卡尔·曼海姆：《保守主义》，李朝晖、牟建君译，译林出版社，2002年，第83页。

出于己，力恶其不出于身也，不必为己’。当是时也，最恶竞争，亦无有竞争者矣”①。

不难看出，以实质性的平等为理想，康有为原则上拒绝将竞争引入未来社会，因为它将从根本上破坏“大同”的境界。不过，一旦社会完全取消了所有竞争，社会的活力和发展的动力也就枯竭了。因为“夫物以竞争而进上，不争则将苟且而退化，如中国一统之世。夫退化则为全世界莫大之害，人将复愚，人既愚矣，则制作皆败而大祸随之，大同不久而复归于乱，此不可不预防也。若导人以争，又虑种于性根而争祸将出，二者交病”。而且由于大同世界贫富差距的消失，也会使得人们物质消费增长的动力消失，进而影响到社会生活和生产技术的进步，那是一个停滞的社会，停滞的社会将导致根本性的腐败：“诸事腐败，人将复愚，事将复塞，而大同亦不可久，则复归于乱矣。”②

这里显示出康有为深刻地洞察到人性的悖论、社会历史的极度复杂性以及平等主义的困境：平均主义拒绝竞争，尤其是拒绝自由市场的竞争，最初作为现代性的动力的平等在其完全实现的时候，就走向其反面，转变为消除社会动力的因素。平等如果不与竞争共存，社会就无法进步。因而康有为对其立场做了某种修正：不但承认在大同社会人们可以有不同程度的富裕生活，而且认为必须在某种程度上鼓励人们进行适度、定向的社会竞争。康有为设想必须鼓励人们从事艺术、科技和公益性的创造活动，即所谓“竞美”“竞智”和“奖仁”，鼓励的办法，主要是提高个人的社会声誉，同时也可以提供一定程度的物质财富，其实施则有赖于一个巨大的“公政府”。

康有为的平等论之平均主义及其修正表示康有为在其政治设计过程中，已经深入思考过两个互相关联的问题：一、通过何等机制实现社会改革，从不平等的社会进达理想的平等世界，即社会发展的动力来自何方；二、如何使得一个理想社会既保持合理的秩序——高度的平等和适度的自由的综合——实现人的幸福生活，又令其能保有不断进步的动力。从历史的视角

① 康有为：《大同书·第七》，《康有为全集》第七集，第 183 页。
② 同上书，第 174 页。

看，这两个阶段之间将有漫长的过渡，因而使得其具体方案包括“发明孔子为改制教主”，而孔子之道在康有为的解释下，“虽权实异法，实因时推迁”[①]，呈现出巨大的临时性与不确定性。实现大同依靠“不忍人之心”的扩充这一心学路径，又远远不足以消解“大同”的乌托邦性质。这也许可以使康有为何以摇摆在激进与保守之间的问题获得一个比较合理的解释。

第四节　“仁以通为第一义”与“以心力挽劫运”

当我们说到康有为所持的“平等”观念既是大同世界的秩序原则，又是改革现实的动力时，主要是因为注意到“平等”观念在具体的历史条件下的价值排序之不同。康有为对于“平等”观念在价值排序中优先的思想，他将古代“消极平等”转变为现代“积极平等”，对于那个时代观念的嬗变有巨大的影响。本节讨论的是谭嗣同哲学。谭嗣同虽然只是康有为的“私淑弟子”，通过梁启超的关系间接地接触到康有为“讲学之宗旨，经世之条理”，但他受康有为的影响依然是巨大的。按照梁启超《谭嗣同传》的说法，在了解康有为的主张以后，谭嗣同“自是学识更日益进……闭门养心读书，冥探孔佛之精奥，会通群哲之心法，衍绎南海之宗旨，成《仁学》一书”[②]。不难理解，《仁学》和《大同书》都提出了激进的平等主义的主张。康有为将《大同书》长期搁置不予出版，因为他认定当时的中国只能实现“小康”，“大同”之实现只能在遥远的未来，在 19 世纪与 20 世纪交会的年代，他的所言所行摇摆在激进与保守之间，部分地应该在这个方向上去解释。换言之，康有为了解其《大同书》的乌托邦性质，并不主张在当时实现“大同”。但是某种理论一旦面世，它的社会作用就不受始作俑者控制。在一定的社会条件下，乌托邦确实会产生强大的精神动力，甚至成为激进主义的思想来源。谭嗣同思想的激进化和在“戊戌政变”后显示的烈士精神，就是一个明证。

---

① 康有为：《春秋笔削大义微言考·自序》，《康有为全集》第六集，第 3 页。

② 梁启超：《谭嗣同传》，《谭嗣同全集》，第 543 页。

一

关于《仁学》的宗旨，梁启超有一段评论：

> 《仁学》何为而作也？将以光大南海之宗旨，会通世界圣哲之心法，以救全世界之众生也。南海之教学者曰："以求仁为宗旨，以大同为条理，以救中国为下手，以杀身破家为究竟。"《仁学》者，即发挥此语之书也。而烈士者，即实行此语之人也。①

虽然梁启超主要是从谭嗣同受到康有为思想的影响的角度来解释《仁学》，而没有更多地发掘《仁学》的哲学独创性的理路，我们还是可以同意这样的判断：《仁学》绝对不是书斋哲学或经院哲学，作为一部哲学著作，《仁学》只能算是急就章，所欲回答的问题甚多，既有急迫的民族救亡方略，又有未来世界的规划蓝图，更有道德理想和终极关怀。把政治诉求、文化批判、国际战略乃至神秘经验混合在一起，《仁学》难免显得有些粗糙。但是它确实是一部试图在哲学的层面使所有这些现实问题获得统一的理解，以及试图指明其实际解决方案的著述。在谭嗣同那里，无论是在玄学的理论中，还是在实践的方式中，"平等"都占据了一个异乎寻常的地位。如果《大同书》是中国近代第一个平等主义纲领的话，那么，在《仁学》中我们看到它向两个方向发展：第一，《仁学》更多地表达了为平等诉求做哲学论证的尝试；第二，谭嗣同的平等主义在实践上有比康有为更激进的趋势。以上两点都使得《仁学》显示出更强的动力论性质。

《仁学》全书有一个纲领《仁学界说》，置于书的开端。它劈头就说："仁以通为第一义。以太也，电也，心力也，皆指出所以通之具。"②

何谓"通"？"通之义，以'道通为一'为最浑括"，故可以说"通"是世

---

① 梁启超：《仁学·序》，《谭嗣同全集》，第373页。

② 谭嗣同：《仁学界说》，《谭嗣同全集》，第291页。

界第一原理。《易传》云："一阖一辟谓之变，往来不穷谓之通。"(《系辞传》上）它为后来熊十力的"翕辟成变"说之宇宙本体论提供了基本的依据。孔子论"仁"从"仁者爱人"开始，有相对明确的伦理道德规定。从孔子开始，儒家一贯注重亲亲尊贤之道，强调贵贱、长幼、男女、亲疏有别。① 但是，谭嗣同等《仁学》，以"仁"为其学说之宗旨，"仁"的展开却是两极化的：一方面是高度玄学化，他说"仁为天地万物之源""不生不灭，仁之体""仁者寂然不动，感而遂通天下之故"②。这样，他的理论似乎可以说是以仁为体、以通为用。但是这种可以重度玄学化的理论的另一极是：几乎直接就下落为社会政治的诉求。"通之象为平等"，可以在人世间呈现出来的"仁"即为"通"。此时的"通"，包括中外通、上下通、男女通和人我通。除了《周易》"穷则变，变则通，通则久"中"通"这一古老的哲理的源头，谭嗣同为"四通"分别寻找出经典的根据："通有四义：中外通，多取其义于《春秋》，以太平世远近大小若一故也；上下通，男女内外通，多取其义于《易》，以阳下阴吉、阴下阳吝、泰否之类故也；人我通，多取其义于佛经，以'无人相，无我相'故也。"③ 不过，我们同时也应该看到，它更多的是作为一种社会动员的具体措施及其理论辩护被提出的。④ 譬如当时康有为等主张变法改革的诸多人士也大多追求中外

① 关于传统儒家在此问题上的复杂性，参见拙著《平等观念史论略》，上海人民出版社，2011 年，第 47 页。

② 谭嗣同：《仁学界说》，《谭嗣同全集》，第 292 页。

③ 同上书，第 291 页。

④ 与当时的许多士子采取的中西之间是"静"和"动"两种文明差别之观念相似，谭嗣同以为"西人喜动而霸五洲"，而"中国之亡于静"，而且认为："西人之喜动，其坚忍不挠，以救世为心之耶教使然也。又岂惟耶教，孔教固然矣，佛教尤甚。曰'威力'，曰'奋迅'，曰'勇猛'，曰'大无畏'，曰'大雄'，括此数义，至取象于师子。言密必济之以显，修止必偕之以观。以太之动机，以成乎日新之变化，夫固未有能遏之者也！论者暗于佛、老之辨，混而同之，以谓山林习静而已，此正佛所诋为顽空，为断灭，为九十六种外道，而佛岂其然哉！乃若佛之静也，则将以善其动，而偏度一切众生。更精而言之，动即静，静即动，尤不必有此对待之名，故夫善学佛者，未有不震动奋厉而雄强刚猛者也。"（谭嗣同：《仁学・第十九》，《谭嗣同全集》，第 321 页）由此可见，谭嗣同思想的动力性，部分地来源于其大乘佛学。不同于宋明理学家大多阴袭佛老，谭嗣同却表达了对老子哲学的强烈排斥："李耳之术之乱中国也，柔静其易知矣。若夫力足以杀尽地球含生之类，胥天地鬼神以沦陷于不仁，而卒无一人能少知其非者，则曰'俭'。"(《仁学・第二十》，《谭嗣同全集》，第 321 页）谭嗣同所着力排斥的老子柔、静、俭，都是与其对于社会动力性的追求相悖的，尤其是对于"俭"的批判，可以说曲折地反映了即将来临的工业社会对于激发人的消费欲望的理论和心理需求。

通、上下通。[①]谭嗣同进而说“通之象为平等”，换言之，“仁学”的激进意义，部分地在于它广泛地吸收佛教和西学来支持传统的“仁”的信念，必然使得儒家的核心观念发生某种变形；而且谭嗣同之所谓“仁”，不再是建立在“爱有差等”基础上、包含着“亲亲尊尊”和等级制度的伦理学说，而变成了普遍平等的理论。这里包含了对于儒家伦理的革命性新解释。

在谭嗣同看来，“平等”是人与人的关系之“应然”，但是并非纯粹观念中的关系，而是生活中的现实性关系，因而是真实的存在。当谭嗣同说“所以通之具”为以太、电、心力的时候，即意味着以太、电和心力等可以说是质料，因而“关系”本身即“质料”。而“通”意味着世界的统一性或同一性（“通之义，以‘道通为一’为最浑括”）。[②]我们在这里看到与“平等”相关的一系列范畴：通、道、仁、以太、电、心力，所有这些范畴都被谭嗣同用于指称世界第一原理。所以，我们可以推论，谭嗣同试图说明，平等尤其是人类的普遍平等具有本体论的依据：呈现出差别的现象世界在根本上（道）是统一的。它与古代“人的相同性”理论的差别在于，它没有只局限于将“人的相同性”停留在抽象的思辨领域，而是说“人的相同性”不但有本体论的依据——承认可以用“道”的统一性来把握——而且指“人的相同性”应该呈现为人类的普遍平等，它表象了道德的理想境界“仁”。

从本体论上说，仁是真实永恒的存在，不生不灭，超越时间和空间的限制。由此得出推论：“不生与不灭平等，则生与灭平等，生灭与不生不灭亦平等”，“生近于新，灭近于逝；新与逝平等，故过去与未来平等”。仁是绝对的存在，泯灭了一切差别，所以达到仁的境界即世界统一原理就应该破除对待。破除对待的方法叫“参伍错综其对待，然后平等”“无对待，然后平等”“无无，然后平等”。总结起来说：“平等者，致一之谓也。一则通矣，通则仁矣。”[③]作同一性理解的“平等”被当作观念运动的中介，来消除思维中

① 康有为在《上清帝第二书》中说：“夫中国大病，首在壅塞，气郁生疾，咽塞致死；欲进补剂，宜除噎疾，使血通脉畅，体气自强。”这是用人身比喻国家和社会；暗含了社会有机体的比喻。所以要中外通、上下通（《康有为全集》第二集，第44页）。

② 谭嗣同：《仁学界论》，《谭嗣同全集》，第291页。

③ 同上书，第292—293页。

的差别。所有这些都让我们可以看到谭嗣同如何试图给平等奠定一个形上学的基础。

谭嗣同给"平等"观念的哲学论证的另一个路径是带有神秘主义色彩的生理—心理学。在传统的"人我之辩"中，平等与"自我"的观念有天然的关系。谭嗣同用"体魄"和"灵魂"的结合这一传统的说法来解释"我"，似乎是一种二元论的观点①，但是其理论重心，是强调人的统一性在于人与人之间可以实现一种神秘的"通"的境界。人们可以把"通"解释为古老的和谐理想，不过，谭嗣同的"通"绝不是等级制度下不同等级之间的"和谐相处"，而是灵魂的相通。灵魂（心力、电、以太）作为真实的存在，也是无差别的存在，才是"平等"的基础和本质。由此，我们看到谭嗣同面临着一个悖论：从权利平等的角度说，前提是主体意识，因此有"我"；从打破差别到达"道通为一"的境界来说，就"无（形质）我"。当试图表达权利意识的觉醒时，谭嗣同有"我"；当他试图激发人们救世的热情时，谭嗣同无"我"。大乘佛教"普度众生"的精神给谭嗣同以莫大的支撑。谭嗣同不仅信仰"佛法平等"，也相信"三界唯心""万法唯识"。为什么人们会迷惑于名相的差别？根本上是由于有"我"。自我意识是一切差别的源头："对待生于彼此，彼此生于有我。我为一，对我者为人，则生二；人我之交，则生三。参之伍之，错之综之，朝三而暮四，朝四而暮三，名实未亏，而喜怒因之。由是大小多寡，长短久暂，一切对待之名，一切对待之分别，肴然哄然。"②消除对待的根本办法是断意识，意识断则人我之间的差别自然泯除，而且意识总是有差别的境界，所以需要"转识成智"。消除差别才知"平等"，那属于智慧的境界。

与此相应，谭嗣同对不平等的批评也更富哲学意味。这主要指虽然欲望的合理性也为谭嗣同所肯定，但他没有从功利主义的快乐论去批评不平等的社会制度，而是运用唯名论来否定社会不平等的合法性。在中国，社会等级和差别最突出地体现在"名教"上，而谭嗣同则说：

---

① 张灏：《危机中的中国知识分子：寻求秩序与意义》，新星出版社，2006年，第116页。该书对谭嗣同的平等观念有多方面的描写，并且给予谭嗣同以"激进平等主义"的界定。

② 谭嗣同：《仁学·第十七》，《谭嗣同全集》，第316页。

名本无实体，故易乱……俗学陋行，动言名教，敬若天命而不敢渝，畏若国宪而不敢议。嗟乎！以名为教，则其教已为实之宾，而决非实也。又况名者，由人创造，上以制其下，而不能不奉之，则数千年来，三纲五伦之惨祸烈毒，由是酷焉矣。君以名桎臣，官以名轭民，父以名压子，夫以名困妻，兄弟朋友各挟一名以相抗拒，而仁尚有少存焉者得乎？①

按照前述仁学本体论，“平等”的关系是真实的存在（“通”“以太”“电”“心力”）；所以等级关系，甚至一切差别都非真实的存在，而只是人所自造的概念、名称或符号而已。反过来，人们又为自造的名相概念所困，才导致不平等的社会现实。这种批评直接指向了当时的中国皇权政治。与康有为一样，谭嗣同说孔子是改革家，当初曾经“倡民主，变不平等为平等”，其后学荀子把伦常说成孔教的精华，至董仲舒提出“三纲”说，为实质不平等的制度提供了意识形态的辩护。后儒还用天命论来强化不平等：

以同一言天，而同受压于天也。天与人不平等，斯人与人愈不平等。中国自绝地天通，惟天子始得祭天。天子既挟一天以压制天下，天下遂望天子俨然一天，虽胥天下而残贼之，犹以为天之所命，不敢不受。民至此乃愚入膏肓，至不平等矣。②

君臣之名，或尚以人合而破之。至于父子之名，则真以为天之所合，卷舌而不敢议。不知天合者，泥于体魄之言也，不见灵魂者也。子为天之子，父亦为天之子，父非人所得而袭取也，平等也。且天又以元统之，人亦非天所得而陵压也，平等也。③

我们知道，在春秋时代“礼崩乐坏”的情势下，孔子认为恢复周礼的精

① 谭嗣同：《仁学·第八》，《谭嗣同全集》，第 299 页。
② 谭嗣同：《仁学·第二十七》，《谭嗣同全集》，第 333 页。
③ 谭嗣同：《仁学·第三十七》，《谭嗣同全集》，第 348 页。

神，需要“正名”：“名不正，则言不顺；言不顺，则事不成；事不成，则礼乐不兴；礼乐不兴，则刑罚不中；刑罚不中，则民无所措手足。”（《论语·子路篇第十三》）针对当时“君不君，臣不臣，父不父，子不子”的秩序淆乱，强调“君君、臣臣、父父、子子”（《论语·颜渊篇第十二》）。从孔子论“正名”开始，由于“名”与等级制度的合法化有非常密切的关系，鉴于名分与其后面的实质性社会秩序安排的紧密联系，它就自然在历代儒学中占有重要地位，以至于“儒教”也称为“名教”。不难发现，谭嗣同用唯名论来破除不平等的社会制度，就变得比康有为更加激进，它意味着一切所谓合乎“名分”的秩序与关系都不代表人的真实的存在。他不仅要求破除“三纲”，而且“五伦”也仅能保留朋友一伦，所有的人伦关系都以朋友关系为标准，“所以者何？一曰‘平等’；二曰‘自由’；三曰‘节宣惟意’。总括其意，曰不失自主之权而已矣”。在谭嗣同看来，朋友关系的普遍合法性是早就由儒教、基督教和佛教证明了的。[①] 这意味着，谭嗣同的平等观有着强烈的实践冲动，即包含着直接的政治改革行动的要求，而不是如康有为那样说在遥远的未来通过解除婚姻关系（“破家界”进而“破九界”）来达到普遍平等。

如果我们进一步观察，还可以发现，谭嗣同已经多少猜测到“自由”“民主”“平等”是一组互相关联的“政治上稳定的组合”。[②]

> 人人能自由，是必为无国之民。无国则畛域化，战争息，猜忌绝，权谋弃，彼我亡，平等出；且虽有天下，若无天下矣。君主废，则贵贱平；公理明，则贫富均。千里万里，一家一人。视其家，逆旅也；视其人，同胞也。父无所用其慈，子无所用其孝，兄弟忘其友恭，夫妇忘其倡随。若西书中百年一觉者，殆仿佛《礼运》大同之象焉。[③]

这是将“平等”安置在“大同”境界中，与自由一起成为基本的理想和

---

① 谭嗣同：《仁学·第三十八》，《谭嗣同全集》，第350—351页。

② ［美］亚历克斯·卡里尼克斯：《平等》，徐朝友译，江苏人民出版社，2003年，第147页。

③ 谭嗣同：《仁学·第四十七》，《谭嗣同全集》，第367页。

社会规范。谭嗣同对于平等的理想之描画，与他对古代不平等制度的攻击，都指向了现代政治平等的理念："所有成年人在政治上都应该被平等对待"，而且包括一个实质平等的假设，即"认为所有人生而平等，没有人在本质上比别人更优越，以及每个人的善和利益都该被赋予相等的考虑"[①]。"平等对待"作为权利平等的原则，要求给所有人以受到平等考虑和获得平等机会的权利。在民主社会中，首先就是平等地获得自由和参与政治的基本权利。不过，尽管谭嗣同也提出了"平权"——平等参与政治的权利诉求，却是非常朦胧和胆怯的单纯"议事"的权利。[②]

换言之，对不平等做道德和历史的谴责，和为平等原则做哲学论证，根本上是服从于改变不合理的政治制度的目标。因而我们可以说，谭嗣同把"平等"作为社会进步的动力，意味着将"平等"从观念世界下贯到现实世界，将其变成了实践的原则。他必须要回答，"平等"如何可能？

二

然而，在19世纪末的中国，谭嗣同事实上找不到迅速实现平等理想的途径。为了达到他所理想的平等境界，《仁学》不但表现出反传统的激烈情绪，偶尔也会爆发出赞成革命的火花。谭嗣同对于社会不平等（尤其是家族制度中不平等）充满个人体验的道德控诉，这在后世激烈的反传统主义者那里有某种普遍性。正是谭嗣同对于中国政治的批评，如所谓数千年中国政治史乃是乡愿和大盗结合的历史，所谓"原夫生民之初，必无所谓君臣，各各不能相治，于是共举一人以为君。夫曰共举之，亦必可共废之"[③]。为此可以不惜"流血满地球"，诉诸暴力革命云云，使他在20世纪末被认定为贯串20世纪的激进主义思潮的源头。之所以如此，很重要的一点是，谭嗣同不仅是最早主张用暴力革命的手段来实现社会变革的政治家，而且是最早对中国传

---

① ［美］罗伯特·道尔：《论政治平等》，张国书译，台湾五南图书出版股份有限公司，2009年，第1—23页。

② 谭嗣同：《壮飞楼治事十篇》，《谭嗣同全集》，439页。

③ 谭嗣同：《书简·上欧阳中鹄》，《谭嗣同全集》，第462—463页。

统政治和伦理持根本性批评态度的思想家。在他看来，三千年来中国的政治就是“乡愿与大盗”的结合，“三纲五常”必须从根本上被推翻。用谭嗣同最有个人色彩的语言来说，就是“冲决网罗”：

> 窃揣历劫之下，度尽诸苦厄，或更语以今日此土之愚之弱之贫之一切苦，将笑为诳语而不复信，则何可不千一述之，为流涕哀号，强聒不舍，以速其冲决网罗，留作券剂耶？网罗重重，与虚空而无极。初当冲决利禄之网罗，次冲决俗学若考据、若词章之网罗，次冲决全球群学之网罗，次冲决君主之网罗，次冲决伦常之网罗，次冲决天之网罗，次冲决全球群教之网罗，终将冲决佛法之网罗。然真能冲决，亦自无网罗；真无网罗，乃可言冲决。故冲决网罗者，即是未尝冲决网罗。①

这一“冲决网罗”的激烈态度，不但将佛学中激烈的一面发扬出来，而且呈现出某种虚无主义的趋向。不过他的激进主义品格并不能全部理解为否定性的，仿佛他还只是旧时代的谋反者。实质上其激进的品格，很大程度是由于其激进的平等主义使然。历史学家指出了谭嗣同思想与刘师培、蔡元培等人之思想的同时代性。②现代社会思潮如果可以区分为激进主义和保守主义，或者如人们习惯的那样区分为“左派”和“右派”的话，那么其最重要的标准可能就是对于“平等”的态度。从跨文化研究的角度看，现代平等观念在其中国之旅的开始，既有许多未能抵达西方平等论的历史语境和论述完备之处，又有比西方现代社会起源之时更为激进的地方。譬如，在洛克等西方早期自由主义者的著作（如《政府论》）中，平等地享有生命、自由的财

---

① 谭嗣同：《仁学·自叙》，《谭嗣同全集》，第290页。

② “王汎森曾经追索谭嗣同思想在清末至五四运动前后的影响，他指出主张以冲决网罗之精神‘打破所有传统的伦理、社会、政治结构，以达到所有国民平等，并在完全平等的基础上重新塑造一个新的群’的观念在1900年前后大量出现，至五四新文化运动达到高峰，材料多至不暇引用的地步，如笔名‘激烈第一人’的刘师培、新民学会发起人之一的蔡和森，以及许多不甚著名的作者都有类似的想法。”（黄克武：《一个被放弃的选择——梁启超调适思想之研究》，台湾“中研院”近代史研究所，1994年，第160页）

产权利的“人”只是man，男女平等还在他们的视线之外。而戊戌时代思想家康有为、梁启超、严复、谭嗣同无一不强调男女平等。事实上，严复、梁启超等在阅读西方早期启蒙主义者的论著时，常常批评他们的男性中心主义。不过，中国平等主义的激进性格，很大程度是因为在他们那里平等与现代乌托邦之间构成了连锁的关系。平等成为大规模改造社会的纲领和未来社会的蓝图，康有为的《大同书》是一个最典型的文本。这意味着从根本上改造社会的工程开始了。“平等”在中国一出场，就被理解成普遍有效的价值原则。对于平等主义者来说，平等不仅是“抗议性理想”（如自由主义所强调的那样），而且是建构性理想，是其理想社会的核心价值之一，而不只是消极的东西。换言之，在社会哲学的视角中，平等不仅是颠覆固有社会秩序的动力，而且是规划新社会秩序的原理。或者说，平等主义以一种不但不同于保守主义的方式，而且也不同于自由主义的方式，将“平等”安置于价值排序的第一系列。

通观而论，谭嗣同确实比康有为更激进，一方面，固然是因为前面所说的反对礼教、根本否定传统的政治制度，而初步地肯定了政治平等的原则。他主张“共举一民为君”，意味着所有成年人有平等参与政治的权利。另一方面，是因为谭嗣同的理论有强烈的实践性，或者如张灏所说的“动力主义”（dynamism）和“行动主义”（activism）。[①] 按照其“仁—通”的本体论构想，依靠仁爱的精神力量，维系人我、群己之间的关系，可以构建无差别无隔阂的社会生活共同体。如果说严复以“推天理以明人事”的方式，通过译介进化论激发国人的生存意志和竞争力的话，他在理论上仍然徘徊在决定论和自由意志论之间。如果说康有为以扩展人的“不忍人之心”作为实现其理想的动力的话，此“不忍人之心”依然是一种善良意志。而谭嗣同将“仁—通”实体化为“心力”，因而在中国近代最早复活了龚自珍的唯意志论，并在这个方向上实现其动力性的追求。和用理性规范社会的路径不同，谭嗣同的平等主义理想之实现，更多地要依靠意志和激情。这种非理性主义使得谭

① 张灏：《转型时代中国乌托邦主义的兴起》，《幽暗意识与民主传统》，新星出版社，2006年，第288页。

嗣同的思想在有强大的实用理性传统的中国，显得格外异端和激进，恰如其唯意志论在有强大的宿命论传统的中国显得十分异端。这是我们在下面将要具体展开讨论的。

三

在中国近代哲学史上，最早揭示“心力”概念的动力意义的是龚自珍。然戊戌时期龚自珍的“心力”论被谭嗣同等大为发扬。这与一个更宽的背景有关：先秦以来的“力命之争”到19世纪末发生了某种翻转：在传统的“力命之争”中，一部分前卫知识分子更重视“力”的意义。不过，谭嗣同之所谓“力”，不仅仅指相对于“天命”的“人力”，更恰当地说，是强调“心力”，故其从“救亡”到“求道”的理路，对于社会动力的追求，可以归结为一句话：“以心力挽劫运”。

关于谭嗣同“仁以通为第一义”和“以心力挽劫运”论，钱穆有一段评论：

> 呜呼！何其言之慨切而沉痛耶！复生所谓以心力解劫运者，仁即心力也。心力之表见曰通，其所以害夫通者则曰礼、曰名。盖通必基于平等，而礼与名皆所以害其平等之物也。礼与名之尤大者则曰三纲五常，曰君臣、父子、夫妇；而君臣一伦尤握其机枢。心之力不得其通而失于长养遂达，则变而为柔、静、俭，郁而为机心，积而为病体，久而成劫运，其祸皆起于不仁。求反于仁而强其心力，其首务在于冲决网罗，而君统之伪学尤所先。而不幸为之君者，犹非吾中国之人，徒以淫杀惨夺而得为之。斯所以变法必待乎革命，必俟乎君统破而后伪学衰，伪学衰而后纲常之教不立，纲常之教不立而后得平等以自竭其心力而复乎仁，然后乃可以争存于天下而挽夫劫运。此复生《仁学》要旨也。嗟乎！卓矣！虽语有过激，而忧深思远，上媲梨州《明夷待访录》，无愧色也。不幸而复生不能自抱其孤愤，遂以至京师，以变法改制之说，献于向者彼所谓斯人受祸最烈之君，卒不

旬日而斩其头以殉焉。虽然，亦幸而后有此，而后三百年之清社终屋，二千年之君位终绝，我民乃稍稍其有纾。不然，使彼满后，与子同心，向意变法，或者圣清、圣天子之颂歌拜舞，犹将在吾侪之耳目也。①

钱穆对谭嗣同思想的肯定，虽然主要还是从推翻两千年帝制的历史效果和民族主义的视角出发的，但是也间接地梳理了谭嗣同“仁学”与其“心力”论在社会动力论方面的一致性。不过，就谭嗣同的“心力”论，我们尚有可以进一步讨论的空间。虽然谭嗣同之“仁学”以孔子为宗主，但是细加分析，其来源似乎更为复杂：部分来自阳明心学的影响，部分应该归结为佛教的信念，促使他对“心力”抱持着极为推崇的态度：

因念人所以灵者，以心也。人力或做不到，心当无有做不到者……心之力量虽天地不能比拟，虽天地之大可以由心成之、毁之、改造之，无不如意。②

这表明我们可以将谭嗣同的哲学归类于重视主体性或主观能动性那一脉，它是20世纪90年代以前现代中国哲学的主流。不过，谭嗣同对于主体能动性的理解，主要是指人的道德意志的力量。从最一般的意义上说，“心力可见否？曰：人之所赖以办事者是也”③。“心力”本来包括了“心”的多种力量，然而在谭嗣同那里，“心力”与理智是人的认识能力不同，乃是“心”的驱动能力。由于“心”本身可以分为“机心”和“愿心”，“心力”也就有了不同的取向。“机心”乃巧诈算计之心，更多的似乎是认识心；“愿心”以“仁”或“慈悲”（它们在谭嗣同那里是相同的）为本然取向，所以是本然的道德心：“盖心力之实体，莫大于慈悲。慈悲则我视人平等，而我以无畏；人视我平等，而人亦以无畏。无畏则无所用机矣”，“故慈悲为

① 钱穆：《中国近三百年学术史》下册，商务印书馆，1997年，第748—749页。
② 谭嗣同：《书简·上欧阳中鹄》，《谭嗣同全集》，第460页。
③ 谭嗣同：《仁学·第四十五》，《谭嗣同全集》，第363页。

心力之实体”。换言之，这样一种以“慈悲”或“仁”为价值取向的善良意志，不仅是动力因，而且即是宇宙统一原理。谭嗣同是戊戌变法时期最早试图建构自己哲学体系的思想家，但是客观条件和其短暂的生命都未允许其体系臻于完善。在回答世界的统一性时，谭嗣同借用当时科学界流行的“以太”一词，认为世界是由“以太”构成的。不过他很快又说：“以太也，电也，粗浅之具也，借其名以质心力。”①虽然谭嗣同将“心力”上升到本体论的地位，但未能改变其哲学的杂糅特征，而且使得其哲学带有明显的唯意志论色彩；但是，至少从“愿心”出发的道德意志——“心力”所具有的能动性和人我之间的平等沟通能力，与其“仁以通为第一义”的命题是自洽的。

从近代中国哲学历史演化脉络看，谭嗣同是将龚自珍开启的唯意志论思潮推向一个高峰的一位代表人物，而其更广的背景则无疑是进化论，这是龚自珍所不具备的思想。我们前面已经简略地提及，无论是严复还是康有为，他们的进化论都蕴含着对人的意志力量的高度肯定，谭嗣同则将这一倾向进一步显性化和理论化。

像当时许多最早接受进化论的思想家一样，谭嗣同也并未将进化论作为一门具体的科学知识来接受，而是当作哲学世界观来接受的。在其具体的进路上，则是从王夫之的“道不离器”推论出“器既变，道安得不变”的问题，又将康有为的“公羊三世说”与《周易》乾卦六爻相匹配，因而把历史进化论界定为“两三世”（由“逆三世”而反为“顺三世”）的过程。在谭嗣同看来，这是一个客观的有规律的过程，最终指向了“大同”理想社会。

然而，像康有为一样，谭嗣同也必须回答：历史进化的动力何在？

在哲学的第一原理即世界的统一性和发展的问题上，谭嗣同既说：“天行健，自动也。”②又说：“日新乌乎本？曰：以太之动机而已矣。”③“以太”本是一个假名，是模仿自然科学的学说而暂时借用的概念，或者说本来是“心

① 谭嗣同：《仁学界说》，《谭嗣同全集》，第 291 页。

② 谭嗣同：《仁学 · 第十九》，《谭嗣同全集》，第 320 页。

③ 同上书，第 319 页。

力”的代名词，“以太”发生作用，就显现为“仁”“兼爱”“慈悲”“爱力”“吸力”等属于善良意志的属性。因此，谭嗣同事实上将历史进化的基本动力归结为“心力”。

以“心力”为历史动因的理论有直接的社会背景，在进化论被中国知识分子广泛接受的时代，谭嗣同与严复一样，承认生物界物竞天择的丛林法则在人类社会同样有效。所以，在列强环伺、救亡危机急迫的时代，中国人自然不能坐视亡国灭种，而应该发挥雄强争胜的意志力，挽狂澜于既倒。尽管谭嗣同也担忧现代性具有自我毁灭的可能[①]，但是其唯意志论，不同于西方哲学家如叔本华那样的悲观主义的唯意志论，提供了一个乐观主义前景。他相信，“天下皆善其心力，治化之盛当至何等地步?”那不仅是一般意义上的太平盛世，而且可以造就一种新的人类，人们“留其轻质，损其体魄，益其灵魂，兼讲进种之学，使一代胜于一代，万化而不已；必别生种人，纯用智，不用力，纯有灵魂，不有体魄”[②]。

谭嗣同的“心力”说，明显具有唯意志论的倾向。之所以如此说，是因为：

第一，谭嗣同不是在一般的主观能动性或认识能力的意义上强调“心力”，他的“心力”概念，主要指“心”的驱动能力。他说：“心力可见否?曰：人之所赖以办事者是也。吾无以状之，以力学家凹凸力之状状之。愈能办事者，其凹凸力愈大；无是力，即不能办事，凹凸力一奋动，有挽强持满、不得不发之势，虽千万人，未或能遏之而改变其方向者也。”[③]显然，这是用力学的语言描述意志力的动因作用与专一品格。

① 在主张解放人的欲望，展望消费主义时代的来临之同时，谭嗣同也对资本主义工业化带来的消费主义文化的危险保持了某种警惕。人类如果不顾一切地挥霍自然资源，“穷天地之产而产以薄，縻万物之力而力以绌”，就会带来灾难性的后果，甚至导致宇宙的毁灭；即使不遇到天文学意义上的灾难，如果道德沦丧、政治昏乱，“夫人道已穷，则地球之毁，纵不若星之陨，而其实久毁”（谭嗣同：《思篇·第十》，《谭嗣同全集》，第128页）。由此看来，谭嗣同的哲学体系虽然不够严密精致，但是他本人确实是好学深思，既有思想家的现实感，又有哲学家的远虑。

② 谭嗣同：《仁学·第四十六》，《谭嗣同全集》，第366页。

③ 谭嗣同：《仁学·第四十五》，《谭嗣同全集》，第363页。

第二，谭嗣同不是在一般意义上肯定“心力”的驱动、造作、实践功能。他所赞赏的心力，实际上是同情仁爱之心，或者叫作善良意志。他把心力分为“机心”和“愿心”两种：“愿心”可以挽劫运，“机心”则可以造劫运。谭嗣同要“以心力挽劫运”，其心力必然不是算计、巧诈的心力，而是兴乐拔苦的心力，是普度众生的愿力，即是有特定的道德内容的。所以他主张“并凹凸力而用之于仁”①，以“仁”为意志的目的与归宿。心力的真正来源是“慈悲”，以“仁”或“慈悲”为意志的价值取向，意志就达到与自身本体的合一。

第三，“以心力挽劫运”要排斥“机心”，而“机心”恰恰是要凭借理智的计算的，一旦分人我，用理智去计算利害，即使以平机心为目的，也会转化为机心，那么心力就有害了。他说：“凹凸力之为害，即意识之为害也。今求通之，必断意识……意识断，则我相除；我相除，则异同泯；异用泯，则平等出；至于平等，则洞澈彼此，一尘不隔，为通人我之极致矣。”②可见，心力的作用要与本体一致，就在于破我法二执，达到破对待，人我通——仁；而理智总要分出主客体差别，所以反过来，只有断意识、去思维，作为本体的心力才会显现出来。谭嗣同的心力说由此表现出非理性的特征。然而这种非理性的心力，却有一种使人感应的能力：“我之心力，能感人使与我同念。”③以仁爱之心待人，能感召别人去除机心；由此扩大，直到挽回劫运。

第四，这样一种以“仁”为价值取向的善良意志，不仅是一种动力因，而且是世界的本体。谭嗣同说世界是由以太构成的，“法界由是生，虚空由是立，众生由是出”④。但是，他又说：“以太也，电也，粗浅之具也，借其名以质心力。”⑤就是说，借用以太或电来说明心力的作用罢了。可见，在立志“以心力挽劫运”的谭嗣同思想中，“心力”已经取代物质性的力量而具有精神性的本体地位。在他二十五岁时所作的《治言》中，谭嗣同就十分强调

---

① 谭嗣同：《仁学·第四十五》，《谭嗣同全集》，第364页。
② 同上书，第365页。
③ 谭嗣同：《仁学·第二》，《谭嗣同全集》，第295页。
④ 谭嗣同：《仁学·第一》，《谭嗣同全集》，第294页。
⑤ 谭嗣同：《仁学界说》，《谭嗣同全集》，第291页。

“诚”的作用，认为“诚意”是修、齐、治、平的根本，是人生和历史的决定性环节。[①] 由此发展到用“心力”对抗“天命”，并从破除“天命”论走到了唯意志论。

总之，谭嗣同的“心力”论与他对未来世界的乐观主义展望，配合了其社会进步的动力论，展现出与严复、康有为既有共同性又有特殊性的思想面貌，从而汇入并进一步推动了19世纪末20世纪初中国文化精神转向的潮流。

① 《治言》中写道：“夫言治而意诚，治乃可以不言矣。夫圣人固曰‘意诚而心正，心正而身修，身修而家齐，家齐而国治，国治而天下平’。”这里引的《大学》中语，前面恰恰少了“物格而后知至，知至而后意诚”两句，这样就用意志环节置换了正统派儒学极为重视的认识环节，并将意志纯正居于起始环节，成为修、齐、治、平的充分条件。

第三章　革命世纪的社会动力学

在中国社会史上，20 世纪经历了一系列的革命和战争，因而无疑可以称作“革命世纪”。它又是中华民族从民族存亡“最危险的时候”，经过艰苦卓绝的奋斗，传奇般崛起的世纪。从这个意义上说，中国革命和中国的现代化以及中华民族的复兴三者是互相交织的。如果要追究这场革命性变化的历史原因的话，它固然服从于中国社会多种力量的交互作用，社会哲学研究要“在势之必然处见理”，也应该给出观念的动力学解释。

第一节　革命世纪

我们说 20 世纪是“革命世纪”，这是在前所未有的变革的意义上所理解的“革命”，而不仅仅是在传统中国历史改朝换代意义上的“天命转移”。在中国古代，天命转移意义上的“革命”，通常与起义、叛乱、政变相联系。不堪忍受贫困与苦难的农民揭竿而起，由此造成社会的动荡和混乱，在镇压农民起义中胜出的野心家获得政权，建立一个新的王朝；或者是通过种种宫廷阴谋、单纯的暴力篡夺实现“禅让”，都不属于我们所说的“革命”。20 世纪中国的革命是现代意义的革命，是以现代观念引导的革命。这种革命之所以发生，除了其他重要条件以外，观念的变化是必要的条件。主导观念生活的士大夫——知识分子中的前卫群体（他们中的部分人由于掌握文化权力进而已经掌握部分政治权力并可能追求更大的权力），意识到政治体制的缺陷和困境，逐步形成改革的整体蓝图，制造舆论，不仅影响统治者，而且影响广大民众。早在19世纪中叶，现代化运动的先驱、洋务运动的领袖们已经意识到中国面临着“三千年未有之大变局”。从那开始的一百五十年，中国发生了翻天覆地的变化，包括观念世界的深刻变化，历史学家通常都用“革命”来指称这种变化。其实像梁启超等人士早在20世纪初，就提出“诗界革命”“小说界革命”乃至“道德革命”的口号。新文化运动中又有人主张“思想革命”。后来孙中山领导的旧民主主义革命、中国共产党领导的新民主主义革命，乃至社会主义条件下有所谓“继续革命”，都说明革命话语之繁复是20世纪的重要观念现象。本书从社会哲学的角度研究19世纪末（1895年）到20世纪末（1995年），围绕着“动力”和“秩序”双重焦点展开的观念史，需要确定20世纪是“革命世纪”这一重大事实，并且需要简要说明何谓“革命”，才能恰当地理解观念变迁的历史及其意义。

一

所谓“革命”，在马克思和恩格斯的《共产党宣言》中已经有过深刻的界定，它是基于科学技术和物质生产手段的历史性变化导致的人类生活方式的变革，乃至使世界经历了历史性的社会变迁。而在《政治经济学批判》序言中则有更普遍化的论述：

> 人们在自己生活的社会生产中发生一定的、必然的、不以他们的意志为转移的关系，即同他们的物质生产力的一定发展阶段相适合的生产关系。这些生产关系的总和构成社会的经济结构，即有法律的和政治的上层建筑竖立其上并有一定的社会意识形式与之相适应的现实基础……社会的物质生产力发展到一定阶段，便同它们一直在其中运动的现存生产关系或财产关系（这只是生产关系的法律用语）发生矛盾。于是这些关系便由生产力的发展形式变成生产力的桎梏。那时社会革命的时代就到来了。随着

经济基础的变更，全部庞大的上层建筑也或慢或快地发生变革。①

20世纪的政治学家和社会学家倾向于把这场变革视为席卷全球的现代化潮流。“这里所谓现代化，指的是从一个以农业为基础的人均收入很低的社会，走向着重利用科学和技术的都市化和工业化社会的这样一种巨大转变。”②基于现代化理论的政治学家则注意到这一社会革命的政治意义：

> 革命，就是对一个社会居主导地位的价值观念和神话，及其政治制度、社会结构、领导体系、政治活动和政策，进行一场急速的、根本性的、暴烈的国内变革……革命是现代化所特有的东西。它是一种使一个传统社会现代化的手段。③

就政治哲学的党派性而言，汉娜·阿伦特在《论革命》中则特别强调作为现代社会特有的政治现象的革命，其目标主要是国家转型和新型政府形式的创建，“一场革命绝不是以消灭国家和政府而告终，相反，是以建立一个新国家和成立一个新政府形式为目的”④。从共和主义的立场出发，她以为革命如果不是因为“恐怖的灾难”，都会导致一个共和国的建立。从戊戌变法到辛亥革命，让中国人心仪的“革命”也是阿伦特所特别关注的法国革命与美国革命。1949年10月1日毛泽东在天安门城楼宣布“中华人民共和国成立了”的内在意味，是“中国人民站起来了”，即中国人民不但可以和其他民族平等交往，而且可以在国内政治生活中平等地参与政治意志的建构。与数千年的专制王朝相比，无疑是一个“新中国”。这一事件的历史意义，已

① ［德］马克思、恩格斯：《马克思恩格斯选集》第二卷，第32—33页。

② ［美］吉尔伯特·罗兹曼主编：《中国的现代化》，国家社会科学基金“比较现代化”课题组译，江苏人民出版社，2003年，第1页。

③ ［美］塞缪尔·P. 亨廷顿：《变化社会中的政治秩序》，王冠华等译，生活·读书·新知三联书店，1989年，第241页。

④ ［美］汉娜·阿伦特：《论革命》，陈周旺译，译林出版社，2011年，第245页。阿伦特对20世纪的革命持相当悲观的态度，“恰恰是这种对国家转型，即对新政府形式的期盼，这种让现代平等社会的每一位成员都成为一名公共事务的‘参与者’的期盼，在20世纪革命的灾难中被埋葬了”（第249页）。

经超出了单纯中国史的边界。

不过，也有从更多的历史连续性来看待中国革命的，把20世纪的中国革命看成一个古老民族现代复兴的形式。著名历史学家费正清在他的《伟大的中国革命（1800—1985）》的前言中写道：

> 19世纪和20世纪的中国人民——他们不仅是文化上而且是政治上的爱国者——有着从看起来优越的地位的经历，一下子可耻地坠落到一种卑劣的地位，接着又长期继续进行民族复兴的狂热努力，现在总算是成功在望了。一旦完全看清楚这点后，将来这就会是一切时代中最戏剧化的故事之一。①

从这个向度看中国革命，“革命”的意义比一般西方人所理解的要更为复杂：

> 在西方世界，革命一般发生在诞生它们的文化中，一般说来，革命首先是政治变革，是一种政治制度的改变，这种变革有时也使经济和社会制度的改变成为可能。我非常怀疑，当人们讲到中国的“革命”时，是否忽视了一个根本点，就是中国不仅进行了政治、经济和社会革命，而且确实在进行整个文化的转变。这种看法有一个前提的设想，就是中国文化确实不同于给世界很大影响的欧洲文化。②

费正清因此认为应该用“转化”来概括中国革命的过程，这意味着在美国历史学家中，特别是相当一批中国学家看来，中国革命不仅是在中国文化（我们把它理解为价值或意义的论域）内部发生了革命，而且这场革命使“中国文化”本身发生了一种前所未有的“转变”。至于中国文化是转变为更具西方化，还是更具有独特性，费正清与许多中国学家一样十分迷惑。造成这种迷惑的原因当然是“中国革命”并没有终结，同时也因为始终还存在着

---

① ［美］费正清：《伟大的中国革命（1800—1985）》，刘尊棋译，世界知识出版社，2000年，第5页。

② 同上书，第49页。

许多互相冲突的思潮，贯串于“中国革命”历史之中。

将20世纪中国社会哲学研究的历史背景定位于“革命世纪”，意味着我们是在三个层面上界定“革命”。最显性的目标当然是表示我们意识到观念运动本身的革命性，而我们观念世界的革命，植根于政治的和社会的革命，它不但以政治革命为动力并与之构成互动的关系，而且根本上是受制于整个社会从古典时代向现代世界转型的历史过程的。换言之，不管人们对20世纪中国革命的评价有多少分歧，都不能改变这样的事实：“革命世纪”是中国社会现代化历史不可分割的重要阶段。从引起复杂的观念变革的中国的现代化本身是一场剧烈的革命这一点，可以发现革命文化，尤其是革命观念的哲学辩护兴起的历史理由。而这场革命所带来的文化“转变”只是更加剧了其非常规性的可能。同时，20世纪中国革命在中国文化变迁上带来革命性的结果，应该在哲学中有其相应的反应。

二

我们把20世纪称作“革命世纪”当然也有给这一世纪在断代思想史上定位的原因。从社会史的角度看，20世纪可谓极其富于戏剧性：1900年，八国联军进入北京，中国与列强签订《辛丑条约》，从此开始了中国的20世纪；2001年，中国高调进入世界贸易组织（WTO），申办奥运会成功，主动向世界开放自己的中国正在创造着经济奇迹。但是，思想的世纪与此有某种错位。以“革命世纪”而论，本书把观念史研究论域中的“20世纪”的开端规定为1895年，而把其终结规定为1995年。

1895年是康有为组织“公车上书”的一年[①]，他在给光绪皇帝的万言书中提出了要以变法来确立“立国自强之策”，对“二万万华腴之地，四万万秀淑之民”实行广泛的社会动员，开启了激进变革的先声。他说：“窃以为

① 新近的研究显示，康有为组织“公车上书”是否如以往人们相信的那样实际地影响了历史进程，似乎有可以讨论之处，但是我们研究观念史的作者，以“后见之明”看问题，就开启了激进改革的思想潮流而言，依然认为康有为所撰写的万言书有其不可小觑的意义。

今之为治，当以开创之势治天下，不当以守成之势治天下。当以列国并立之势治天下，不当以一统垂裳之势治天下。盖开创则更新百度，守成则率由旧章；列国并立，则争雄角智。一统垂裳，则拱手无为。”① 这段在康有为的“万言书”中已经出现过的文字，在《上清帝第三书》中再度出现，表示康有为充分意识到要以“开创”来代替“守成”，要求开启“更新百度”即激进的政治改革，为此他甚至警告说：“若非大变讲求，是坐待自毙也。”

1895 年也是严复发表《论世变之亟》《原强》《辟韩》《救亡决论》四篇重要论文的一年。严复断言：“观今日之世变，盖自秦以来未有若斯之亟也。”② 阐发了在时人看来相当激进的政治改革乃至文化批评的主张，他不但提出了著名的“鼓民力、开民智、新民德”的变革纲领，提出了与历古之圣贤不同的自由理想，而且谴责了两千年的君主政治：

> 老之言曰：“窃钩者诛，窃国者侯。”夫自秦以来，为中国之君者，皆其尤强梗者也，最能欺夺者也。③

这与后来被称作激进主义代表的谭嗣同把历代君主统称为“大盗”的说法已经如出一辙。不过，无论对于严复还是对于 20 世纪的中国思想而言，1895 年之重要，乃是因为这一年，《天演论》已经译出初稿，这部书所传达的进化论及其进步主义，将中国思想界引领进了现代世界。20 世纪中国发生的所有巨大变革都可以在这一脉络中寻找到其思想的因缘。

就在康有为、严复等后来被称作改良主义者的人物提出激进的政治改革主张的时候，另一类更为激进的被称作革命派的人物，已经在从事实际的社会运动，他们就是孙中山与他积极组织的革命政党兴中会。这当然和孙中山个人思想的激进化有关。此前一年，孙中山曾经试图上书李鸿章，受到冷遇。这对于他从改良转向革命的选择有重大的意义，“吾党于是怃然长叹，知和平之法无可复施。然望治之心愈坚，要求之念愈切，积渐而知和平之手

① 康有为：《上清帝第三书》，《康有为全集》第二集，第 69 页。
② 严复：《论世变之亟》，《严复集》第一册，第 1 页。
③ 严复：《辟韩》，《严复集》第一册，第 34 页。

段不得不稍易以强迫”[①]。后来，他又叙述说：

> 目前中国的制度以及现今的政府绝不可能有什么改革，也不会搞什么改革，只能加以推翻，无法进行改良。期望当今的政府能在时代要求影响下自我革新，并接触欧洲文化，这等于希望农场的一头猪会对农业全神贯注并善于耕作，那怕这头猪在农场里喂养得很好又能接近它的文明的主人。[②]

1895年10月，孙中山领导的兴中会发动了第一次反清武装起义——广州起义。它与以往历史上的谋反、叛乱或农民起义的最大不同，并不仅仅在于章太炎所说的“以前的革命，俗称强盗结义，现在的革命，俗称秀才造反”[③]，还在于它标志着现代知识分子中的最激进的一翼，开始用社会运动的方式对现存政治体制加以根本性的改造。

从19世纪末开启的改造中国的思想运动，经过复杂绵长的“古今中西”之争，各种各样的方案曾经被中国知识分子所考虑，并且或多或少地实验过，但是都失败了。“五四”后期，马克思主义传入中国，不到十年，唯物史观风卷一时。成为中国革命的指导原则的，则是日渐中国化的马克思主义。作为与中国革命具体实践相结合的马克思主义，坚持的恰恰就是如马克思本人所说：哲学家们只是用不同的方式解释世界，而问题在于改变世界。换言之，中国化的马克思主义——毛泽东思想——特别强调发挥人的主观能动性，强调通过革命性的实践活动去改变世界、改造中国社会，进达未来的理想社会。它与20世纪20年代开始的国内战争、抗日战争以及中国共产党在国共双方决战中的胜利，有密切的联系；与中华人民共和国成立以后，进

---

① 孙中山：《伦敦被难记》，广东省社会科学院历史研究室、中国社会科学院近代史研究所中华民国史研究室、中山大学历史系孙中山研究室合编：《孙中山全集》第一卷，中华书局，1981年，第52页。

② 孙中山：《与〈伦敦被难记〉俄译者等的谈话》，《孙中山全集》第一卷，第86页。

③ 转引自胡绳《从鸦片战争到五四运动》，人民出版社，1981年，第5页。该书展示了对于我们所讨论的事件的历史意义的解释，国共两党在各自的革命叙事中有不同的策略。在他的“三次革命高潮”的历史叙事中，胡著把孙中山上书、兴中会成立、广州起义及其失败，只是作为“第二次革命高潮”的酝酿过程的一部分。当时的革命叙事将共产主义革命视为近代历史之革命传统的真正继承者。而国民党的吴稚晖则直接说孙中山上书李鸿章，“陈说大计，劝李革命”（第672页）。

行社会主义改造、建立社会主义的政治经济的根本制度，同样密切相关。换言之，观念的变革与社会变革是相互适应的。

三

相对于1895年作为“革命世纪”的开始，1995年可以看作社会思潮史意义上的“革命世纪”的结束，尽管就社会变迁意义上的“革命”尚在途中，就整个知识分子和体制主导者达成的“隐蔽的共识”而言，激烈的社会革命时代已经结束。1995年，中国最有创造力的三位哲学家中，冯契先生和牟宗三先生相继去世，另一位哲学家李泽厚先生则在香港出版了《告别革命》①。这本书的出版具有思想史的意义，“告别革命”由一个不仅曾经高度肯定20世纪的中国革命，而且为其做了现代性的哲学辩护的哲学家口中道出，标志着社会思潮的重大转向。

“告别革命”并非突然发生的事件，而是经过近二十年的酝酿：

1976年，毛泽东逝世和“文革”以戏剧性方式结束，邓小平的复出和务实渐进的改革开放政策，标志着中国进入了一个“后革命时代”。“文革”持续十年之久，曾经被宣称为人类历史上的伟大创举，后来被中国共产党中央的正式决议定性为“动乱”。而1979年邓小平在一次讲话中宣称：当时的政治经济形势，“使全党有可能把工作着重点从今年起转移到社会主义现代化建设上来。这是我国历史上的一个伟大的转折。虽然过去我们已经进行了多年的社会主义建设，但是我们仍然有足够的理由说，这是一个新的历史发展阶段的开端”②。这个讲话虽然与邓小平1957年《今后的主要任务是搞建设》的讲话有某种相似③，但是实际的语境却有根本的不同。因为20世纪80年代，

---

① 李泽厚、刘再复：《告别革命》，香港天地图书有限公司，1995年。

② 邓小平：《坚持四项基本原则》，《邓小平文选（一九七五——一九八二年）》，人民出版社，1983年，第145页。

③ 邓小平在这篇讲话中说：“我们前一个阶段做的事情是干革命。从去年农业、手工业和资本主义工商业的社会主义改造基本完成时起，革命的任务也就基本上完成了，今后的任务是什么呢？革命的任务还有一部分，但是不多了。今后的主要任务是搞建设。我们党的第八次全国代表大会提出的任务，就是要调动一切积极因素，调动一切力量，为把我国建设成为一个伟大的社会主义工业国而奋斗。”（《邓小平文选》第一卷，人民出版社，1994年，第261页）

从中国的现代化史的角度说，发生了巨大的历史转折。从19世纪中叶，曾、左、李等意识到"三千年未有之大变局"，通过以"自强"为目标的洋务运动实现"同治中兴"以来，直到20世纪末的"中国崛起"，中国的现代化是一个统一的过程，贯串这一历史过程的大问题，也是根本上引起诸多社会观念变迁的现实根据，就是"中国向何处去"的争论。但是这一过程可以分为现代民族国家的建立和经济起飞两大阶段。1949年中华人民共和国成立以前，主要的现实关切是"如何得到国家独立和民族解放"，伴随这一争论并且实现其结论的是激进的社会政治革命和战争。1949年标志着统一的民族国家已经建立，问题转变为"中国如何实现现代化"。回答是两种方案：一种是毛泽东坚持的激进的"无产阶级专政下的继续革命"的方案，另一种是如何以中国的方式实现所谓"常规性的现代化"。前者是依靠国家权力、意识形态、阶级斗争和连续不断的政治运动来实现高度的社会动员和社会控制，在高度集权的政治结构、公有制和计划体系内建设社会主义；后者则是不断向外部世界开放，逐渐融入现存的世界经济体系，在保持高度的政治权威和社会秩序受控的条件下实行渐进式的社会改革，更多地利用科学技术的力量，在中国特色的社会主义市场体制中实现经济和社会的高速发展。20世纪80年代，正是前者向后者转变的时代，不仅暴力革命已经过去，而且是激进的共产主义实验让位于"常规性的现代化"方案的时期。

20世纪中国的任何重大变故无一不与世界经济、国际政治密切关联。思想史上革命世纪的结束，亦复如此。简言之，它是下列两个重大事件的反应："冷战"结束、苏联解体和社会主义在全球范围的失势，西方式政治民主运动在中国的严重受挫。这是两个原本方向相反，结果却殊途同归的事件。

"冷战"结束和苏联解体，严格说只是共产主义运动转入低潮，但是按照日裔美国学者弗朗西斯·福山（Francis Fukuyama）的断语却是：历史的终结。"内容涉及过去几年中自由民主制度作为一个政体在全世界涌现的合法性，它为什么会战胜其他与之相竞争的各种意识形态"①，这与"文革"结束

---

①［美］弗朗西斯·福山：《历史的终结及最后之人》，黄胜强、许铭原译，中国社会科学出版社，2003年，第1页。

标志着政治激进主义的历史性失败，构成了系列性的冲击。与此同时，对于西方式自由民主制度的追求，对于中国不能迅速完成政治体制改革的批评，成为当时语境中的另类极端化思想。因此，中国思想文化界的标志性人物，不但宣布要“告别革命”（李泽厚），而且要“告别崇高”（王蒙），进而需要进行“启蒙反思”（王元化）。它与学术界对法国大革命的批评、对苏格兰启蒙运动的推崇，等等，一起构成了激进主义反思的主流。

取代正在迅速退潮的激进主义的，是崛起的文化保守主义。在“动力”和“秩序”的双重焦点上，中国人的主流观念从对“动力”的关注，转向更多地关注“秩序”之恢复与重建。对“后革命时期”以现代新儒家为代表的文化保守主义对于秩序的追求，将留到第四章去讨论。本章以下诸节会首先讨论革命世纪的观念主流，如何以不同的方式反映社会变革的需求，同时又给予哲学理论的辩护。

第二节　动力的追寻

研究中国近现代思想史的学者有一个共识：“五四”与“戊戌”是几乎接踵而至的观念变迁的两个高峰。这里的“五四”主要是指新文化运动，发生在百年之前的这一场运动，作为一个重要的历史文化事件，由于其意义及其对而后中国文化乃至社会变迁的深远影响，已经成为一个世纪以来国人思想争论的公共话题之一。在“古今中西”之争中，新文化运动的主流是以今评古，以西衡中。在这个意义上，可以说是中国“学习型的现代性”的典型时期。一般说来，人们会把五四运动和新文化运动联系在一起，像许多重大的历史事件一样，新文化运动本来具有多个面相，尤其包括两个相关而各有侧重的诉求：政治和文化。1919 年 5 月 4 日北京学生的那场著名的游行，后来得到上海工人罢工、商人罢市以及多个城市学生的支持而扩展到全国，不过，参加这场运动的主体，不再是传统的士大夫——古代中国屡次出现过儒生所表达的抗议精神曾经被现代学运引为先导——而是受到“新文化”影响的新式知识分子。尽管此后不久他们就分化为不同的派别，但是离开了这批新式知识分子之间的博弈和角力，就无法理解20世纪的中国政治和文化。所以，把五四运动和新文化运动联系起来，自有其合理性。不过，在习惯宏大叙事的（或者说口号标语式的）定性思维下，又由于与政治的纠缠过深，文化争论的意识形态情结难免使得历史知识发生某种扭曲。大致说来，新文化运动以来的一百年，前七十年在激进主义思潮占据主流的语境下，和后三十年随着激进主义退潮、保守主义的崛起，新文化运动都有被以不同的方式符号化的倾向。这种情况在最近若干年并未得到根本改善，在公共舆论中似乎呈现出压倒性力量的一种意见，认为新文化运动就等于“打倒孔家店”，在重视传统文化复兴之今日，当然就意味着新文化运动只有负面意义。按照线性的逻辑，所谓“打倒孔家店”或者“激烈的反传统”“全盘反传统”，要为近代以来的中国人的价值迷失负责。毋庸置疑，“反传统”固然有对固有的伦理—社会秩序的摧破作用，它打破了“中体西用”论所试图保持的“动力”与“秩序”之间脆弱的平衡。价值世界的“诸神纷争”曾经动摇了人们安身立命的基础。今人对“全盘反传统”的问题已经有大量的反思之作。另一方面，如果我们对20世纪的观念史的新陈代谢有整体观察的话，还是会发现某些值得重视的观念成果。就本书研究的范围而论，五四运动、新文化运动将爱国（救亡）与新文化的创建联成一体，因“救亡”而“求道”的路径显得分外鲜明：以“动力”的追寻为主流的思潮中同时也包含了对新秩序的愿景，新文化运动有其特有的建设性，与革命文化乃至社会主义新文化都有内在的联系。

不管人们如何界定现代性，总体上说，它表现为社会具备某种追求变革的内在动力，表现为物质生产能力的提高和整个社会的生活方式的迅速改变。当中国因为外力的推动而“被迫”进入现代化过程，并且随着现代化进程的深入而将现代化本身转变为中国人的目标时（不管它采用的是“自强”“维新”“突驾”等口号，还是“现代化”的概念），都需要也确实产生了内在动力机制的变化。换言之，中国的现代化需要完成“动力的追寻”，并且由此经历一场价值观念的变革，才可能与西方“普罗米修斯—浮士德”文化处于对等竞赛的地位。

那么，“五四”思想家们又是如何展开“动力的追寻”的？

一

虽然“五四”常常被描写成“文化革命”的风暴，但是至少在“动力的追寻”方面，“五四”思想家并非一无凭借，此前二十年的历史变迁已经为它提供了相当的思想资源。其中最重要的思想前提是以进化论为中心的一组现代观念。

当历史进化论以达尔文的生物进化论为媒介，在近代中国取代了以往占正统地位的历史循环论或文明衰退论时，现代性的观念前提“进步”开始确立为中国知识分子的信仰。前面我们已经讨论过，从最早对此做出贡献的两位思想家严复和康有为开始，“进步”的观念就包含了如下的多层意义：

1. 社会向善论的预设。即建筑在社会发展有某种必然性的基础上、对人类理想王国的信仰；相信人类自脱离野蛮状态之后，不断提高其文明程度，趋向完美的理想境界。

2. 道德完善论的理念。指主体德性的不断提高和完善，预设着人性将不断改善、趋向理想的自由人格。

3. 人的理性潜能的充分实现。“进步”同时还包含着相信人的理性、认识能力、知识和科学都将不断地增长。

4. 外在的追求。“进步”的信念表示人们相信能够无限扩大自身的权能，征服自然、增进人类的幸福。

“进步”作为一个汉语语词，已经有很长的历史。但是，十分明显，在现代中国文化中占据了关键地位的“进步”一词，其意义远远超出了其古代的语词外衣。它包含着一个动力式的概念结构。这不但指“进步”完全表现为一个在时间之维中永远不停顿的过程，并且只有在不断的运动中才能实现；而且指人们使用“进步”概念的时候，正是通过对以往经验的概括而获得的知识，始终与现代社会生活的不断变革保持着紧密的联系；同时它又指向了理想社会和理想人格，体现了人的目的和信念。“目的和知识的结合给人提供了力量……随着力量的不断积累，也就出现了追求力量不断膨胀的欲望，这种欲望可能会膨胀到以前从来不曾梦想过的程度，已完全超过了生存所需要的程度上去。”[①]“进步”的目标和理想性反过来转变为推动人们争取进步的动力，体现的正是观念世界何以可能成为动力式结构的法则。

如果说“进步”观念的动力作用主要体现在其理想的范导性，那么，与“进步”观念相伴的，首先就是“竞争”观念，它展开为生活世界中可感的事实。借助“竞争”，“进步”从世界图景与理想走向生活和实践，转变为一种物质的力量。

事实上，正如我们在前一章已经描述过的，严复的《天演论》给世纪之交的中国人带来了生存竞争的观念。当时报纸就评说道：“自严氏书出，而物竞天择之理，厘然当于人心，而中国民气为之一变。”[②]按照赫胥黎的诠释，自然界所有的生物都显示出变异的趋向，但是并非所有的变异都适合在特定条件下生存，只有那些最适应自然环境的变异才可能得以繁衍。“没有第一种趋向，就不可能有进化。没有第二种趋向，就没有充分理由说明为什么一种变异会消失，而另一种变异会取而代之；这就是说，如不这样，那就没有选择。没有第三种趋向——生存斗争，自然选择的动力过程就会消失。”[③]严复完全接受了赫氏将竞争视为进化内在动力源泉的观点。正如本杰明·史华兹评论的那样：“很明显，严复强调的是竞争（一种确定无疑的活力）的价值观，强调的是在竞争形势下，潜在能力的充分发挥。”[④]所以在民族危亡的语境中，其最初的基线是带有民族主义意味的。

进化论风靡世纪之交的中国思想界，中国人接受了最直观的道理：“竞争者，进化之母也。”[⑤]梁启超是那个时代思想界的旗手，按照他的理解，主体与客体始终处于对抗之中，“人以一身立于物竞界，凡境遇之围绕吾旁者，皆日夜与吾相为斗而未尝息者也。故战境遇而胜之者则立，不战而为境

---

① 金岳霖：《道、自然与人——金岳霖英文论著全译》，刘培育编，生活·读书·新知三联书店，2005 年，第 153 页。

② 汉民：《述侯官严氏最近政见》，《民报》第二号，科学出版社影印，1975 年。

③ ［英］赫胥黎：《进化论与伦理学》，《进化论与伦理学》翻译组译，科学出版社，1971 年，第 5 页。

④ ［美］本杰明·史华兹：《寻求富强：严复与西方》，第 30 页。

⑤ 梁启超：《论近世国民竞争之大势及中国前途》，《饮冰室合集》第一册，文集之四，第 57 页。

遇所压者则亡”[①]。作为客体的“境遇”应该包括自然环境和社会环境，所以如果把“竞争”或“斗争”作为处理主客体关系的一般原则，它就应该包括中国哲学中“天人之辩”和“群己之辩”两大问题。我们下面将会看到，在“五四”时代，这一原则就展开为自然斗争和社会斗争。

二

毫无疑问，“五四”、新文化运动的基本精神背景是进步主义的。进化论的广泛传播已经使“进步”成为不言而喻的社会共识，成为有教养的中国人构成其世界图景的基本元素。它的最通俗简洁的结论可以写作：进步就是好的，值得人们追求，并且进步越快越好。正是这一基本的精神背景，使得激进主义和自由主义的联盟取得了新文化运动的主导地位，而且采取了激烈批判传统文化的立场。

“五四”、新文化运动的国内背景是文化再造以救亡图存，国际背景则是第一次世界大战以后社会主义运动的迅速崛起。如此现实条件加上进步主义的预设，导致“竞争”进一步上升为价值。但是，随着“文化革命”浪潮的高涨与社会革命危机的凸显，“竞争”渐渐让位于“斗争”。与“竞争”相比，“斗争”的意义显然更为普泛，包括“天人”和“群己”两层关系。换言之，在“五四”时期，“斗争”不仅被人们看作解决人与自然的矛盾和民族国家之间矛盾的方法，而且是推动社会改革与普遍进步的动力。

把是否以“斗争”为价值取向视为东西文化的基本差别之一，是“五四”时期启蒙思想家的一条共识，如陈独秀说：“西洋民族以战争为本位，东洋民族以安息为本位。”[②]李大钊则说：“东人持厌世主义（Pessimism），以为无论何物皆无竞争之价值，个性之生存，不甚重要；西人持乐天主义（Optimism），凡事皆依此精神，以求益为向上进化发展，确认人道能有进步，不问其究极目的为何，但信前事惟前进奋斗为首务。”[③]自由主义者胡适也认定“不争”

① 梁启超：《新民说》，《饮冰室合集》第四册，专集之四，第 48 页。

② 陈独秀：《东西民族根本思想之差异》，《陈独秀著作选》第一卷，第 165 页。

③ 李大钊：《东西文明根本之异点》，《李大钊文集》上，第 558 页。

“安命”等社会心理是中国文化的最大弱点，而西方文化的长处恰恰在于敢于斗争。胡适的特点是使“斗争”服从于更普遍的价值，如自由、平等、博爱等。这些理想以及“最大多数人的最大幸福，不是袖手念佛号可以得来的，是必须奋斗力争的”[①]。至于鲁迅，人们一定熟知他对中庸之道、调和、不争、守雌之类的批判，知道他大力赞扬西方文化中的“普罗米修斯—浮士德”精神。像当初伏尔泰等启蒙思想家对18世纪法国风尚予以尖锐批判一样，鲁迅等中国的启蒙者，对中国社会的风俗习惯、群众心理、传统制度，乃至整个生活世界进行了持续而犀利的批判。事实上，早在1907年，鲁迅就已经发出这样的呼吁：“惟有意力轶众，所当希求，能于情意一端，处现实之世，而有勇猛奋斗之才，虽屡踣屡僵，终得现其理想：其为人格，如是焉尔。故如勖宾霍尔所主张，则以内省诸己，豁然贯通，因曰意力为世界之本体也；尼佉之所希冀，则意力绝世，几近神明之超人也；伊勃生之所描写，则以更革为生命，多力善斗，即迕万众不慑之强者也。”[②]

在“五四”思想家的精神世界里，活跃着一种对抗的宇宙精神，大至星球恃离心力而保持存在，小至万物因驱除祸害而生存。“人类以技术征服自然，利用以为进化之助，人力胜天，事例最显。”[③]也许表面上看来世界是和谐与平静的，但是对抗和斗争无时无刻不潜伏在平静的外表之下，世界其实并无所谓“平和”。

从知识社会学的角度，我们也许可以把这种情形发生的原因，部分地归结为“五四”思想家们的社会环境：外部世界是不断侵略中国的列强，作为中国人，他们面对着反对帝国主义的斗争；作为激进的启蒙思想家，他们又面对着传统文化和习俗的包围，其间可以说有无处不在的持续的斗争。无论如何，以斗争和对抗为基调的世界图景，给激进思想家提供了本体论依据：既然对抗和斗争是宇宙间普遍而不可避免的事实，人们就只能积极地迎接斗争，而不应懦弱地逃避它们。所以陈独秀说：“夫生存竞争，势所不免，一息尚存，即无守退安隐之余地。排万难而前行，乃人生之天职……人之生

① 胡适：《我们对于西洋近代文明的态度》，《胡适全集》第三卷，第12页。
② 鲁迅：《文化偏至论》，《鲁迅全集》第一卷，人民文学出版社，1981年，第54—55页。
③ 陈独秀：《抵抗力》，《陈独秀著作选》第一卷，第154页。

也，应战胜恶社会，而不可为恶社会所征服；应超出恶社会，进冒险苦斗之兵，而不可逃遁恶社会，作退避安闲之想。”[①]世界就是战场，人生就是恶斗，“一息尚存，决无逃遁苟安之余地”[②]。

与启蒙思想家推崇斗争精神相配合，易卜生、拜伦、裴多菲、普希金等为自由而斗争的文学家，成为“五四”文学革命崇拜的偶像。他们“所遇常抗，所向必动，贵力而尚强，尊己而好战，其战复不如野兽，为独立自由人道也……力战而毙，亦必自救其精神；不克厥敌，战则不止”[③]。在鲁迅笔下，斗争精神已经上升为一种美德，它指向了自由人道的目标。

在推崇斗争精神方面，毛泽东不但是最突出的，而且终其一生是一贯的。只有在这样的语境中，我们才能理解为什么青年毛泽东喊出了“与天斗争，其乐无穷；与地斗争，其乐无穷；与人斗争，其乐无穷”！人们可以看到，毛泽东显示出善于从具体事实提升出普遍理念的哲学才能，斗争在他那里，已经是一个普遍的价值，不仅指人类与自然的关系，而且包括人类的社会生活。人们同时也可以发现，毛泽东还做了浪漫主义的发挥，把斗争的价值诗化了：“河出潼关，因有太华抵抗，而水力益增其奔猛；风回三峡，因有巫山为隔，而风力益增其怒号。”[④]“斗争”开始有了审美的价值。

总之，在“五四”时期，“斗争”不仅仅被认为是世界的真实面相（真），而且是国人理应具备的德性（善）；同时，它还有审美的意义（美），三者可以凝结为新的理想人格。所以，在激进主义的语境中，“斗争”或“斗争性”已经被高度理想化了，因而可以转化为生活实践中的心理驱力。

三

值得强调的是，在“竞争—斗争”上升为基本的文化价值的同时，对竞争—斗争的批评也开始从潜流变为不可小视的浪潮。中国人接受生存

---

① 陈独秀：《敬告青年》，《陈独秀著作选》第一卷，第132页。

② 陈独秀：《抵抗力》，《陈独秀著作选》第一卷，第155页。

③ 鲁迅：《摩罗诗力说》，《鲁迅全集》第一卷，第81—82页。

④ 毛泽东：《〈伦理学原理〉批注》，中共中央文献研究室、中共湖南省委《毛泽东早期文稿》编辑组编：《毛泽东早期文稿》，湖南出版社，1990年。

竞争理论，最初的一个动机是它适应激发中华民族自强的精神需求，但是社会“竞争”带来的道德紊乱，甚至使得发起者都对它的社会作用颇感失望。[①]第一次世界大战更促使人们反思“竞争”的价值，有人甚至把大战的爆发也归咎于这一学说。[②]“进步”的价值已被确定，原先竞争是作为进步的动力被肯定的，现在这一动力既然颇有争议，那么作为思潮回动，互助论就开始在思想界获得较多的知音。“互助”被视为社会进步的另一种动力。

20世纪初，克鲁泡特金的互助论经无政府主义者的介绍传入中国。与达尔文的进化论力主生存竞争、自然选择不同，克鲁泡特金认为人类的进步是由于互助，而不是竞争。在克鲁泡特金看来，除了生存竞争以外，生命世界中大量存在着生物间的互助，它才是生物进化的真正动力，而对于人类社会，“扩展互助的范围，就是我们人类更高尚的进化的最好保证”[③]。

互助论对20世纪初的中国思想界有广泛的影响，包括像孙中山等革命派。从进化论的立场出发，孙中山承认人类历史服从在斗争中发展的总过程。“人类要在竞争中求生存，便要奋斗，所以奋斗这一件事是自有人类以来天天不息的。”[④]孙中山与文化激进主义的区别在于是否承认斗争是社会进步的动力。他争论说，物种进化和人类进化遵循着不同的原则，物种进化的动力在竞争，而人类进化的动力在于互助，不在于竞争。所以，重要的不是人际的竞争，而是人们的互助、群的团结。

事实上，互助论对像陈独秀、李大钊这样激进的思想家有同样重要的影响。所以陈独秀说：“鄙意以为人类之进化，竞争与互助，二者不可缺一，

---

① 1902年前后，严复在翻译亚当·斯密的《原富》时已经对“竞争”观念适用的范围有所考虑（严复：《〈原富〉按语》，《严复集》第四册，第856页）。

② 梁启超在《欧游心影录》里就认为达尔文的“生存竞争、优胜劣败”与个人主义、功利主义以及尼采哲学，一起构成了军国主义、国家主义的学说基础，以致引起世界大战（梁启超：《饮冰室合集》第四册，专集之二十三）。蔡元培也说：“《天演论》出版后，‘物竞’‘争存’等语，喧传一时，很引起一种‘有强权无公理’的主张。”（蔡元培著，高平叔编：《蔡元培哲学论著》，河北人民出版社，1985年，第276页）

③ ［俄］克鲁泡特金：《互助论》，李平沤译，商务印书馆，1984年，第265页。

④ 孙中山著，中国国民党中央执行委员会宣传部编：《民权主义·第一讲》，1924年，第3页。

犹车之两轮，鸟之双翼，其目的仍不外自我之生存与进步，特其间境地有差别，界限有广狭耳。克达二氏各见真理之一面，合二氏之书，始足说明万物始终进化之理。”[①] 他认为生存竞争说并不注定要解释为极端利己主义。而李大钊则批评社会达尔文主义的弱肉强食论，“知道生物的进化，不是靠着竞争，乃是靠着互助。人类若是想求生存，想享幸福，应该互相友爱，不该仗着强力互相残杀”[②]。此时的李大钊，已经接受了马克思主义，是社会主义，而不是达尔文主义，占据着他的中心思想。换言之，他是从“大同团结”的角度来接受“互助”的价值的。

但是，大致说来，马克思主义虽然不反对互助，但是仍然强调斗争，即认为只有阶级斗争才是社会发展的真正动力，而社会主义和共产主义的实现更需要斗争，所以继续肯定斗争的价值。但是此时的斗争，已经不是早期进化论者所言个体之间的竞争，西方社会进化论的个人主义背景被虚化了；值得肯定的只是阶级之间的斗争。虽然阶级斗争只是达到共产主义的过渡，但是它具有无可争议的动力性。作为一个希望采取激烈的全盘革命的方式改造中国的思想派别，马克思列宁主义牢牢地贞定了“斗争”的价值。毛泽东的“斗争哲学”在此可以找到某种西学的源头。

与革命思潮的路向不同，“五四”以后渐渐崛起的文化保守主义思潮，则对“竞争—斗争”的价值持批评的态度。以现代新儒家为主干的文化保守主义，在中西文化之争中基本上持维系、发扬传统文化的立场。这样一种基本的文化观，决定了他们对“竞争—斗争”价值持批判的立场。当然，中国现代文化保守主义思潮并未脱离进步论的范式。但是他们对达尔文的生物进化论却多有批评，他们认为进化论过于强调外在环境的作用，忽略了进化的内在动力；过于强调生存竞争，几乎无视生命世界的互助：梁漱溟在20世纪20年代初就认为，达尔文生存竞争说泛化为弱肉强食、“同类本族自相争残都是进步的条件”，造成了极大的错误。他赞成克鲁泡特金的互助论，认为互助才是社会进化的动力。[③]

---

① 陈独秀：《答李平敬》，《陈独秀著作选》第一卷，第147页。

② 李大钊：《新纪元》，《李大钊文集》上，第607页。

③ 梁漱溟：《东西文化及其哲学》，《梁漱溟全集》第一卷，第499页。

总之，“五四”以后，中国思想界对“竞争—斗争”发生了严重的分歧，与此对应的是“互助”的观念被认为是社会进步的源泉。但是，争论的各派其实都在以不同的方案来回答“动力的追寻”这一时代性的问题。其结果正如人们所熟知的，“斗争”的观念取得了主流地位，而“互助”一定程度地被收容在“斗争”的释意之内，它是从属于“斗争”这一基本动力的。因而更为全面的论式是群内互助、群际“竞争”。但如何理解“群”，又使得这一公式的解释不同：从一般民族（国家）的意识出发，民族（国家）即“群”；从马克思主义的视野看，则不同的阶级也是不同的“群”。如何处理“竞争”和“互助”这一对观念，端赖国人对“群”的解释了。不过，中国马克思主义者在从事社会革命的时期，的确强调阶级斗争的动力性，但是在民族危亡紧迫时期，尤其是在中华人民共和国成立以后，“团结就是力量”曾经是一个持久有效的口号。社会团结的构成需要许多要素，但是“互助”是一个重要的、不可或缺的因素。换言之，即使“竞争（斗争）”在发挥了社会动员的过程中显得特别突出，“互助”也始终在一个有限的范围内促成了“竞争”观念的动力性之实现。

四

与“竞争”并列为“进步”的另一原动力，是“创造”的观念。

我们在第二章曾经讨论过，19 世纪和 20 世纪之交的中国思想界，“创造”观念开始登场。在强烈的社会期待下，出现了像康有为那样富于创造性的人物；但是，“创造”显然尚未被普遍接受为现代价值。康有为的思想创造性地采用了“旧瓶装新酒”的方法，特别表现出新旧杂陈的特点。20 世纪初，梁启超等少数思想家、宣传家也开始张扬“创造”的意义。但是那个时期社会关注的焦点在政治革命，即使像梁启超发表的有关言论，一方面不能脱离“创造”和“传统”的纠葛，另一方面常视其政治态度而转移，所以只能说给“五四”时期将“创造”上升为价值、使之成为现代文化精神做了必要的铺垫和准备。

“创造”观念在“五四”时期的价值性提升，是该时代文化状况的观念反映。辛亥革命表示以“天命”为政治合法性的价值失效了，进而终于因其完全丧失了物质承担而瓦解。这是一个过渡时期，充满了各种不同的观念或理想的冲突，各种思想流派都试图建构普泛性的价值，在进步主义的背景下，原先处于独尊地位的价值受到各种各样思想的挑战。加上尼采哲学和柏格森的《创造进化论》流行于当时中国读书界，“创造”作为面对未来建构新制度和文化的方法，得到了广泛的推崇。它超越了思想派别的纷争，俨然成为“五四”时期人们的共识。当然，在对此“共识”的具体解释上，各派也有不同。

自由主义者如胡适所说的“创造”，侧重在理性，也就是说主要强调理性的批判过程，创造只是整个理性活动的一部分，强调在对传统做理性梳理中做出与时代相应的文化更新。按照他对杜威的实验主义的阐发，“杜威哲学的最大目的，只是怎样使人类养成那种‘创造的智慧’(Creative Intelligence)，使人应付种种环境充分满意。换句话说，杜威的哲学的最大目的是怎样能使人有创造的思想力”[①]。在所谓“五步法”中，“提出假设”是最关键的一步，这里需要的不仅是知识，还包括一种创造性的力量，或叫“创造的智慧”。所以我们说，胡适所说的“创造”，是理性活动的重要环节，是可以通过科学研究的一般方法去获得的结果。所以胡适的“创造”和传统之间，既有非连续性又有连续性：没有对传统的理性批判，就谈不上创新；整个创造是一个不断累积、“点滴进步”的过程。

如果说自由主义强调创造是理性的、不断渐进的过程，那么，激进的一脉就侧重于创造的飞跃性，强调创造过程中主体意志的地位。

陈独秀、李大钊、鲁迅等代表了新文化运动中激进的一翼，这是在进步主义的新传统中成长起来的一代知识分子，进步主义的预设，决定了他们将是崇尚原创性的一代。所以李大钊说：“西人既信人道能有进步，则可事一本自力以为创造，是谓创化主义(creative progresstionism)。”[②]而陈独秀则主张：“新文化运动要注重创造的精神。创造就是进化，世界上不断的进化只

① 胡适：《实验主义》，《胡适全集》第一卷，第306页。

② 李大钊：《东西文明根本之异点》，《李大钊文集》上，第559页。

是不断的创造，离开创造就没有进化了。我们不但对于旧文化不满足，对于新文化也要不满足才好；不但对于东方文化不满足，对于西洋文化也要不满足才好；不满足才有创造的余地。我们尽可前无古人，却不可后无来者。”①

正像西方近代某种崇拜原创性的精神一样，“现在的主要事情是要有原创性；去做某种前人所未曾做过的事情，去创作某种前人所未曾创作过的作品”②。激进的“五四”思想家们相信，我们完全可以在传统的废墟上创造出一种新型的文明。从那里派生出的浪漫主义，则进而认为对传统的彻底摧破才是创造的条件——其实也就包含了对历史传统的某种虚无主义态度。总之，激进的思想家所理解的创造，是摆脱传统的一种手段，强调非连续性和飞跃性的根本变革，以此推动社会进步。

新文化运动期间“创造”观念一时显得如此深入人心，以至于它同样深刻影响了文化保守主义。一般保守主义的要旨是守成而不是创新，但是从梁漱溟开始的现代新儒家也充满了“创造”意识。

梁漱溟的中心问题是复兴儒家文化，但是与激进主义否定历史的连续性不同，他认为“创造”离不开传统。“所谓创造新文化即从旧文化里转变出一个新文化来。”梁漱溟的“创造”观念既受到罗素的创造本能说的影响，又深受柏格森创化论的影响。按照罗素的人性理论，人既有占有冲动，又有创造冲动，只有发挥创造冲动这一本能，抑制人的占有冲动，社会才能进步。按照柏格森的创化论，实在就是可动性，没有已造成的事物，只有正在创造的事物；没有自我保持的状态，只有正在变化的状态。它就是创造意志推动的绝对绵延，是精神不断战胜下坠的物化倾向而向上喷发的生命之流。继梁漱溟之后，熊十力的“新唯识论”同样吸取了柏格森的生命哲学，因而同样强调主体的能动性。他以《周易》的乾卦为刚健进取的象征，来说明创造对于生命之意义。对于梁漱溟和熊十力而言，“创造”就是“返本开新”，对此我们后面将会有更具体的讨论。

“五四”后期，一部分激进的启蒙思想家如李大钊、陈独秀等，转变

---

① 陈独秀：《新文化运动是什么？》，《陈独秀著作选》第二卷，第128页。
② ［美］E. 希尔斯：《论传统》，第316页。

为马克思主义者。自那时起，崇尚“创造”同样成为中国式马克思主义的传统。

转变为马克思主义以后的李大钊，常常强调唯物史观摒弃了天命、绝对精神、上帝等外在的原因，“看社会上的一切活动和变迁全为人力所为”，所以正是唯物史观可以使人民自觉到自己的力量和权威，变被动为主动，去创造历史。所以他一如既往地强调历史主体的创造意识、群众意志推动了历史的创造过程。“我们在历史中发现了我们的世界，发现了我们自己，使我们自觉我们自己的权威，知道过去的历史，就是我们这样的人人共同创造出来的，现在乃至将来的历史，亦还是如此。”① 从而欢天喜地地创造未来的黄金世界。

处于进步主义的潮流之中，早期马克思主义者承袭了崇尚创造的“五四”传统，与其他派别不同的地方在于，马克思主义通常更加强调：只有在认识客观规律的基础上才能创造，创造的主体是群体而不是个人，创造本质上是生活实践中的能动性。人们正是在实践过程中创造了历史；创造不单纯是精神的活动，而主要是社会实践。实践的能动性很大程度来源于其创造性：不是按照陈规或旧有的事物，而是按照主体意愿、需求和理想去尝试改变客体。因此，创造不是一个纯粹理性的过程，更毋宁说是理性过程的飞跃。它是在主客体交互作用的过程中实现的。

总之，不管对创造的意义有怎样具体诠释上的分歧，在“五四”时代，“创造”已经被普遍接受为价值，成了“五四”文化精神不可或缺的要素，而且是一个具有高度能动性的要素。

五

上文讨论了以“进步”为中心，“竞争 / 互助”和“创造”两翼展开，从而构成“五四”文化精神的重要内容：动力的追寻。它们有一个现代化的客观指向，我们只要反省它们在当代人精神生活中的地位就可以明了。这正是

① 李大钊：《史学要论》，《李大钊文集》下，第 764 页。

“五四”思想“文化革命”的重要意义之一。

当然，它们尚是一组较为抽象的概念，它们的具体化就凸显为“五四”时期确立的“民主”和“科学”。对于进步、竞争／互助、创造等而言，民主和科学既是其目标，又是实现自身的形式。如果把现代化的实质视为理性化的话，民主和科学就是理性化的不同形式。民主给传统的“群己之辩”以崭新的解释，它一边指向平等，一边指向自由。科学描绘了“天人之辩”的新图案，在中国人的观念世界中，科学同时也是技术——我们常常用的“科技”一词正表示一般人不太区分“科学”和“技术”的不同，而将两者并称。它的动力意义自然是毋庸置疑的。中国人之所以接受进步主义，承认科学技术的力量是一条重要的原因；五四运动、新文化运动推动了中国人对于科学的信仰，我们相信“知识就是力量”，科学会帮助我们达到理想境界。

另一方面，“进步”作为一个动力式的观念，原本包含着历史是合乎目的之进程的意义。换言之，进步主义合乎逻辑地要求提供终极的理想。它的具体化就展现为理想社会和理想人格。目的因转化为动力因，社会理想和人生理想就成为心理驱力。20世纪中国出现的“大同”社会理想和平民化的人格理想，是“进步”在社会发展和人性发展两方面的最终目标，包含了丰富的内容，因而展现为自由理念具体的图景和结构，亦可以说其中包含了基本的秩序原理。大同理想和平民化的人格理想是相互依存的，它们共同展示了从进步观确立以来渐次获得的几乎全部现代价值观念：十分明显，“五四”新理想与中国传统的理想，特别是正统的或主流的理想有相当的差别（虽然其间也有某些连续性）。以历史循环论和历史衰退论为基础的社会理想，如中国儒家乐于称道的“三代”，较难成为社会改革的目标；而以进步主义为基础的理想社会可以是与现实决然不同的社会模式，因而形成极大的张力。简言之，古代的社会理想是反顾性的，而“五四”时期的社会理想是前瞻性的。所以理想和现实间的张力就转变为指向未来的动力。

相应的情况是，古代“圣人”或“君子”式的理想人格属于道德性的非个人主义的人生理想，而“五四”理想人格的核心应该是人性的全面、自由发展，它特别表现为个性尊严、个性解放和个性的实现。前者主要依靠心性修养来达到，所以甚至新儒家代表人物熊十力也批评说是只做“减法”；后者虽然也需要在主客体之间的交互作用中才能实现，但是更强调主体的能动性和创造性。

第三节　新文化运动与中国哲学的现代开展

前面我们对新文化运动期间，前贤围绕着“动力”和“秩序”所进行的探索做了简要的讨论。本节我们将尝试从更宽的视域来观察新文化运动时期，那种对“动力”的强烈追求，那种注重进步、竞争和斗争的思潮，之所以能够发生的社会条件，由此考察随之而来的中国哲学之现代开展在知识生产方式、不同学派及其知识分子的分化，乃至哲学语言等方面的变化。换言之，用一种知识社会学的方式，考察新文化运动所表达的对“动力”之追求何以能够实现。

一

黑格尔曾经说过，“追求真理的勇气和对于精神力量的信仰是研究哲学的第一个条件”，而“哲学的工作实在是一种连续不断的觉醒”[①]。追求真理的勇气通常在面对现实的困境时得以呈现，哲学的觉醒总是在有重大疑问需要决断之际才会降临。从中国哲学史的发端，春秋时代的“礼崩乐坏”引起的“古今礼法”之争，先贤的精神世界进入了一个前所未有的理性的高度。固有权威的坠落为思想的解放打开了空间，而任何新秩序的建构都需要哲学的辩护。几乎没有疑问的是，虽然春秋战国时代可谓古代的“乱世”，却是中国思想文化史的第一个春天。这一点连后来的文化保守主义者杜亚泉都不否认：

> 吾国思想界，于战国时代，最为活动。秦汉以后，迄于近世，无甚变迁，一则以孔孟之思想，圆满而有系统，后来发生之新思想，不能逾

① ［德］黑格尔：《哲学史讲演录》第一卷，第 3、42 页。

> 越其范围；二则专制政体之下，往往以政治势力，统一国民思想，防遏异思想之发生。其间若黄老之兴起，佛教之输入，与王莽之复古，安石之新法，稍稍以思想影响于政治，而其势力薄弱，尚不足引起战争。迨欧化东渐，吾国固有思想，大受动摇，于是守旧维新之两派，其思想如水火不相容。前清之季，若拳匪之祸，若安庆之变，皆思想战之一局部也。辛亥一役，思想战爆发，民国由是而成立。赣宁战事，犹为革命思想之余波。①

杜亚泉将近代以来思潮分化之原因只归结为西学东渐，自然有些简单化，但对于秦汉以后政治专制与思想活力之间负相关的判断是恰当的，而对于当时各种思潮的相互争鸣的建设性之展望又是悲观的。

与此相对的是一种更为乐观通达的看法。杜氏所谓新文化运动期间的“思想战”，恰恰是类似春秋战国那样的思想“最为活动”历史之另类重演。不但像陈独秀、李大钊等新文化提倡者以青春的激情和渴望斗争的喜悦去迎接中国社会的新陈代谢和“新旧思潮之激战”，断定“新文化运动要重视创造的精神。创造就是进化，世界上不断的进化只是不断的创造，离开创造就没有进化了”②。以美学家名世，同时有着更宽阔的哲学和历史视野的朱光潜先生，也在20世纪30年代说：“从历史的教训看，文化思想的进展大半可略分为两期——生发期和凝固期。”西方公元前6世纪到前4世纪是希腊文化的生发期，亚历山大时代与罗马时代是凝固期；14—15世纪的文艺复兴为近代欧洲文化思想的生发期；17—18世纪为其凝固期。先秦是中国文化的生发期，从汉到清都可以说是儒家思想的凝固期。近代“这种一发千钧的时会应该是中国新文化思想生发期的启端”，“惟其不拘一轨，所以分歧、摩擦、冲突、斗争都是常有的事；惟其含有强壮的活力，所以在分歧冲突之中，各派思想仍能保持独立自由的尊严，自己努力前进而同时也激动敌派思想努力前进。这种生发期愈延长，则思想所达到的方面愈众多，所吸收的营养愈丰

---

① 杜亚泉：《论思想战》，《杜亚泉文选》，华东师范大学出版社，1993年，第168页（原载《东方杂志》1915年3月第12卷第3号）。

② 陈独秀：《新文化运动是什么？》，《陈独秀著作选》第二卷，第128页。

富，所经过的摩擦锻炼愈彻底，所树立的基础也就愈丰富坚实稳固”①。

换言之，在朱光潜看来，文化生发期是与百家争鸣的历史机遇紧密联系在一起的，所以生发期是愈长愈好。朱光潜先生此论发表的时间早于雅斯贝尔斯的《历史的起源与目标》②，在那本书里，雅斯贝尔斯提出了著名的“轴心时期”的概念。“轴心时期”恰好是中、西、印三大哲学传统最早产生的时期。朱光潜把先秦和近代以来的文化状况在“文化生发期”这一概念上整合起来，这意味着从思想文化的创造性得以自由发挥的视角看，这两个时期都堪称黄金时期。事实上，后来许多中国学者在这一点上有高度的共识：中国近现代尤其是新文化运动时期与先秦时期都是思想解放、百家争鸣的时代。③既然精神的自由探索是哲学发展的首要前提，那么这个时代是理应能够产生哲学的时代。

在社会大变革时期，社会状况和政治思想通常与哲学有非常紧密的关联。从杜亚泉所关注过的思想解放与政治管制之间的关系说，在“西学东渐”成为潮流以前，龚自珍就已经提出了尖锐的抗议，“避席畏闻文字狱，著书都为稻粱谋”是他对道光年间士大夫精神状态的写照，也是对专制政治的抗议。龚自珍对政治钳制的抗议之所以能够发出，恰恰与道光年间清廷的国家控制开始衰微有关。④鸦片战争以后，清廷应对事变与世变的能力每况愈下。尽管洋务运动一度造成了所谓“同治中兴”，但是由于“自强新政”（洋务）的失败，19世

---

① 朱光潜：《我对于〈文学杂志〉的希望》，《朱光潜美学文集》第二卷，上海文艺出版社，1982年，第497—500页。朱光潜先生1949年以前写过大量时论，后来不但翻译了黑格尔的《美学》，而且翻译了维柯的《新科学》，研究克罗齐哲学，在这些领域都卓有成就，堪称大家。

② 雅斯贝尔斯的《历史的起源与目标》发表于1949年，英文译本则出版于1953年。

③ 甚至最早提出现代新儒家概念的贺麟也承认“儒家思想之正式被中国青年们猛烈地反对，虽说是起于新文化运动，但儒家思想的消沉、僵化、无生气、失掉孔孟的真精神和应付新文化需要的无能，却早腐蚀在五四运动以前。儒家思想在中国文化生活上失掉自主权，丧失了新生命，才是中华民族的最大危机”，“新文化运动的最大贡献在于破坏和扫除儒家的僵化部分的躯壳的形式末节，及束缚个性的传统腐化部分。它并没有打倒孔孟的真精神、真意思、真学术，反而因其洗刷扫除的工夫，使得孔孟程朱的真面目更是显露出来”（贺麟：《儒家思想的新开展》，《文化与人生》，商务印书馆，1988年，第5页）。

④ 钱穆曾经论述过，经过清代两百多年的禁锢、怀柔和利用，到道光年间，随着国势的衰微，朝廷对于士大夫的思想控制也渐渐松弛。政治—文化批判获得了一定的空间，经学内部的今文学派渐见复苏，提供了借解释经典来抒发批判性思想的渠道。龚自珍、魏源等都不满于乾嘉学风，而借经典高谈性与天及治道，开了晚清七十年士大夫思想解放的风气（钱穆：《中国近三百年学术史》下册，第702—785页）。

纪留给 20 世纪的，已经从龚自珍时代的“衰世”，变成了“乱世”。中国历史上有过多次治乱循环，但是 19 世纪与 20 世纪之交开始的“乱世”与以往有着根本的不同，因为它第一次既与民族危亡又与空前的文化危机联系在一起。“乱世”的表征之一是“人心之迷乱”。“中国向何处去”的问题更为严峻。政治的败坏意味着实际的无政府状态，加上文化方略的“古今中西”取向之争论，以及内在的价值迷失所导致的心灵世界的失序，所有这些，一起加剧了在早期现代化遭遇重大挫折以后呈现在中国人面前的危象。民国以后，北洋政府不但治理国家的能力低下，政治权威更为缺失，因而其管控思想的能力与意志自然也相对稀缺。不但上海租界内的报纸可以批评政府官僚，皇城根下的报刊也可以常常攻击军阀。新文化运动中人有把它视同西欧的“文艺复兴”在中国的再演，其实，就政治——在西欧主要是宗教的控制力——管制与思想自由之间互为消长的关系而论，两者也确实有某种类似之处。

文学界有过“没有晚清，何来五四”之问。① 考诸思想史，亦复可作如此说。新文化运动中新派人物提倡的价值观念，戊戌时代已经不同程度地出现，有些只是具体而微地存在，通过新文化运动被扩展为强势的话语。撇开《新青年》派的陈例（他们对科学、民主、个性、自由等的推崇是世人皆知的），我们不妨从陈寅恪的思想之复杂性看新文化运动如何开创了一个自由思想的天空。在纪念王国维时，陈寅恪写道：“先生之著述，或有时而不章。先生之学说，或有时而可商。惟此独立之精神，自由之思想，历千万祀，与天壤而同久，共三光而永光。”② 由于陈寅恪自述其思想接近南皮湘乡，而被世人认为是

---

① 按照王德威的观点，“传统解释新文学‘起源’之范式，多以“五四”（1919 年文学革命的著名宣言）为中国文学现代时期之依归；胡适、鲁迅、钱玄同等诸君子的努力，也被赋予开山宗师的地位。相对的，由晚清以迄民初的数十年文艺动荡，则被视为传统逝去的尾声，或西学东渐的先兆，过渡意义，大于一切。但在世纪末重审现代中国文学的来龙去脉，我们应重识晚清时期的重要，及其先于甚或超过五四的开创性。我所谓的晚清文学，指的是太平天国前后，以至宣统逊位的六十年；而其流风遗绪，时至‘五四’，仍体现不已。在这一甲子内，中国文学的创作、出版及阅读蓬勃发展，真是前所未见，并在世纪转折交替处，即‘世纪末’（fin-de-siècle）之际，蔚为高潮。小说一跃而为文类的大宗，更见证传统文学体制的剧变。但最引人注目的是作者推陈出新、千奇百怪的实验冲动，较诸‘五四’，毫不逊色”。（[美] 王德威：《导论：没有晚清，何来“五四”？》，《被压抑的现代性：晚清小说新论》，宋伟杰译，北京大学出版社，2005 年，第 1—2 页）

② 陈寅恪：《清华大学王观堂先生纪念碑铭》，陈美延编：《陈寅恪集 · 金明馆丛稿二编》，生活 · 读书 · 新知三联书店，2001 年，246 页。

文化保守主义，故自然也似乎是反对新文化运动的。但是我们如果不存成见的话，不难看出，其所表彰的“独立之精神，自由之思想”固然不能说与传统士大夫精神毫无关联，但是更直接的应该说是新文化运动的重要遗产。独立人格、思想自由是新文化运动所主张的“人权”的核心，它与对古代传统的“三纲”之批判构成了一个硬币的两面。张南皮、曾湘乡以尊“三纲”为宗旨，在他们那里恐怕难以找到“独立之精神，自由之思想”这样的表述。他所赞赏的“自由、自尊、独立之思想”云云，与张之洞《劝学篇》中的“明纲”正好相反。所以何兆武在评论陈寅恪时，说“他的中学为体、西学为用的思想虽然源自张之洞，但其具体内涵却和张之洞一辈人的大不相同。张之洞的‘体’仍然是封建纲常，陈先生的体则是对传统文化的一种‘乡愁’或‘怀乡病’(所谓nostalgia)。例如，我们大概不会在陈先生的思想里找到有一点张之洞所极为重视的‘君为臣纲’的影子。又如陈先生文章中几乎极少提到他的尊人、名诗人陈三立，又如在他与夫人的唱和诗以及晚年精力荟萃的《柳如是别传》中所充分流露出来对女性的赞美和尊重，都可以看出他和构成为传统中学为体的‘三纲’，距离得何等之遥远”①。这些与从梁启超、严复、章太炎等开始提倡、新文化运动中得到光大的新观念，倒是一脉相承。

细论这一话题，需要更多的篇幅。这里回到杜亚泉所担忧的“思想战”——知识界的分化——检视晚清尤其是戊戌到新文化运动变化中的连续性。前面我们说甲午战败以后，知识精英和政治精英原先享有的基本共识失效了，同时也造成了儒家集团的分化。前面将1895年作为20世纪思想史的开端，很大程度上是因为此时传统儒家士大夫集团发生了分裂。在这里人们不难发现政治思想作为哲学发展的条件、中介和动力作用。在一个被政治立场严重撕裂的社会，原先存在的某种一统天下的哲学必定不再能确保其王座，哲学将直接或间接地变形为理论形态中的政治斗争平台。如果说，这三大派别都需要各自为

---

① 何兆武：《也谈“清华学派”》，载《读书》1997年第8期。对于陈寅恪思想的复杂性，王元化先生也有所揭示：“他一面在《王观堂先生挽词》中感叹三纲六纪之沦丧，一面又赞赏被斥为‘不安女子本分’的陈端生，说她‘心目中于吾国当日奉为金科玉律之君父夫三纲，皆欲借此描写以摧破之也。端生此等自由即自尊即独立之思想，在当日及其后百余年间，俱足惊世骇俗，自为一般人所非议’。陈寅恪从写法俗滥、为人轻视的弹词小说《再生缘》中，发现了一个平凡女子为人所不见的内心世界，说明他具有一颗深入幽微的同情心。”王先生进而说陈寅恪等并非“主张开倒车回到从前封建时代”(王元化：《杜亚泉与东西文化问题论战》，许纪霖、田建业编：《杜亚泉文存·代序》，上海教育出版社，2003年，第17页)。

其合法性提供哲学辩护的话，那么1915年开始的新文化运动就进而加剧了这三大文化派别的哲学争论。或者说，文化争论、政治方略和中国早期现代化的历史，被进一步以不同的方式概念化：具体地说，就是马克思主义、实证主义和现代新儒家各自都以思潮的方式流行，由此构成的三角关系进一步明晰。

限于篇幅，关于上述三大派哲学的具体内容暂时不能详细展开，此处我们需要注意的是，此种现代思想的三角关系，和知识生产与传播的主体——新型知识分子——的分裂有不可小觑的关联。所谓新型知识分子，是指与传统士大夫有某种实质性差异的现代知识人。他们最初出现在上海等开放口岸，从传统的“读书人”或“士子”转变而来；后来——尤其是1905年晚清新政以后——则从新式学堂出身，或者留学归来，而非科场中举进入仕途者。从社会存在的方式看，他们不再仅仅沿着“学而优则仕”的路径从知识精英转变为政治精英，而是离开“做官”同样可以实现自己。①从主体的知识结构而言，他们不再只是传统文化的载体——儒学的传播者和再生产者，而总是不同程度地交织着中西之学。有人说新文化运动是一场留学生运动，《新青年》同人自然是留学生居多，但是《新青年》的读者群却主要是能搅动政治、由学堂学生组成的“学生社会”——“五四”是其集中表现。《新青年》的反对者也并非只是纯粹“旧派”人物如林纾、辜鸿铭和刘师培等辈，和陈独秀就中西文化问题展开论战的杜亚泉、钱智修等，新文化运动中被边缘化的“学衡派”中人物如吴宓、陈寅恪等，又何尝不是新式知识分子？②

---

① 1918年，蔡元培等在北大发起成立“进德会”，中间甚至有“会员不做官吏、不做议员”等戒条。

② 杜亚泉、钱智修都因为与陈独秀之间的“东西文化问题论战”而为世人所知。他们先后主持《东方杂志》笔政，对于当时一份重要的学术期刊，主编的知识结构一定不是传统士大夫所可比拟。以杜亚泉为例，按照王元化先生的介绍，他“少时刻苦自修，精于历算，通日语，长于理化、矿物及动植诸科”，被称作“中国科学界的先驱”。他当了九年《东方杂志》的主编，“使得这个刊物成为当时具有重大影响的学术杂志。除主持编务外，他还勤于著书，著有《人生哲学》，译有叔本华《出世哲学》。他在《东方杂志》上发表论文达二百余篇。其中有些文章，今天读来，仍有一定的启迪作用”（王元化：《杜亚泉与东西文化问题论战》，《杜亚泉文存・代序》，第1—2页）。与杜亚泉类似，钱智修也出身新式学校（复旦公学），在中西文化论战中，反对功利主义，持中西文化调和论，又有对西学的诸多翻译介绍，计有《功利主义与学术》《消极道德论》《现今两大哲学家学说概略》《倭伊铿与欧根》《布洛逊哲学之批评》《近代社会主义》等著述。

所以说，围绕着“古今中西”的文化争论，新文化运动开始不久，新式知识分子（或者说当时的思想界）也分化了。承接戊戌时代的三角关系，继续呈现为激进主义与自由主义的联盟与文化保守主义的分化。

进一步的分化在新文化运动后期，它以“问题与主义之争”和“科玄论战”为标志。前一场争论发生在《新青年》派内部，胡适的《多研究些问题，少谈些“主义”》受到李大钊的批评，后者已经开始接受唯物史观，进而转变为马克思主义者。后一场迅速把许多学界名流卷入的论战，是由同为留学归来、本是一对好友的张君劢和丁文江挑起的。①“问题与主义”之争以点滴进步的改良和追求整体解决的根本性变革之路径分歧，预示着自由主义和马克思主义的分化；“科玄论战”则表示出科学与人文之间的紧张、实证主义与非理性主义的对立。关于这两场论战，学术界已经有诸多研究，这里旧事重提，意在强调新文化运动时期新型知识分子的思想分化，是在一个观念自由表达的语境中实现的。后人虽然用“论战”来形容，其实在当事者完全属于平等的对话，只是在一个共同体——知识界——内展开的，争论各方至少在相当一段时间内依然保持着学者间的友谊，而绝非简单粗暴的“敌我”关系。同时，两场自由的争鸣后面都隐蔽着重要的哲学分歧，或者说争论诸方的主张撑开了理论概念化的空间，现代中国哲学的开展有了多元化的方向。

二

从中国哲学发展的大尺度历史看，新文化运动宣告冯友兰先生所谓的“经学时代”最后终结：正是在新文化运动期间，最后一个今文经学大师康有为、最后一个古文经学大师章太炎，都淡出了历史的视线。由此开启了一个“后经学时代”，其积极的面向是解放了中国人的自由创造精神，中国哲学的现代转变获得了内在的动力。但是现代精神真正实现自身的途径却是曲

① 关于“科玄论战”两位主将身份的相似性及其人际关系，以及科玄论战的主题和哲学内涵，我曾经在整理《科学与人生观》（辽宁教育出版社，1998 年）一书时写过一篇小文，后来以《值得回味的“科玄论战”》为题，发表在《书城》1996 年第 5 期杂志上。

折的。由于思想的分化，不但难免道阻且长，而且可能歧路亡羊。这涉及观念本身是一场冒险的历程，又或多或少决定于观念传播的载体、哲学活动的场域等社会条件。

新文化运动期间发生的几次重大争论，在“古今中西”的大主题下，细目有异而意味实有连续性。“东西文化争论”划分出未来中国文化的不同取向，在西风劲吹的语境下，“东方文化派”在气势和舆论两方面都不得不落入下风；“问题与主义”之争是《新青年》同人内部的争论，但是胡适的研究问题、追求进步之点滴累积的观点，与杜亚泉的调适主张其实暗合。杜亚泉与胡适的区别实为自由主义中偏于保守与偏于激进之不同，其共同的哲学背景依然是进化论。只是胡适所奉的实验主义，不但比杜亚泉笼统而缺少条理的哲学思考更具有系统性，而且在胡适看来：“实验主义（人本主义）的宇宙是一篇未完的草稿，正在修改之中，将来改成怎样便怎样，但是永远没有完稿的时期”，“实验主义的宇宙是还在冒险进行的”[①]。“问题与主义”之争代表着《新青年》同人对于改造中国的根本方略的分歧，带有强烈的实践性，也超出了当初创办《新青年》时与实际政治操作保持距离的初衷。胡适自然是中国自由主义的代表，激进的陈独秀和李大钊后来都接受了唯物史观而成为马克思主义者，这两派人物都以高度入世的方式从事社会活动。以改良还是革命来从事社会进步的事业，在20世纪中国内忧外患的局面下，差之毫厘而失之千里是自然而然的。新文化运动后期，尤其是1927年以后，按照艾思奇的判断：

> 唯物辩证法风靡了全国，其力量之大，为二十二年来的哲学思潮史中所未有。学者都公认这是任何学问的基础，不论研究社会学、经济学、考古学，或从事文艺理论者，都在这哲学中看到了新的曙光。[②]

---

① 胡适：《实验主义》，《胡适全集》第一卷，第298页。

② 艾思奇：《二十二年来之中国哲学思潮》，《艾思奇全书》第一卷，人民出版社，2006年，第119页。对于1927年以后中国思想界的转向，郭湛波的《近五十年中国思想史》也持同样的观点：认为这一时期的思想，是“由工业资本社会自身的矛盾所产生的社会思想”，以马克思体系的唯物辩证法为主要思潮，冯友兰、张申府、郭沫若和李达代表了“这个时代的精神”（郭湛波：《近五十年中国思想史》，第140—174页）。

与唯物辩证法风靡全国相应的是，唯物史观占据了历史和社会研究的优势。美国学者阿里夫·德里克在其《革命与历史》一书中如此评价马克思主义史学家的贡献：

> 重要的是这样一个简单的事实：他们运用唯物史观赋予他们的对历史问题复杂性的意识（这种意识远甚于前），将中国的历史概念化了。这种新意识的影响已经超出了史学研究领域。1927年之后的十年间，热烈的马克思主义史学活动广泛地宣传了马克思主义的社会历史概念，由此，历史唯物主义开始塑造中国知识分子关于中国之过去、现在和未来的观念。①

反观自由主义，自始至终只是知识分子的“主义”，虽然它在形成现代精神传统中有着广泛影响。20世纪三四十年代，他们与国民党的分合与纠缠、对专制政治的隐忍和抗争，已经成为历史，但是在哲学上，他们做的工作更多的是介绍和移植西方理论。自从戊戌时期主要依靠留日学生从日文转译西方哲学著作以来，他们后来直接译自英美和欧陆哲学西文原典，使得中国学者对西方哲学的了解更为深入和宽阔；但是从具有民族特点的体系化哲学建树方面说，如果不是成绩有限，也是十分间接的。与中国化的马克思主义在不断吸纳中国经验与收容传统哲学的过程中成为意识形态，形成了鲜明的对比。

以往有人用“启蒙vs救亡”来描述这段历史，其实新文化运动以来，从社会对中国哲学的内在期待看，亦不妨用“救世vs救心”来揭示。从这一层意义上看，五四爱国运动的目标是“救世”，新文化运动则是重在“救心”。后者转变为文化现象，则是人们对哲学的关切集中于人生观甚或人生哲学，它们是新文化运动期间人们最热衷讨论的问题。20世纪初尤其是新文化运

---

① ［美］阿里夫·德里克：《革命与历史：中国马克思主义历史学的起源，1919—1937》，翁贺凯译，江苏人民出版社，2005年，第2页。

动期间，以“人生观”“人生哲学”为题的文章和著作，不知凡几。陈独秀的《人生真义》、李大钊的《青春》已成名文，李石岑和杜亚泉都著有《人生哲学》。胡适在其《中国古代哲学史》(出版于1919年)序言给哲学下的定义居然也是“凡研究人生切要的问题，从根本上着想，要寻一个根本的解决；这种学问，叫作哲学”①。这等于说哲学就是人生哲学，或者哲学以人生哲学为中心。至于儒学思想家，就像后来熊十力的传人那样，特别强调儒学是“生命的学问”，自然更关心人生观的问题。总之，不需要一一列举，熟悉新文化运动文献的人们即可以明白人生观的讨论如何风行一时。众说纷纭之下，终于出现一场围绕人生观的大争论。按照张君劢后来的说法，他在清华的人生观讲演，目标是为了捍卫人类的自由意志：“我所以讲‘人生观’之故，由于我在欧时读柏格森、倭伊铿、黎卡德(Rickert)诸书之影响，深信人类意志自由，非科学公例所能规定。其立言之要点在此。”②就当时的舆论言，科学派似乎占了上风，这固然与中国人的科学崇拜有关，也与玄学派对科学所知甚少，常识性的错误更容易遮蔽对问题的深刻洞见有关。不过，无论是科学派还是玄学派，乃至后来加入进来的马克思主义者，真正有哲学见识者，对其结果都不甚满意。其实一场思想争论，其意义恰好在于能真正提出深刻的问题，由此推动那些好学深思者，沿着不同的路径继续追寻。就像“东西文化问题之争”之后，出现了梁漱溟的《东西文化及其哲学》、李大钊的历史哲学等专著(后来还有中国社会史的讨论)；“科玄论战”也促使以问题为中心的哲学探寻愈发深入。作为专业哲学家，冯友兰的博士论文就是《人生哲学之比较研究》(一名《天人损益论》)，其起因恰恰是反省“科玄论战”“虽然波及的问题很多，而实际上没有解决一个问题”③。1924年冯友兰出版《一种人生观》，1926年又出版《人生哲学》。他虽然在20世纪30年代说哲学包括宇宙论、人生论和知识论，人生论只是哲学之一部，但是他最后成就的境界形上学不妨说是一种精致的儒家人生论。而熊十力在20世纪30

① 胡适：《中国哲学史大纲》，《胡适全集》第五卷，第197页。

② 张君劢：《人生观论战之回顾》，程文熙编：《中西印哲学文集》，台湾学生书局，1981年，第1041页。

③ 冯友兰：《一种人生观》，《三松堂全集》第二卷，第3—4页。

年代反复斟酌的《新唯识论》，开头就言明宗旨：

> 今造此论，为欲悟诸究玄学者，令知实体非是离自心外在境界，及非知识所行境界，唯是反求实证相应故。（实证即是自己认识自己，绝无一毫蒙蔽。）是实证相应者，名之为智，不同世间依慧立故。云何分别智、慧？智义云者，自性觉故，本无倚故。（吾人反观，炯然一念明觉，正是自性呈露，故曰自性觉。实则觉即自性，特累而成词耳。又自性一词，乃实体之异语。赅宇宙万有而言其本原，曰实体。克就吾人当躬而言其本原，曰自性。从言虽异，所目非二故。）①

此书演绎为心本论的形而上学，不但本身经过反复斟酌，成为一部精致的著述，而且开辟了现代新儒家哲学创作的先河。

马克思主义者后来虽然更多地走在实践的路上，但是瞿秋白、艾思奇等人仍然继续探讨了科玄论战的核心问题：自由（意志）和必然这一对范畴。不过，他们不局限于“救心”，同时为了“救世”，因为中国马克思主义一开始就被视为指导中国革命的理论，其中包括如何解决客观世界与主观能动性的关系，在承认世界的合规律性下自由意志如何可能。在马克思主义者中间，艾思奇更为辩证地解决了两者的关系，在自由意志问题上达到了同一营垒的最高水准。与一般只承认人在认识必然性基础上按照必然性行动而获得自由的理论不同，艾思奇的主要贡献是反对把自由仅仅归结为认识必然与顺应必然，阐明了意志自由的核心是主体对自身行为的选择自由。意志自由不是纯粹精神性的活动，而是指导实践的自由，是行为的自由和选择行为方向与方式的自由，因而是在主客体交互作用过程中的自由。②

这里用极粗的线条描述诸多文化争论所引起的哲学分化，目的是希望指出这个问题的另一个向度：研究新文化运动与中国现代哲学的关系，不要忽

---

① 熊十力：《新唯识论》（文言文本），《熊十力全集》第二卷，第 10 页。

② 艾思奇：《从新哲学所见的人生观》，《艾思奇全书》第一卷，第 228—232 页。

略现代哲学的载体和活动场域的变化。这种变化又蕴含着资本和权力对哲学的影响、通俗哲学[①]和学院哲学的关系、现代学院制度的体制等社会建构的复杂面相。

一个十分显豁而重要的事实是，新文化运动期间，影响最广泛的文化争论最初都发表在期刊报纸上。自晚清开始，各种报纸期刊作为新式的传媒，对社会动员起了巨大的作用。[②]19 世纪与 20 世纪之交，留日学生的期刊开始翻译介绍西方哲学著述。新文化运动期间，青年学生办刊更汇为洪流。像《新青年》这样的名刊，不但在大中城市的知识分子中市场广阔，甚至还传播到偏远的乡村。它与如下情形是相应的：近代以来在很长一段时间内，哲学革命的进展主要是由非专业哲学家推动的，他们首先是社会活动家，包括不少有学问的革命家，然后才是不同程度的哲学家。影响社会最大的人物，通常是将公共知识分子和哲学探求者两种身份兼而有之的思想家。

期刊尤其是非专业的思想文化类期刊成为传播思想的载体，它对社会民众的影响之速度和广度，是旧时读书人之间的私人交流所无法比拟的。不少期刊还发表域外哲学家的介绍和哲学理论的翻译与评论。公共期刊对于普及通俗哲学有极大的功效，譬如进化论、功利主义、个性主义、社会主义等，甚至西方哲学家尼采、柏格森、罗素、杜威等的思想（包括杜威和罗素在华期间的讲演），都是新文化运动中诸多期刊乐于讨论的问题。从更积极的方面看，在期刊的公共平台上发生的若干和平的争论，在一个思想解放、蔑视

---

① 这里的通俗哲学在与学院哲学区分的意义上类似文德尔班等德国哲学家所说的“世俗哲学”，从希腊哲学开始，这两类哲学就此起彼伏。“在近代时期开始时取得独立的‘世俗哲学’，其特点是，创立和拥护它的完全不是学派中人物，而是世俗生活中人物。游方和尚、国家大臣、贵族、剥夺了公民权的犹太人、有学问的外交家、独立的文学家、新闻工作者——所有这些便是近代哲学的奠基人。因此他们的作品的外部形式不是采取教科书或学术辩论的形式，而是采取自由的文学创作——小品文的形式。”（文德尔班：《哲学史教程》上卷，第 15 页）不过，由于“世俗哲学”原来指不带宗教色彩的哲理那样的“现世哲学”，即与中世纪欧洲的经院哲学相对的形态，所以我们姑且用“通俗哲学”这样一个概念来概括那些在学院制度以外的非专业哲学活动及其成果。

② 按照有的学者的统计，1905 年到 1911 年，全国各种报刊已经多达六百余种，其中只有百分之十是被朝廷直接或间接控制的（桑兵：《晚清学堂学生与社会变迁》，广西师范大学出版社，2007 年，第 270 页）。民营传媒的暴增与正统意识形态的失控有高度的相关性。到新文化运动期间，这种情况自然更甚。

权威的语境中，迫使争论诸方以平等的方式相处，它的公开性有利于发展论辩的合理性。

但是期刊作为最大的传播载体，也凸显了思想市场的特点；在此中间，思潮运势、社会心理、理性论述以及资本的力量，诸多因素构成了博弈的关系。“五四”、新文化运动期间，作为《新青年》的对手，杜亚泉和《学衡》派的遭遇，可以作为该方面的例证。为什么杜亚泉的“东西文化调和论”失势？直接的表象是杜亚泉受到陈独秀的猛烈批评，但更为基础的则是《东方杂志》销量的急剧下滑。《东方杂志》在杜亚泉主持初期（也是经过一番“大改良”以后），发行量达到一万多份，“打破历来杂志销数的纪录”，但是，后来与其论敌《新青年》等相比，“《东方杂志》日益显得陈旧落伍，销量亦急剧下滑。在这种情况下，出于声誉与营业上的双重考虑”，张元济等劝退杜亚泉乃属必然。① 与《东方杂志》类似的是《学衡》派，他们师法白璧德的“新人文主义”，在“五四时代”主张文言、古典、尊孔，到20世纪30年代，在多重条件作用下，“《学衡》杂志之销路每况愈下，以至于不能存活而停刊”②。这说明报刊等新式传媒既然是“民营”的，就必须服从市场法则，不同程度地受到资本的控制。从更深的层面观察，最重要的传播途径是期刊，这多少增加了思想活动的临时性，轰动一时的“论战”既有促进思想深化的一面，因为意见争论是通达知识乃至真理的必要途径；又有恶化语境的作用，在思想市场上最特异的东西往往留给人的印象最深，追求极端表达往往能获得更多受众，常常使得理论表述必须具备某种表演的性质，亦使得思潮运动虽有一时的轰动性影响，却难以实现为沉潜往复的体系性创造。

因此，新文化运动以后，中国哲学的现代分化，不但表示中国现代哲学的丰富性，也预示着它们各自走向深处的可能，这离不开另一个重要的社会

---

① 周武：《杜亚泉与商务印书馆》，许纪霖、田建业编：《一溪集：杜亚泉的生平与思想》，生活·读书·新知三联书店，1999年，第196—202页。

② 汪荣祖：《新文化的南北之争——重新认识新文化运动的复杂面相》，《探索与争鸣》编辑部编：《“现代化与化现代：新文化运动百年价值重估”国际学术研讨会论文集》，上海，2015年，第25页。

条件：从学术建制来说，新式的学院制度正在建立。学院哲学和通俗哲学即将分化，从事“纯粹哲学”的专业研究队伍尚在形成之中，恰如黑格尔所谓“世界精神”曾经过于忙碌于现实，不能转向内心、回复到自身一样。现在，“除了政治的和其他与日常现实相联系的兴趣之外，科学、自由合理的精神世界也要重新兴盛起来”[①]。随着现代学院制度的建立，哲学活动更多地进入大学和课堂，其成果就逐渐从公共性的杂志转入学术专著和专业期刊，包括学院的教材讲义，进而淬炼为体系性建构。

说到现代学院制度的建设，我们首先想到的自然是蔡元培主持下的北京大学，它同时也是新文化运动的发源地之一。陈独秀、李大钊、胡适、周作人等都曾在北大任教。蔡元培的办学宗旨又是如此开明：

> 我对于各家学说，依各国大学通例，循思想自由原则，兼容并包。无论何种学派，苟其言之成理，持之有故，尚不达自然淘汰之命运，即使彼此相反，也听他们自由发展。[②]

人们通常注意的是“思想自由、兼容并包”，但完整地理解蔡元培的办学宗旨，不能漏掉两点：一是体制上“依各国大学通例”，二是“学术独立”或为知识而知识的精神。前者表示北京大学应该遵循现代大学的普遍制度规范；后者表示与王国维所云“学无新旧也，无中西也，无有用无用也”[③]一样，对于现代大学中人而言，学术自身是学者的志业，因而必然鼓励专精之学，而不在意它是否“有用”。在这样的大学制度中，现代哲学家可以是，但不再必须是苏格拉底式的人物，事实上他们更多地转变为生活在大学里的哲学教授，专业的哲学从业人员。

在现代学院制度内部，中国哲学的发展呈现出专业化倾向，在适宜的条

---

① ［德］黑格尔：《哲学史讲演录》第一卷，第1—2页。

② 蔡元培：《我在教育界的经验》，高平叔编：《蔡元培全集》第七卷，中华书局，1989年，第200页。

③ 王国维：《论近年之学术界》，谢维扬、房鑫亮主编：《王国维全集》第一卷，浙江教育出版社、广东教育出版社，2010年，第122页。

件下有利于哲学对于理论的深密性追求和体系化建构。以现代新儒家为例，梁漱溟当初就说新文化运动似乎造成儒学的断裂，基本的原因是传统儒学自身在晚清以来的日渐衰微，“只为旧派无人，何消说得”[①]！而胡适等人对于文化问题的意见又太笼统，梁漱溟发表那篇著名的《东西文化及其哲学》，不但凸显了文化哲学意识，而且提出中国文化的出路是排斥印度出世的态度，“对于西方文化是全盘承受，而根本改过，就是对其态度要改一改”；同时“批评的把中国原来态度重新拿出来”[②]。这预示了现代新儒家融摄西方文化，“返本开新”的哲学路向。发表《东西文化及其哲学》时的梁漱溟还是北京大学的兼职教师，他个人虽然志在为“孔子释迦牟尼说话”，但在北大的讲席却是唯识学。后来接替他的熊十力在讲授唯识学的过程中，逐渐建构起自己的“新唯识论”体系，这是一个十分精致的同时又开拓出发展空间的哲学。熊十力最重要的学术传人有牟宗三、唐君毅、徐复观等，后来的哲学活动也主要依托港台地区的大学。冯友兰的诸多著书几乎全部在大学中完成，最有成就的哲学家的著述方式变成了编撰讲义、刊印书籍。

马克思主义哲学一脉也在现代大学制度下获得相应的发展。李大钊在转变为马克思主义者以后，始终对历史哲学有浓厚的兴趣。正是在北京大学担任图书馆长期间，他编写的讲义《史学思想史》，包括了《史观》《鲍丹的历史思想》《鲁雷的历史思想》《孟德斯鸠的历史思想》《韦柯及其历史思想》《马克思的历史哲学与理凯尔德历史哲学》《唯物史观在现代社会学上的价值》《孔道西的历史观》《桑西门的历史观》《唯物史观在现代史学上的价值》等内容。其中若干内容作为单篇文章先期发表在公共刊物上，但是有些则发表于《北京大学社会科学季刊》这样的专业期刊上。全书由北京大学出版部讲义科印发，1924年印完。除了讲义，李大钊最重要的历史哲学专著《史学要

---

① 梁漱溟这样评论当时的古今之争：“旧派只是新派的一种反动；他并没有提倡旧化。陈仲甫先生是攻击旧文化的领袖；他的文章，有许多人看了大怒大骂，有些人写信和他争论。但是怒骂的止于怒骂，争论的止于争论，他们只是心理有一种反感而不服，并没有一种很高兴去倡导旧化的积极冲动。尤其是他们自己思想的内容异常空乏，并不曾认识了旧化的根本精神所在，怎样禁得起陈先生那明晰的头脑，锐利的笔锋，而陈先生自然就横扫直摧，所向无敌了。”（梁漱溟：《东西文化及其哲学》，《梁漱溟全集》第一卷，第531—532页）

② 同上书，第528页。

论》则由商务印书馆于1924年5月发行。20世纪20年代，李达在湖南大学任教期间出版了《现代社会学》，后来又陆续出版了《辩证法唯物论教程》《社会学大纲》等专书。瞿秋白也在上海大学任教期间出版了《现代社会学》《社会哲学概论》等著作。这些研究和传播马克思主义哲学的著作虽然在独创性上不够明显，但是比起更早接受唯物史观的陈独秀、李大钊等，其理论较为系统，因而在马克思主义中国化的历史中自有承先启后之功。

现代学院制度的建构同时包括了现代学术学科的建构。正是在新文化运动期间的北京大学，中国哲学作为一门现代学科率先建立起来，它是与中国哲学史的书写互为表里的。在经学时代，士大夫接受儒学的训练，当然依靠经典阅读、记诵和解释儒家经典，基础是四书五经，但是未必需要形式化的经学史或儒学史的训练。皮锡瑞出版《经学历史》的时节，经学时代已经接近终结。但是在现代学院体制中，古代哲学家的思想首先是作为一种知识来传授的，哲学追求思想呈现为“一以贯之”的学问，历史上先后出现的思想在哲学的视域中就内在地要求呈现为体系化的形态，于是对于哲学专业学生的训练首先就是哲学史的教学。胡适的《中国古代哲学史》应运而生，并开创了中国哲学史书写的第一种范例，而后冯友兰又以其两卷本《中国哲学史》提供了较前者更为成功的范例，由此使得中国哲学作为一门独立的学科建立起来。

三

从其发端始，新文化运动的一项重要内容就是“文学革命”，包括推广白话文运动。胡适最初提出《文学改良刍议》“八事”：须言之有物、不模仿古人、须讲求语法、不作无病之呻吟、务去滥调套语、不用典、不讲对仗、不避俗字俗语等，虽有烦琐之嫌，但他强调文学与思想的联盟关系。文学所言之“物”，一指情感，二指思想。他说：“吾所谓‘思想’，盖兼见地、识力、理想三者而言之。思想不必皆赖文学而传，而文学以有思想而益贵；思想亦以有文学的价值而益贵也。”[①] 文学一旦追求思想，即逼近哲学的界域。

① 胡适：《文学改良刍议》，《胡适全集》第一卷，第4—5页。

我们知道，五四新文学在表达意志主义、个性主义等观念上曾经与现代哲学中的唯意志论思潮有联盟的关系，其较早的源头可以追溯到梁启超提倡“小说界革命”“诗界革命”。胡适又为文学改良论提供历史主义的哲学支持：文学随时代而变迁，故一代有一代之文学。不过，胡适的主张总体上相对温和，而响应者陈独秀则更加独断凌厉，他说：

> 余甘冒全国学究之敌，高张“文学革命军”大旗，以为吾友之声援。旗上大书特书吾革命军三大主义：曰，推倒雕琢的阿谀的贵族文学，建设平易的抒情的国民文学；曰，推倒陈腐的铺张的古典文学，建设新鲜的立诚的写实文学；曰，推倒迂晦的艰涩的山林文学，建设明了的通俗的社会文学。①

这种对古典文学几乎全盘推倒的态度，不仅在当时引起强烈的反弹，而且今天我们也觉得他好像要把婴儿与洗澡水一起倒掉。不过，细考陈独秀的态度，其核心之一是提倡白话文：

> 改良文学之声，已起于国中，赞成反对者各居其半，鄙意容纳异议，自由讨论，固为学术发达之原则；独至改良中国文学，当以白话为文学正宗之说，其是非甚明，必不容反对者有讨论之余地，必以吾辈所主张者为绝对之是，而不容他人之匡正也。其故何哉？盖以吾国文化，倘已至文言一致地步，则以国语为文，达意状物，岂非天经地义，尚有何种疑义必待讨论乎？②

新文化运动以来对“文学革命”的研究已经汗牛充栋，但如欲全面考察它与中国现代哲学的关系，也非一篇短文所能胜任。本节只是从“现代汉语”——新文化运动尤其是以提倡白话文为重要内容的“文学革命”的历史

---

① 陈独秀：《文学革命论》，《胡适全集》第一卷，第16—17页。

② 陈独秀：《答书》，《胡适全集》第一卷，第29页。

结果——来观察它和哲学的关系。

我在一篇旧文中曾经说过：我赞成一种说法，现在的中国哲学，应该是“用现代汉语写出的优秀哲学”。这里强调“现代汉语”，因为现代汉语已经是一种成熟的语言，既可以用来创造出像鲁迅、周作人、老舍、沈从文、张爱玲，乃至莫言、北岛所作的优秀的散文、诗歌、小说，也可供现代哲学家创造自己的体系之需要。熊先生是一个例外，其《新唯识论》先用文言文写，但是意犹未尽，所以又写语体文即白话文本。因为现代汉语可以十分自由地兼容古代汉语、当下流行的语词和外来语词，文法也发生了很大的改变，是比古代汉语更适合严密说理的语言。清华学派及其传人的著作就是证明。[①] 现在我尝试对以上表述做一点发挥。

正如中国哲学可以划分为古代哲学与现代哲学一样，我们现在把汉语划分为古代汉语与现代汉语。现代汉语自然是从古代汉语演化而来，但是既然我们可以在两者间做代际区分，说明它们有某种性质上的重大差别。从历史的视角看，汉语的演化包括古代“文/字”如何由“文”而“字”（按照许慎的训诂，“字者，言孳乳而浸多也”），即文字的创造有一个由简约渐趋繁复的历史过程。“识字”在古代虽属于“小学”，但依然是有教养阶层的专属品，所以古代汉语的另一个特点是言文分离。源远流长的诗歌散文作为文学之正宗，自然用雅言。而后起的文学样式小说本来是“小说”，所以可以用语体俗语。哲学，用章太炎的一个类似形式化的定义，是“深密的学问”。中国古代哲学的基本经典大多以文言文的形式出现，是由哲学这一高等文化之精神贵族的本性决定的（这里说“大多”而非全部，是因为有些经典记录的是哲学活动中的对话，因而会间杂有当时的语体文）。

但是，新文化运动以降，中国哲学开始用现代汉语书写。白话文学的历史可以往上追溯，但是推广“白话文”作为新文化运动的重要组成部分，才真正使得在随生活变动而不断变动的口语（纯粹的白话文）、典雅的文言文和由于翻译西文著述而渐趋成熟的外来语词、观念和语法，在短短数十年的光景中融合为渐趋成熟的现代汉语。现代汉语之成熟，最为显著的自然体现

---

① 高瑞泉：《中国哲学以何种样态再度“登场”?》,《文汇报》2012年12月27日。

在现代文学的成就上。20世纪中国大量出现的诗歌、小说、散文以及文学评论，对于现代汉语的成熟——它成为一种对于现代生活经验如此有表现力、足以容纳现代人的创造精神，同时又可能进达优美或壮美的境界——以及将此种渐趋成熟的语言变为本民族普遍共享的书面语言，居功至伟。在海峡两岸分别称为“普通话”和“国语”的都是现代汉语。随着现代学院制度的建立所需要的教材建设以及报刊等现代传媒在思想学术上的创新与传播方面的作用，现代汉语在学术著述中也渐渐成为通用的语言。新文化运动前后，哲学书写就从古代汉语突变为现代汉语。从通俗哲学的视角看，像鲁迅那样的作者，其写于新文化运动以前的《摩罗诗力说》(1907年)、《文化偏至论》(1908年)等均为文言体。鲁迅本人后来以小说和杂文的写作为主，但是《新青年》等期刊上发表的具有哲学意味的文章，虽然并未完全脱离文言文，却可以明显看出一种新型的论理语言渐趋上风。一场“科玄论战”，卷入了一时的学术名流，也以现代汉语著述为多。被视为现代新儒家的梁漱溟之成名作《东西文化及其哲学》由于是在讲演基础上成书，当然属于现代汉语；他的同道、更有创造性的哲学家熊十力的《新唯识论》出了文言文本，还要写“语体文本”，尽管该“语体文本”间杂有大量的熊式文言文。冯友兰的两卷本《中国哲学史》，也许是属于“照着说”，还是文白相间的写法，但是后来“接着说”的《贞元六书》则文言的成色大减。在冯友兰以前，胡适先出版了《中国古代哲学史》，除了书中引用的原始资料不得不照用古文以外，完全是用浅近的现代汉语写就。这本书1919年正式出版以后，居然两个月之内就得以再版，曾令胡适颇为惊喜和得意；而到1930年，十一年间共印行了十五次，可见其流通之广。① 哲学类著述以现代汉语的形

① 在胡适出版《中国古代哲学史》以前，谢无量发表的《中国哲学史》一书，几乎被后来的治中国哲学史者所忘却，除了该书的哲学自觉和理论水准欠佳以外，很可能和它还用文言文著述相关。而胡适、冯友兰以后，20世纪上半叶出现的如范寿康的《中国哲学史通论》、侯外庐等编著的《中国思想通史》，都是现代汉语作品。尤其是侯外庐等编著的《中国思想通史》的影响远非其他著作所可比拟。间有用文言文著中国哲学史者，譬如钟泰的《中国哲学史》，“此书以史传之体裁，述流略之旨趣”，与其说是哲学史，还不如说更接近学术史。作者受西方哲学训练甚少，更无独立的哲学探索。自述“命名释义，一用旧文”，颇有现在所谓“以中国讲中国”的模样，但是对于中国古代思想的哲学分析和意蕴阐发都几无特色。故其不被学术界看重，也是一件相当自然的事情。

态出现，当然有中国哲学作为一个现代学科，其形成受到西方哲学影响的因素在起作用。不仅是重要的哲学问题、概念和语汇，更重要的是哲学分析的方法，现代中国哲学都深受西方哲学的影响。现在人们对此有不同的看法，孰是孰非，姑且不论。新文化运动以后，中国哲学家基本上都用现代汉语著述，这是一个基本的事实。只有熊十力依违在文言与语体之间，但其哲学传人，后来的港台新儒家代表人物如牟宗三、唐君毅、徐复观也都用现代汉语著书。更进一步，哲学家现在可以用现代汉语驾驭精密的逻辑分析技术，进而书写出像金岳霖先生的《知识论》《论道》那样的哲学名著。更往后数，李泽厚、冯契那样的当代哲学家，完全是用现代汉语书写了各具特色的系统性哲学。

我之所以只做现象的描述，是因为行文至此已经进入了一个存在高度争议性的领域。一方面，有像冯友兰先生那样的哲学家认为"西方哲学对于中国哲学的永久性贡献，是逻辑分析方法"①。针对中国传统哲学家不重视形式上的系统建构的特点，"讲哲学史之一要义，即是要在形式上无系统之哲学中，找出其实质的系统"②。另一方面，用西方哲学的理论和方法解释中国传统思想被视为"汉话胡说"，其所阐释的不再是"真正"的中国哲学。推而广之，由于现代中国哲学像其他诸种现代学术一样，许多概念都是西文的译本甚至是再译本，后来者常常对前人的翻译有种种批评，翻译史几成误读史，现代汉语中的学术语汇似乎沦为"无根的语言"。本节不能对后者有更详细的批评，只是希望指出，人们对现代汉语的批评，使用的依然是现代汉语，今天人们从事学术活动的方式就是运用现代汉语的方式。事实是，如果我们不能预言不可能运用文言文创造一种现代哲学的话，至少是我们至今尚未看到完全舍弃现代汉语做出的中国哲学创造之具体范例。

如果我们从简单的语言现象说起，就比较符合现代哲学书写的语言特点而言，至少可以观察如下几点：第一，现代汉语不再是言文分离的语言，尽管许多专门的术语需要专门的知识，尽管它们最初可能是翻译词，尤其是日

---

① 冯友兰：《中国哲学简史》，《三松堂全集》第六卷，第 277 页。
② 冯友兰：《中国哲学史》上，《三松堂全集》第二卷，第 252—253 页。

本学人利用汉字翻译西文概念的结果，但是语词既经约定俗成，生活与哲学之间的语言屏障在逐渐变薄。这当然很大程度上要归功于教育的普及，使得更多人接触到各种各样的哲学，包括通俗哲学。今天一个受过高等教育的普通劳动者也应该对哲学有基本的了解，诸如“理性”“感性”“经验”“意志”“自由”“正义”“现象”“本质”“辩证法”“真理”“实践”“价值”等概念，如今它们都可以游走在有教养者的日常生活和哲学之间。我相信并希望随着哲学教育的进一步改进，上述情形也会更进一步。

第二，用现代汉语书写的中国哲学，其概念通常得到不同程度的厘清，克服了古典哲学语词含义歧混的缺陷。这似乎与现代汉语的重要概念（关键词），不再如其在古代汉语中那样，主要是单音节的“字”，而是以双音节或多音节的“词”为主，或者说是由两个或两个以上的“字”组合而成，使得由“字”而“词”的过程更趋分化和繁复，更适合使复杂思想得到澄明，有互为表里的关系。古代哲学的概念或观念，尽管也有若干复合词，但是最大量的和最基本的却是“字”，如气、天、理、性、命、势、道，法、名，乃至于仁、义、礼、智、信等，都是单个的“字”（一些复合词也是单“字”联合而成）。它们通常是多义并存的，而且常常是既有意义，又有意味，在留给后人更多的解释空间以外，也造成了难以达到哲学所追求的思想的精确和明晰性标准。古代哲学在其展开过程中，已经有不同程度的变化，如孔子贵“仁”，孟子则不但“仁义”并举，而且提出“仁政”；“命”是古老的概念，《白虎通义》将其分为“受命”“随命”和“遭命”。“理”至少战国时期就是重要概念，但是“天理”却包含了宋明理学的独创性，所以程子很自豪地说“天理”两字是“自家体贴”出来的。从戴震、王国维，又持续地对宋明理学特重之“理”概念做析义与澄清，戴震将“理”分析为“分理”“文理”“条理”以及规则意义上的“理”；王国维则认为“理”可以分析为“理性”和“理由”。戴震是按照字源学的方式分析，王国维则从康德、叔本华哲学的视角加以分析。从语言形式说，是用两个或两个以上的“字”组合成“词”，用以分别表达原先那个“字”中包含的多层含义，或者在原先单独的“字”的某一向度上增添了新的意义。

用这样一种构词方式来展开哲学创造的活动，虽然古代也有所见，但是，就其广泛性而言，只有在现代汉语中才成为一种常态。譬如今日人们甚至对熟悉的“理性”概念又有进一步的分解：工具理性和价值理性的二分已经是常见的，还有哲学家认为在工具理性和价值理性之外，另有论辩理性。又譬如“儒家五伦”之一的“信”，古代人重视的主要是一种个人美德；在现代人看来，“信”不仅是个人美德，更应该是社会美德，它包含了“信用”“信任”“信念”“信仰”等多方面的内容，既指日常生活中的交换关系得以顺利进行的规范性，又有作为平等主义下社会合作和团结的关系意义，还指向社会凝聚力的价值共识，甚至伸向超越的境界。古代汉语用一个“信”字来表达的内容，运用现代汉语可以将其分解为上述多个概念，在厘清古人观念的过程中也明晰现代重建的路径。

从句法而言，古代汉语的命题省略了西方逻辑中十分重要的系词，所以呈现为“名词串”，由此产生的种种结果是汉语言哲学研究的论题。[①]不过现代汉语似乎改变了上述情形，系词“是”通常已经不再被省略。而且现代汉语学术著作的句式，也远远不再是古代汉语那样简约精悍，现代学术著作中的复杂长句比比皆是。频繁使用结构复杂的长句，未必都是好的学术语言，决心用晦涩的语言来表达浅近知识的也时有所见；但是在某种条件下，结构复杂的长句也许比较适合表达不以单纯的洞见而以思维之绵密而取胜的思想，更能够满足构造演绎体系的需要，因而从语言实验的视角看，应该有一定的价值。恰如冯友兰先生所说：“所谓名言隽语，与长篇大论，并不是可以互相替代底。”[②]换言之，哲学家的思想及其风格原本就与其语言风格有密切的关系，当代中国哲学家如有思想之发明，完全可以在古代汉语和现代汉语（包括由西文翻译而来的语言）之间做自由的切换、组合，形成富有个人特色的哲学语言。但无论其取舍如何，如欲成就一种中国哲学的当代创造，至少在可预见的将来，大约尚不能离开“现代汉语”。

有较多翻译经验的学者曾经认为现代中国哲学的著述翻译为西文相对古代哲学更加容易。这里的原因比较复杂，包括古代汉语与现代汉语的代际差

---

① 刘梁剑在《汉语言哲学发凡》（高等教育出版社，2015 年）第二章的第三节“命题、名词串与中西真理观的差异”中进行了颇有趣味的讨论，详见该书第 90—97 页。

② 冯友兰：《新理学在哲学中之地位及其方法》，《三松堂全集》第十一卷，第 550 页。

别确实还需要研究。不过上述现象也许提示当代中国哲学界与域外哲学的交通变得越来越频繁和容易，它与下述情形有一种直观上的匹配：新文化运动以后，中国人经历了迂回曲折的道路，在精神上向世界日渐开放，中国思想家接续了晚明徐光启等开启的“会通以求超胜”之阔大境界，并且提出“世界哲学”的理想。所谓“世界哲学”并非只有一种哲学，而是说由于中、西、印等多种哲学的传统互相碰撞和沟通，特别是由于中国哲学开始融入世界哲学史所开启的一种新的哲学前景。譬如冯友兰先生曾经预言未来的世界哲学将是西方哲学吸收中国哲学的神秘主义，中国哲学增加西方哲学的理性主义。20 世纪 80 年代，融中西马为一体、创立了“智慧说”体系的冯契先生说：

> 我们正面临着世界性的百家争鸣。海内外的中国哲学各学派，都将在国际范围的百家争鸣中接受考验。而为了参与争鸣和自由讨论，那就需要有民主作风和宽容精神。①

> 当然，这只是一个发展趋势的开始，但它是一个具有重大历史意义的可贵的开始。这个成就，后代人可能要给予很高的评价，认为这是一个非常重大的事件。②

在冯契先生看来，“国际范围的百家争鸣”正是中国哲学融入统一的世界哲学的契机。反过来，因为中国哲学的现代创新，“世界哲学”才真正开始了。这里的“世界哲学”多少与马克思所预言的“世界文学”③的概念相关，都可以说是对全球化历史的概念化。不过，中国人在热烈拥抱经济全球化的同时，比以往更为强调本民族哲学的历史传承性和独特性，它对于中国

---

① 冯契：《“通古今之变”与回顾 20 世纪中国哲学》，《冯契文集》第八卷，第 497 页。

② 冯契：《中国近代哲学的革命进程》，《冯契文集》第七卷，第 620 页。

③ 马克思、恩格斯说：“过去那种地方的和民族的自给自足和闭关自守状态，被各民族的各方面的互相往来和各方面的互相依赖代替了。物质的生产是如此，精神的生产也是如此。各民族的精神产品成了公共的财产。民族的片面性和局限性日益成为不可能，于是由许多民族的和地方的文学形成了一种世界的文学。”（[德] 马克思、恩格斯：《共产党宣言》，第 27 页）

哲学的当代创造会产生什么效果，这是一个需要“做”中国哲学的学者们用其哲学之“做”去回答的问题。

第四节　自由主义的哲学基线与秩序原理

从观念史的视角看，新文化运动的主流是激进主义与自由主义两种现代思潮的联盟，历史学家将这一联盟追溯至戊戌，而新文化运动期间则达到高峰。“高峰”通常也意味着某种转折：随着“科玄论战”“问题和主义”等论战的发生，这一联盟很快发生了分化，在哲学上则曲折地表现为实证主义与马克思主义分道扬镳。这么说并非表示自由主义即实证主义，或者激进主义即马克思主义，其间并没有严格的一一对应关系。但是在 20 世纪的中国，哲学上带有实证主义的倾向者，大多在政治上有自由主义倾向。前面我们断断续续地提到了严复、胡适等自由主义者的思想个案，本节则希望围绕“动力”和“秩序”两大焦点，探讨中国的自由主义与其哲学以及中国现代文化精神之间的关系。

一

什么是“自由主义”？作为一种起源于西方的现代政治理论，从最广义说，自由主义是旨在保护个人不受无理的外界限制，重视人的个性意识，把人从对集体的屈服中解放出来，从习俗、法律和权威的拘束中解放出来。同样，中国的自由主义者曾经自称为“解放者”[①]，所以现在一般的研究都将中国的自由主义归属于解放理论；或者说“自由主义是要实现自由的理想主义”，意味着这个思想派别在现代性的价值排序中坚持自由优先的立场。[②]霍布豪斯在《自由主义》中将“自由主义诸多要素”归结为公民自由、财

① 殷海光：《中国文化的展望》，上海三联书店，2002 年，第 257 页。
② 杨人楩：《自由主义者往何处去？》，《观察》第二卷第 11 期，1947 年。

政自由、人身自由、社会自由、经济自由、家庭自由、地方自由、种族自由和民族自由、国际自由、政治自由和人民主权诸项，总的宗旨是个人自由。[①] 更宽泛的理解自由主义，通常认为其内部可以划分为主张自由优先的右翼、主张平等优先的左翼，和介于两者之间势力较大的中间派。而比较狭义的界定则采取一种描述性的定义，在中国有些研究者则只将严复等接受弥尔主义（Millsianism）的一派中国思想家看成是自由主义者，将更为激进的另一派排除出自由主义的家族。[②] 同时也有一种综合的或整全性的自由主义（Comprehensive Liberalism），持这一派具解的学者相信，由于自由主义包含了下列诸多内容，因而可以划分出它的基本理论内涵和大致的原则界限："自由主义是一种基本的政治信念，一种哲学和社会运动，也是一种社会体制构建和政策取向。它还是一种宽容异己、兼容并包的生活方式。它把自由当作政府的基本方法和政策，社会的组织原则以及个人与社区的生活方式。其内容是丰富多彩的，其价值诉求也是多元主义的。"[③] 尽管我们似乎很难用这一概念套用中国的自由主义，但是它指出了在政治理想和政治制度设计之外，在忠于一定文化和思想原则甚至生活方式的向度之外，自由主义也有与激进主义、保守主义相区别的面貌。

因此，这里作为激进与保守的"中间物"的意义并非仅仅在于政治理论，还在于一般的文化倾向与心态。在一个长时段的历史变迁中，尤其是在类似 20 世纪中国这样规模巨大、形态复杂的社会变迁——人们现在通常都承认这是一个不得不然的历史性变革——中，面对具体的变革过程，人们的立场分化总是更为复杂，即使我们加以某种类型化以后，也会在激进和保守——假如它们被解释为"变"与"不变"的两极的话——之间出现一个中间物：相对于保守主义的"不变"，它主张"变"；相对于激进主义的"全变""顿变""速变"，它主张的变，仅在于"部分的变""渐变""慢慢变"。由于 20 世纪中国以变革、变动、革命为基本价值，"激进"就与"进步""革命""左翼"相联结；"保守"就经常与"反动""反革命""右翼"等相联结。

---

① ［英］霍布豪斯：《自由主义》，朱曾汶译，商务印书馆，1996 年，第 8—23 页。
② 黄克武：《近代中国的思潮与人物》，九州出版社，2013 年，第 102—107 页。
③ 顾肃：《自由主义基本理念》，中央编译出版社，2003 年，第 1 页。

处于中间的派别则既反对“革命”，又反对“反革命”，试图安居于两个极端之间而又常常不可得。在正常的社会生活中，“中间派”应该是多数，但是多数人对其态度未必有充分的自觉，未经充分启蒙的多数因而常会被激进主义或保守主义的思潮所裹胁，有自觉的只是少数。这派人的态度和心理曾经有过一种绝妙的表达：

> 有些人将以我的意见为太保守，有些人以为太偏激。世上总常有人很热心地想攀住过去，也常有人热心地想攫得他的所想象的未来。但是明智的人，站在两者中间，能同情于他们，却知道我们永远在于过渡时代。在无论何时，现在只是一个交点，为过去与未来相遇之处，我们对于二者都不能有什么争向。不能有世界而无传统，亦不能有生命而无活动。①

这是20世纪中国某一派知识分子的文化“态度”或“倾向”(disposition，orientation)，虽然与传统儒家“无过无不及”的中庸之道有形式上的相似，但是在有关自由理念上，有与古代士大夫观念不同的实质性内容。

自由主义在现代中国主要是一个政治文化派别，但并不是一个统一的哲学派别。同时，自由主义在中国从来没有形成统一的政党。正如20世纪40年代末著名的自由主义杂志《观察》上的一篇署名文章说的那样：

> 中国自由主义者自来是无组织的：他们既不受经典与教条的约束，则见仁见智，彼此大有出入。如何才能将他们结集在一个庞大而严密的组织中，是个颇费推敲的问题，而且是若干自由主义者所不愿推敲的问题，因为他们只想以超党派的姿态来斗争。②

后来，还是这个作者，又说：

---

① 周作人：《蔼理斯的话》，《雨天的书》，岳麓书社，1987年，第84页。

② 杨人楩：《自由主义者往何处去？》，《观察》第二卷第11期，1947年。

> 自由主义者不但遭受左右夹攻，就是在自命为自由主义者之间，争执可能更厉害，因为自由主义始终没有一部经典或一套政纲来范围她。①

这种情况不能不反映到哲学上，被公认为或自命为自由主义者的那些人在具体的哲学问题上可能持不同的甚至是对立的见解。这些对立的见解在更深的层面可能又存在着某些隐蔽的共识。这种情况并非自由主义所独有。譬如，同样是儒家，在哲学上可能正是对手，譬如朱熹与王阳明以及陈亮。遵从孔子的学说（信仰或信念）使得他们都是儒家，但是如何理解（解释）孔子的学说、如何“成圣”（实践），假如各自形成系统的理论，就成了哲学上的分歧。同样的，用中国自由主义者的说法，“自由主义是要实现自由的理想主义”②。以自由为中心，还有一系列诉求，如民主、科学、人权等，是自由主义共同的东西。不过，这些价值诉求的合理性之系统论证，是更深层次的思想，或者说是第二序的思想。对这些问题的分析，当然是哲学的分析。因此，恰如阳光在三棱镜下可以形成次序连续的彩色光谱一样，通过哲学分析，我们可以看到中国的自由主义是否有什么更深的结构和精神倾向，即不仅看他们说什么（What），而且看他们如何说（How）以及为何说（Why）。换言之，虽然自由主义之在中国很难说是独立的哲学派别，但是它们对于中国现代文化之产生和发展，是否提供了哲学性的贡献以及提供什么样的贡献，是一个很值得研究的问题。这同时也是因为近年来，国内学术界几乎形成了某种共识：近代以来，尤其是20世纪的中国哲学，可以看作三个大的派别——自由主义、马克思主义以及新儒家——复杂互动的历史。中国化的马克思主义的理论系统及其哲学基础是明确的。新儒家作为一个文化保守主义和人文主义的文化派别，其义理边界也是大致清晰的，他们主要是发展了心性论的形而上学，而这一点甚至被他们坚守为“道统”。那么，中国的自由主义有没有自己独特的哲学底蕴？如果有，又是什么呢？

---

① 杨人楩：《再论自由主义的途径》，《观察》第五卷第8期，1948年。

② 杨人楩：《自由主义者往何处去？》，《观察》第二卷第11期，1947年。

在以往的研究中，涉及上述问题的论著并不少，因为不少著名的自由主义者本身就是哲学家或者有强烈的哲学兴趣的学者和社会活动家，如严复、梁启超、蔡元培、胡适、金岳霖、殷海光等，研究他们的著述通常会讨论其哲学思想。以金岳霖为例，他有一段著名的论述可以表达某种共同的追求：

> 每一文化区有它底中坚思想，每一中坚思想有它底最崇高的概念，最基本的原动力。小文化区我们不必谈到，现在这世界底大文化区只有三个：一是印度，一是希腊，一是中国。它们各有它们底中坚思想，而在它们底中坚思想中有它们底最崇高的概念与最基本的原动力。
>
> 中国思想中最崇高的概念似乎是道。所谓行道、修道、得道，都是以道为最终的目标。思想和情感两方面的最基本的原动力似乎也是道。成仁赴义都是行道；凡非迫于势而又求心之所安而为之，或不得已而为之，或知其不可而为之的事，无论其直接的目的是仁是义，或是孝是忠，而间接的目标总是行道……不道之道，各家所欲言而不能尽的道，国人对之油然而生景仰之心的道，万事万物之所不得不由、不得不依、不得不归的道才是中国思想中最崇高的概念，最基本的原动力。①

这段话虽然最初是为了说明其形上学著作为何取名为《论道》，但是如果我们略加分析，可以发现金岳霖那样的自由主义知识分子的一种心态。“道”之原意本为“道路”，当然在哲学上“应该”是“正道”，它可以上升为玄学的概念，于是它成为金岳霖所谓的最终目标，对“道”的追求成为文化原动力。但是如果回到社会哲学的具体论域中，它其实还有一个更基本的意义，即“秩序”(道路)。金岳霖特别强调“道”的动力性，当然并不表示他不重视社会秩序，而只能说，这曲折地反映了他在从事哲学创作时对于发挥中国文化的原动力的强烈诉求和情感。它同样是服从于“动力的追寻”的时代思潮的，这在中国的自由主义者中有着相当的普遍性。

① 金岳霖：《论道》，商务印书馆，1987年，第16页。

二

作为主要属于实践哲学范畴的社会哲学，与传统的形而上学等称谓“纯粹哲学”不同，涉及具体的行动原则或社会原理。然而，几乎所有研究自由主义的人都会意识到，自由主义在西方本来就很难化约为若干条原则，而且这些原则在不同的派别中的解释也是不同的。自由主义在中国虽然没有那么复杂的理论，但是用众说纷纭、莫衷一是来描写其理论状况，依然能得其大体。这种情况在对它的哲学分析中同样存在，如果不是更为复杂的话。① 粗略地说，我们不妨用三点来概括中国近代自由主义的哲学思想之特征，即认识论上的实证主义、伦理学上的个体主义、历史观上的进化论。与认识论上的实证主义相关，是不同程度的科学主义倾向；与伦理学上的个体主义相关，则是功利主义的流行。而另一些具有自由主义倾向的人物，可以是非理性主义者（如张君劢），赞成功利主义的人又可能同时是契约论者。虽然“科玄论战”以后，科学主义与人文主义的分裂是明显的，但是某些自由主义者可以同时兼有这两种倾向。更复杂的是，中国的实证论者常常不能忘情于形而上学，譬如金岳霖不仅写《知识论》，也写《论道》。而中国的自由主义者很少坚持西方那样典型的个人主义立场，多数人会在“群己之辩”中采取比较中庸的态度，持群己平衡的立场。总之，要深入讨论自由主义的哲学底蕴，需要将它们做系统的展开，从而看到的可能是一个相当复杂的谱系。

不过，如果我们先从自由主义的共同哲学倾向着手，我们可以发现中国的自由主义在两点上是高度一致的，而且又是同古代正统思想之间明显地存在着非连续性的，那就是历史观上的进化论和伦理学中的自由说。我们把它们视为中国自由主义的哲学基线。

---

① 顾肃从罗尔斯的论述中概括出六条原则，即个人自决原则、最大限度的平等自由、多元主义、国家的中立性、善的原则和正当对善的优先性。他又认为斯皮兹“临终写的十条‘信条’”或许更能直观地反映自由主义的基本原则（顾肃：《自由主义基本理念》，第 3—4 页）。不过这些原则并未全部成为中国自由主义的公认原则，而且这些原则本身其实还只是有待论证的信念（信条），为了论证它们，西方哲学、伦理学和政治哲学本身又成了论争的战场。

中国的自由主义者都服膺进化论，这是一个历史事实。更放大一些看，20 世纪初进化论传播过程中所形成的进步观念和进步主义已经成为中国社会的基本共识，构成了文化现代性的基础。尽管对于进步主义的批评一向都存在，但是在 20 世纪的大部分时间里，这种批评如果不是处于支流甚至潜流的状态，至少也是未被公众意识广泛认可的。知识界对于进步观念的怀疑和批判，在 20 世纪 80 年代以后真正抬头，但似乎也是不成体系甚至是缺乏严肃态度的。[①] 作为胡适以后的自由主义者也许在科学的层面上对达尔文理论有所保留，但是在进步的信仰上并无大的差别。这与西方社会是类似的，正如霍布豪斯说的那样：

> 每一种建设性的社会学说都以人类进步概念为基础。自由主义的核心是懂得进步不是一个机械装置问题，而是解放活的精神力量的问题。[②]

我们要分析自由主义的哲学底蕴，就不能停留在他们的进化论和“进步”主张上，而要探讨他们是“如何”提出和论证这套主张的，因为正如我们大家熟知的那样，哲学是第二序的思想，是对思想的思想；或者说，哲学是讲出一套道理后面的道理。

我们前面已经花了相当大的篇幅描述自由主义的先驱严复，如何以中国古代“推天理以明人事”的理路来说明宇宙不再是契合儒家道德的宇宙，而是一个力量的宇宙。严复是一个经验主义者。在他以后，另一个重要的自由主义者胡适，也是经验主义者，当然同时还是一个进化论者。不过，基于进化论的哲学解释，在胡适那里与在严复那里已经有很大的不同。他承接了美

---

① 20 世纪末与“启蒙反思”相配合，对进步观念的批评形成了一种浮泛的风气。一种最常见的议论就是把进步观念与社会进化论（社会达尔文主义）、单线进化论混为一谈，或者把进步视为外来的观念而拒斥，理由似乎是现代性的恶果几乎都来源于进步观念。之所以说它只是一种浮泛的风气，是因为对进步观念的批评几乎停留在个人意见、信念的状态，从理论水平上尚未超过章太炎当初的《俱分进化论》，或者只是重复了章太炎的论断。更重要的是，这些批评者几乎没有思考过进步观念对于现代社会的发展所具有的奠基性意义，离开了进步观念，如何确定人类历史的方向，也在他们的视线之外。

② ［英］霍布豪斯：《自由主义》，第 69 页。

国的实用主义，对于经验、宇宙和人生都做了更具有进取性的解释，所以同样是“解放活的精神力量”或“动力的追寻”，胡适的经验观念比起古典的经验论的观念来，具有更多的进取和冒险的性质。对于胡适而言，杜威的下述观点也是他自己学说的目标：

> 完善并不是终极目的，生活的目的是不断完善、不断成熟、不断纯美的永恒过程……发展本身便是唯一的道德“目的”。[①]

所以胡适本人对基于进步主义的社会向善论和人的主体能动性的力量有更为乐观的态度，他相信：

> 世界的拯拔不是不可能的，也不是我们笼着手、抬起头就可以望得到的……我们尽一分的力，世界的拯拔就赶早一分，世界是一点一滴一分一毫地长成的，但是这一点一滴一分一毫全靠着你和我和他的努力贡献。[②]

与胡适同时代或者稍后于胡适的自由主义者，虽然未必在进化论上有更特别的研究和阐释，但是他们大多是进步主义者。在20世纪40年代，他们中相当一部分人深受英国“左倾的自由主义者”拉斯基的影响。“1931年后，种种原因使得拉斯基认为社会主义无法经由宪政程序得到实现，唯一的途径就是采取革命手段，这种观点在1933年出版的《民主政治的危机》一书中阐述得极为详尽。”[③]拉斯基一度被视为“温和的马克思主义者”，因为他不同程度地认同了唯物史观和阶级斗争理论。可以说，这是中国的自由主义者沿着进步主义向左转的阶段。在这种政治态度转向的后面，我们可以观察到20世纪40年代中国的自由主义者对人改造社会的能力的信心，依然是基于乐

---

① ［美］约翰·杜威：《哲学的重建》，第177页，转引自［美］格里德：《胡适与中国的文艺复兴——中国革命中的自由主义（1917—1937）》，鲁奇译，江苏人民出版社，2005年，第121页。

② 胡适：《实验主义》，《胡适全集》第一卷，第299页。

③ 张世保：《“拉斯基”还是“哈耶克”？——中国自由主义思潮中的激进与保守》，高瑞泉主编：《中国思潮评论（第四辑）：自由主义诸问题》，上海古籍出版社，2012年，第5页。

观主义的哲学。

20 世纪最后十年，当人们重新谈论“自由主义浮出水面”的时候，中国的自由主义者受到的却是哈耶克的重大影响。哈耶克不是一个进步主义者，而是一个演化论者。演化论者认同自由竞争的经济活动本身的动力性，即依靠传统的演化可以产生出合乎秩序的社会。但是他们代表了自由主义在政治经济学上的右转，同时是进步主义的逆转，因而也与激进主义分道扬镳，采取与文化保守主义结盟的姿态。

三

无论是严复还是胡适，在他们关于进化论的思想中，不可避免地涉及自由问题。“自由”本是自由主义之所以为自由主义的理由。当严复用“自由为体，民主为用”来解释现代社会时，已经蕴含了“自由”既是能动的源泉，又是秩序的基本原理。因为，在中国哲学中，按照“体用不二”的路径，“体”必定自身就是能动的本体，然后才能发为“作用”。不过玄学的原理下落为实践的指针时，并非一次演绎推理的过程，而通常会发生种种变形。冯契先生曾经说过：

> 程子说“不偏之谓中，不易之谓庸”。自由主义者有其“不偏”，故处于左右之中间。自由主义者有其“不易”，即对于自由之追求。所谓不偏，有程度的差异。或居中而“左”倾，或居中而“右倾”，而此“左”倾或“右”倾又可多可少。至于追求自由之原则，则或者把握得紧，紧到可以杀身以成仁，舍身以取义；又或者把握得松，松到一无把握，只剩得个中庸的幌子，那却是孔子所谓“乡愿，德之贼也”，亦即一般人所骂的“妥协、骑墙、两面派”了。[①]

这里的自由，有双重意义，首先是政治自由（Liberty），即人们作为社会

① 冯契：《论自由主义的本质和方向》，《冯契文集》第九卷，第 67 页。

生活的主体参与公共生活的自由，包括表达自己意见、批评政治和社会的自由等。后来的以赛亚·伯林发展出所谓“消极自由”的观念，它表示人可以有不做什么的自由，应该享有不被干预地选择自己的生活的自由；但是自由的观念并不限于政治学上的自由，而更多的是哲学上的自由（Freedom），带有终极价值意味的自由。换言之，当我们的目标是揭示某种政治—文化派别的哲学底蕴的时候，我们希望考察的不仅是中国的自由主义者的自由诉求本身，而且是他们对于自由价值的论证。

与西方自由主义相比，中国的自由主义在这一问题上显得相当薄弱，除了自由主义在中国古代缺少传统、在近代的历史过于短暂以外，主要是在其思想构成中缺少深远的终极关怀。我们知道，作为英国自由主义的鼻祖，洛克的自由主义政治理论以“自然法”和“自然状态”为预设和前提，而它们又是以对上帝的信仰为前提的。换言之，洛克的自由观念在基督教的教义中可能找到充分的根据，而且宗教改革以后长时间的宗教实践和社会生活已经将此类观念内化为一种共同的文化心理。譬如，反映洛克自由主义的另一方面——宗教宽容的思想，不过是宗教改革运动以后西方宗教现状的理论肯定。而宗教的依托和宗教的传统，是中国自由主义先天缺乏的。[①] 在论证自由价值的时候，中国的自由主义者通常是直接截取西方文化中一度作为中介价值的东西，试图将它变身为终极价值，但是，在现代中国，对于未经充分启蒙的国人尤其是对于下层民众而言，自由总显得似乎浮游无据。

假如从哲学而不是宗教或神学的方面来考察，那么我们在严复那里看到，与缺少宗教意识相匹配的是他对于形上问题的怀疑主义。当然，在这个问题上，史华兹、墨子刻和黄克武等学者已经做了许多讨论。譬如认为严复与弥尔的最大区别是，他在翻译《群己权界论》的时候，将弥尔式自由主义者视个人自由和个人尊严为最终价值的想法丢失了；而黄克武则认为，严复的问题是忽略了弥尔的“自由的所以然”，“亦即弥尔对于进步、自由和知识之间的推理”。这种差别是哲学性的，包括认识论上的乐观主义和悲观主义

---

① 美国学者格里德也注意到胡适一边追随美国实用主义者约翰·詹姆士，一边并不理会詹姆士利用社会向善论（进步主义的一种）来为信仰辩护的理论（[美] 格里德:《胡适与中国的文艺复兴——中国革命中自由主义（1917—1937）》，第 135 页）。

的区别[①]以及“群己之辩”上的群己并重，而不是西方式的个人主义。

严复的个案在中国现代史上有一定的普遍意义。严复以后，胡适、罗隆基、陈寅恪、殷海光乃至陈鼓应等几代自由主义者表达了对自由的不懈追求，包括对自由个性的推崇。他们中有些通过对传统文化的批判着手，有些自由主义者在论证自由理想的时候，则常常从传统文化中寻求资源。庄子的“无待”“逍遥”，孟子等儒家的理想人格理论，都获得了某种自由主义的解释。这种理路，从最直观的角度说明了中国的自由主义何以既与其他文化派别有所距离，又可以有与保守主义（传统主义）融合的趋势。

四

从社会秩序的观念看，自由主义的理论是以自由作为秩序的基础。我们刚才说过，这一点在严复“自由为体，民主为用”的命题中已经有所显现。那原本是严复对西方民主政治的整体判断，对此我们可以看作是对自由主义的秩序原理的理解。罗素在其《西方哲学史》的绪论中曾经意味深长地说过一段话：“自从公元前600年直到今天这一全部漫长的发展史上，哲学家们可以分为希望加强社会约束的人与希望放松社会约束的人。”这两类人被罗素视为纪律主义分子和自由主义分子，这种基本的社会诉求后面有一连串的哲学理论争论。

> 很显然，在这一争论中——就像所有经历了漫长时期而存留下来的争论一样——每一方都是部分正确的而又部分错误的。社会团结是必要的，但人类迄今还不曾有过单凭说理的论辩就能加强团结的事。每一个社会都受着两种相对立的危险的威胁：一方面是由于过分讲纪律与尊敬传统而产生僵化，另一方面是由于个人主义和个人独立性的增长而使得合作成为不可能，因而造成解体或者是对外来征服者的屈服。一般说来，重要的文明都是从一种严格的和迷信的体系出发，逐渐松弛下来，

---

① ［美］墨子刻：《〈自由的所以然〉序》，黄克武：《自由的所以然：严复对约翰弥尔自由思想的认识与批判》。

在一定的阶段就达到了一个天才辉煌的时期；这时，旧传统中的好东西继续保存着，而在其解体之中所包含的那些坏东西则还没有来得及发展。但是随着坏东西的发展，它就走向无政府主义，从而不可避免地走向一种新的暴政，同时产生一种受到新的教条体系所保证的新的综合。自由主义的学说就是想要避免这种无休止的反复的一种企图。自由主义的本质就是企图不根据非理性的教条而获得一种社会秩序，并且除了为保存社会所必须的束缚而外，不再以更多的束缚来保证社会安定。这种企图是否可以成功，只有未来才能够断定了。①

中国的自由主义者大约也归属于那种要求解除过分的社会束缚、依靠“说理的论辩”来维持社会团结的那一派人物。或者说，他们认为，权威是需要能够经受公开质疑并必须表示它具有充分理由的辩护，才能成立的。此时代的“权威”是人们心悦诚服的，而不仅仅依靠强制的力量的东西。20 世纪 40 年代后期，中国的自由主义曾经有过短暂的高潮，他们对国民党蒋介石的独裁提出挑战，要求实现宪政民主，多半是出于其关于“秩序”的上述观念。在此观念后面其实隐藏着理性崇拜，他们过分迷信“理性”的力量，而不懂得怀特海所谓“强制力”在历史上的作用，许多时候会远远超过停留在书面的“理论”。

第五节　哲学激进主义的兴起

在中国的历史上，20 世纪将以“革命世纪”载入史册。在这个世纪长达八十余年的时期中，追求激进改革的意识或明或暗地处于时代前卫。直到最后二十年间，中国社会思潮的主流发生了从激进主义向保守主义的重大转折，它的一项重要标志，是激进主义受到严厉批判。人们可以用这一重大的方向性的转换来说明当代中国社会思潮的基本背景。当然，这里的“激进主义”和“保守主义”虽然也有学理区别的意义，但主要是在基本的

① ［英］罗素:《西方哲学史》上卷，何兆武、李约瑟译，商务印书馆，1988 年，第 23 页。

社会—文化倾向意义上运用的概念。这与最初引发激进主义反思的余英时先生的讲演有关。在那篇著名的讲演中，余英时先生提出："这是中国近代思想史的一个特色：中国近代一部思想史就是一个激进化的过程（process of radicalization）。最后一定要激化到最高峰，十几年前的'文革'就是这个变化的一个结果。"不过他同时又注明："'激进与保守'就是英文所谓的radicalism versus conservatism……我指的是一种态度，英文叫disposition，一种倾向，或者一种orientation。这种态度是常常发生的，特别在一个时代、一个社会有重大变化的时期，这两种态度我们常常看得见。"[①] 该文所论的"激进主义"强调20世纪中国知识分子对现状采取激烈变革的态度，由此主张与传统文化实行决裂，因而表现为反传统主义。把激进主义与"文革"直线相连，似乎"五四"的反传统注定要导致"文革"那样的悲剧，这样解释历史当然大有讨论的余地。不过由于20世纪中国以变革、变动、革命为基本价值，所以至少在公共意识层面，"激进"确实常对"保守"占着上风，在这个意义上，激进主义确实有反传统主义的一面。20世纪90年代中国思想界发生了对激进主义的持续批判，伴随着保守主义回归，主要也是对反传统主义的批判。经过二十年的反思，再来讨论激进主义思潮，我们应该对"激进主义"概念有较为明确的界定，尤其需要在某种追求变革的"态度"后面，揭示其实质性的内容以及学理表达，应该注意到"激进"或"激进主义"内在的复杂性和变动。更重要的是，我们需要对20世纪中国的激进主义进行更为客观的评价，既注意到其诸多缺失，也不能因为激进主义的失误而遮蔽了其正面推动历史发展的功绩，尤其应该看到它在20世纪中国孕育、发生并且一时汇为洪流，有着极其深刻的历史根据。

一

我们一般把汉语词语"激进"或"激进主义"的来源归结为英文radical/

---

① 余英时：《中国近代思想史上的激进与保守——香港中文大学25周年纪念讲座第四讲（1988年9月）》，李世涛主编：《知识分子立场——激进与保守之间的动荡》，时代文艺出版社，2000年，第1—12页。

radicalism。从英文而来的“激进主义”包含着追求彻底的、根本性变革的意蕴[①]，由于具有这种倾向的人或者态度，通常被认为行动的方式“过激”、急于求成，所以中文又有所谓“急进主义”。在反思激进主义的过程中，人们注意到中国知识分子曾经受到俄罗斯文化尤其是苏俄政治文化的深刻影响，因此当代学者往往从俄文中追溯激进和激进主义的辞源，从俄苏文学和俄国知识分子的历史中去了解激进主义。[②]在俄国的语境中，“‘激进主义’便意味着摒弃渐进改革，反对妥协让步，强调与过去‘决裂’，对现存秩序与现存社会制度持强烈否定态度，急切地希望对社会进行根本性的变革”[③]。这与我们通常的理解非常相近。不过，如果只是局限于“态度”，那么它在指称的对象上就可以非常宽泛，而在界定的内涵上又可能因为过分表面化而缺少确定性。因为按照这一解释，激进主义“也许可以界定为一种对现有的机构、制度等持批评性疑问态度，并主张对那些已无存在的合理理由的机构制度等进行改革或干脆抛弃之的倾向。因此，与其说这是一种完整、全面的政治信念，倒不如说是一种立场，其实践内涵随激进分子所处的政治环境不同

① 埃利·哈列维的《哲学激进主义的兴起：从苏格兰启蒙运动到功利主义》追溯过“激进主义”的词源：19世纪初期，随着英国社会危机（1815年）的蔓延，“城镇劳动者打碎了机器，乡村劳动者点燃了干草堆。‘激进主义’最终成为一种政治力量”。“在这之前的一段时间，‘激进改革’这个词已经成为普通语言的一部分。在1797年和1798年左右，它一度开始变得时髦起来，那时，受到‘反雅各宾派’嘲笑的福克斯和霍恩·图克为了要求‘激进改革’而达成了一致；这个表示性质的形容词代表着回到起源，或根的意思，这在18世纪的英国民主主义者的哲学中是很普遍的。接着，这个词好像完全消失了，在大约1810年之前就没有再出现过。在1811年的一封私人信件中，卡特赖特对激进改革者和温和改革者进行了比较，认为前者在‘极度优异的简单性’方面使国家呈现出建制本身的状态，而后者则提供的是有点他自己的组合与想象的东西，（像他自己承认的那样）复杂而很不完善的东西。形容词激进的和名词的改革者从此被使用得越来越频繁。‘激进改革者’，沃德在议会宣称，‘肯定构成了户外改革者的大多数；则构成了反对派的大多数’——他所说的激进改革者不只是指年度议会选举和普选权的支持者，还指那些希望依据某种宏大的总的彻底的计划改变宪法的人；而他所说的温和改革者则是指那些满足于部分的、适用于他们认为特别不满的状况的改变。但是，直到1819年，形容词激进的通过节略法被作为名词使用的情况才出现。现在，这是一个准确的时间，激进主义历史上的一个大事件刚刚发生。”（[法]埃利·哈列维：《哲学激进主义的兴起：从苏格兰启蒙运动到功利主义》，曹海军等译，吉林人民出版社，2006年，第282页）所谓大事件大约是指1817年边沁出版了他的《议会改革计划：问答形式，逐条释疑》一书。

② 前者有张建华等著《政治激进主义与近代俄国政治》（上海三联书店，2010年），后者有金雁著《倒转“红轮”：俄国知识分子的心路回溯》（北京大学出版社，2012年）。

③ 金雁：《倒转“红轮”：俄国知识分子的心路回溯》，第436页。

而发生变化。激进分子向来大多是自由派人士或社会主义者，但也有对已具备自由主义和社会主义特点的制度机构等持批评态度的反对派，因此诸如‘法西斯主义’一类的政治信条也可以看成是激进右翼的意识形态”①。因此，我们在研究激进主义思潮的时候，一定要注意到“态度”和作为系统理论的“主义”之间的联系与区别，注意到“态度”“理论”与更长的时段的社会历史条件之间的相关性。在我们的研究中，作为一种分析工具，把激进主义连同保守主义和自由主义看成是随着中国的现代化运动而发生的三种倾向不同，而又不能断然割断相互关联的社会思潮，它们的态度、理论和实践共同构成了中国现代性的历史面貌。

在对激进主义的批评中，人们注意到著名中国思想史专家、美国斯坦福大学胡佛研究所的墨子刻教授（Thomas A. Metzger）运用的一对范畴：转化（transformative thinking）与调适（accommodative thinking）。他将激进主义描述为“企图拔本塞源地彻底转化中国社会”的倾向，这里的“转化”接近于与“调适”相对立的激进主义，“调适”则似乎是包含着试错过程的渐进改革的意思。② 中国台湾学者黄克武则进一步分殊了知识分子在政治选择中采取“转化”还是“调适”，这与他们的选择同传统文化之间是连续还是断裂是有所区别的问题。③ 他还从运用这对范畴于近代史上革命派与立宪派之争，上溯西方从卢梭、黑格尔到马克思与从约翰・弥尔到韦伯、熊彼特的两个传统分歧，以及更远的西方宗教史上“宗派型”与“教会型”的区别，同时上溯中国古代“经术派”和“史学派”的对立，由此认为“近代中国的革命派倾向‘转化类型’，主张以一套高远的理想彻底改造现实世界，以达到‘拔本塞源’的目的，他们多以为历史有两个阶段，一为完全成功的将来或当代的欧美社会，一为彻底失败的当代中国，而历史上成功的例子使他们乐观地相信理想终将实现；改革派则倾向所谓的‘调适类型’，以为不可只看理想

---

① ［英］戴维・米勒著，韦农・波格丹诺编：《布莱克维尔政治学百科全书》，邓正来译，中国政法大学出版社，1992 年，第 626 页。

② ［美］墨子刻：《〈自由的所以然〉序》，黄克武：《自由的所以然：严复对约翰弥尔自由思想的认识与批判》。

③ 同上书，第 15 页。

而不顾现实，因此主张小规模的局部调整或阶段性的渐进革新，并反对不切实际的全面变革”[①]。这样一对分析工具用在研究革命派和改良派的争论中是有效的，但是并不能完全取代“激进”与“保守”的分析架构。这不但是因为中国20世纪社会思潮的大背景是“古今中西”的文化争论，激进与保守总是与对传统文化的取舍有关，而且“调适”与“转化”并不能覆盖思潮研究的全部倾向。因为事实上，在这两种态度之外，中国近代社会始终存在着反对改革，甚至反对渐进式改良的力量，存在着典型的或极端的“保守”倾向与主张。忽略这种极端保守的力量的存在，就不能充分理解激进主义兴起与发展的历史根源。换言之，激进主义不仅因其主张“转化”而在与主张“调适”的一派处于争持之中，而且事实上是在极端“保守”一派的反对中存在；甚至可以说，正因为反对改革的现实力量的强大，反激起激进主义的兴起和持续。

概括说来，激进主义不但是现代社会普遍的现象之一，而且通常人们都是在与“保守主义”对立的意义上被使用的，就像“激进”和“保守”是一个比较固定的对子一样。这与对待社会现状可能采用的“变”或“不变”的态度选择有关。现代社会既然是一个急剧变动中的社会，人们对变动的态度差异最基本的就是肯定与否定。但是，我们在使用这一套分析工具的时候，有其受社会结构决定的内在限制。余英时先生在分析美国社会的三角关系时指出：

> 事实上liberalism是美国的一个主题。美国的radicalism和conservatism是相对于这个自由传统来说的……激进与保守本来是相对于美国的自由主义传统的system，所以如果要讲美国的保守主义跟激进主义，我们一定不要忘记它中间是一个liberal。这样conservative——liberal——radical便成为一个鼎的三足。这不是两极，两极就是一边保守，一边激进，而没有commonground。事实上，美国的保守跟激进中间，还有一个commonground。[②]

① 黄克武：《一个被放弃的选择——梁启超调适思想之研究》，第5页。

② 余英时：《中国近代思想史上的激进与保守——香港中文大学25周年纪念讲座第四讲（1988年9月）》，李世涛主编：《知识分子立场——激进与保守之间的动荡》，第4页。

这意味着诸如美国那样的发达资本主义社会，激进与保守都是相对于现代社会的固有秩序而言，这种秩序是随着自由主义传统而形成的，在此基础上方有变与不变、激进与保守之争。因而它们是美国版的“三国演义”。而中国的激进与保守之争，却并没有共同的基础——大家认同的制度体系和秩序，所以只有两极对立。这个说法指出了20世纪中国现代化的进程尚未完成，现代性的秩序尚在建构途中，自由主义并未成为中国社会的“commonground”。但是要说20世纪中国根本没有任何“commonground”，就缺乏说服力。从观念史研究的向度说，不但不同观念、思潮的争论总有它们共享的前提、预设，共有的问题，否则争论无从展开，而且19世纪中叶以降中国社会史的进展实质上就是现代化的曲折进程，正是在激进主义与保守主义的长期争论中，中国进入了现代社会。① 现代化过程就是20世纪中国社会的“commonground”：不但现代中国形成了新的传统，使得中国的现代性得以实质性的成立。自由主义就一个整全的“主义”而言，似乎并没有在中国实现，但是，如果我们正视历史的话，中国的现代性中也留下了自由主义的印记；而且自由主义作为激进主义和保守主义的中间物，无论就其是实质性的理念，还是一种文化态度，始终是在场的。

至于什么是“自由主义”，我们在前一节已经有过简单的讨论，此地就不再赘述。

采用“三角关系”的框架来分析20世纪中国的社会观念，具有现代性研究的一般方法论意义。因为粗略地说，世界各国在现代化发展过程中普遍存在着上述三角关系；从公共思想史的角度看，现代化进程就是上述三角博弈的历史。中国的现代化进程造成了一本社会思潮的“三国演义”，现代版的“三国演义”又体现了中国现代性的民族特点。现代化进程如何引发了中

---

① 我们以20世纪80年代的争论为例，无论是文化激进主义，还是文化保守主义，都犯了一个共同的错误，我把它叫作前提误置。毫无疑问，这两类学者的结论和文化倾向明显不同，而且各自带着其政治诉求；或者说双方的争论不过是各自开出药方的不同。但是他们的前提是相同的：中国现代化长期止步不前。换言之，对于中国近代以来尤其是20世纪社会变革结果的判断，双方的意见是惊人的一致。但是，具有极大讽刺意义的是：就在双方争论不休的同时，一夜之间，几乎全世界都开始谈论“中国崛起”！

国社会思潮的争鸣，而思潮的复杂运动如何体现了中国的现代性，是我们的研究工作需要具体展开的。

在与保守主义、自由主义的三角关系中讨论20世纪中国的激进主义思潮，决定了我们的研究有其内在的向度：一方面，激进主义思潮包含着“主义”而不仅仅是一种“态度”，因而在“激进”的态度或倾向后面可以发掘出实质性的内容和定义。因为所谓“主义”，总是包含着具体的诉求以及该诉求所指向的理想，而一个能贯串世纪的“主义”必定包含着行动纲领与理想，以及对它们的论证即理论辩护，尽管这种理论辩护的成功程度不同，有些按照当代学院体制下的学术规范不易得到好评。另一方面，激进主义成为“思潮”，意味着它不仅仅只是某一种主义，而可以是若干具有自身脉络的思想所共同具备的“激进”倾向或态度，不排除具体的现代性方案存在着诸多冲突。因而我们研究的实际上是一个激进主义的思想谱系。在“态度”和实质性内容的双重意义上研究激进主义思潮，意味着两者虽有相应的关系，但并非总是一一对应的，这样我们才可以理解表层的“态度”“倾向”等现象，与“主义”的实质性诉求及其学理论述之间可能形成的紧张，才可以进而理解激进主义本身如何也是变动的。

虽然大家都注意到对中国社会改革的激进主义态度与反传统主义的关联，但这只是中国激进主义的一个向度。从谱系学分析20世纪中国的激进主义，我们可以将其分析为政治的、文化的和哲学的三个向度。第一个向度，20世纪中国的社会改革涉及政治、经济、社会等诸多方面，其实都涉及与权力和制度的关系，因此我们不妨将其称作“政治激进主义”。宽泛意义上的政治激进主义可以是指对于同时期的社会政治体制持批判或否定的立场观点，它可以有明显的临时性；作为一个更专门化的概念，政治激进主义是与理性主义、平等主义、进步主义、功利主义等现代性价值相关而具有对社会做根本性改革理想的系统理论，它不是临时性的“主张”，而是一贯的“主义”。第二个向度，我们把主张与传统彻底决裂的这类激进主义称作“文化激进主义”。这是现在人们非常熟悉的语汇了。当我们将“文化”与“主义”两个词联系在一起的时候，通常要表示的是某种理论和信念的拥有者，同时是忠诚于一定的生活和思想方式的。此外，我们不能满足于平面化地划分政治、文化、经济等方面的激进主义，而应该从激进的“倾向”——具体的诉求及其理想——对其“主义”的哲学辩护，这样纵向的层次加以探究。由此就进入第三个向度：哲学激进主义或者说激进主义的哲学基础。换言之，所谓激进主义可以分析为：政治激进主义、文化激进主义和哲学激进主义。从激进主义三相最互相协调的意义上说，政治激进主义是激进的政治诉求，可以表现为各种各样的“革命”主张和广泛的社会实践、社会运动。文化激进主义是激进的文化立场，在中国特别表现为对传统文化各种各样的批判和断裂。哲学激进主义是政治的或文化的激进主义的哲学辩护，也是政治、文化激进主义的精神内核；这一精神内核本身又有一个谱系，即诸多现代哲学，包括传统哲学的某些潜在激进倾向在现代思想世界的变形，如何在不同方向和程度上给激进主义提供了支援意识。

另一方面，历史上真实呈现的激进主义与保守主义、自由主义之间也并不总是壁垒分明的。像激进主义一样，保守主义和自由主义也可以具体分析为政治的、文化的和哲学的三个层面。而在具体的事件和人物身上，三种思潮在政治、文化、哲学各项之间会发生交错。譬如章太炎、孙中山那样著名的革命派属于政治激进主义，却又是文化保守主义者；20世纪80年代，“马列主义老太太”曾经是“保守派”的代名词。当代许多知识分子欣赏美国著名学者丹尼尔·贝尔的立场：经济上的社会主义、政治上的自由主义和文化上的保守主义，更是这种复杂性的表现之一。①

---

① ［美］丹尼尔·贝尔：《资本主义文化矛盾》，赵一凡等译，生活·读书·新知三联书店，1989年，第20—40页。正是在作者为该书写的《一九七八年再版前言》中，贝尔对社会主义、自由主义和保守主义的概念有所描述。他所信仰的社会主义是指制定经济政策的合法性应该遵循群体价值优先于个体价值的原则；他所谓的政治自由主义，基本上来源于康德；而文化保守主义，则需要“尊敬传统，相信对艺术作品的好坏应做出合理鉴定，还认为有必要在判断经验、艺术和教育价值方面，坚持依赖权威的原则”。他进而把这三个“主义”归结为：“我所坚持的三位一体立场既连贯又统一。首先，它通过最低经济收入原则使人人获得自尊和公民身份。其次，它基于任人唯贤原则承认个人成就带来的社会地位。最后，它强调历史与现实的连续性，并以此作为维护文明秩序的必要条件，去创建未来。”（第24页）贝尔对文化保守主义的界定，亦为本书所采用。

二

激进主义在20世纪的中国流播深广，表现的面相也有多样性，最基本的有政治激进主义与文化激进主义的区别，而政治激进主义中尚有不同的派别。但是作为激进主义的家族，它们实际共享着某些思想资源，有着共同的哲学基础。20世纪中国社会思潮中的激进主义，就其哲学基础而言，应该注意讨论下列四个问题：

第一，进步主义。这是由进化论及其演化而来却影响20世纪中国社会至深至巨的理论和观念。怀特海说过："我认为，时代思潮是由社会的有教养阶层中实际占统治地位的宇宙观所产生的。"① 进化论就是实际上占据了主流地位的宇宙观。进化论的宇宙观非激进主义所独享，从严复、梁启超开始，中国的自由主义就是以进化论为自己的宇宙观的，甚至后来的文化保守主义也不同程度地接受了进化论，譬如梁漱溟、熊十力都相信"创造进化论"。但是，就进化论在中国的传播所形成的进步主义的内在学理与各种思潮的关系而言，它确实给激进主义提供了最强有力的支援意识。近来有的研究描述了一个过程：从梁启超的"破坏主义"、孙中山将进化论作为激进革命的理论基础，到新文化运动中出现激进进化观、改良进化观和调和进化观，最后激进进化观成为主流。② 又有学者认为进化论在中国形成了"进化主义"，它为从孙中山那样的"革命派"到无政府主义，以及新文化运动中的"激烈反传统"主张，都提供了宇宙观或世界观的论证。③

从更广阔的视野去观察、研究20世纪中国的兴起，如果就激进主义的哲学基础说，毫无疑问应该注意从进化论的广泛传播到唯物史观在中国的胜利这一个重要的哲学史事实。它包括了两个互相区别又互相连锁的思潮运动，其意义则达成了中国近代哲学革命进程的关键一步，即"由历史变易观

---

① ［英］A. N. 怀特海：《科学与近代世界·序言》，何钦译，商务印书馆，1959年，第I页。

② 吴丕：《进化论与中国激进主义1859—1924》，北京大学出版社，2005年。

③ 王中江：《进化主义在中国的兴起：一个新的全能式世界观》，中国人民大学出版社，2010年。

对‘道器’‘本末’‘体用’关系的考察，进而发展到进化论，再发展到唯物史观以及一般的辩证发展观。这就使得中国近代哲学的革命进程显现出阶段性来”①。这意味着作为以近代科学发展的成就为基础和根据的一种哲学学说，进化论把人类社会看成是自然发展的产物，服从进化的过程，它在一定程度上满足了19世纪末20世纪初中国人追求富强、推动社会变革的理论期待以后，又在短时间（不足三十年）内，由于唯物史观在中国获得了植根性，因而在社会历史发展观、一般发展观，乃至宇宙观上，开了新的面貌。

关于进化论和唯物史观，已有的研究可谓汗牛充栋，本节所讨论的则集中于它们与20世纪中国激进主义思潮之间的关系。进化论和唯物史观原先都是从西方传播进中国的，如果从传统主义的保守主义立场看，也许就是“以夷变夏”，可以将其简单地直接归入激进主义之列。但是，如果对近代社会变革持更为客观的立场，那么，进化论与唯物史观在中国的传播过程，也是与中国的社会生活与传统文化的结合过程，“都有了中国的特色，这显然是中国哲学合乎逻辑的发展结果”②。从中国哲学的主体性来说，可以是“洋为中用”。从更一般的意义上说，进化论作为一种科学理论，与唯物史观作为一种哲学，本身并不注定永远扮演“激进”的角色。达尔文本人不是一个革命者，唯物史观的信奉者和理论家也不会在任何时候都主张颠覆既成的制度和秩序。总之，我们不赞成将进化论与唯物史观和一般意义上的激进主义直接等同，而应是站在知识社会学的角度，注意在中国的相关语境下，中国人曾经如何在理解和运用进化论或唯物史观的过程中，发生过支持“激进”变革的立场，或者为“激进”变革提供更一般的“主义”论证。

回顾历史，当中国人普遍意识到我们面临着“三千年未有之大变局”的时候，龚自珍所谓“欲知大道，必先为史”的命题就成为一种公共意识。换言之，历史观是近代哲学的显学。而进化论不但改变了传统的循环史观，确立了进步观念在现代性的基础地位，而且使得全社会对速度、力量、规模和

---

① 冯契：《中国近代哲学的革命进程》，《冯契文集》第七卷，第15页。

② 同上。

新奇的追求，成为既必要又正当的。由此，进化论对于中国人就具有双重意义：从工具的意义上说，它激发了中国人救亡图存和革命的热情；从价值的意义上说，它建构了一个带目的论色彩的宇宙图景，整个世界（包括人类）都处于一个上行的通道。因此，如果我们从观念史的角度来看，进化论的传播为激进主义提供基本观念，或可转变为激进变革的观念驱动的要素，可以称之为“进步主义”。这一信念的动力性，我们前面已经讨论过了。

第二，社会革命论。激进主义在中国的演化从政治（制度）革命、文化（价值、道德）革命，到社会革命，可以说有一个步步深入到社会底层、实现前所未有的社会动员的过程。因而有所谓“第一代的激进变革者专注于政治制度问题，第二代关注继承传统的价值问题，第三代则将目光投向了解决所有其他问题的社会的深层结构（substructure）”①的递进。从哲学上说，有一种将自然科学的原则和方法应用于人与社会的研究中之可能性的信仰。激进主义作为一种革命理论，它的基本信念是，人们可以摧毁旧社会，建立一个全新的社会。

> 摧毁一切是为了重建一切。我们的重建将非常成功，因为我们仰赖的是不会欺骗我们、也不会欺骗任何人的东西，即我们的理性。当我们恰当地运用理性时，理性将指引我们找到必能奠定幸福、自由、平等和博爱社会的永恒持久的原则，理性将指引我们从这些原则中推导出合乎逻辑的，也就是永无谬误的结论，这些结论将告诉我们创建这种美好社会的所有具体细节。②

与过分信任理性的社会建构论相左，唯意志论也给予激进主义以某种鼓舞。这里有一种看似矛盾的关系，我们可以从规律崇拜和唯意志论的流行去探讨其极端形式。我们知道，科学主义未必就一定导致政治激进主义，虽然科学主义一开始由于强调中西文化的差别，而发生贬低中国传统的倾向。但

---

① ［美］阿里夫·德里克：《革命与历史：中国马克思主义历史学的起源，1919—1937》，第28页。

② ［法］达尼埃尔·莫尔内：《法国革命的思想起源（1715—1787）》，黄艳红译，上海三联书店，2011年，第435页。

是科学主义的一个公共思想史的后果是“规律”崇拜，它的对立面与补充却是唯意志论那样的浪漫主义。规律崇拜由于强调“必然性”尤其是历史必然性的概念，它一变为意识形态，就有产生独断论的可能，如果再与实践领域的唯意志论结合，就可以使激进主义成为一种极具冲击力的思潮。

不过，社会革命论的另一层重要基础是一种新的历史观，甚至是新的历史哲学。

在《二十二年来之中国哲学思潮》一文中，艾思奇反复强调1927年在现代哲学史上有某种划时代的意义，因为这一年，“辩证法唯物论的洪流席卷了全国”：

> 1927年以后是没落阶级的丑态已暴露无遗，前进阶层的哲学才达到支配力的顶点的时代。于是唯物辩证法风靡了全国，其力量之大，为22年来的哲学思潮史所未有。学者都公认这是一切学问的基础，不论研究社会学、经济学、考古学，或从事文艺理论者，都在这哲学中看见了新的曙光，许许多多旧的文学者及研究家都一天一天“转变”起来。①

这是从社会史与公共思想史结合的角度讨论问题。而美国学者德里克的《革命与历史：中国马克思主义历史学的起源，1919—1937》一书，则对此做了出色的研究。作者的有些结论是非常值得注意的：中国马克思主义史学家，“他们运用唯物史观赋予他们的对历史问题的复杂性的意识（这种意识远甚于前），将中国的历史概念化了。这种新意识的影响已经超出了史学研究领域。1927年之后的十年间，热烈的马克思主义史学活动广泛地宣传了马克思主义的社会历史概念，由此，历史唯物主义开始塑造中国知识分子关于中国之过去、现在和未来的观念”②。本书的一个特点是从与社会史结合的视角去研究思想史：“在20年代中期，当城市的群众运动呈现出一种激进的性质时，中国社会的革命化进程变得日益明显，这导致了中国知识分子对于变

---

① 艾思奇：《二十二年来之中国哲学思潮》，《艾思奇全书》第一卷，第119页。

② ［美］阿里夫·德里克：《革命与历史：中国马克思主义历史学的起源，1919—1937》，第2页。

革的思想的再定位。”① 本书的另一个特点是强调在唯物史观成为新的社会历史观的时候，注意到后来分化为国共两党的理论家，而不仅仅只是像李大钊、陈独秀那样的共产主义者。因而它是真正意义上的社会思潮史，而不是意识形态的历史。

从进化论到唯物史观，中国先进的知识分子在历史观念转变的同时，有着内在强烈的危机意识和历史使命感，即从追求富强、拯救民族危亡这样具有强烈的实践需要出发，进而寻求历史规律（“欲知大道，必先为史”），通过认识历史来理解一个由悠远历史发展而来的现代中国社会发展的动力所在。之所以是特别关注发展的动力，当然是与他们属于激进主义的革命阵营有着内在的关系，既然他们是马克思主义者，是共产主义的信徒，他们当然关心他们的理想如何实现。这种信仰或“先见”必定强烈地影响他们对于中国历史的研究。换言之，历史研究成为激进主义的哲学辩护的一部分，是马克思主义历史哲学的衍生品，与马克思主义的世界观和认识论一样深刻而持久地影响了 20 世纪中国民众的社会生活。“对于马克思主义史家来说，历史既不是一种消遣，也不仅是一项学术事业，而是具有明显的功能性和实践性。马克思主义者之所以急切地想了解过去，是因为他们渴望去塑造现代社会的命运，而他们相信现代社会发展动力的秘密就存在于过往的历史进程之中；同理，他们所盼望的未来之变化也会明显地影响他们对于历史问题的看法。”②

这样一个崭新的理论对中国历史的基本看法扭转了传统儒家的历史观念：

> 历史唯物主义，比其时任何一种历史理论程度更甚地将社会置于历史研究的中心，并断定那些与经济活动最直接相关的社会要素的逻辑优先性。这种历史观的结果是，产生了一种与此前历史观根本不同的对历史现象与历史变革动力的相互关系的看法。③

① ［美］阿里夫·德里克：《革命与历史：中国马克思主义历史学的起源，1919—1937》，第 27 页。

② 同上书，第 3 页。

③ 同上书，第 5 页。

作者以为，中国传统的政治理论将政治视为政治领袖美德的一种作用，资政、官修，以帝王将相的个人为中心的“史学并不被视为一个自主的领域”。传统史学当然也有其形上的追求，所谓“究天人之际，通古今之变，成一家之言”（司马迁），但是事实上我们看得更多的是王朝史，而不是对历史变革的解释。“儒家传统的对于历史的评价是由对秩序与和谐的渴求和对混乱与冲突的厌恶所指导的。因为冲突代表了一种越轨，代表了道德的崩溃。”① 新的历史观与中国传统的历史观之间有一个明显的断裂，强调这一断裂就走向激进主义。

社会革命论是建立在新的历史观的基础上的，“此前的激进主义者苦恼于‘中国性’（Chineseness）的抛弃本土传统的含义，政治论争亦围绕变革在制度和思想价值方面的结果而展开。新的一代……转向寻找以往改变中国的努力之所以失败的潜在的社会原因”②。尤其是一度激烈发生的“社会史论战”，通过这场论战，中国属于半殖民地半封建社会的性质，必须要经历一场深刻的社会革命的理念长期留存于中国知识分子心中。这对于激进主义深入中国社会人心的历史作用，是决不可以小看的。从最积极的意义上说，它是中国人接受现代化是一场深刻的社会变革的历史观基础，因而毫无疑问有正面推动历史进程的意义。

第三，平等主义。我们是在分析工具的意义上运用“激进主义”概念的，从实质内容来说，现代社会中主张激进改革的主要是社会主义，而社会主义在现代性价值排序中通常是平等优先，属于广义的平等主义中的一脉。事实上，“大同”理想被20世纪几代中国人所共享，“大同”的核心其实是平等主义，所谓“去九界”意味着不但是种族平等、政治平等、社会平等，而且是经济平等。居于优先地位的普遍平等的立场，不但对于传统的等级制度具有颠覆性，而且绝不会满足于现代社会的“法权平等”。追求彻底消灭阶级的平等主义从根本上说一定是非常激进的力量。关于这一点，我已经在

---

① ［美］阿里夫·德里克：《革命与历史：中国马克思主义历史学的起源，1919—1937》，第6页。

② 同上书，第28页。

《平等观念史论略》一书中有比较详细的讨论，而且前面在讨论康有为、谭嗣同的思想时也有所涉及，此处可以暂时不加深论。

第四，功利主义。谈论现代西方激进主义的哲学基础时，我们通常重视欧陆哲学尤其是卢梭的著述。卢梭关于人是生而平等的学说，以及其社会契约论与“公意”说，曾经是20世纪初中国激进主义的一个重要源头，以至于20世纪晚期对激进主义的批判的一个重要话题就是对卢梭哲学的清算。关于这一点，我们将留待第五章中去讨论。但是法国学者埃利·哈列维讨论的哲学激进主义，则主要是功利主义（Utilitarianism）①。功利主义通常指那种以实际功效和利益作为道德标准的伦理学说。在这个意义上，先秦的墨子，宋代的陈亮、叶适那样强调事功的学派也被认为属于功利主义。②不过与20世纪激进主义有密切思想渊源的是作为一种系统理论的功利主义。“功利主义作为一种系统哲学而不仅仅是一种流行的观点的同时，一个功利主义者必然是一个激进主义者（故名之曰哲学激进主义）。”而且，在边沁时代，“功利主义的道德学说的支持者也同时是代议制民主和普选制度方面的理论家”③。事实上，边沁还对早期空想社会主义有过某种程度的影响，而社会主义是政治激进主义的重要形态。

作为对照，功利主义在现代中国同样可以归结为哲学激进主义的谱系，尽管功利主义在中国兴起的原因、它与传统思想的关系、其所带来的观念的

---

① 关于Utilitarianism的译法，“唐钺先生将它译为‘功用主义’。而前些年台湾淡江大学的教授盛庆琜先生则主张译为‘效用主义’，其理由有两个：（1）功利主义在非学术的场合习惯上用为贬义词，往往指重利轻义的态度和行为，虽然“功利主义”在哲学上的意义不同于其通俗的意义，但仍容易引起误解，为了避免误解，Utilitarianism最好不要译作‘功利主义’。（2）Utilitarianism一词源于utility，而utility除了哲学家以外，也是经济学家和决策理论家常用的术语，意思是指人的主观效用，完全没有重利轻义的意思，为了统一译名，Utilitarianism以译作‘效用主义’为佳”。不过“功利主义”已经成为Utilitarianism的一种约定俗成的译名了（[英]约翰·穆勒：《功利主义·译者序》，徐大建译，商务印书馆，2014年）。

② 中国古代儒家内部存在着对外王与内圣、王道与霸道、德性与事功、义与利等的争论，对于陈亮、叶适那样的哲学家，20世纪的研究者大多承认他们是功利主义者。不过侯外庐的《中国思想通史》把陈亮、叶适称作“异端”，而美国学者田浩则强调了朱陈之争只是表现了儒家思想内在多样性的一个例证，陈亮的功利主义可以表明“中国的功利主义伦理取向能与儒家伦理相联，而与维多利亚时代的个人主义无关”（[美]田浩：《功利主义儒家：陈亮对朱熹的挑战·序言》，姜长苏译，江苏人民出版社，1997年，第7页）。

③ [法]埃利·哈列维：《哲学激进主义的兴起：从苏格兰启蒙运动到功利主义》，第1页。

演变脉络等方面，存在着自身的特点。但是无论如何，它是对儒家传统义利观念的一个方向性的转变。我们知道，“义利”之说，被认为是儒家的“第一义”，《孟子》的第一章，就是讨论义利之辩，而宋明理学家更强调“事无大小，皆有义利”①。而功利主义思潮的流行，不但标志着士大夫从“太上有立德，其次有立功，其次有立言”的取向转变为更高的成就取向，即转变为现代人可以认可的以成功和利益（在这里，两者似乎是可以互文的）为第一目标，因而从根本上颠覆了传统价值在“义利之辩”中的排序原则。

梁启超写于1902年的《乐利主义泰斗边沁之学说》，说明梁启超已经意识到功利主义对于此前占据主流地位的宋明理学所具有的革命性质：

> 汉宋以后，学者讳言乐，讳言利。乐利果为道德之累乎？其讳之也，毋亦以人人谋独乐，人人谋私利，而群治将混乱而不成立也。虽然，因噎固不可以废食，惩羹固不可以吹齑。谓人道以苦为目的，世界以害为究竟。虽愚悖者犹知其不可也。人既生而有求乐求利之性质。则虽极力克之窒之，终不可得避。而贤智者即吐弃不屑道，则愚不肖益自弃焉、自放焉，而流弊益以无穷。则何如因而利导之，发明乐利之真相，使人毋狃小乐而陷大苦，毋见小利而致大害。则其于世运之进化，岂浅鲜也。于是乎乐利主义Utilitarianism遂为近世欧美开一新天地。②

与哈列维相比，梁启超的看法似乎过于简单。哈列维在讨论功利主义作为一种哲学激进主义为何在英国兴起的时候说道：“一方面，物理科学的发展，牛顿原理的发现使得整个自然科学建立在唯一一个法则之上成为可能，同时，也使得发现一个能够有助于建立一个有关道德和社会生活现象之综合科学的类似原则成为希望；另一方面，一定意义上由于科学的发展及其应用带来的进步导致了整个社会面临着深刻的危机，这种危机的出现要求整个既有的法律、经济以及政治体制的转型，并提出了各种改革方案，各色改革者

---

① 朱熹：《朱子语类（一）》卷十三，朱杰人等编：《朱子全书》第十四册，上海古籍出版社、安徽教育出版社，2002年，第393页。

② 梁启超：《乐利主义泰斗边沁之学说》，《饮冰室合集》第一册，文集之十三，第30页。

层出不穷，这种危机最终要求建立能够将各种零散芜杂的观念统合起来的单一原则：这些就是哲学激进主义形成的总的原因。”① 功利主义在中国的兴起，同样是社会危机的产物，它以政治危机肇始，引发的是深刻的文化危机。在应对危机的过程中，以追求富强为先导的现代化运动，不但强化了价值观念变革的需求，而且导致了经济生活和社会阶层的深刻变化，后者又转而促使意义世界的秩序发生了某种基础性的变革。

从19世纪60年代的洋务运动（通常我们也把它看作中国的早期现代化）开始，道光年间兴起于士林的“经世致用”思潮，借助“洋务”而集注于追求富强的目标。洋务精英意识到，当初的“华夷隔绝之天下，一变为中外联属之天下”，处于激烈的国际竞争环境中，“既厕于邻敌之间，则富强之术，有所不能废”②。薛福成1885年在《筹洋刍议》中写下的这段话里，“富强”似乎还是需要求证的价值。但是1895年严复写作《原强》时，富强之达成已经是需要开民智、鼓民力、新民德的系统变革才能实现的了。所以严复说：“是故富强者，不外利民之政也，而必自民之能自利始；能自利自能自由始；能自由自能自治始，能自治者，必其能恕，能用絜矩之道者也。”③ 富强导向的政治变革，将要求经济活动方式、社会政治制度、伦理关系乃至自由理想，都发生根本性的变化。

功利主义思潮更深的意义在于它改变了“义利之辩”的方向。

“义利之辩”是中国古代伦理道德的关键论域，“义利之说，乃儒者第一义”。从孔子“君子喻于义，小人喻于利”开始，正统儒家重视的是“义利之辨”，重在区分“义”和“利”，发展出一套道义论的传统，乃至有董仲舒所谓“正其谊不谋其利”和宋明理学家所谓“存天理，灭人欲”的极端理论。当然儒家并非完全不承认“利”，只是坚持利益不能成为首要的价值原则，不能成为道德的形而上学基础。用朱熹的话说，就是：

凡事不可先有个利心，才说着利，必害于义。圣人做处，只向义边

---

① ［法］埃利·哈列维：《哲学激进主义的兴起：从苏格兰启蒙运动到功利主义》，第3页。

② 薛福成：《筹洋刍议》，丁凤麟、王欣之编：《薛福成选集》，上海人民出版社，1987年，第556页。

③ 严复：《原强》，《严复集》第一册，第14页。

> 做。然义未尝不利，但不可先说道利，不可先有求利之心。盖缘本来道理只有一个仁义，更无别物事。义是事事要合宜。[①]

在实践中它要求当利益与道义发生冲突的时候，应该舍利而取义。更明确地说，儒家承认的利是社会规范（仁义）允许之内的，换言之，“义”已经包含了某种“利”。逸出“义”的“利”是“私利”，是儒家所反对的。所以“义利之辩”必然关系到“公私之辩”或“群己之辩”。简言之，儒家认为个人利益不能成为道德的基础。为此发展出一套本体论的论证，大致是说道义与德性来自天理，追逐私利的根源却来自人欲，“人欲”是正常的生活需求的溢出，“殉人欲，则求利未得而害已随之”。从而又涉及传统的“天人”“理欲”等重大辩难。总之，儒家在“义利之辩”上的正统教义，表现出鲜明的反功利主义原则性，它构成了儒家价值系统的基础。“义利之辩”在古代中国有悠长的源流，墨家把道德价值归结为“利”，并且从人的感性好恶来界定利害。但是墨家在两千年间几乎成为绝学，儒学中即使有类似陈亮、叶适那样的事功学派，也只是异端或者潜流。[②]可以想见，对于儒家这样一个综合了宇宙本体论、伦理学和政治学的价值系统，“义利之辩”的任何重大新方案，都会深刻地震动其自身。

震动不是突然到来的。国内学术界对于明清之际三大批判思想家或“早期启蒙”的研究，与日本学者沟口雄三所说的“中国前近代思想之曲折与展开”，都说明明清之际，部分士大夫已经有了“欲的肯定和私的主张”[③]。与思想史的变化相应的，是传统“四民观”从“士农工商”正悄悄转变为“士商农工”[④]。不过所有这些变化都有其限度，总体上并未取代正统意识形态的地位，作为异端与官方价值之间存在着明显的紧张。它们只是要求在传统的“义理”框架内安放“利”与“欲”。“义”与“理”依然是道德的根据和政

---

① 朱熹：《朱子语类（二）》卷五十一，《朱子全书》第十五册，第1680—1681页。

② ［美］田浩：《功利主义儒家：陈亮对朱熹的挑战》，第1页。

③ ［日］沟口雄三：《中国前近代思想之曲折与展开》，陈耀文译，上海人民出版社，1997年，第17页。

④ 余英时：《士与中国文化》，上海人民出版社，2003年，第395页。

治合法性的来源，功利或快乐尚未上升为价值的首要原则。道光年间，俞理初、魏源、龚自珍代表了上述转变正在继续。俞理初以为商人追逐利润的行为是“近人情”的，在“义理”之外另立一个“人情”作为评判标准。魏源提出“便民”“利民”是衡量政治的标准。龚自珍则大胆地断言，人皆有私，即使圣帝哲后、忠臣孝子、贞节妇女，都是以“私”为标准，以自我利益为中心的。人可以先公后私、先私后公、公私并举、公私互举，唯独不能大公无私。因为物质利益是人类行动的基本驱动力，即使士大夫也未能独免。我以为，道光年间的变化表明，利益原则已经不需要从正统价值系统来获得其合法性的证据，因此正在从正统价值中分裂出来。[①]

个人利益上升为伦理学的基本原则，当然有外来思想传播的源头，更应该看作中国社会现代化过程中新陈代谢的某种结果。历史学家认为19世纪20年代到80年代，一场资本主义的商业革命在中国沿海地区兴起，出现了兴旺而富有的商界，私有财产和利润制度都开始得到有力的保护。[②]而在思想界，则出现了郑观应对于商人地位的新自觉：“是商贾具生财之大道，而握四民之纲领也。商之义大矣哉。”[③]商人从四民之末上升为四民之首，是社会的精英和领袖。传统的“义利之辩”发生反转，“利”突破“义”的限制和规定具备了历史条件。

功利主义的“义利观”成为戊戌时期的主流意识，其激进的性质表现为下列诸方面。

“去苦求乐”即“幸福”或“快乐”成为人道的基本原则，道德的基础。

按照康有为的说法：“故夫人道者，依人以为道。依人之道，苦乐而已。为人谋者，去苦以求乐而已。无他道矣。”这与边沁视趋乐避苦为支配人类行为的普遍法则的论断相似。边沁根据这一普遍法则规定了道德原理的基础即为功利。边沁说：“一种行为，其增多社会幸福的趋向大于其任何减少社会幸福的趋向，我们就说这个行为是符合功利原则的。或者为简短起见，只

---

① 稍为详细的讨论见拙著《从历史中发现价值》，中国大百科全书出版社，2006年，第180—195页。

② ［美］郝延平：《中国近代商业革命》，陈潮等译，上海人民出版社，1991年，第1—5页。

③ 郑观应：《盛世危言·商务二》，华夏出版社，2002年，第307页。

就是符合功利（意思是泛指社会而言）。”所谓功利原理，是根据某一行为是增多还是降低当事人的幸福来确定其是否道德。幸福概念与利益概念相通，而利益总是个人利益，所谓社会利益只是“组成社会之所有单个成员的利益之总和”[①]。在表达边沁式功利主义的基本原则方面，严复走得更远一些：他断言背苦求乐是“人情之大常”“必有所乐，始名为善”。而且他自觉到功利主义是对儒家正统的义利观的反叛：

> 民之所以为仁若登，为不仁若崩，而治化之所难进者，分义利为二者害之也。孟子曰：“亦有仁义而已矣，何必曰利？”董生曰：“正谊不谋利，明道不计功。”泰东西之旧教，莫不分义利为二途。此其用意至美，然而于化于道皆浅，几率天下祸仁义矣。自天演学兴，而后非谊不利，非道无功之理，洞若观火。[②]

> 大抵东西古人之说，皆以功利为与道义相反，若薰莸之必不可同器。而今人则谓生学之理，舍自营亢以为存。[③]

严复很清楚，功利主义使得传统的“义利之辩”发生了方向性的变化：儒家道义论拒绝以利益作为道德的基础，利己的行为没有道德意义；功利主义则反其是，不但认为利己的行为同时可以是道德的行为，并且认为“利益”应该成为道德的基础。

这一改变同时也改变了传统“理欲之辩”的方向。因为随着利益原则的上升，“欲望”不但是正当的，而且获得了前所未有的解放。朱熹讲“存天理，灭人欲”，而天理与人欲的区别，从人的物质生活的需求与欲望的差别性看，人要饮食是天理，求美食即是欲望；夫妇之伦属于天理，寡妇再嫁则肯定是欲望。换言之，物质生活的需要应该被严格地限制在“礼义”的范围之内。任何非分之想都是非法的。天理与人欲的区别，从人道观所蕴含的感性原则与理性

---

① 周辅成编：《西方伦理学名著选辑》下卷，商务印书馆，1987 年，第 211—212 页。
② 严复：《〈原富〉按语》，《严复集》第四册，第 858—859 页。
③ 严复：《天演论》，《严复集》第五册，第 1395 页。

原则的关系说，朱熹的论点是将人的道德活动严格地限制在伦理理性之内，将人的感性活动排斥在外，“理欲之辩”等同于“性情之辩”，无欲也即无情。

功利主义的传播旨在解放人的欲望。

> 人道者，因天道而行之者也。有以发挥舒畅其质则乐，窒塞闭抑其欲则郁。①

> 言性善，斯情亦善，生与形色又何莫非善？故曰：皆性也。世俗小儒，以天理为善，以人欲为恶，不知无人欲，尚安得有天理！②

康有为、谭嗣同的上述议论当然并非他们独创，明清之际的早期启蒙思想家如王夫之等已经说出了“天理即在人欲之中，无人欲，则天理亦无从发见”。康有为、谭嗣同所具有的自然主义人性论，主张人道就是充分顺从人的天性，充分满足人的自然欲望，所谓欲望不但指物质生活的消费需求，而且指男女之间的情欲和其他方面的精神需求，即物欲与情欲的满足。而情欲的满足，不过是“男女构精，特两机之动，毫无可羞丑”③，故可冲破传统伦理防淫、禁淫之种种，甚至应该取消婚姻和家庭。④物欲也不再只是维持生存的有限水平，而可以是对富裕和奢侈的追求。早期功利主义者对于资本主义和工业化所带来的物质生产力与财富似乎可以无限增长的前景，充满信心：

> 有矿焉，建学兴机器以开之，凡劈山、通道、濬川、凿险咸视此。有田焉，建学兴机器以耕之，凡材木、水利、畜牧、蚕织咸视此。有工焉，建学兴机器以代之，凡攻金、攻木、造纸、造糖咸视此。大富则为大厂，中富附焉，或别为分厂。富而能设机器厂，穷民赖以养，物产赖

① 康有为：《大同书·第一》，《康有为全集》第七集，第35页。

② 谭嗣同：《仁学·第九》，《谭嗣同全集》，第301页。

③ 谭嗣同：《仁学·第十》，《谭嗣同全集》，第305页。

④ 康有为《大同书》对于“去家界”取消婚姻的规划，是人们已熟知的。其实康有为甚至讨论过大同社会给予同性恋以自由。虽然所谓“男风”在古代贵族并非罕见的事例，但是总是不合礼仪。从这一点也可以看出功利主义、快乐主义对于传统性伦理的颠覆作用。

以盈，钱币赖以流通，已之富亦赖以扩充而愈厚。不惟无所用俭也，亦无所用其施济，第就天地自有之利，假吾力焉以发其覆，遂至充溢溥遍而收博施济众之功。故理财者慎毋言节流也，开源而已。源日开而日亨，流日节而日困。①

人们不难从中发现与古代农业社会迥然不同的成就取向和经济伦理。谭嗣同的思想受康有为的影响甚深，康有为《大同书》最后一部分在描述“大同”世界，物产是如何富裕，居处、舟车、饮食、衣服等无不可以臻于极乐，固然有佛教天堂的影子，却是建立在对工业文明——马克思所说的“仿佛用法术创造了如此庞大的生产资料和交换手段的现代资产阶级社会”——将实现物质生活水平空前提升的信念的基础上的。所有这些，都表明早期功利主义对于传统社会的禁忌和规训产生了何等强烈的破坏，在经济伦理（包括消费伦理）、家庭伦理（扩而至性伦理）采取了何等激进的态度。

不过，早期功利主义者在其哲学激进主义的强度上，有其明显的限度。与强调“利益”原则是道德之基础的同时，并未舍义取利，而是以“义利合”为其主流，其主要原因是他们没有采取西方功利主义的个人主义立场。与个性解放潮流同时兴起的还有大同主义，因而在与“义利之辩”密切相关的“群己之辩”上倾向于群己和谐或群己兼容的原则。边沁将社会和社会利益做类似唯名论的解释，只承认个人和个人利益的现实性；即使经过约翰·穆勒做一种修正主义的解释以后，依然坚持追求个人幸福是实现公共幸福的前提。所以像严复那样的功利主义者，并不强调个人利益是首要的原则，更多的时候是强调利己和利他的统一，由此走向“开明自营”论。所谓“开明自营”，是指在不违背道义的情况下，实现利己和利他的统一，由此实现“利”（利己）与“义”（利他）的合一。“故西人谓此为开明自营。开明自营，于道义必不背也。复所以谓理财计学，为近世最有功生民之学者，以其明两利为利，独利必不利故耳。”②

---

① 谭嗣同：《仁学·第二十一》，《谭嗣同全集》，第 324 页。

② 严复：《天演论》，《严复集》第五册，第 1395 页。

功利主义在五四时期进入了高潮，占据思想界主流的《新青年》同人大多取启蒙主义的立场，反对儒家正统的义利观念，主张满足人的自然欲望和基本的物质利益需求。“道德不在情欲之外，理即在事为之中。”[①]个人利益具有天然的合法性：“一要生存，二要温饱，三要发展。有敢来阻碍这三事者，无论是谁，我们都反抗他、扑灭他！”[②]传统的“知足即福”被颠覆了，人类的欲求具有善的价值：“物质上的不知足产生了今日钢铁世界、汽机世界、电力世界。理智上的不知足产生了今日的科学世界。社会政治制度上的不知足产生了今日的民权世界、自由政体、男女平权的社会、劳工神圣的喊声、社会主义的运动。”[③]

五四时期的功利主义与个人主义有某种程度的重合，与严复的“开明自营”相类似，胡适和陈独秀堪称代表。他们都从人性求乐免苦的预设出发，以为自爱是人生的动力：“天下无论何人，未有不以爱己为目的者。其有昌言不爱己而爱人者，欺人之谈耳。”他们热烈地颂扬功利主义，认为功利主义所主张的个人财产独立与伦理上的个人人格独立互相结合，导致了西方社会制度和道德的普遍进步。在这个意义上，他们虽然主张个人主义或个人本位，但同时也是理想主义的，即以为从普遍的自爱出发，利己和利他是可以统一的：

> 个人生存的时候，当努力造成幸福，享受幸福；并且留在社会上，后来的个人也能够享受。递相授受，以至无穷。[④]

陈独秀们接受的更多的是约翰·穆勒式的功利主义，并且从“幸福”的定义中剪除了“财富”或“发财”的内容。“最大多数人的最大幸福”虽然保留了必要的“物质利益”，却大大弱化了；“幸福”更多地指向了精神的向度，即“内图个性之发展，外图贡献于群”。“真正的个人主义在于把你自

---

① 胡适：《几个反理学的思想家》，《胡适全集》第三卷，第97页。
② 鲁迅：《北京通信》，《鲁迅全集》第三卷，第51页。
③ 胡适：《我们对于西洋近代文明的态度》，《胡适全集》第三卷，第13页。
④ 陈独秀：《人生真义》，《陈独秀著作选》第一卷，第347页。

己这块材料铸造成个东西。”①

个人主义的功利主义一方面由于它的个人主义，由于与“群己之辩”的变化相联结，因而传统的“义利之辩”发生的转向显得更为激进；但是另一方面，五四时期的功利主义又是理想主义的功利主义，他们普遍地鄙视“发财”，并不给追逐财富的行为以价值的肯定，也看不到富兰克林那样把个人追逐金钱的行为道德化的理论。后者在马克斯·韦伯的研究中表明“从牛身上刮油，从人身上刮钱”如何变成了“具有公认信誉的诚实人的理想”。换言之，功利主义者对经济利益的伦理辩护并没有发展出与市场经济或商业社会相匹配的经济伦理，而是从文化—道德批评，走向政治斗争和社会革命。强调“利益”原则，更多的是为新的政治伦理提供前提，与社会解放、社会主义的理想有更密切的关系。

陈独秀等很快就转变为马克思主义者。马克思主义同样强调“利益”的原则。事实上，功利主义被认为是可以改造为社会主义的理论。恩格斯说：

> 当代最大的两个功利主义哲学家边沁和葛德文的著作，特别是后者的著作，也几乎只是无产阶级的财富。即使激进资产阶级中有边沁的信徒，那也只有无产阶级和社会主义者才能越过边沁，迈步前进。②

马克思主义认为：“既然正确理解的利益是整个道德的基础，那就必须使个别人的利益符合于全人类的利益。”③共产党人“没有任何同整个无产阶级的利益不同的利益……一方面，在无产者不同的民族的斗争中，共产党人强调和坚持整个无产阶级共同的不分民族的利益；另一方面，在无产阶级和资产阶级的斗争所经历的各个发展阶段上，共产党人始终代表整个运动的利益”④。正是阶级利益的冲突决定了阶级矛盾和阶级斗争的不可调和性质。无

---

① 胡适：《爱国运动与求学》，《胡适全集》第三卷，第 822 页。
② ［德］马克思、恩格斯：《马克思恩格斯全集》第二卷，第 528—529 页。
③ 同上书，第 167 页。
④ ［德］马克思、恩格斯：《马克思恩格斯选集》第一卷，第 285 页。

产阶级的自身利益，只有通过阶级斗争和无产阶级专政，通过彻底的社会革命，达到共产主义，才能真正实现。毫无疑问，利益的原则在马克思主义的定义中与社会革命论相结合，表现出空前的激进性质：

> 现代的资产阶级私有制是建立在阶级对立上面、建立在一些人对另一些人的剥削上面的产品生产和占有的最后而又最完备的表现。
>
> 从这个意义上说，共产党人可以把自己的理论概括为一句话：消灭私有制。①

> 共产主义革命就是同传统的所有制关系实行最彻底的决裂；毫不奇怪，它在自己的发展进程中要同传统的观念实行最彻底的决裂。②

马克思主义的中国化产生了某种我们可以称之为“革命的功利主义”的理论。即社会革命最终是为了最大多数人民的最大幸福；同时满足人民群众的实际利益，又是实现革命所需要的广泛社会动员的工具。按照毛泽东的说法，因为要把革命发展到全国：

> 我们对于广大群众的切身利益问题，群众生活问题，就一点也不能疏忽，一点也不能看轻。因为革命战争是群众的战争，只有动员群众才能进行战争，只有依靠群众才能进行战争……一切群众的实际生活问题，都是我们应当注意的问题。假如我们对这些问题注意了，解决了，满足了群众的需要，我们就会真正成为群众生活的组织者，群众就会真正围绕在我们的周围，热烈地拥护我们。③

---

① ［德］马克思、恩格斯：《马克思恩格斯选集》第一卷，第 286 页。

② 同上书，第 293 页。

③ 毛泽东：《关心群众生活，注意工作方法》，《毛泽东选集》第一卷，人民出版社，1991 年，第 136—137 页。在这个问题上，尽管具体的用词有细微的差别，中国共产党有着理论的一贯性，2001 年，江泽民《在庆祝中国共产党成立八十周年大会上的讲话》中还是提出“坚持把人民的根本利益作为出发点和归宿”。

尽管中国马克思主义的道德理想属于道义论的，但其现实的政策取向却显示出忠于利益原则的立场；尤其在新民主主义阶段，共产党的政策宣言带有浓厚的功利主义色彩。

> 必须代表广大劳动人民的利益，代表一切革命阶级的利益，代表自己民族的利益，也就是说要代表占本国人口百分之九十几的人民的利益。无产阶级的坚定立场，就是要在任何时候、任何情况下，都代表最大多数人民的最大利益，我们并且要了解这也就是无产阶级的最大的阶级利益……要在革命的每个发展阶段，都把局部利益和整体利益结合起来，把当前利益和长远利益结合起来，要像马克思和恩格斯所说的："一方面，在各国无产者的斗争中，共产党人强调和坚持整个无产阶级的不分民族的共同利益；另一方面，在无产阶级和资产阶级的斗争中所经历的各个发展阶段上，共产党人始终代表整个运动的利益。"①

值得注意的是"最广大人民群众的根本利益"的概念，它在更多的时候表述为"为最大多数人谋最大的利益"。而在集体主义的阐释体系中，它导致了两种标准：共产主义的信仰者应当自觉地过着克己的甚至是禁欲的生活，他们是解放者，对于他们，应该言义不言利；被解放的民族或人民的利益则必须时刻被关注。人民的根本利益、长远利益和整体利益即是自身的解放（义）。但是根本利益、长远利益和整体利益等，都必须与"革命"乃至"彻底革命"的目标联系在一起。

毛泽东有一个更著名的论述：

> 唯物主义者并不一般地反对功利主义，但是反对封建阶级的、资产阶级的、小资产阶级的功利主义，反对那种口头上反对功利主义、实际上抱着最自私最短视的功利主义的伪善者。世界上没有什么超功利主义，在阶级社会里，不是这一阶级的功利主义，就是那一阶级的功利

① 刘少奇：《论共产党人的修养》，《刘少奇选集》，人民出版社，2004年，第118—119页。

主义。我们是无产阶级的革命的功利主义者，我们是以占全人口百分之九十以上的最广大群众的目前利益和将来利益的统一为出发点的，所以我们是以最广和最远为目标的革命的功利主义者，而不是只看到局部和目前的狭隘的功利主义者。①

以上所述，大致可以描述出在中国从追求富强而兴起的功利主义思潮，经过短暂而并未获得植根性的个人主义的功利主义，走向了革命的功利主义的脉络。从中我们不难发现，以追求富强为开始的现代化运动，如何因为改变了传统“义利之辩”的方向，幸福和利益原则的上升，在中国现代化的起步阶段，对价值世界、伦理关系和政治革命等多方面所具有的激进意蕴。

功利主义不是单独地起作用的，而是在与进步主义、平等主义和社会革命论的结合中，鼓舞了人们以一种积极的态度去追求中国社会的变革、主动地铸造新社会的秩序。

① 毛泽东:《在延安文艺座谈会上的讲话》,《毛泽东选集》第三卷，第 864 页。

第四章　现代新儒家的“返本开新”

从20世纪20年代开始，出现了一个后来被哲学史家称作“现代新儒家”的哲学派别。前文已述，如果从融摄西方文化以阐发儒家传统思想的意义上说，19世纪晚期以康有为等为代表的维新派，也可以视为现代新儒家的前驱。不过，20世纪的现代新儒家与康有为等不同的是，他们不是在直接讨论政治改良的过程中为自身提供哲学辩护，而更多是在融摄西方哲学的意义上阐发儒家哲学义理——或者如他们喜欢说的“玄学”，由此发展出了中国现代哲学的重要一脉。其学说集中于玄学，但也曲折地表达了社会哲学的意蕴。简言之，该思潮中人，虽然常常被视为未能走出“中体西用”的窠臼，基本理路与“中体西用”确有连续性，但是与张之洞在政治上还是有区别，因为他们认同民主（尽管如何理解民主始终是个问题）而非王权。至于在“古今中西”之争中的基本立场，第一，他们并不拒斥中国的现代化，不过对西式的现代化持有疑问和批评；第二，虽然取“中国本位”的立场，但却走“以中融西”的路径；第三，虽然对“今”（现代性）持批判态度，却又要“返本开新”。故其基本理路，可以视为将“中体西用”综合于自身而实现“返本开新”。

欲“开新”即必须提供“动力”之源头，而“返本”与“开新”的统一，又意味着不同于依靠单纯的反传统来“创新”的秩序观念。这使得他们在社会哲学领域，与新文化运动的主流既有相互契合的观念，又有实质上不同的方案。

第一节　从“意欲论”“心本论”到道德理想主义

现代新儒家起于对新文化运动反传统潮流的反拨，其最初的标志固然是梁任公的《欧游心影录》，根本的原因却是第一次世界大战暴露了中国人原先仰慕的西方文化自身的困境，从而激发起对西方现代性的怀疑和批评以及回归中国文化精神的趋向。换言之，在新文化运动反传统的高潮中，本来就埋下了儒家哲学新开展的伏笔，但是真正试图做出比较系统的哲学理论回应的，最初是梁漱溟、熊十力等人。

一

我们曾经在“动力的追寻”那一节讨论过，现代新儒家的最初代表梁漱溟、熊十力，受现代思潮的影响，与新文化运动诸公一样，也热衷于谈论“创造”精神，把主体的创造性视为社会和人生的动力（不同的是梁漱溟拒绝“斗争”的范畴，受克鲁泡特金的影响，强调“互助”的意义）。梁漱溟认为，“中国文化将要有一个大的转变，将要转变出一个新的文化来。‘转变’两字最为切当，这便是我们创造新文化的办法”[①]。或者说“要从老道理的真精神里开出一个新局面”。在梁漱溟的思想中，创造—转变—返本开新是三位一体的概念，而其起始的活动便是发掘“老道理中的真精神”。

梁漱溟在一种跨文化的比较哲学视角中讨论上述问题。1921 年，时年尚不足三十的梁漱溟出版了《东西文化及其哲学》一书，这是一本激于时势、基于系列讲演而成的专著，无论对于梁漱溟的年龄，还是对于哲学著述需要更沉潜往复的功夫而言，我们都可以理解它为何显得仓促粗糙。基于对中国历史的生命力与人文世界的连续性的深刻感受，梁漱溟做出了其现代性谋划的方案：

---

① 梁漱溟：《乡村建设大意》，《梁漱溟全集》第一卷，第 612 页。

第一，要排斥印度的态度，丝毫不能容留；

第二，对于西方文化是全盘接受，而根本改过，就是对其态度要改一改；

第三，批评的把中国原来态度重新拿出来。[①]

梁漱溟的结论用一种非常吊诡的论式表达，包括他定义“中国文化是以意欲自为、调和、持中为其根本精神的”[②]，方法上是“理智地运用直觉的”，而西方文化是“直觉地运用理智的”，等等，表明他尚未找到概念化的合适途径来建构其文化哲学，特别在讨论认识论问题时虽然不乏真知灼见，但离融贯与精巧甚远。

梁漱溟的文化哲学可以归类于意志主义，他用“意志——生活——文化”这样一个简单的结构建设其体系。这不止是因为受到叔本华、柏格森等西方哲学家和刚刚传入中国的深层心理学的影响，同时也可以说——用罗杰·史库顿（Roger Scruton）的解释——曲折地表达了作为文化保守主义之本质的“生存意志”（will to life）[③]。但是值得注意的是，梁漱溟引领了被研究者称为“动力论的变革”的现代新儒家哲学建构方式，因为他“给予儒学仁的概念以一‘动力论的直觉’（Dynamic Intuition）之新诠释”[④]。

从其理论来源说，梁漱溟在宋明理学尤其是陆王一系的心学中发现了“老道理中的真精神”。正如人们熟知的，与朱熹一系的理学家将“性体”视为虚静的本体不同，王阳明的心学更重视心的能动性，在王阳明的系统中，良知或者心体不是静止不变的，而是内在于发用流行中，因而具有更多的动力性。梁漱溟将这样一种传统哲学与柏格森、罗素等西方哲学家的学说相联

---

① 梁漱溟：《东西文化及其哲学》，《梁漱溟全集》第一卷，第 528 页。

② 同上书，第 383 页。

③ 罗杰·史库顿以对“历史生命力”和“社会世界的连续性”的感受为中心，从心理学来解释保守主义，并把它的本质规定为“生存意志”。在他看来，对于社会秩序的认同，通常就是源于它对其所属社会的生存意志的认识，这给了保守主义以某种神秘主义的解释（[英]罗杰·史库顿：《保守主义》，王皖强译，台湾立绪文化事业有限公司，2006 年，第 18 页）。

④ 陈荣捷：《当代唯心论新儒学》，罗义俊编著：《评新儒家》，第 420—421 页。

合，来建立他的主体性理论。在梁漱溟看来，宇宙就是一个“大生命”，呈现为人文世界就是“生活”。故按照梁漱溟的界定，文化是人类生活的样法，并突出地表现在对其核心概念“意欲”的阐发：

> 生活就是没尽的意欲（Will）——此所谓“意欲”与叔本华所谓“意欲”略相近——和那不断的满足与不满足罢了。通是个民族，通是个生活，何以他那表现出来的生活样法成了两异的采色？不过是他那为生活样法最初本因的意欲分出两异的方向，所以发挥出来的便两样罢了。然则你要去求一家文化的根本或源泉，你只要去看文化的根源的意欲，这家的方向如何与他家的不同。[①]

梁漱溟用“意欲”的趋向不同来解释东西文化的差别，进而又用唯识学的“阿赖耶识”来补充“意欲”的意涵，用以强调“意欲”之永不休止运动的共同特征；但是由于他同时倾向于柏格森的《创造进化论》，所以又承认“生命本性可以说就是莫知其所以然的无止境的向上奋进，不断翻新”[②]，从而避免了叔本华的唯意志论的悲观主义。这样的倾向与他要发现“老道理中的真精神”的路径是相通的。他不但一生行止效法王门后学的泰州学派，而且有时直接就将“意欲”称作“良知”，进而说出了下列这些断语：

> “我”不须扩大，宇宙只是一个“我”。[③]

> 何谓心，心非一物也；其义则主宰之义也。主谓主动；宰谓宰制。对物而言，则曰宰制；从自体言之，则曰主动。其实一义也。[④]

> 脑中思考一念之转，却竟可以发出宇宙最强大的力量使世界改观。

① 梁漱溟：《东西文化及其哲学》，《梁漱溟全集》第一卷，第 352 页。
② 梁漱溟：《人心与人生》，《梁漱溟全集》第三卷，第 544 页。
③ 梁漱溟：《朝话》，《梁漱溟全集》第二卷，第 90 页。
④ 梁漱溟：《人心与人生》，《梁漱溟全集》第三卷，第 539 页。

一切人事或自然界惊天动地的大改变，莫非头脑思维之力也。①

在梁漱溟最初的著述《东西文化及其哲学》中，虽然“意欲”是一个本体论的概念，但意志所表示的是主体的创生能力和实践能力，它足以支配整个宇宙，从而保证了其理论的“动力学转向”的形上学辩护。但是就其为中国哲学本位的论证而言，“直觉”是一个更为重要的概念。要认识宇宙“大生命”，要认识生活之流及其主宰“心”，仅仅依靠抽象的概念工具的理智是无能为力的，“必方生活的直觉才行，直觉时即生活时，浑融为一个，没有主客观的，可以称绝对”②。

儒家哲学的一大特点是仁智统一，即伦理学和认识论的统一，他们的认识论命题通常具有明显的伦理学意蕴。梁漱溟的“直觉”亦是如此。他认为不但孔子的仁、孟子的良知良能都是直觉，而且整个中国文化和哲学的根本精神也是直觉。在他的系统中，“直觉”是比理智、感觉更重要的范畴，后两者皆处于能所对待之中，而只有直觉才是超越对待的。“直觉”不仅是根本的认识方法，而且是知行统一的、具有自发性和实践性的德性。因此，我们可以看出，梁漱溟不仅赞成文化生命必须具有“动力”性质，不过他以为“意欲—直觉”是动力之源；因而不但是从主体（心）去寻找动力，而且一开始就给“动力”规定了道德的属性。它与史华兹所谓西方现代性的“普罗米修斯—浮士德”精神——主要是永不止歇地追求对外部世界的认识与征服——虽在外部表现上甚为相似，但却有着方向性的不同。简言之，顺应对追求“动力”的时势，梁漱溟主要以他的“意欲”论与“直觉”论，上接戊戌时代（康有为、梁启超等）复兴心学的源头，开现代新儒家“新心学”哲学乃至道德理想主义之先声。

二

继梁漱溟而成为现代新儒家代表人物的是熊十力，或者说，由于熊十力

---

① 梁漱溟：《人心与人生》，《梁漱溟全集》第三卷，第650页。

② 梁漱溟：《东西文化及其哲学》，《梁漱溟全集》第一卷，第406页。

开辟了现代新儒学的哲学形上学空间，并被其后学发扬光大，因而更有代表性。我们曾经说过，梁、熊等与张之洞的一大不同在于政治。熊十力和梁漱溟都参加过辛亥革命，熊十力还参加过护法之役，后因目睹政治昏败、世风日下，终于在1918年慨然脱离政界，退栖书斋，潜心于思想学术一途，以专业哲学家的身份终其余生。他曾经自述："余伤清季革命失败，又自度非事功才，誓研究中国哲学思想。欲明了过去群俗，认清中国何由停滞不进……少年时读五经，詈孔子为宗法思想、封建思想，便舍之弗顾。"①不过熊氏又很快做出了新的选择，他认为要解救民族危亡，必须从根本上做起，即确定民族安身立命的大基，从而振兴民族道德；同时，他表示"凡吾固有之学术思想、礼俗、信条，苟行之而无蔽者，必不可弃"②。熊十力主张尤其应当尊崇儒家经典，因为"经者常道也。夫常道者，包天地，通古今，无时而不然也。无地而可易也。以其恒常，不可变改，故曰常道"③。在此层意义上，熊十力赞成张之洞的主张，他说："南皮说中学为体，西学为用，其意甚是。而立辞似欠妥。"④张之洞将"体用"打成两截的说法为熊氏所不取，但要从中国文化的根基上"开新"而获得西学所擅长的科学、民主与法制之用，却是熊氏的真意。

简言之，熊十力以玄学的方式重建终极价值，越过了梁漱溟比较粗糙的文化哲学，沿着中国文化内在超越的路径，注重的是宇宙论的建构，根本内核是天人合一、体用不二的"心本论"。所谓"心本论"，按照熊十力的说法就是：

> 如实义者，心乃浑然不可分之全体，然不妨从各方面以形容之，则将随其分殊取义，而名亦滋多矣。夫心即性也。以其为吾一身之主宰，则对身而名心焉。然心体万物而无不在，本不限于一身也。不限于一身者，谓在我者亦即在天地万物也。今反求其在我者，乃渊然恒有定

① 熊十力：《乾坤衍》，《熊十力全集》第七卷，第344页。
② 熊十力：《十力语要》，《熊十力全集》第四卷，第47页。
③ 熊十力：《读经示要》，《熊十力全集》第三卷，第569页。
④ 同上书，第562页。

向，于此言之，则谓之意矣。定向云何，谓恒顺其生生不息之本性以发展，而不肯物化者是也。故此有定向者，即生命也，即独体也。依此而立自我，虽万变而贞于一，有主宰之谓也。若其感而遂通，资乎官能以趣境者，是名感识。动而愈出，不倚官能，独起筹度者，是名意识。①

宇宙本体作为自我与万有的共同实体，叫作“心”；作为个人的心、主宰的势力或者实践的主体，叫作“意”；作为认识的主体，叫作“识”。熊十力认为意志不但是人格的核心，由意志而产生自我意识，意志还是生命的本体，人生的能动性正由于意志的能动性而来。

所谓“体用不二”，又叫“即体即用”（即用即体）。用熊十力自己的话表述：

当知体用可分而实不可分。可分者，体无差别（譬如大海水，元是浑全的），用乃万殊（譬如众沤，现作各别的）。实不可分者，即体即用（譬如大海水，全成为众沤），即用即体（譬如众沤以外，无有大海水）。是故繁然妙有，都不固定，应说名用。浑然充塞，无为而无不为者，则是大用流行的本体。（浑然者，言其为大全而不可分也。充塞者，言其周遍而无不在也。）用以体成（喻如无量众沤相，都是大海水所成）。体待用存（喻如大海水，非超越无量沤相而独在）。王阳明有言：“即体而言，用在体，即用而言，体在用。”此乃证真之谈。②

就是说，按照熊十力的“心本论”，实体不是超越万有的第一因或上帝式的主宰，不是潜藏在现象背后与现象性质完全不同的存在，也不是与现象并存、在现象之外的另一世界。相反，实体就是万有的法性、本质、本体；功用（现象）是实体的转变和载体，是实体本性的完全呈露。换言之，万有

---

① 熊十力：《新唯识论》（文言文本），《熊十力全集》第二卷，第96页。

② 熊十力：《体用论》，《熊十力全集》第七卷，第53页。

是一个完整的全体，一切事物都是本体的呈现，无不具备圆满无缺的本体。人乃万有之一，自然也是本体的转变与呈现。若能体认此唯一真实的实体，人生的价值即得以确立。所以，熊十力说：

> 新论建本立极，而谈本体……学不究体，自人生论言之，无有归宿。区区有限之形，沧海一粟。迷离颠倒，成何意义？若能见体，即于有限，而自识无限。官天地，府万物，富有日新。自性元无亏欠。本来无待，如何不乐？学不究体，道德无内在根源？将只在己与人，或与物的关系上去讲道德规律，是犹立法也，是外烁也。①

较早向欧美哲学界介绍熊十力哲学的陈荣捷教授，就从熊氏 20 世纪 50 年代发表的《原儒》一书中，因袭其“新唯识论”的基本原理，推定“儒学在中国是很有生命力的”。这种生命力首先就来自根据变动了的历史条件，对儒学做创造性的阐释，融摄西方思想，从而开出新的理论面相。

从更广的历史语境而论，梁漱溟、熊十力等还处在进化论占据思想主流的时代。20 世纪早期，进化论提供了一种新的世界观和历史观，熊十力依据传统的易学去接受进化论，将变易论的《周易》中的循环观念与进化论结合起来，得出了与流行的线性进化论不同，而与黑格尔否定之否定规律类似的结论：

> 循环法则实与进化法则交相参，互相涵。道以相反而相成也……循环之理，基于万象本相待，而不能无往复。进化之理，基于万象同出于生源动力而创新自不容已。进化之中有循环。故万象虽瞬息顿变，而非无常轨；循环之中有进化，故万象虽有往复而仍自不守故常，此大化所以不测也。②

在他看来，整个世界就是一个永恒的螺旋形上升的无限过程。在此基础

---

① 熊十力：《十力语要》，《熊十力全集》第四卷，第 6—7 页。
② 同上书，第 41—43 页。

上，熊十力为其人类中心观念辩护：“人类中心观念本不可摇夺，只是旧的解释错误，自达氏进化论出，乃予以新解释耳。今站在进化的观点上说，自然界从无机物而生物，而动物，而人类，层层进化……易言之，宇宙底真理在人类上才表现得完足。”[①]这是一种高扬人的尊严、大力发展主体能动性的理论。

我们前面曾经提及，在“动力”的追求方面，梁漱溟、熊十力都以“创造”为价值，其实熊十力更胜梁漱溟一筹。这不但是因为《新唯识论》确实是中国现代哲学史上的一项重大创造，而且由于他宣称：“故吾之为学也，主创而已。”[②]它一方面表示熊氏对自己学术风格的认定，即不仅将他的哲学“新唯识论”看作一种创作，而且整个学术精神也重在创造；另一方面还表示熊十力将原创性作为一种原则来崇尚。

对“创造”的推崇也有外来思想的源头，法国哲学家柏格森的《创造进化论》对20世纪早期中国哲学界有很广泛的影响。在融摄柏格森哲学这一点上，梁漱溟、熊十力也十分相像。与柏格森类似，熊十力的“新唯识论”既反对机械决定论，又反对目的论。他的“翕辟成变”说告诉我们，宇宙大化流行，本来就是精神力量不断向上、创造的过程。与宇宙生命相通的人生，其本质也在于创造：“故有生之日，皆创新之日，不容一息休歇而无创，守故而无新。使有一息而无创无新，即此一息已不生矣。”[③]

熊氏关于生命的本质是创造性活动的观念，有其人性论的基础。与常见的“复性说”不同，熊十力认为理想人格的培养是“复性”与“成性”的统一。他说：

> 天人合德，性修不二故，学之所以成也。《易》曰：“继之者善，成之者性”。全性起修名继，全修在性名成。本来性净为天，后起净习为人。故曰：“人不天不因，天不人不成。”故吾人必以精进力创起净习，以随顺乎固有之性，而引令显发。[④]

---

① 熊十力：《十力语要》，《熊十力全集》第四卷，第517页。
② 同上书，第494页。
③ 熊十力：《新唯识论》（文言文本），《熊十力全集》第二卷，第87页。
④ 同上书，第144页。

他沿着《周易》“日新之谓盛德”的原理，将王阳明的“致良知”说与王夫之的“性日生日成”说相结合，又糅合了柏格森的创化论，使其“性修不二”说突出了成人之道不仅仅是消极地遮拨后天之染习、回归先天善性的事情，而是一个不断进取、追求和发展的过程，是一个不断发展自身潜能的过程。这种理想人格理论不仅符合主体性上升的近代潮流，而且内中所包含的人性向善论和道德理想主义与贯串中国近代的乐观主义精神气质也是内在一致的。

人的创造活动对个体与社会有互相联结的双重意义。对个体而言，创造是成人之道的必要环节。熊氏“性修不二”说重点在于“修”，而且此“修”与宋儒所言又有很大的不同，宋儒要人明天理、灭人欲，故重在克己的“减”法，熊十力意在人的“自创”，可以说是做“加”法。他说：“成能才是成性，这成的意义就是创。而所谓天性者，恰是由人创出来。”①不但“净习”中包含着成性的成分，即使染习也有引发本来而至成性的端倪。因为“由有染故，觉不自在。不自在故，希欲改造，遂有净习创生，由净力故，得以引发本来而克成性”②。通过由染而净的创新过程，人人都可以达到理想人格。对社会而言，创造是人们改变不良环境、使社会臻于理想的必要途径。作为一个哲学家，熊十力不可能看不到理想与现实的冲突，但他此时强调理想对现实的改造：

> 社会底种种模型，固然限制了我人底生命，但是我人如果不受他底固定的不合理的限制，尽可以自强起来，自动起来，自创起来，破坏他底模型，变更他底限制，即是另造一个新社会，使我和我底同类都得展扩新生命。③

熊十力把“创造”观念引入社会改造理论，使得其理论已非一般的文化保守主义所能规范，而他20世纪50年代以革命来解释三世进化的过程，也

① 熊十力：《十力语要》，《熊十力全集》第四卷，第492页。
② 熊十力：《新唯识论》（文言文本），《熊十力全集》第二卷，第145页。
③ 熊十力：《十力语要》，《熊十力全集》第四卷，第477页。

就显得容易理解了。在此脉络下，熊十力进一步指出，通过创造性的活动，人才能获得真正意义上的自由，即在“并育不相害”的前提之下，做到“任物各畅其性”。它意味着充分发展每一个性，完成其人格；同时化理想为现实，“各个人任他底意志和思想技能自由的充分发展，即是各方面都无欠缺，成功一个发育完全的社会”①，由此达到自由。这种要求充分发展一切个性，由自有人格结成自由社会的理想，正是近代人道主义的主题。

三

熊十力继梁漱溟后依旧向主体自身，尤其是主体的精神结构内部寻找动力源头的路向，但是从梁的文化哲学转变为宇宙—本体论的哲学建构。他创造的“心本论”肯定真实的存在就是永恒的变化之流，其全部奥秘在于“翕辟成变”：宇宙中存在着两种趋势，凝聚物化的趋势（翕）和刚健变动的趋势（辟）构成相反而相成的运动。其中“辟”是主导或主宰的力量，是拒绝物化、拒绝下坠的精神性力量。熊氏的哲学建构在于宇宙论，他所说的精神力量当然更多地属于道德主体。

熊十力从人的道德主体性去发掘中国文化“动力”的心学路径，为其后学牟宗三、唐君毅、徐复观等海外新儒家所继承，他们以不同的方式将传统心学与西方哲学家如康德、黑格尔等的思想结合，使其取得了现代形态并发扬光大。其中，牟宗三在康德哲学研究和建构儒家哲学体系上用力最勤，成就也最显著；唐君毅则重视黑格尔哲学的思辨方式，在阐发儒学的精神性方面特色明显；徐复观曾着力从事政治活动，其学术专长似乎在中国思想史（尤其是人性论史的研究）。本书不能详细全面地讨论他们的工作，我们着重的是，从本书关注的焦点之一的“动力”观念看，作为熊十力的学生，他们的共同之处，在于通过着力建构道德形上学来阐发主体的能动性。换言之，他们继承梁漱溟、熊十力“返本开新”的具体路径，是从传统儒家心学（尤其是思孟学派到阳明心学一系）出发去发掘文化的生命和成德的动力。其

---

① 熊十力：《十力语要》，《熊十力全集》第四卷，第478页。

中，牟宗三所论述的最为详明突出，所以本书将简要讨论牟宗三的相关思想，作为那一代新儒家的代表。

虽然身处海外，牟宗三所关注的问题依然以“古今中西”之争为背景，而且因为孤悬海外而有身世飘零的感受，对文化认同的重要性尤为重视。不过，他继承熊十力的路径，虽讨论文化问题，但理论建构之用力处在于哲学。因为在牟宗三看来，“文化之范围太大，可以从各角度、各方面来看，但向内收缩到最核心的地方，当该是哲学。哲学可以做庞大的文化这个综合体的中心领导观念”①。按此，只有哲学足以指导一个民族文化发展的方向和智慧，但牟宗三有时又对哲学与宗教不加区别：

> 一个文化不能没有它的最基本的内在心灵。这是创造文化的动力，也是使文化有独特性的所在，依我们的看法，这动力即是宗教，不管它是什么形态。依此，我们可说，文化生命之基本动力当在宗教。了解西方文化不能只通过科学和民主政治来了解，还要通过西方文化之基本动力——基督教来了解，了解中国文化也是同样，即要通过中国文化之动力之儒教来了解。②

由于牟宗三是在跨文化比较的视角讨论问题，固而坚持儒家思想不仅有一套哲学，而且具备宗教性。宗教并非单纯个人的精神生活之选择，它不单单关乎人格的创造，而且涉及历史文化的创造。“从孔子指点精神生活之途径方面看，它有两方面的意义：广度地讲，或从客观方面讲，它能开文运，它是文化创造的动力。在西方基督教也有这意义，故基督教是西方文化的动力。深度地讲，或从个人方面讲，就是要成圣成贤。此在佛教就是要成佛，在基督教就是要成为基督徒。”③

儒教的宗主当然是孔子，在牟宗三看来，“孔子的基本观念，总起来只有两个：一为仁，二为性与天道……性与天道为圣人立教，开辟精神生活

---

① 牟宗三：《中西哲学之会通十四讲》，第 1 页。
② 牟宗三：《中国哲学的特质》，上海古籍出版社，1997 年，第 93 页。
③ 同上书，第 96 页。

最基本的观念，后来宋明儒者即环绕此中心而展开其义理”[①]。而且孔子的“仁”，就是“创造性本身”。牟宗三之所谓“创造性自己”不是指具体的创造活动，而是一个本体论的概念：

> 创造性自己是指道体而言，从生活上讲就是道德的创造（moral creation）。为什么由道德见创造呢？因为道德乃发自意志（will），是意志的作用，而意志是个创造的能力……创造的意义要透过意志来表示，因而康德讲道德实践就一定提出自由意志（free will）；中国人则讲良知，这才是创造之源。[②]

由此我们不难发现，从梁漱溟开始，熊十力、牟宗三等将“创造”视为一种文化（既是历史的又是道德的）的动力，几乎成为一种“从老道理中找出真精神”而翻出的现代新儒家的传统。它沿着意欲论——心本论——道德的形而上学方向演化，虽然各自借用的西方哲学有所不同，但中国本土的资源却都集中于“心学”。

> 照儒家看道德秩序就是宇宙秩序，宇宙秩序就是道德秩序。仁本来是道德的，是道德实践之所以可能的最高根据，这是道德的秩序。但是仁无外，心亦无外，心外无物，仁外也不能有物。万物都涵盖在仁这个道德心灵之下，仁具有绝对的普遍性，当它达到绝对的普遍性时，仁就是宇宙秩序，从这里可以说一个道德的形而上学（moral metaphysics）。[③]

对于牟宗三的道德的形而上学，或者“道德理想主义”，人们已经有许多研究，在20世纪80年代中期出版的《中国现代思想史论》的《略论现代新儒家》中，李泽厚评论牟宗三说：

---

① 牟宗三：《中国哲学的特质》，第97页。
② 牟宗三：《中国哲学十九讲》，上海古籍出版社，1997年，第112页。
③ 同上书，第129页。

> 他以其对现代存在主义的感受，在中国哲学史上的研究上深刻地区辨了程朱与陆王的根本差异，并借鉴康德哲学的实践理性高于理论理性的精神，发展了陆王心学的道德主体性……牟强调，绝对不是静态的、存在的、客观的“理”，而是活动的、存在的、主观的“理”即“心”，才是具体而真实的本体，才是自律道德的根源。这个“心体”也就是“性体”。所以“宇宙秩序即是道德秩序，道德秩序即是宇宙秩序”，这个道德秩序和宇宙秩序是发自本心——道德主体的活生生的自律实践。①

这和本书的注意点有一致之处：牟宗三将“仁”或“良知”作为“创造性自己”，如此讲“创造”，“创造”也就由动力原理转变为秩序原理。牟宗三的理路既有哲学系统建构的逻辑需要，更有知识社会学的根源。简言之，牟宗三和其他海外新儒家学者一样，有着强烈的“内圣外王”焦虑。在中国通常讲儒释道三教，“佛教是与政治无关的。道家虽有关系，然而是消极的。只有儒家向以内圣外王并举，对于政治是有积极性的，然而他的内圣之学仍有其独立的问题与独立的发展：即在外王方面，中国两千年来的政治形态仍然是儒家所痛心疾首、焦苦思虑的问题。虽未能得其畅通之道，然并非停滞混噩，无所用心”②。这涉及牟宗三等港台新儒家与当时的自由主义之间的争论。自由主义者批评儒家伦理不能适应现代化的需要，其中要害之一，是传统儒家所谓“民本”“仁政”“德治”等，都和现代民主不相因应。或者用他们最简明通俗的话说：“老内圣开不出新外王。”牟宗三等则用一个逻辑的论式来回答自由主义的事实命题：过去未开出不等于将来不能开出。牟宗三认为我们人类有“无限的认知心”，即康德所谓“智的直觉”。它是道德性的存在，同时“直觉之即创生之”，就其绝对普遍性和自发的创造性而言，它又是宇宙论的原则。在这个意义上，道德理想主义的建立，可以为以科学和民主为代表的现代文明（外王）奠定真正的基础。

---

① 李泽厚：《略论现代新儒家》，《李泽厚十年集：中国现代思想史论》，安徽文艺出版社，1994年，第1131页。

② 牟宗三：《中国哲学的特质》，第83页。

第二节　秩序的重建

现代新儒学作为儒学发展的一个重要阶段，在20世纪表现出多方面的走向，从社会哲学的观念史角度说，为了应对外来的动力式文明的挑战，促使其开掘传统文化的“源头活水”，获得主体性的自觉与开展，在“创造”观念中集中展现出努力由被动变主动地进入现代世界的精神取向。但是，现代新儒家之作为儒家在现代的开展形态，其最重要的使命要求其面对价值失范与社会秩序的裂隙，努力弥合传统与变革的间隔，在新的社会条件下重建秩序，服务于民族复兴和文化复兴。这是互相之间具有很高相关度的两项，因此在对前者讨论的基础上，本节着重讨论后者。

一

前面主要集中于梁漱溟、熊十力以及熊氏后学的理论，然而一旦涉及重建秩序的问题，那就是现代新儒家的共同关切，因为在政治哲学的论域中，儒学在古代中国的突出功能是为秩序和权威提供原则与论证，对于基于中国文化历史的连续性之社会秩序的关注，是儒家的共同传统。由此而有悠长的“道统”论的历史大叙事，并同时使得儒家展现为一种复杂的思想光谱。

较早提出“新儒家”或“新儒学”等概念的应该是贺麟先生。在1941年写作的《儒家思想的新开展》一文中，贺麟先生断言“广义的新儒家思想的发展或儒家思想的新开展，就是中国现代思想的主潮”。它关系到民族复兴的存亡大业，因为“民族复兴本质上应该是民族文化的复兴。民族文化的复兴，其主要的潮流、根本的成分就是儒家思想的复兴”。在贺麟先生看来，新儒学或新儒家的内容至少包含哲学、宗教和艺术三项。事实上，20世纪30年代至40年代“新儒学”主要的成就仅仅限于第一项：哲学。其路径大致上按照贺麟先生所言：“必须以西洋的哲学发挥儒家的理学。儒家的理学为中国的正宗哲学，亦应以西洋的正宗哲学发挥中国的正宗哲学。”[①]就中国理论界而言，贺麟先生所述的具体情状，是四十多年以后才开始被重新认识的。20 世纪 80 年代中期，方克立教授主持现代新儒学的研究项目，采取了广义的现代新儒学或现代新儒家的概念，与海外及中国港台地区学者所说的“儒学第三期发展”局限于熊十力与其弟子及其再传弟子的学术活动不同，“把在现代条件下重新肯定儒家的价值系统，力图恢复儒家传统的本体和主导地位，并以此为基础来吸纳、融合、会通西学，以谋求中国文化和中国社会的现实出路的那些学者都看作是现代的新儒家”[②]。这样来界定现代新儒学或现代新儒家，除了我前面曾经提及的，在时间上应该往前延伸以外，对于现代新儒学（家）在解释厚度或覆盖层面上也应该有所扩大。“儒”的意义有多重性：在学术的层面是指“儒学”，即研究历史上的儒家经典与当代儒家著述的学问或学科，它最集中的是经学的义理系统，也包括认同儒家基本价值的文学、哲学、历史等儒家文化系统。最简单的分类，至少要包括哲学和史学两大学科。

现代新儒家或现代新儒学概念的提出，与海外汉学家以往使用“新儒学”（neo-Confucianism）专指宋明理学做了区别，不但由此激发了对于这一学脉中的人物与思想的研究，而且打破了门户之见，将史学与哲学乃至在现代学院体制中几乎废绝的经学归并为一体，比诸当时最主要的哲学史著作，扩大了人们对这一派的视野。[③]它在思想史上的意义是改变了以往对儒学一

① 贺麟：《儒家思想的新开展》，《文化与人生》，第 4、8 页。

② 方克立：《现代新儒学辑要丛书 · 总序》，中国广播电视出版社，1992—1996 年。

③ 20 世纪 80 年代有两本最重要的近现代中国哲学史著作，都是著名哲学家所作。一本是冯契先生的《中国近代哲学的革命进程》，书中对于梁漱溟、熊十力、冯友兰三位先生的哲学都有专论，对于贺麟、张君劢等也有涉及，注意到他们“都自称接上了中国的传统思想，以复兴儒学为自己的使命。他们在学术上激发了民族自豪感，是有贡献的”。但在哲学路径上则坦陈与其不同（冯契：《中国近代哲学的革命进程》，《冯契文集》第七卷，第 619 页）。另一本是冯友兰先生的《中国哲学史新编》第七册，曾经以《中国现代哲学史》在海外出过单行本，后来收入《三松堂全集》第十卷。冯友兰先生将“接着”宋明理学说的现代哲学家划为两类：一是理学，有金岳霖和冯友兰；一为心学，有梁漱溟和熊十力（冯友兰：《三松堂全集》第十卷，第 543—650 页）。相比之下，冯友兰先生是从儒学内部划分的，而冯契先生则在整个 20 世纪中国哲学论争的视野中既指出他们属于东方文化派或玄学派，同时也在更哲学化的方式上讨论了梁漱溟、熊十力、冯友兰的哲学。

味否定的态度，承认其有正面的价值。而在儒学内部，其更深层的意义在于超越了“道统”之争。贺麟先生在叙述新儒学的系统时，已经用“正宗”来暗含了“道统”的意味。而他所谓新儒学，在其《五十年来的中国哲学》中，被描述为“陆、王学派独得盛大发扬”①。而牟宗三则进一步指出“中国儒家正宗为孔孟……孟子为心性之学的正宗……陆王一系才真正顺孟子一路而来”②。而现代新儒学从熊十力到牟宗三，即代表了儒家之正统。牟宗三对朱熹则有“别子为宗”的评价，这理所当然会引起争议。港台新儒家对冯友兰先生一直持批评态度，除了政治因素以外，也是因为在他们看来，“接着”程朱讲的冯友兰先生进不了“道统”。当然，冯友兰先生另有一种“道统”说，那就是孔孟、老庄、名家、董仲舒、玄学、禅宗到程朱理学达到集大成，冯友兰先生的使命是接着此“道统”而讲“新统”。③以上两种“道统”说，形式上似乎只是从学理上梳理了各自的知识谱系，不过它是一种类似“家谱”的谱系，蕴含了超乎知识的意义，或者说“道统”论使哲学思想史的叙事发生了意识形态的变形，它的内在指向，实质上是如何以历史连续性的叙事方式来肯定社会文化秩序的现实建构。

正因为此，对于“道统”说，历来就有各种批评。20世纪40年代的马克思主义者主要是从意识形态与权力结构的关系，从民主革命时期政治正确的标准对其倾向提出批评④；哲学上，则主要是警惕“道统”论所可能蕴含

---

① 贺麟:《五十年来的中国哲学》，商务印书馆，2002年，第18页。

② 牟宗三:《中国哲学的特质》，第69页。

③ 冯友兰先生的哲学抱负一向甚大。他曾经说过:“我国家以世界之古国，居东亚之天府，本应绍汉唐之遗烈，作并世之先进。将来建国完成，必于世界历史，居独特地位。”(冯友兰:《西南联大纪念碑碑文》，《三松堂全集》第十四卷，第154页)他以“周虽旧邦，其命惟新”来展望中国的未来，并说“通观中国历史，每当国家完成统一，建立了强有力的中央政府，各族人民和睦相处的时候，随后就会出现一个包括自然、社会、个人生活各方面的广泛哲学体系，作为当时社会结构的理论基础和时代精神的内容，也是国家统一在人的思想中的反映”(冯友兰:《三松堂自序·明志》，《三松堂全集》第一卷，第310页)。其以《贞元六书》为代表的“新理学”哲学创造，就是为此而作。

④ 详见周恩来《论中国的法西斯主义——新专制主义》，《周恩来选集》上卷，人民出版社，1981年，第142—156页。在《论“理学”的终结》中，杜国庠说：理学除了道德性命之学说外，“还有所谓‘道统’的说法，以巩固其壁垒，仿佛继继绳绳像真正的王麻子、陆稿荐似的，只此一家，并无分店。历代帝王既利用它去巩固政权，于是他们也就利用帝王这种心理去扩张势力，而道统益见必要”(杜国庠:《杜国庠文集》，人民出版社，1962年，第379页)。还可见《杜国庠文集》中《红棉屋杂存》十二、《玄虚不是人生的道路》等文章。

的权威主义和独断论。在现代新儒家看来，这属于外部批判，可以忽略。不过，如果我们将批判儒学也视为广义的儒学研究的话，它也是现代思想光谱的一部分。尽管以“批判地继承”为宗旨的儒学研究，近年来似乎进入了潜流的状态。我们现在比较多地强调“中西马融合”或“传统的创造性转化”，其实已经将前述态度视为一种预设。因为它首先要承认真理或传统的价值不可以由某一个或某一派儒者对于经典的诠释所垄断。

另一方面，现代新儒学中史学一脉的内部批判同样也指向了此类“道统”说，这可以余英时先生为代表。余英时先生有一篇长文《钱穆与新儒家》，中心是澄清钱穆与现代新儒家的干系，除了将作为“通儒”的钱穆先生与作为“别出之儒”的现代新儒家做了区分以外，特别批评了熊—牟一系的现代新儒家的“道统”论。他接着钱穆先生所谓“别出之儒因为受禅宗的启发，发展出一种一线单传而极易中断的道统观”的断语，指出“自熊十力起，新儒家都有一种强烈的道统意识，但是他们重建道统的方式则已与宋明以来的一般取径有所不同。他们不重传道世系，也不讲‘传心’，而是以对‘心性’的理解和体认来判断历史上的儒者是否见得‘道体’”①。以“心学”为正统，即必须肯定一个普遍而超越的“心体”对于一切人都是真实的存在。对于港台新儒家乐于传颂的熊、冯两位先生关于“良知”是“假设”还是“呈现”的公案，余英时先生给出了另一个解答：“如果我们细察新儒家重建道统的根据，便不难发现他们在最关键的地方是假借于超理性的证悟，而不是哲学论证……只有在承认了‘心体’‘道体’的真实存在和流行这一前提之后，哲学论证才能展开。但这一前提本身则决不是任何哲学论证（或历史经验）所能建立的。”② 所以新儒家的“道统”后面实际是“教”而非“学”，是宗教性的信仰，非理性与感官所能进达。换言之，它遵循了“要么全部，要么全无”的逻辑，不是我们通过论辩可以建立起的价值共识。余先生直截了当地说：“新儒家的主要特色是用一种特制的哲学语言来宣传一种特殊的信仰。”③

当然，钱穆先生也有自己的“道统”观，用余英时先生的说法，是思想

① 余英时：《现代儒学论》，上海人民出版社，1998 年，第 202 页。
② 同上书，第 204 页。
③ 同上书，第 224 页。

史家的道统观，虽然着重要继承的是北宋以来综汇经、史、文学的儒学传统，尤其尊重朱熹，但他视“历史文化大传统为真道统”。换言之，在钱穆先生这一系的传承中，比熊—牟一系现代儒学的视野要宽阔一些，较少排他性。由于其学问综合了经学、史学和文学，所以在现今的“国学”中，占有更主要的位置。像当初主张用“国粹”来激发民族意识的章太炎一样，钱穆也主张“故欲其国民对国家有深厚之爱情，必先使其国民对国家已往历史有深厚的认识。欲其国民对国家当前有真实之改进，必先使其国民对国家已往历史有真实之了解”①。在民族意识高涨、历史观发生重大转折的当下，以广义的历史连续性为“道统”的底蕴，似乎更容易被普通民众接受。当然，其困难在于历史连续性不能停留在抽象的概念和想象的崇敬中，它最终还需要回到现实秩序如何重建的问题上来。

二

上述所论，似乎是宋明理学“道问学与尊德性”之争在20世纪的延续与新演变。② 如果放宽眼界，即从整个20世纪中国思潮运动的视域中考察，他们之间的“同”实大于其“异”，所以我们在关于“秩序”问题的讨论中将他们归属于文化保守主义一脉。但是如果进一步研究，还是可以追问：现代新儒家是否一开始就注定只是保守主义，或者说始终是单一的保守主义？换言之，现代新儒家的光谱是否有更长时段、更复杂的面相？

关于儒学和儒学的复杂性，我在第三章第一节已经论述过。理解儒家在秩序问题上的总体特点，对于理解儒学在近现代中国的历史方位有重要的意义。我们知道，现代新儒家兴起以前，作为正统意识形态的程朱理学受到各种各样的批判，而现代新儒家，则被称作“保守主义”。它与其

---

① 钱穆：《国史大纲》上册，第3页。

② 余英时先生就评论过现代新儒家既有“良知的傲慢”，又有从“尊德性”向“道问学”的转变。不过在牟宗三一系之刘述先先生看来，重点放在历史文化方面的余英时先生虽然自己不愿意承认属于狭义的现代新儒家，却不在“广义的现代新儒家”之外（刘述先：《论儒家哲学的三个大时代》，香港中文大学出版社，2007年，第237—238页）。

他文化保守主义（如学衡派）同属一派，却有更强烈的政治意蕴。按照萨缪尔·亨廷顿的说法，保守主义是一种方位性的意识形态（a positional ideology），而不是捍卫特定制度的一种固有理论。[①]但是作为现代中国的保守主义的新儒家，却显示出它的双面性：它既有捍卫民族传统的古老制度及其文化价值的一面，又有随着历史方位而不断改变修正自己的一面。因此似乎适宜在自主式与情景式的两个定义的交叉中获得界定。即一方面它有某些原则，有某些特定的价值乃至思想方式与生活方式需要捍卫；另一方面，在捍卫这些东西的过程中，它又常常随着时势的变化而改变自己的话语策略，因而自身的理论构成也发生了一些变化，呈现某种修正主义的色彩。

不过这样平面描述的定义，没有办法解决它的连续性与转化的问题，即无法回答曼海姆的问题："与'保守主义'这个词所包含的意义相当的历史学和社会学实体存在吗？一种能够在现象学上加以确认并能够确切地被称为'保守主义'的感觉方式、思想方式和行为方式存在吗？"[②]这是从知识社会学的角度提问"保守主义"具有何等相对明晰的思想形式，以及它在社会总体进程中如何获得植根性。这个问题在中国学术界尤其重要，因为从20世纪90年代关于"激进和保守"的争论中，对于保守主义的界定就是相当模糊的。事实上，1988年余英时先生就已经用比较直观的方式表达了相似的困惑。在《中国近代思想史上的激进与保守》那篇文章中，余先生不但提出近代中国思想史是一个"激进化的过程"，包括一波比一波更激烈的反传统，而且认为保守主义与激进主义之间根本不成比例，无法制衡时代思潮的激进化。而之所以如此，是因为近代以来中国始终没有出现可供"保守"的"现状"，没有形成"某一种秩序：社会的、文化的、政治的秩序"[③]。按照余先生的意见，保守主义主要与文化的传统主义有关，但是也是一种政治的"态度"或"倾向"，所以这种政治—文化保守主义，并不单独指称某种思想或

① ［美］杰里·马勒：《保守主义：从休谟到当前的社会政治思想文集》，刘曙辉、张容南译，译林出版社，2010年，第7页。

② ［德］卡尔·曼海姆：《保守主义》，第55页。

③ 李世涛主编：《知识分子立场——激进与保守之间的动荡》，第3页。

学派。余先生的讲演虽然不是严格的论文，含义却很丰富，并且立刻引起了极大的反响。当时对他的批评大多是针对其中包含的政治诉求而发的。不过，其中也蕴含了另一层悖论：既然历史没有形成可以值得保守的东西，“保守主义”还是合理的吗?

问题的答案可能在于：当代西方社会的保守主义与20世纪中国的保守主义，虽然在各自的历史文化中都呈现出保守的态度，但是两者所欲捍卫的特定价值乃至思维方式与生活方式其实有明显的不同。前者是基督教文明，并且已进入“后现代”；后者则是正在经历现代转型的儒家文明。19世纪中叶以来的中国社会的现代化就是这一转型的曲折进程，正是在激进主义、自由主义与保守主义的长期争论中，中国进入了现代社会。所以，现代化过程就是20世纪中国各派思想的commonground：不但经济起飞使得中国的崛起成为一部当代传奇，而且“社会主义核心价值”提供了公共思想的共识与争论的平台，民族复兴更是几代中国人的梦想。因而，我们可以在这个意义上承认保守主义的“方位性”，即它随着中国的现代化进程不断调节着自己的论辩策略：从社会史的角度看，是如何发掘和运用传统的文化资本，满足不断变化的社会期待；从哲学史的角度看，则是如何对现代化运动做了保守主义视角的概念化。

三

观察儒家在现代社会的论述策略变化，我们可以说，现代新儒家围绕自身与中国的现代化之关系的论述，大致上是从“儒家文化可以为现代化提供传统资源”转变为“儒家思想可以成为救治现代弊病的良药”。前者是对于“儒家传统不能开出现代化”的反驳，中心是现代化的焦虑；后者是对于现代性的风险与意义危机的诊断，提供现代病的救治。但是我们不能将这种方位性理解为论辩策略的代际转变。所以我们对前述“曼海姆问题”要给予一个肯定的回答：作为保守主义的新儒家，他们确实有其特具的“感觉方式、思想方式和行为方式”，在我们看来，其基本的思想纲领就是从“中体西用”到“返本开新”。它意味着要维系固有的社会秩序，需要儒家价值作为规范性要素。这一点是“变”中之不变者。

然而，从形而上学的秩序原理，转变为社会生活的实际秩序，其中不但有理想如何转变为方法与德性，包含了实践论的飞跃，而且有形上学转变为具体行动理论的指南，因而需要社会科学的支持与验证。现代新儒家意识到问题的这一面向，譬如，对于社会实际秩序的混乱与救治，熊十力说：

> 自家礼及社会酬酢，乃至国家一切度制，今皆紊乱无序。礼失则乱，乱极宜反。民亦劳止，迄可小康。酌古准今，如何通变，是在有多数经儒，真能于性地用功，而复格物达时变者，方堪议此。①

他意识到重建中国社会的实际秩序，需要若干条件：特别是需要有相当数量的儒者，既对儒家性理之学有着深厚造诣，又能对具体的现实问题与变化有科学研究；并且需要经过“议”——讨论的过程——即“酌古准今”而“通变”。无论是“返本开新”还是“酌古准今”，都要从“中学”经典出发，它是曼海姆所说的“留存到现在的过去”之最具体最权威的要素。经典世界本身是有秩序的：义理、经济、考据、词章四科之学，义理为主脑。义理之学虽然融贯百家，却又“要以六经为归”。这意味着经济学、政治学乃至所有的社会科学，都必须在六经之义理中寻找到根据。因此，熊十力实际上是回到传统的经学中发掘现代社会的规范性和秩序原理：

> 经者常道也。夫常道者，包天地，通古今，无时而不然也。无地而可易也。以其恒常，不可变改，故曰常道。夫此之所宗，而彼无是理，则非常道。经之道不如是也。古之传说，而今可遮拨，则非常道，经之道不如是也，戴东原曰：“经之至者道也。”此语却是。②

儒家不管新旧，大致都承认“常道”的存在，但是又承认“权”和“更

---

① 熊十力：《读经示要》，《熊十力全集》第三卷，第609页。
② 同上书，第569页。

化”。康有为以今文经学讲“大同”，提出了平等主义的政治文化取向：在对帝制的改造（或者颠覆）的基础上有望实现一个普遍平等的“大同世界”。在20世纪的中国，永久和平的理想与现实危机的应对之间明显是脱节的。为了填补这种脱节造成的裂隙，康有为提出要扩充人的“不忍人之心”，20世纪儒家保守主义进而提出了一个道德理想主义的蓝图。新儒家的这一方向是熊十力开启的。他坚持“至治”或“大同”有一个首要条件：全人类共勉于道德。

> 礼乐之原，一也。一者，道也。此道在人曰性。性者，序也，和也。何以言之？性者，生生也。生生者无滞碍，恒亨畅故，说之为和。生生者，非迷乱，具条理故，说之为序……礼者，天理之节文。天理谓性，节文犹云条理。即显性是生生而条理。若夫人事之仪则，只此条理显发于外，自身心之律范，乃至天下一切度制，亦皆是仪则……圣人礼乐之用，合政治与道德为一。但欲穷礼乐之原，须证见本体始得。政治道德合一，此乃儒者精神。世界如期大同，非由此道不可。①

在《读经示要》中，熊十力将“政治道德合一”的秩序原理归结为九条：仁以为体；格物为用；诚恕均平为经；随时更化为权；利用厚生，本之正德（科学在其中）；道政齐刑，归于礼让；始乎以人治人；极于万物各得其所（按照礼的原则）；终之以群龙无首。与古代儒家相比，现代新儒家的秩序构想中间，随着天命论的衰落，政治合法性问题以及人与自然的关系大大地被祛魅了（与张之洞比，不再主张“三纲五常”）；有限地承认科学与民主；否定法治与竞争（自由）。尤其显示其秩序原理之复杂性的，是熊十力的平等观。他一方面坚持儒家德治的传统，以“圣人”为垂直型权威的源头，表现出在社会组织原则方面，有杰里·马勒所谓的“反契约主义”，即“与欣赏自愿的、契约式的社会关系的自由主义者不同，保守主义强调非自愿的义

---

① 熊十力：《读经示要》，《熊十力全集》第三卷，第607—608页。

务、责任和忠诚的重要”[①]。另一方面，又向往“群龙无首”式的平等，因而依违在精英主义与民粹主义之间。

同样是从“中体西用”到“返本开新”，如果说熊十力走的是学院哲学的路径，从经学去发掘现代秩序原理，那么梁漱溟走的就是另一个路径，是从恢复古风——儒者讲学与民众运动结合——的路径，试图从实践上真正成就社会秩序的重建。

这与梁漱溟对传统社会秩序连续性的认识有密切关系，梁漱溟说：

> 中国现在是一个社会秩序大改造的时期，社会秩序大改造，即可谓之革命；可是中国现在的革命不是社会内部自发的，不是因社会事实改变，而秩序没改，成为一种障碍，起而要排除障碍的一种革命；事实并没有什么大进步，非真有不同于前者，论理他的社会秩序并无改革的必要；然而从意识上（此意识是社会的非阶级的）忽然要求秩序的改变，不是从事实上逼着秩序改变，只是从意识上要求秩序改变；岂不是用不着？岂不是奇想？所以作此奇想者，乃是从外来的刺激，引起他改变秩序的要求。[②]

在梁漱溟看来，传统社会的秩序原本不应该变化，但外来的激进的社会改革观念，导致一个原先以乡村为基础、以乡村为主体的中国社会，经历了“一部乡村破坏史”，加之帝制废除以后，统一的民族国家尚未形成，因而陷入了十分危险的“文化失调”的危机；文化失调的外化，就是社会构造的崩溃：

> 今日中国问题在其千年相沿袭之社会组织构造既已崩溃，而新者未立；或说是文化失调，“人非社会则不能生活，而社会生活则非有一定秩序不能进行；任何一时一地之社会必有其所为组织构造者，形著于外

---

① ［美］杰里·马勒：《保守主义：从休谟到当前的社会政治思想文集》，第 17 页。

② 梁漱溟：《乡村建设理论》，《梁漱溟全集》第二卷，第 233 页。

而成其一种法制、礼俗，是即其社会秩序也”。一社会之文化要以其社会之组织构造为骨干，而法制、礼俗实居文化之最重要部分。中国文化一大怪谜，即在其社会构造（概括政治构造、经济构造等）历千余年而鲜有所变，社会虽有时失掉秩序而不久仍旧规复，根本上没有变革，其文化像是盘旋而不能进。但到今天，则此相沿不变的社会构造，却已根本崩溃，夙昔之法制、礼俗悉被否认，固有文化失败摇坠不堪收拾，实民族历史上未曾遭遇过的命运。而同时呢，任何一种新秩序也未得建立。试问社会生活又怎得顺利进行？①

梁漱溟没有认识到随着现代化的进程，中国社会的经济结构发生了革命性的变化，固有政治法律等规范性秩序也必定随之变化，因而必定需要社会秩序的重组，对于中国人来说，这是一个痛苦的又是不得不经历的长期过程。但是在秩序重构问题上，梁漱溟的独到洞见是，他意识到一个健全的社会秩序需要规范性秩序、实际秩序和社会成员对于秩序的认同三者之间有相对稳定的组合：

本来的社会秩序（包含社会上一切法制礼俗），是跟着社会事实来的。（这个事实，经济很居重要。）社会秩序无非是让社会事实走得通的一个法子，所以秩序与事实是要符合的。我们的意识要求，也常常与秩序与事实是一致的相符合的。因秩序就是一个是非标准，含有价值判断在内，普通我们的意识要求即视此为标准。总之，意识要求、社会事实、法制礼俗，三者都要调协。②

但是近现代中国陷入了三者的冲突：其根本原因，不是传统社会的实际秩序本身发生了什么问题，而是知识分子尤其是激进主义的知识分子，引用西方文化的观念，导致了价值失序以及由此而来的规范性秩序之无效。在梁

① 梁漱溟：《乡村建设理论》，《梁漱溟全集》第二卷，第162页。
② 同上书，第232页。

漱溟看来，中国社会依然是以农村和农民为基础的社会，以“返本开新”的方式重建秩序，则需要“由社会事实以演自中国数千年特殊历史者为本”①。基于对中国历史文化的上述判断，梁漱溟提出其秩序重构的方案。

我们前面曾经提及，现代新儒家的现代性方案是从“中体西用”到“返本开新”。著名保守主义者罗杰·史库顿以对“历史生命力”和“社会世界的连续性”的感受为中心，从心理学来解释保守主义，并把它的本质规定为“生存意志”。在他看来，对于社会秩序的认同，通常就是源于它对于其所属社会的生存意志的认识。②如果我们记得梁漱溟的《东西方文化与哲学》曾将文化的本质归结为叔本华的“生存意志”③，而他以及后来的现代新儒家群体自认其最重要的文化使命就是“返本开新”，那么我们可以说，梁漱溟给出的中国社会秩序重建方案，本质上就是基于历史文化连续性的谋划。

我们可以分下列四点来描述它。

第一，梁漱溟对于中国传统文化的生命力有着极其强烈的自信。在他看来“东方化东方哲学大约是一成不变的，历久如一的，所有几千年后的文化还是几千年前的文化，所有几千年后的哲学还是几千年前的哲学。一切今人所有都是古人所遗，一切后人所作都是古人之余”。正是基于对于历史文化连续性的如此肯定，梁才预判未来中国的秩序安排应该是：排斥印度人的出世的态度；以“中体西用”的方式（“全盘承受”“而根本改过”地）接受西方的科学与民主；最重要的是“批评的把中国原来态度重新拿出来”④。

那么什么是“中国原来态度”？在梁漱溟看来，“社会秩序包括法律、制

---

① 梁漱溟：《乡村建设理论》，《梁漱溟全集》第二卷，第 239 页。

② ［英］罗杰·史库顿：《保守主义》，第 18 页。

③ 在《东西文化及其哲学》一书中，梁漱溟说文化即是生活的样法，生活近似于叔本华的“意欲”（will），“意欲”是有方向的，欲求的方向呈现为“态度”。故在同一本书中，他又提出自己的“态度”：“我要提出的态度便是孔子之所谓‘刚’”，“我今所要求的，不过是要大家往前动作，而此动作最好要发于直接的情感，而非出自欲望的计虑”（梁漱溟：《东西文化及其哲学》，《梁漱溟全集》第一卷，第 537 页）。所以梁漱溟所引动的儒家动力性的转变，不同于功利主义的驱动，还是“仁心”驱动的救世情怀，这和我们下文将讨论到的秩序重建内向必定落实到心灵的秩序有关。

④ 梁漱溟：《东西文化极其哲学》，《梁漱溟全集》第一卷，第 528 页。

度、礼俗、习惯而言。一种秩序，即是一套礼俗；而其社会如何组织、如何结构，也即安排在其中”。中国社会是以农村和农民为基础的社会，回到“中国原来态度”去重建秩序，就要“由社会事实以演自中国数千年特殊历史者为本”。中国数千年的实际秩序，与西方近代以来的个人本位、阶级对立不同，古代中国不是阶级社会，其特征是“伦理本位、职业分途”[①]。而中国人的伦理观念，与西方人以权利自我为中心的个人主义也就大不相同，其要点在于“互以对方为重”，“他不分什么人我界限，不讲什么权利义务，所谓孝悌礼让之训，处处尚情而无我”[②]。所以传统的五伦都强调非契约主义的责任、义务和忠诚的重要性。因为“互以对方为重”而成的“伦理的社会”，甚至不需要以“一大强制力即国家”来维持秩序（所谓统治）。而东方化尤其是其“天下”秩序，曾经就是如此。对于中国古代历史的总体性判断，学术界自然是有高度分歧的，迄今为止主流的观点是秦汉以来大一统的帝国，明清以降形成了逐渐强化的专制政治；马克斯·韦伯认为古代中国是一个“家族国家”，福山在其书中提出：以无情的战争为动力，中国很早就形成了现代国家。“中国是创造现代国家的第一个世界文明，但这个国家不受法治限制，也不受负责制机构的限制，中国制度中唯一的责任只是道德上的。没有法治和负责制的国家，无疑是一个专制国家。”[③]梁漱溟与此类观点完全相反，他认为古代中国几乎不是一个国家，在维持秩序方面，可以将暴力降低到最小的程度，仅仅依靠礼乐就足以使人各得其所，相安无事，故梁漱溟相信未来中国社会的秩序也一定是历史的延续。

第二，中国既然已经陷入社会失序，重建历史的连续性如何可能？梁漱

---

① 梁漱溟心目中的中国几乎就是北方的“乡土中国”，对于近代以来东南沿海尤其是开放口岸的城市生活以及由此造成的中国现代化进程的不平衡了解甚少。所以他偶尔也会说：“我承认像苏州等地方，城里多是世代作官人家，而乡间佃农则不存读书之想，俨然就是两个阶级。但此非一般之例，一般没有这种分别。‘耕读传家’‘半耕半读’，是人人熟知的口语。”（梁漱溟：《中国文化要义》，《梁漱溟全集》第三卷，第153页。）

② 梁漱溟：《东西文化及其哲学》，《梁漱溟全集》第一卷，第479页。

③ ［美］弗朗西斯·福山：《政治秩序的起源：从前人类时代到法国大革命》，毛俊杰译，广西师范大学出版社，2014年，第137页。

溟提出了“恢复古风”——重建秩序的实践路径。所谓“恢复古风”即“儒者讲学与民众运动结合”的路径，历史上，这是一条梁漱溟所最为推崇的晚明泰州学派所走过的路。他自述：

> 明白的说，照我意思是要如宋明人那样再创讲学之风，以孔颜的人生为现在的青年人解决他烦闷的人生问题，一个个替他开出一条路来去走。①

梁漱溟离开书斋后积极从事的“乡村建设运动”和乡村教育，就是他所谓“恢复古风”的实践。一方面是他认为传统中国社会秩序之维持，“不靠他力而靠自力，不靠强力而靠理性”；而由于“士人”居于四民之首，“他代表理性，主持教化，维持秩序，夫然后，若农，若工，若商始得安其居，乐其业”。新式的“士人”有所觉悟，讲学和社会运动都以他们为主体，秩序重建才有可能。另一方面是“就社会说，这种觉悟恐怕不在大江及沿海地方，大约先在内地发动”，“真的力量恐怕只有在内地乡村社会中慢慢地酝酿，才能发生大的量，而后再影响于城市”②。可以在实践上真正成就社会秩序的重建。当然，梁漱溟所谓“恢复古风”之内容在乡村建设中也有所变化，即希望通过乡村教育来实现社会动员：既克服旧时代个性不发达的缺陷，又培养农民学会团体生活，克服传统文化社会性不发达的缺陷。因而乡村建设同时也是新型的团体组织的养成：

> 我们把许多中国冲突点疑难点解决以后，就可以发现一个新的社会组织。这个社会组织及是以伦理情谊为本源，以人生向上为目的，可名之为情谊化的组织；因其关系是建筑在伦理情谊之上，其作用为教学相长。这样纯粹是一个理性组织，它充分发挥了人类的精神（理性），充分容纳了西洋人的长处。西洋人的长处有四点：一是团体组织——此点

---

① 梁漱溟：《东西文化及其哲学》，《梁漱溟全集》第一卷，第539页。
② 梁漱溟：《乡村建设理论》，《梁漱溟全集》第二卷，第185页。

矫正了我们的散漫；二是团体中的分子对团体生活会有力的参加——此点矫正了我们被动的毛病；三是尊重个人——此点比较增进了以前个人的地位，完成个人的人格；四是财产社会化——此点增进了社会关系。以上四点是西洋的长处，在我们的这个组织里边，完全把他容纳了，毫无缺漏；所以我们说这个组织是以中国固有精神为主而吸引了西洋人的长处……才能为社会开一条新路。我相信这样的组织才是人类正常的文化、世界未来的文明。①

这样，梁漱溟将“互以对方为重”的伦理，从单纯处理“人—我”关系的原则，转变为“群—己”关系的原则。这似乎是后来的研究者视梁漱溟为社群主义者的缘由。

第三，新式的“士人”既承担重建秩序重任，知识分子乃至普通民众的心灵秩序是更为根本的秩序。孔子在“礼崩乐坏”的春秋时代重建礼乐的奋斗乃是梁漱溟的楷模。“孔子最初着眼的，与其说在社会秩序或社会组织，毋宁说在个人——一个人如何完成他自己”，“在个人完成他自己；在社会，则某种组织与秩序亦由此而完成”②。

安顿心灵的秩序，最重要的是如何合理地回答“理欲之辩”。梁漱溟不赞成功利主义的欲望解放论，他强烈批评现代性导致人们精神一味向外追求，陷入“整天算账的日子”。“盖我们的幸福乐趣，在我们能享受的一面，而不在所享受的东西上——穿锦绣的未必便愉快，穿破布的或许很快乐；中国人以其与自然融洽游乐的态度，有一点就享受一点，而西洋人风驰电掣的向前追求，以致精神沦丧苦闷，所得虽多，实在未曾从容享受。”③当然，在个性主义流行的五四时代，梁漱溟也曾批评礼教的僵死导致中国人个性不发达，故亦反对“理智压抑本能”，而是主张理智调理本能，或者说“意欲自为调和持中”。与那些专门教训人修身“功夫”的儒者不同，他以我们前述的动力论转向的路径来解释孔子的真精神，赞扬孔子“刚”的态度：“大约

① 梁漱溟：《梁漱溟全集》第二卷，第308—309页。
② 梁漱溟：《中国文化要义》，《梁漱溟全集》第三卷，第119—120页。
③ 梁漱溟：《东西文化及其哲学》，《梁漱溟全集》第一卷，第478页。

‘刚’就是里面力气极充实的一种活动”，“刚的动只是真实的感发而已。我意不过提倡一种奋发向前的风气，而同时排斥那向外逐物的颓流”[①]。

第四，“天下”视野中的未来世界的秩序构想。如果我们将上述三条综合起来，不难发现梁漱溟这样的文化保守主义者，在思考社会秩序时，其基本的运思方式是将社会秩序、文化的连续性与人的道德实存三者视为内在一体的。人的实存即人的普遍性的概念，因而就不难理解梁漱溟谈论中国社会秩序重建的同时，实际上也在表达对未来世界的秩序构想。哲学家常是预言家，我们对梁漱溟不妨如是看。《东西文化及其哲学》提出了“人生三问题——文化三路向——历史三阶段”的文化理论，以及关于世界文化的历史走向的预言——“照我的意思人类文化有三步骤”：第一步是西方文化的扩张；第二步是“世界未来文化就是中国文化的复兴，有似希腊文化在近世的复兴那样”；第三步是“中国化复兴之后将继之以印度化复兴。于是古文明之希腊、中国、印度三派竟于三期间次第重演一遭”。这是梁漱溟眼中的人类文化历史的大秩序，而且“中国文化是以意欲自为调和、持中为其根本精神的”。梁漱溟构想的未来世界秩序，即中国“伦理的社会”世界化。虽然西方文化在当时呈现强势，但是西方经济生活的秩序经过全球化的过程以及其受挫，从“个人本位、生产本位”碰壁以后“必归于合理，以社会为本位，分配为本位是一定的。这样一来就至人类文化要有一根本变革，由第一路向改变为第二路向，亦即由西洋态度改变为中国态度”。这样一个世界文化三期重演的秩序后面，隐隐约约可见传统的“天下”观念。在梁漱溟看来，中国文化的复兴关系到不止中国人的命运，而是“天下”的兴亡。而且他实际上预言中国文化的复兴，将改变世界的秩序。他甚至认为，如果中国化不成为新的世界化（新天下），中国文化也不能复兴，甚至中国文化“如果不能世界化则根本不能存在”，“以后世界是要以礼乐换过法律的，全符合了孔家宗旨而后已”[②]。

20 世纪后半叶中国社会秩序之整合走了一条与梁漱溟的预想大异其趣

---

① 梁漱溟：《东西文化及其哲学》，《梁漱溟全集》第一卷，第 537—538 页。

② 同上书，第 522 页。

的道路。尽管如此，在沉寂了半个世纪以后，梁漱溟再度成为学术关注的焦点。

梁漱溟的秩序理论，从对传统社会的文化历史连续性和价值认同出发，将对中国社会伦理的想象作为构造理想政治的原则，使得其政治原则与制度设计保留了儒家伦理学的预设，同时拒绝西方原子主义的个人观，将自由平等和个人的实现都建立在团体（群体、社群）与个人互以对方为重的关系上，实际上扬弃了古代“礼教”对个人的束缚，同时又坚持在历史脉络中“成己”“成物”，因而有某种社群主义的倾向。就其对财产共有的认同，并认为均平的经济秩序是秩序的基础而言，他又有某种社会主义的倾向。① 梁漱溟是现代新儒家中努力在实践中探讨中国道路的思想家，他早期从事乡村建设、农民教育，中年积极参与民主建国，都实践了自己复活泰州学派，将讲学（宋明理学）与社会运动结合的志愿。从这层意义上说，与牟宗三、唐君毅等主要继承了熊十力从心性论“曲通”社会理论的路径，走了一条专业哲学家的道路不同，梁漱溟复活了儒家知行合一的传统，从动员民众的自觉出发，去重建中国社会的合理秩序。

四

当年美国著名汉学家列文森的《儒教中国及其现代命运》曾经引起持久的争论，尤其是在“孔子在共产主义中国的地位”一章中，列文森断言孔子已经被珍藏在博物馆里：“与儒家推崇的孔子不同，共产主义者时代的孔子只能被埋葬，被收藏。现在孔子对传统主义者已不再起刺激作用，因为传统的东西已经被粉碎，孔子只属于历史。”② 如果把儒学视为只能以整全的观念

① 这方面的情况，在《乡村建设理论》中已经有所提示。我们通过阅读其后期的著作《人心与人生》就可以更加明了。但是其社会主义与我们通常所说的科学社会主义有所不同，主要是并不赞成阶级斗争的理论。事实上，梁漱溟一方面不同意自由主义或资本主义的路径，另一方面也不赞成共产主义革命，他的整个重建秩序的理论都是第三种道路的探寻。

② ［美］列文森：《儒教中国及其现代命运》，郑大华、任菁译，中国社会科学出版社，2000年，第342页。

存在的话，列文森所言不虚。[①]现在的评论者通常只注意到“文革”使列文森怀疑自己的结论。其实，列文森的那本书没有注意到现代新儒家中的梁漱溟、熊十力和冯友兰，也没有注意到海峡彼岸的新儒家的工作，当然更没有注意到儒家传统有其根深蒂固的部分，隐身在民族的文化心理、社会风俗和法律制度之中。如果从观念史研究的角度说，可以对当时（同时也是历史上的）“儒”采用三分的方式：一是在后经学时代以一种“返本开新”的方式通过诠释儒家经典来阐发的观念，它以经学为核心；二是沉积在一般文学、历史中的儒家观念，包括正统的和异端的——其定位通常受政治形势影响而改变，可谓是文化—心理的；三是体现在风俗与政治法律、政策制度中，是建制化的观念。我之所以说它们当时不在“显学”状态，是因为第一类在中国未能被主流意识形态接受，后面两类已经发生了现代性的转变，有时甚至以“反儒”的面目出现。[②]

前面我们已经讨论过，与熊十力有直接师承关系的港台新儒家，继承了“返本开新”的路径，在融摄西方哲学的某些派别的过程中发展儒家哲学，“是对西方文明强力的冲击的回应”[③]。不过即使在20世纪80年代以后港台地区那样的言路条件下，他们中有部分学者依然采取比较审慎、内敛的态度，对外主张以“文明对话”，化解“文明冲突”；同时认为即使视儒学为“生命的学问”，以“内在超越”的方式呈现其“精神性”（这是他们对儒家的宗教性的一种修辞），也只是多元社会的一元以供个人选择，其“道统”论所包含的独断论与权威主义色彩尚不强烈。所以我认为它们作为保守主义，本质

---

① 余英时先生对此从历史文化的角度有过论述：“儒学不只是一种单纯的哲学或宗教，而是一套全面安排人间秩序的思想体系，从一个人自生至死的整个历史，到家、国、天下的构成，都在儒学的范围之内。”（余英时：《现代儒学的困境》，沈志佳编：《余英时文集》第二卷，沈志佳编：广西师范大学出版社，2014年，第318页）这可以看作一个整全的儒学（或儒家）的概念。

② 此类问题相当复杂，实际上又关系到另一个重大问题的解答：儒家传统在中国现代化（以经济起飞为特征）中起了何等作用？因为在现代新儒家的文化话语中，一方面他们指责“五四”打断了传统，所以现代化长期止步不前；另一方面他们一直坚信儒家可以成为现代化的本土资源。而仅仅这样的论述是无法解释当今中国崛起的原因和现实的。从学术的角度说，在讨论中国经验或中国道路的时候，我们非常期待能够出现论述儒学传统如何正面推动了中国现代化的著作。

③ 刘述先：《论儒家哲学的三个大时代》，第138页。

上是防御性的；或者按照亨廷顿的说法，依然是一种方位性的意识形态，而不是捍卫特定制度的理论。

历史的发展总有其吊诡的面相，从研究现代新儒家哲学（尤其是港台新儒家）开始，三十年间，儒学在中国迅速复活。20 世纪 90 年代的研究者在研究梁漱溟、熊十力、冯友兰以外，对牟宗三、唐君毅、徐复观等表现出强烈的兴趣。尤其是牟宗三的哲学由于其体大思精，在专业哲学史界成为一时之显学。牟宗三的“良知坎陷”说和“智的直觉”说甚至成为争论的热点。但是，此后很快出现了被称作“大陆新儒学”的现象，最初它以蒋庆的《政治儒学》为代表，开出了对于秩序关怀的另一面相。它与港台新儒学有所不同，李维武教授指出：“如果说此前的现代新儒学具有深刻的学术性，并对 20 世纪中国学术发展做出了重要贡献，那么中国大陆新儒学则具有强烈的现实参与性，所关注和思考的重心是当代中国重大现实问题，特别是‘中国向何处去’这一时代大问题。”它包括以政治儒学兴起为标志的儒学的政治化、以提倡建立儒教为标志的儒学的宗教化以及以儒学走向民众生活为标志的儒学的大众化。① 与梁漱溟、熊十力以后的新儒家偏向于宋明理学（尤其是陆王心学）、西方哲学的融合不同，近二十年“大陆新儒学”研究中荀子受到的注意明显增加，同时康有为也重新触发了儒学研究者的灵感和对经学的热情。因为 20 世纪初期，正是康有为曾经极力提倡建立儒教，其从公羊学出发来建立现代中国社会哲学秩序的方式，被一些学人视为从文化的阐释者变身为立法者的最合适途径。从某种意义上说，中国出现的这一情势已经表示现代新儒学不再是防御性的或者单纯保守主义的，他们对中国的秩序重建有着更为进取的态度。

上述变化自然有其内在的根据：一方面是一个有着悠长连续性的传统在经历“三千年未有之大变局”之后并未彻底断裂，如前文所述，即使在列文森那样的外部观察者以为孔夫子进了博物馆的时代里，儒家伦理乃至政治文化依然隐身于激烈变革的现实之中；另一方面是经济建设时代意识形态的挑

① 李维武：《近百年来儒学形态与功能变化的总体走向与基本历程》，《武汉大学学报（人文科学版）》2014 年第 4 期。

战，需要可以提供秩序重建的多重资源——尤其是在本民族中根深蒂固的传统——共同发挥作用。历史学家陈旭麓先生曾经意味深长地说过："新儒学是时代和社会新了它，不是它新了时代和社会。"[①] 当代世界在"全球化"的过程中依然是一个高度竞争的世界，不过原先一直由西方主导的世界秩序，也因为西方自身的危机和相对衰落而面临重组。崛起的中国，作为一个现代国家置身于此，对内确实需要建立更具有内在凝聚力的精神权威，对外则可能提出"中国方案"。在此条件下，当代儒学研究者从传统儒学发掘资源并进行创造性转化，有望提出有意义的选项。

第三节　儒家社会主义还是儒家自由主义

我们在讨论现代新儒家关于秩序重建的理论时，未对现代新儒家的重要代表之一徐复观有足够的讨论，本节拟以"平等"观念为入口，切入徐复观的秩序理论。正如我们熟知的，随着中国现代化的进程，"平等"在现代性观念的系谱中占据了非常重要，乃至是基础的位置，它是社会生活按照平等原则来规范的现实的反映。在此过程中，各种思想派别对于如何理解和实现"平等"的价值，发生了持久而激烈的争论。作为现代中国重要的思想派别之一，现代新儒家也参与其中。因而他们如何解释平等观念，就是个值得关注的问题。本节我们拟以徐复观的思想及其与熊十力平等观念的比较为中心，来观察现代新儒家的秩序观念。这里一定涉及许多历史的或理论的前提，需要做简要的澄清。

一

近代以来人们讨论儒家或儒学，无论是从伦理学、社会学还是从政治哲学的侧面进入，都会一定程度地涉及现代性的基本价值之一"平等"。因为这个问题似乎一直是古代儒家尤其是以礼教为中心的儒家制度招致批评的焦

---

① 陈旭麓：《浮想录》，《陈旭麓学术文存》，第1360页。

点之一。从戊戌时期开始，不仅激进主义者和自由主义者以此批评礼教，即使像梁漱溟先生这样现代新儒家的先驱人物，也批评古代的礼教“全成了一方面的压迫”，并说：

> 这一半由于古代相传的礼法。自然难免此种倾向。而此种礼法因孔家承受古代文明之故，与孔家融混而不能分。儒家地位既常借此种礼法以为维持，而此种礼法亦借儒家而得维系长久不倒；一半由于中国人总是持容让的态度，对自然如此，对人亦然，绝无西洋对待抗争的态度，所以使古代的制度始终没有改革。似乎宋以前这种束缚压迫还不十分利害，宋以后所谓礼教名教者又变本加厉，此亦不能为之曲讳。数千年以来使吾人不能从种种在上的威权解放出来而得自由；个性不得申展，社会性亦不得发达，这是我们人生上一个最大的不及西洋之处。①

大致说来，早期现代新儒家对于礼教与现代平等之间的断裂的肯定是相当明晰的。不过这并不等于他们同意后来曾经一度非常流行的见解，即将现代平等观念与儒家社会生活尤其是儒学看成是完全无关的东西，而一般人在讨论中国现代观念之历史生成的时候，更强调“平等”观念有西学东渐的脉络。古今之间的连续性被低估以后，“平等”之在中国，容易被误解成纯粹外来观念的移植，因而也不容易解释作为价值的“平等”在中国之实现，何以有种种不同于西方社会之状况。事实上，从儒学发展史来看，早在19世纪晚期，康有为、谭嗣同等已经在其儒学（仁学）的阐发中扬弃了礼教的不平等，而礼教本身也早就在社会生活的新陈代谢中大为式微。因此，在政治法律制度的层面，承认礼教是社会改革的对象，是现代新儒家与其他各个思想派别所形成的新共识。不过，在儒学已经成为“国学”内核的今天，当人们在谈论现代新儒家作为文化保守主义的时候，容易忽略以下一点：现代提倡复兴儒学的思想家，在注重传统的现代意义的同时，也有相当激进的一

---

① 梁漱溟：《东西文化及其哲学》，《梁漱溟全集》第一卷，第478—479页。

面，包括在伦理学和政治哲学的层面提倡相当激进的“平等”的原则。

与此相关的一个问题是，通常说的“儒家”其实包含了相当复杂的意义，它至少涉及三个互相关联却又可以分殊的系统：第一，政治学意义上的儒家，即儒家政治，包括政治化的儒学，尤其指融合了儒法诸家而成的古代政治法律制度；第二，儒家社会或儒家文化，体现为虽与政治法律制度有关，但又不能完全纳入政治法律制度的人伦、习俗以及文学、艺术、宗教等；第三，以经学为中心的儒学义理，它体现在儒家经典文本及对之持续不断的解释活动中。注意到这多种面向，是要在观念史研究中注意社会史的适度还原。就讨论儒家平等观念而论，一方面有对历史的客观描写，即回答儒家政治法律制度和人伦观念等是否合乎平等，以及如果有平等的因素，是何等样的平等；另一方面是对于儒家价值的评估和诠释，即人们从儒学经典乃至一般传统文化观念中“发现”了何种合乎现代平等的理想或价值。因为作为一个具有普遍主义冲动的价值，随着历史的现代进程，“平等”逐渐展示了其本身所包含的多向度要求，而我们当下所理解的“平等”，已经成为一个既“是”什么，又“应是”什么的概念了。

另一个值得明确的前提是，讨论现代新儒家如徐复观等人的平等观，其基本的语境是，在现代新儒家崛起并渐渐成为显学的时代，中国人的平等观念早已经历了一场深刻的变迁。它包括了美国人乔万尼·萨托利所说的从“相同性的平等”到“公正的平等”的古今之变。[①] 在这场变迁中，古代儒家或传统儒学既是现代文化批判的对象，又是中国人接纳现代平等观念的本土历史根据。从某种意义上说，平等观念在现代中国的嬗变也是儒家自我更新和转化的过程。事实上，迄今为止，关于儒家传统为现代平等观念提供了什么可供“创造性转化”的资源的论述，已经积累了相当丰富的文本。我们可以粗略地将它分析为三个向度：一是以性善论为基础的“人皆能为尧舜”，阐述了人格平等的原则；二是从“有教无类”的教育方针、“学而优则仕”的选举制度和对孔子“不患寡而患不均”的原则做平均主义的理解，发挥出某些政治、经济的平等主张；三是借用传统的“友道”，将儒家人伦关系的原则解释为“对等”，或

① ［美］乔万尼·萨托利：《民主新论》，冯克利等译，上海人民出版社，2009 年。

者说既有等差而又互补的关系。① 这是当代社群主义者所特别注意的一个向度。但是正如通常同一套话语中总是包含了差异和辩难一样，新儒家的平等观念在其历史展开中，也呈现出不同的倾向和面貌，甚至影响到各自的政治要求和政治哲学。对徐复观（以及与此相连的熊十力）的平等观做一点比较研究，也许可以进而窥测到现代新儒家思想的某种丰富性。

二

关于徐复观思想的总体品格，陈昭瑛教授有一个论断。她认为相对于熊十力、牟宗三、唐君毅等“超越的儒家”，徐复观先生是“激进的儒家”。② 我以为此一“激进的儒家”的论断，其内涵还可以有所推扩，因为至少徐复

---

① 徐复观先生也持这样的解释，此处不准备在这方面展开，所以只是简单收录徐先生的若干论述备考。譬如他说“就人君地位来说，儒家虽然承认它是政治秩序中不可缺少的一环，但君臣之间，这是互相对待的关系。‘君使臣以礼，臣事君以忠’‘君之视臣如草芥，臣之视君如寇仇’‘合则留，不合则去’，人臣并不是人君的私人工具”（徐复观：《学术与政治之间》，台湾学生书局，1985 年，第 333 页）。不过，徐复观后来也说，君臣关系在先秦和秦汉以后有大的变化，说明这是一种古老的理想。不过先秦儒家多为客卿，不是家奴，儒家眼光中的君臣可以有离合。“君臣关系，在先秦乃视作与朋友同科，并不能与父子关系相提并论。故朋友以义合而君臣亦以义合。《论语》上谓‘事君数，斯辱矣，朋友数，斯疏矣’意即谓事君与交友，乃基于同一之态度。‘合则留，不合则去’，君臣之间，应为一种自由之结合，此与‘父子以天合’者，大不相同。由君臣关系之绝对化而显出人君特为尊严之观念，乃长期专制政治下之产物，为先秦正统思想所未有”，“在孔子心目中，人君仅为实现自己政治之主张之一工具耳，岂有丝毫如韩愈《琴操》中所谓‘天王圣明，臣罪当诛’之奴才思想乎？君臣关系之绝对化，始于暴秦而完成于两汉。此为中国历史演进中之一大变局”（同上书，第 498 页）。

② 陈昭瑛指出，徐复观在其 20 世纪 60 年代和 70 年代的著作中，“竟充满激进的现实主义精神，充满浓重的草根意识”。这里的激进主义有一个题注，文章引用马克思的《黑格尔法哲学批判》中的话：“激进的（radical）是指从根本上去掌握事物，对人而言，根本（root）就是人本身。”思想与性情有关，“他认为人是有血有肉的具体生命，因此，他非常重视人性中感性与理智所共同构成的整体性，他反对理智对感性的专制，他常觉得感性与理智之间的关系是互动的。对有情世界的关怀、探索，甚至耽美而不自拔。这一特点，若放在秦汉以后便渐有禁欲性格的儒学史中来考察，是复观先生最突出的一点，但这一点却使他与孔子精神越千载而相遇相通。可以说，这种精神在孔子以后便没落了，到复观先生才得到复兴”，“他的思想中的现实主义、民粹主义是从他个人的现实生活，从先秦儒家而来，而不是从宋明理学而来。相对于激进的儒家，熊十力、牟宗三、唐君毅诸先生可称为超越的儒家（transcendental confucianist），因为他们是从超越的、先验的方面去掌握事物。但是如果我们把孔孟荀当作儒家的原始典范，把《论语》《孟子》《荀子》当作原始儒家最重要的经典，那么激进的儒家是儒家的正宗”。她进而称之为“大地的儿子”，因为他们关心此岸世界，而超越的儒家是“上帝的选民，因为他们关心彼岸世界（other world）”（陈昭瑛：《一个时代的开始：激进的儒家徐复观先生——徐复观先生逝世七周年》，《徐复观文存》，台湾学生书局，1991 年，第 361—366 页）。

观对于复杂的儒家传统本身的批评，也展示了其思想中激进的特质。换言之，常抱忧患意识的徐复观先生对于历史具有强烈的反省意识，对于儒家在历史上的实际作用能做实事求是的具体分析，一方面强调其贡献与理想，另一方面也明确地承认其历史中的黑暗和曲折。就政治理论而言，汉代以降的儒家，其最严重的问题是其理论之意图已经与先秦儒家大不相同，即从孔孟那样用儒家理想去规范现实，转变为去维系现实的大一统王权。因此，一般的儒家总是站在统治者一面为解决政治问题寻找出路：

> 而很少以被统治者的地位，去规定统治者的政治行动，很少站在被统治者的地位来谋解决政治问题……这一切，都是一种“发”与“施”的性质（文王发政施仁），是“施”与“济”的性质（博施济众），其德是一种被覆之德，是一种风行草上之德，而人民始终处于一种消极被动的地位。尽管以民为本，而终不能跳出一步，达到以民为主。于是政治问题，总是在君相手中打转，以致真正政治的主体，没有建立起来。
>
> 因为总是站在统治者的立场来考虑政治问题，所以千言万语，总不出于君道、臣道、士大夫出处之道，虽有精致的政治思想，而拘束在这种狭窄的主题上，不曾将其客观化出来，以成就真正的政治学，因之，此种思想的本身，只算是发芽抽枝，而尚未开花结果。①

这当然是对中古时代儒家非常严厉的批评。因为，正如黄俊杰教授指出的那样：“徐复观解释中国文化时，特别着重批判专制体制对中国文化各方面的伤害与荼毒……析论中国历史文化比较具有强烈的批判精神。”②

---

① 徐复观：《儒家政治的构造及其转进》，李维武编：《徐复观文集》第一卷，湖北人民出版社，2002年，第117—118页。

② 黄俊杰：《东亚儒学视域中的徐复观及其思想》，台湾大学出版中心，2009年，第64—74页。在本书中，作者将徐复观放在广阔的比较研究视野中来探讨其思想，包括比较了徐与钱穆对于中国文化历史的研究。他认为，同样“以中国文化作为认同对象”，徐比钱对于历史的两种解释，不但涉及历史的描写，而且渗透了主观的评价，“徐复观犀利而敏锐的批判态度，使他直探中国文化根本病痛之所在。如果就为未来的历史奠基这个角度来看，徐复观的批判精神留给这一代中国知识分子的遗产显然较为丰富”。（第71页）

在徐复观先生看来，先秦儒家的人本主义思想在政治上展开为民本论，但是后起的儒家政治理论的基本点，却转变为如何论证专制君权的合理性及其实践的制度配置。

关于这一发现，徐复观并不据为自己的独创，而特意指出，这是他“亲闻之于黄冈熊先生”。考诸熊先生的著述，这一点确实是相当显豁的，如在《十力语要》中就有这样的文字：

> 古代封建社会之言礼也，以别尊卑、定上下为其中心思想。卑而下者，以安分为志，绝对服从其尊而上者。虽其思想、行动等方面受无理之抑制，亦以为分所当然、安之若素，而无所谓自由与独立。及人类进化，脱去封建之余习，则其制礼也，一本诸独立、自由、平等诸原则，人人各尽其知能、才力，各得分愿。①

《十力语要》系1949年前所作。不过，在这个问题上，熊先生一生没有大的改变。在《原儒》《读经示要》等后期著作中，熊先生同样表达了对汉以后的“小康儒”修正孔子的“大同”理想的不满。

不过，无论是熊十力还是徐复观，都并没有把“平等”简单地化约为乔万尼·萨托利所说的单纯的“抗议性原则”，而是注意到了其复杂性，进而强调其同时也可以是“建设性原则”。所以，熊先生在接着上面的话以后说：

> 然则平等之义安在耶？曰：以法治言之，在法律上一切平等。国家不得以非法侵犯其人民之思想、言论等自由，而况其他乎？以性分言之，人类天性本无差别。故佛说一切众生皆得成佛。孔子曰：“当仁不让于师。”（言仁德吾所固有，直下担当，虽师之尊，亦不让彼之独成乎仁也）孟子曰：“人皆可以为尧舜。”此皆平等义也。②

这表明熊十力既注意到“相同性的平等”，也注意到“公正的平等”。

---

① 熊十力：《十力语要》，《熊十力全集》第四卷，第366页。

② 同上书，第367页。

然而，熊先生在其不多的关于平等的论述中，最注重的还在“相同性的平等”，用他的话说，这是一种“性分平等”，并且着意于建立平等的形上学论证。他认为儒家平等观念在“群己之辩”中有一个指向存在论和本体论的背景。按照熊十力的说法，儒家既讲成己成物，又讲万物一体。“己”和“物”本来互相联结，不分彼此，不分内外。而“内圣外王”却要分别内外。

> 据理而谈，有总相、别相故。说万物一体者，此据总相说也。凡物各各自成一个小己者，此据别相说。若无别相，那有总相可说？别相在总相中，彼此平等协和合作，而各自有成，即是总相的大成。譬如五官百骸在全身之发育，亦此理也。①

我们在这里看到，虽然熊十力常常喜好用《易传》“群龙无首，吉”来论证人人平等，但是，与西方个人主义或自由主义在理解个人与社会或个体与群体之关系的时候用实证的、分析的方法不同，他特别擅长运用玄学思维和辩证方法，强调在对待中把握个体与总体、部分与全部的关系。同时，在理解个体之间的关系时，也与西方个人主义强调个人的独立与实在不同，承认关系本身的实在性，而非个体的实在性。他的形上学，不仅用“翕辟成变”解释实在，将 Being 转变为 Becoming，而且认为个体永远在关系中。他反复说，总相和别相，“名虽有二，实一体也。故个人成己之学，不可为独善、自私之计，而成物为至要矣。然己若未成，又何以成物？故内圣、外王，其道一贯，学者宜知”②。这种辩证思维后面隐蔽着的是与西方现代平等观念所包含的原子主义的个人观念不同的前提。

三

以“性分平等”“人皆可以为尧舜”为平等论的基础，熊十力的这一理

---

① 熊十力：《乾坤衍》，《熊十力全集》第七卷，第 336 页。

② 同上书，第 337 页。

路，为其后学所继承，当然也为徐复观先生所肯定。他所参与起草的《为中国文化敬告世界人士宣言》中如此说道：

> 从儒家之肯定天下非一人之天下，并一贯相信道德上，人皆可以为尧舜为圣贤，及民之所好好之，民之所恶恶之等来看，此种天下为公人格平等之思想，即为民主政治思想根源之所在，至少亦为民主政治思想之种子所在。

因此，说徐复观赞成以“性分平等”“人皆可以为尧舜”这类高调的平等论或者平等的形上学，应该是题中应有之义。所以我们看到徐复观的如下议论：

> “天命之谓性”，这是子思继承曾子对此问题所提出的解答；其意思是认为孔子所证知的天道与性的关系，乃是“性由天所命”的关系。天命于人的，即是人之所以为人之性。这一句话，是在子思以前，根本不曾出现过的惊天动地的一句话。“天生蒸民”“天生万物”，这类的观念，在中国本是出现得非常之早。但这只是泛泛的说法，多出于感恩的意思，并不一定会觉得由此而天即给人与物以与天平等的性。①

“天命之谓性”，绝不只是把已经坠失了的古代宗教的天人关系，在道德基础上予以重建；更重要的是使人感觉到，自己的性，是由天所命，与天有内在的关联；因而人与天，乃至万物与天，是同质的，因而也是平等的。天的无限价值，即具备于自己的性之中，而成为自己生命的根源，所以在生命之自身，在生命所关涉到的现世，即可以实现人生崇高的价值。

> “天命之谓性”的另一重大意义，是确定每个人都是来自最高价值实体——天——的共同根源；每一个人都禀赋了同质的价值；因而人与

---

① 徐复观：《中国人性论史·先秦篇》，李维武编：《徐复观文集》第三卷，第114页。

人之间，彻底是平等的，可以共喻共信，因而可建立为大家所共同要求的生活常轨，以走向共同的目标。①

严格说来，从“天命之谓性”并不能直接推论出“天给人与物以与天平等的性”这样的结论，而且儒家的“天人合一”也绝不是两个平等的元素的联合。从形式上看，徐复观的论述依然是从超越的“天”之信仰，下贯而论人性的存在论之根据，从天道这一价值的源头来论证人的相同性的平等。但是我们仔细寻绎其文字，还是可以发现徐、熊两位先生思路之差异。熊先生基本上停留在形上学的领域，凭借的是思辨的方式。而徐先生的论述重心渐渐转移到个人、现世和生命上。因此其平等观虽然和熊十力一样出于儒家之“天人之际”，但是不再只是玄妙之境，不是冷冰冰的理性准则，而是“生的敬畏”，是发自内心的真诚情感。

所谓生的敬畏，即是对于一切生命，均承认其有平等而崇高的价值，因而发生一种敬畏之心。由此种敬畏之心而发出与人类乃至与万物同为一体之感。②

以“心”为道德的根源，以“生”为一切价值的基础，正是中国文化的一体两面。只有每一个人体认到自己有一颗“不忍人之心”，而加以保持、扩充时，便自然感觉到一切价值，都是以生命为起点，而立刻对于一切生命予以平等地看待。③

因而可以借平等的原则，“建立为大家所共同要求的生活常规，以走向共同的目标”。

这种将“性分平等”落实到现实人生的路向，一定要突破古代“相同性的平等”的界线，把平等的形上学转变为平等的政治学和社会学。这在徐复

① 徐复观:《中国人性论史·先秦篇》，李维武编:《徐复观文集》第三卷，第115页。

② 徐复观:《西方圣人之死》，《徐复观文存》，第337页。

③ 同上书，第338页。

观先生对于“天命之谓性”中的“命”的解释中，有着鲜明的体现。当他说“天命之谓性”决定了每个人都有“同质的价值”时，不仅是说道德上的等质，而且是说在现实生活中也“等质”。与宋明理学家比较多地局限于将“天命之谓性”理解为人普遍地具有道德的先验之根据不同，徐复观将此与近代“天赋人权”的观念联系起来，因而有了非常突出的法权平等的观念。他说：

> 生民的具万理而无不善的命，同时也应该是在其生活上能有平等自由的命，亦即是政治上的天赋人权之命，假定有前者而无后者，则不仅不能在抑压委顿之下，责人人从道德上去做圣贤，即使是圣贤自己，也应该从抑压委顿中，翻转出来，使自己随着天地万物，皆在其份位上能各得其所。圣贤为了拯救天下，为了“一人不出地狱，己即不出地狱”，而可以忍受抑压委顿；但圣贤不仅不以抑压委顿期望之于他人，并且也决不以抑压委顿的本身为道德；否则即是奴隶的道德。奴隶的道德，历史上常常成就了少数暴君的不道德，以造成罪恶的世界。所以人格的完成，同时必须人权的树立。人格与人权，真正是相依为“命”而不可分离。从教化上立人格的命，同时必须从政治上立人权的命，这才是立性命之全，得性命之正，使前者有一真确的基础，使后者有一真实的内容，于是生民的命才算真正站起来了。①

其思想在对“人皆可以为尧舜”的解释上也呈现出不同。我们知道，在中国思想史上，对于“人皆可以为尧舜”的诠释，历代儒家虽有一贯的关注却并未达成一致的理解。相当多的解释是一般人虽然“可以”而并未“成为”尧舜：“成圣”这种可能性只是潜在的而非现实的。这反映了社会史的真实：儒家尤其是政治化的儒家，在坚持性善论的同时还维持着对于特权、等级和权威的信念。最极端的一派，实际上以为人在其现实性上，不但社会政治地位不平等，而且在道德上也不平等，君子小人的区隔是不能逾越的。

---

① 徐复观：《为生民立命》，萧欣义编：《儒家政治思想与民主自由人权》，台湾学生书局，1988年，第190页。

温和的儒家则以为，尽管政治现实中人有差等，但是在道德上人可能被视为平等。激进的儒家则不满足于抽象的可能性，而出现了像王门后学那样“满街皆是圣人”的理论。

徐复观先生从敬畏生命出发讲“人皆可以为尧舜”，实际上上接左派王学的路径，要将“平等”从抽象的同一性，在生活世界中转化出现实的同一性。因此，他说：

> 在人的本性上，尧舜更不比一般人多些什么；所以他说“尧舜与人同耳”。既是“尧舜与人同耳”，便可以说“人皆可以为尧舜”。
>
> 但孟子说这句话，不是把他当作“应然地”道理来说，而是把它当作“实然地”事实来说。即是孟子并不是认为人性应当是善的，而是认为人性实在是善的。[①]

将成圣从可能性直接翻转为现实性，可谓徐复观先生的一大发明。但是，这一断语是需要论证的。首先就需要在经验中获得证实，因为传统儒家的君子小人之辨容易形成一种成见，以为君子与小人之分是不可逾越的；它不仅是社会地位的分别，而且是道德上善恶的差别。徐复观则辩难说：

> 人性既与天道同体，则每一个人应当都是成德的君子。但事实上，却是百姓多而君子少，这又如何解释呢？作《易传》的人，以为这乃是由于百姓的“不知”。“百姓”与“小人”不同，百姓乃是无心为恶，但亦无为善的积极企图的人。所以他们的心灵，常处于非善非恶的浑沌境界。“不知”的“知”与“觉”同义。不知，即是不自觉与天地同体之性。人一旦对其本性有了自觉，则其本性当下呈露。[②]

诉之于经验，社会构成的主体既不是君子，也不是小人，而是“百姓”。

① 徐复观著，李维武编：《徐复观文集》第三卷，第 154 页。
② 徐复观著，李维武编：《徐复观文集》第二卷，第 191 页。

这样，徐复观就越过传统的君子小人之辨，直接得出一个可能蕴含了启蒙主义的论式。普通人与作为道德楷模的君子其实并无本质的区别，其差别只在君子有高度的自觉，百姓则“日用而不知”而已。因而，其间的地位之差别就不是不可逾越的，应该被打破。逻辑上，百姓通过其“自觉”，就可以进达君子的层面。这表示出徐复观突破儒家精英政治传统的一种理论努力，与熊十力虽有平等的意识，但依然保留着对权威、地位的信仰，并且以为中国社会政治动员依然只能采用从上而下垂直地运用权力的方式[①]，就大异其趣了。

在政治哲学的视域中，徐复观认为，通过“自觉”，普通人可以觉悟其本性而成就道德主体，其目标是以此为基础，将人格的平等转变为政治上的平等，即从道德主体成为政治主体。但是，如何从儒家相同性的平等的形上学论证，转化为公正的平等即政治学上的平等，这是一个现代新儒家所共同遭遇的困境。因为，按照传统儒家的论辩逻辑，性善论在伦理政治的框架中，不仅包括伦理上的成圣，而且包括政治上的“王”。圣王之心发而为仁政，即王道政治。所以“内圣外王”将性善论与德治理想统合在儒家政治哲学或者广义的实践哲学之中。但是，在这一论式中，“百姓”并没有主体的地位，依然是被统治或被管制的对象。换言之，传统的“内圣外王”论不能保证普通人既是德性主体，又是政治主体。毋宁说它依然保留了“王”者的特权、地位和权威性，而其病根则是平等没有从形上的领域向下落实到普通人（“百姓”）的政治权利，民主政治自然无从发生。

徐复观因之而所作的理论努力是对“德治”理想的重新解释。他认为所谓“德治”应该是要求人君“将其才智转化为一种德量，才智在德量中做自

① 熊十力说：“古者儒家政治理想，本为极高尚之自由主义，以个人之尊严为基础，而互相协和，以成群体。期于天下之人人各得自主而亦互相联属也；各得自治而亦互相比辅也。《春秋》太平之旨在此。然太平未可骤几，民德未进，民质未优，岂可遽期至治？故必在官者以师道自尊，以身作则，生心动念，举足下足，悉由乎礼与法之中，然后亿兆知所向风，天下莫不隆礼奉法，而世乃太平，师道毕矣。”（熊十力：《十力语要》，《熊十力全集》第四卷，第148页）他并不觉得“在官者以师道自尊，以身作则”云云，如何与自由主义的宗旨大异。至少在这个阶段，权威和地位，甚至特权等，都依然是不能用平等的原则处理的。

我的否定，好恶也在德量中做自我的否定……因此而凸显出天下的才智与好恶，以天下的才智来满足天下的好恶，这即是‘以天下治天下’；而人君自己，乃客观化于天下的才智与天下的好恶之中，更无自己本身的才智与好恶，人君自身，遂处于一种‘无为的状态’，亦即非主体性的状态。人君无为，人臣乃能有为，亦即天下乃能有为。这才是真正的治道”①。反过来，德治的推扩需要平等的原则在政治生活中的实现，“政治的主体不立，即生民的人性不显，于是德治的推扩感应，便不能不有一定的限度”②。

十分明显，这种对儒家德治理想的创造性诠释，形式上是用老子的“无为而治”说来界定儒家“仁政”，但是，实质上是将古代垂直地（自上而下）运用政治权力，转变为自下而上地实施政治权力；剥夺君主的主体性，改由“天下”“百姓”来承担主体性，因而凸显出了现代平等观念：

> 在中国文化史上，由孔子而确实发现了普遍地人间，亦即是打破了一切人与人的不合理的封域，而承认只要是人，便是同类的，便是平等的理念。③

所谓“普遍地人间”即是平等地适用着人际原则的社会，或者说世俗的平等，而不再是停留在抽象层面上的“性分平等”。所以他进而阐发所谓“普遍地人间”为三点：

> （一）
>
> 孔子打破了社会上政治上的阶级限制，把传统的阶级上的君子小人之分，转化为品德上的君子小人之分，因而使君子小人，可由每一个人自己的努力加以决定……政治的职位，应以人的才德为选用的标准，而不承认固定的阶级继承权利，此即所谓《春秋》讥世卿。

---

① 徐复观：《中国的治道——读陆宣公传集书后》，萧欣义编：《儒家政治思想与自由民主人权》，第224页。

② 徐复观：《儒家政治思想的构造及其转进》，李维武编：《徐复观文集》第一卷，第118页。

③ 徐复观：《中国人性论史·先秦篇》，李维武编：《徐复观文集》第三卷，第69页。

（二）

孔子打破了以为推翻不合理的统治者即是叛逆的政治神话，把统治者从特权地位拉下来，使其应与一般平民受同样的良心理性的审判……他主张政治权力，应掌握在有德者的手中；平民有德，平民即应掌握权力。

（三）

孔子不仅打破了当时由列国所代表的地方性，并且也打破了种族之见，对当时的所谓蛮夷，都给与以平等看待。①

这里的核心在于所谓“有权者应该有德，有德者应该有权”。假如百姓已经觉悟到自性，而成为一个有德性的人，那么就应该行使其政治权力，成为政治的主体。这种基于道德平等的政治理想，剥夺了“君”对政治权力的独占性，否定了君主与百姓在政治地位上固有的等级区别，进而否定了“圣王”所独擅的权威。

百姓应该有权，成为政治主体，与合理地行使政治权力，这并不直接同一。因为“现实上，人是有许多类别的，如智愚之分，种族之别，文野之不同，等等；不过在孔子看来，这只是教育问题。所以他便说出了‘有教无类’(《论语·卫灵公第十五》) 的这句最伟大的话”②。它与前者是互相联系的平等原则的两个方面。前者意味着社会等级是流动的，进入政治权力的机会是平等的，没有人可以独占政治权力，或者将社会地位凝固化；后者意味着人民受教育的机会是平等的，而教育平等是政治平等的基础。这两项近年来被许多历史学者所着意发掘的历史遗产③，实际体现了政治平等和社会平等的现代性原则。

---

① 徐复观：《中国人性论史·先秦篇》，李维武编：《徐复观文集》第三卷，第 70—72 页。

② 同上书，第 73 页。

③ 自康有为、梁启超以来，不断有人认为中国古代社会并没有欧洲中世纪的封建等级制度，反而很早就形成了选举制度，使得至少在理论上“学而优则仕”，官职和地位平等地向所有应试者开放，因而在选贤举能上，有欧洲中世纪所不可相比的合理性。至于“有教无类”在近代中国一直被理解成教育平等的古训。当然，这样的解释是简单化的，因而大有争议，没有完全脱离梁启超所谓“以新知附益旧学”的水平。

四

早就有学者指出徐复观先生是“以传统主义卫道，以自由主义论政”①。前述徐复观的平等观念，也印证了其思想的自由主义倾向：从传统儒学中发掘自由主义的思想资源，在自由主义的政治中实现传统儒学的更新。

在20世纪的中国，尽管自由主义者所理想的政治制度并未一帆风顺地建立，自由主义依然是强势的话语之一。甚至像熊十力这样的儒家，也并不简单地拒绝自由主义。但是，另一个强调平等的政治派别是社会主义，它在很长时期内是更为强势的话语。如果说自由主义和社会主义有某种基本的区别的话，那么正在于如何解释“平等”的原则。这里的解释不仅包括对于“平等”的具体要求，而且包括如何给予平等在现代性价值系统的秩序安顿。通常说来，自由主义会主张自由优先，而社会主义会主张平等优先；自由主义所说的主要是法权的平等，而社会主义会主张经济平等；自由主义一般主张自由的基础是产权，是自由市场经济，社会主义则主张经济的国有或公有制度是保证经济平等的最重要手段。

在这一点上，徐复观与熊十力的区别就比较清晰了。熊十力说：

> 内圣者，深穷宇宙人生根本问题，求得正确解决，笃实践履，健以成己，是为内圣学。外王者，王，犹往也。孔子倡明大道，以天下为公，立开物成务之本。（开发万物，曰开物，成立一切应创应兴之新事业，曰成务，见《易大传》。公也者，开与成之本也。）以天下一家，谋人类生活之安。②

熊氏还说，“天下一家”就是“天下为公”，而且断言当初孔子对“天下一家”之论，必有详细的说明与预拟的制度。惜乎《礼运》经过后儒的削

---

① 何信全：《儒学与现代民主——当代新儒家政治哲学研究》，台湾“中研院”中国文哲研究所，2004年，第131页。见书中所引韦政通语。何氏同样称“徐复观透过儒学诠释所发扬的儒家思想，实透显出充沛的自由主义精神”。

② 熊十力：《乾坤衍》，《熊十力全集》第七卷，第336—337页。

改，无法考证了。而孔子作《书经》、注《春秋》，完全是为了“领导革命，消灭统治，以蕲进乎天下一家之盛”[①]。更值得我们注意的是下面的论述：

何休注“三世”：一、据乱世者。万国庶民在久受压迫和侵削之中，奋起革命，消灭统治，拨乱世而反之正。二、升平世者。革命初成，乱制已革（乱制者，古《春秋》说，少数人统治大多数人，即是造乱的制度），更须领导新建设，国家将改正旧日之国界恶习，而变为文化团体。但在万国未能遽行统一以前，国家仍保持独立的规模和军事之设备。其对外，则防御列国中或有反动分子阴蓄异图；其对内，则土地国有，一切生产事业国营，乃至万物聚散与人民享受等等业务，莫不由国家经理。（以上皆根据《周官经》而言。聚，谓国内各地各种物资之统购。散，谓分配物质于各地各项职业之人，平价出售，供其食用等需要。）此举其大要也。三、太平世者。国界、种界一切化除，天下一家。人各自主而皆平等互助，无彼我分别，《易》云“群龙无首”是也。何休所述“三世”，确是孔子《春秋》之三世义。[②]

这里有明确的经济平等、消灭私有制度、国家统制经济生活等要求在内，其中的社会主义倾向十分明显。

《体用论》作于20世纪50年代，差不多在此同时，熊著《原儒》更多地阐发了儒家社会主义的理想秩序，其路数还是区别大同与小康：

小康之说盖是论及古代私有制，极不均平之社会，得贤圣之君，如禹、汤、文、武、成王、周公，以礼教相维系，犹可暂致一时之小康耳。然此小康之礼教毕竟不是大道之行，天下为公之礼教，即小康之局未可苟安，当志乎大道以达天下一家，中国一人，方为太平世礼教之极则也。[③]

---

① 熊十力：《乾坤衍》，《熊十力全集》第七卷，第338页。
② 同上书，第339—340页。
③ 熊十力：《原儒》，《熊十力全集》第六卷，第446页。

其核心是消灭私有制，实现公有制，发展工业生产，充分满足人们的物质文化需要。他借阐发《礼运》而论，“孔子之社会思想在合天下为一家，使万物各得其所。此一节，规模宏远，直如天之无不覆，地之无不载，古今言群治者，无可外于此也。阶级不消灭，私有制不破除，少数人可以养其亲，慈其子，而天下最大多数人得养亲慈子者，不可多觏矣。惟平阶级，废私有制，产业、货财、用途，一切公共”，才能实现《礼运》所谓“故人不独亲其亲，不独子其子；使老有所终，壮有所用，幼有所长，鳏、寡、孤、独、废疾者皆有所养；男有分，女有归”的“太平世界”。对于废除私有制的具体方式和内容，熊十力所述，与当时主导中国社会主义改革的理论与实践方针有极大的同质性。譬如在借《周官》的解释中，熊十力说：

《周官经》之社会理想，一方面本诸《大易》格物之精神期于发展工业，一方面逐渐消灭私有制，一切事业归国营，而蕲至乎天下一家。①

熊十力一改20世纪30年代对于工业文明的批评态度，相信“注重发明机械与技术，机械技术日益革新，则吾人可以运用极精利之工具控制与改造大自然，将使万物之质量与功能俱显神奇之变化，而吾人之乐利可以增大无量”②。

其消灭私有制者，寻其策划略说以三：一曰土地国有；二曰生产事业，其大者皆国营，乃至全地万国亦逐渐合谋平等互助，以为将来世进大同，国际公营事业之基础（大同时，旧有国界必须消灭，当将全地分为无数小国，而此小国之意义与其组织，亦决不同前，只是文化团体而已……）；三曰金融机关与货物之聚散皆由国营（二三项政策实行，即无有私人得成资本家者）。③

---

① 熊十力：《原儒》，《熊十力全集》第六卷，第530页。

② 同上书，第532页。

③ 同上书，第534页。

至于徐复观，则与之不同。首先，他主张自由竞争的经济：

> 不论经济与文化，都是在自由竞争中得到进步。经济进步的消极标志，便是落后的东西受到自然的淘汰。为了免于淘汰，便不能不在技术、管理、推销等方面力求前进。所谓自由竞争，是不把经济以外的因素，尤其是不把政治权力的因素，介入到经济活动中去。①

从这个意义上说，他追求的是有限责任的“小政府”，而不是全能政府。“采用中国传统的无限责任的政治观点，而后面缺乏道德的自觉，采用西方近代权力竞争的观点，而前面不承认各个体的基本权利限制，这种把中西坏的方面糅合在一起的政治，有如中国现代的政治，才是世界上最不可救药的政治。”②徐复观曾经幻想将国民党改造成以自耕农为基础的政党，承认私有财产权和民营经济的发展，是其平等观念的合理延伸。

其次，这种主张，与其说是简单归结为通常西方式的自由主义，毋宁说是儒家自由主义。③因为，徐复观虽然坚持私有财产应该得到保护，但是又认为不应该形成金融寡头垄断国民经济的局面。从根本上说，他不赞成西方自由主义所固有的个人主义价值，而认为按照儒家的政治理想，在自由竞争的市场经济中，自由和平等、秩序与和谐、权利与义务应该获得平衡。

> 孔孟由仁的无限的精神境界，以上透于天命的人性，这是人性的超

---

① 徐复观：《经济保护与文化保护》，《徐复观文存》，第 118 页。

② 徐复观：《儒家政治思想的构造及其转进》，李维武编：《徐复观文集》第一卷，第 121 页。

③ 有的经济学家认为：“从经典来看，儒家一贯主张经济自由主义。孔子说‘天何言哉？四时行焉，百物生焉，天何言哉’（《论语·阳货第十七》）是很著名的哲学表达。这很接近道家的‘道法自然’和‘无为而无不为’。”（盛洪：《经济自由与富国强兵——以〈盐铁论〉及徐复观先生的评论为思想资源，陈昭强编：《徐复观的政治思想》，台湾大学人文社科高等研究院，2018 年，第 7 页）说儒家一贯主张经济自由主义，恐怕会引起很大的争议，不过盛洪又认为徐复观对《盐铁论》中贤良文学的主张的梳理，“更为鲜明地表达了儒家思想的一个要点，即儒家反对政府直接介入一般性的商业领域，以及反对对工商业的垄断，尤其是政府官员借助权力而进行的垄断”。（第 9 页）这表明徐复观既是儒家，又是经济自由主义者。

越的一面。人性的超越性，实际即是人性对于自我以外的人与物的含融性。不能超越自我，即不能含融人与物。此时之礼，乃是仁向外实现时所建立的合乎仁的要求的个体与群体的生活方式与秩序。礼为了建立秩序，不能不以“分”“别”为其特性；但在“分”与“别”后面，是流动着连带性的亲和感……反转过来，以自由为主的社会制度，假定在其一般文化中缺乏仁的精神，则权利与义务的关系，永远得不到真正地均衡；结果，便会走向资本主义下的金融寡头专政的政治。我们应当从这种地方来了解人类为什么一直到现在，还不能把平等与自由、秩序与谐和的问题，做真正的解决。更由此而可以了解，由孔子所体验出的仁的精神，对人类整个文化所具有的意义。①

因此，当我们说徐复观的平等观念表明他属于某种儒家自由主义的时候，实际上意味着我们很难简单地将徐复观纳入通常用于划分现代思想派别的某个“主义”中。从其对于个人权利、平等意识和民主政治的建设性理论而言，当然包括了许多政治自由主义的共识；但就其“以中国文化为认同对象”而言，他无疑属于儒家。更重要的是，他在规划中国的民主政治时，依然坚持儒家的人格理想与社会理想的统一，即并未落入西方自由主义所通常主张的原子化的个人主义。他说：

儒家的伦理思想、政治思想，是从规定自己对于对方所应尽的义务着眼，而非如西方是从规定自己所应得的权利着眼。这自然要比西方的文化精神高出一等……中国是超出自己个体之上，超出个体权利观念之上，将个体没入于对方之中，为对方尽义务的人生与政治。中国文化之所以能济西方文化之穷，为人类开辟文化之新生命者，其原因正在于此。②

现代民主建设的第一步，亟待中国人的自我意识从道德主体转变出权利

① 徐复观：《徐复观文集》第三卷，第234—235页。

② 徐复观：《儒家政治思想的构造及其转进》，李维武编：《徐复观文集》第一卷，第120页。

主体，但是民主制度之完成，却依然需要“以争而成其不争”。个体依然是在群体之中，追求的是群己和谐、人我互重的社会生活共同体。这种社会理想，乃儒家所固有。

同属现代新儒家，而且还有某种师承关系，但是，徐复观在平等问题上与熊十力先生却有上述种种区别。这些区别，不但与其个人学术观和才性气质有关，也表现了现代新儒家经过“返本开新”，其系统内部所包含的张力。从传统性善论出发，在应对现代性的过程中，可以有多种进路。从社会史的角度看，1949 年以后，熊十力留驻中国大陆，徐复观移居中国台湾，师徒两人做了不同的政治选择；同时，在经济上，海峡两岸也走出了两条不同的现代化之路。这种个人的经历与社会条件的变迁，对于思想家的思想有什么影响，是我们难以遽然断定却又是非常值得深思的。①

五

前面我们主要以熊十力、徐复观两位哲学家的比较来说明，在构建社会秩序的问题上，有儒家社会主义和儒家资本主义的区别；或者说，在不同的社会制度下，现代新儒家既可能接纳资本主义，也可能接纳社会主义。本节作为对后者的一种补充，将着重讨论梁漱溟在《人心与人生》中表达的有关社会秩序的理论。它可以归属于儒家社会主义，同时与熊十力的儒家社会主义所强调的重点又有所不同：不是在消灭私有制意义上的社会主义，而是“在人类奔赴共产主义的同时社会上兴起高尚优美的道德生活”②的社会主义。

《人心与人生》之写作虽然起意甚早，几乎在《东西文化及其哲学》发表以后即已开始，但是真正的写作在 20 世纪 50 年代，且完成甚晚，直至 1984 年方告出版。我们可以视其为梁漱溟先生晚年的代表作。

我们先前曾经讨论过在“社会动力学”的问题上，梁漱溟提供的是基于

---

① 在儒家社会主义的选择上，梁漱溟可以说是另一个值得注意的人物。在其晚年出版的《人心与人生》中，他高度肯定中国的社会主义道路，尽管是在儒家伦理基础上的社会主义。

② 梁漱溟：《人心与人生》，《梁漱溟全集》第三卷，第 741 页。

龚自珍以来的“心力”说，并将其系统化为“意欲”论。晚年的梁漱溟在此问题上的“心学”立场并无根本的变化：

> 人心非一物，不得取来放在面前给大家去认识。但人莫不有心，凡我之所云云，却可各自体认之。心为主宰之义，以主动、宰制分析言之，是一种方便。其又曰自觉的能动性者，是另一最好的说法，来说明此主宰之义。……应当说：心与生命同义；又不妨说：一切含生莫不有心。这里彻始彻终一贯而不易者即后来所见于人心之主动性是已。①

换言之，《东西文化及其哲学》所表达的“动力论”只是用了20世纪50年代主流话语更容易接受的发挥主观能动性的概念。但是，在下落到具体的社会秩序构建问题时，梁漱溟改变了最初对“大同”的怀疑，从社会发展史的一般规律上接受了社会主义：

> 处在资本主义下的社会人生是个人本位的，人们各自为谋而生活，则分别计较利害得失的狭小心理势必占上风，意识不免时时要抑制着本能冲动，其人与人之间的感情是很薄的（如《共产党宣言》中之所指摘）。同时，作为阶级统治的国家机器不能舍离刑赏以为治（此不异以对付犬马者对人），处于威胁利诱之下的人们（革命的人们除外）心情缺乏高致，事属难怪——此即人类即将过去的精神面貌。转进于社会主义的社会人生是社会本位的，大家过着彼此协作共营的生活，对付自然界固必计较利害得失，却不用之于人与人之间；在人与人之间正要以融和忘我的感情取代了分别计较之心（如所谓“人不独亲其亲，子其子”）。同时，阶级既泯，国家消亡，刑赏无所用而必定大兴礼乐教化，从人们性情根本处入手，陶养涵育一片天机活泼而和乐恬谧的心理，彼

① 梁漱溟：《人心与人生》，《梁漱溟全集》第三卷，第539—540页。

此顾恤、融洽无间——此则人类最近未来的新精神面貌。①

但是，与通常将社会主义的实现建立在社会发展的一般规律——由于生产力由低到高的发展，推动社会制度从低到高的发展；国家消亡、世界大同，意味着社会生活的规模从小到大的发展，“合全人类而为一浑整大社会了”——基础上的观点不同，梁漱溟认为能否进入理想的社会，“尚有第三标准，那就是个人与群体之间关系如何问题。社会或云群体为一方，社会的组成员或云个人为又一方，在此两方关系上有一个应该孰居重要的问题：以群体为重乎，抑以个人为重乎？这实在是社会生活规制上的极大问题”②。换言之，社会生活的秩序与伦理学上的“群己之辩”有不可分割的联系。在现代中国，该问题是从前现代中国的“人我之辩”演化而来。传统的五伦偏向于“人／我”关系，“今说人对人的关系应当包含个人对集体、集体对个人那种相互关系在内，亦包含集体对集体的关系在内”③。这是一种互相依存的关系，如何处理它就具有道德的意义。

在梁漱溟看来，传统中国是一个世界上颇为独特的伦理本位社会，虽然在“群己之辩”上，其缺陷是权利意识不发达，但是五伦之精髓在于“互以对方为重”的义务优先的观念。“权利观念近代资产阶级实倡之，都是反对往时集团权力过强而来的个人本位主义。近代以至现代的资本主义社会都是个人本位社会，在人类社会发展史上属于前半期。从远古以来，人类在这前半期内，大都借助宗教以培养其社会所需的道德而已，难语乎道德之真。只有古中国人理性早启，文化早熟，颇着见道德的萌芽。他们广泛推行家人父子兄弟间的感情于社会生活的各方面，形成了特有的伦理本位社会（忽视集团亦忽视个人），流行着人生的义务观（详见旧著《中国文化要义》）。这恰好为人类前途进入历史后半期社会本位的社会，即将强调个人对集体的义务预示一点影子。”④梁漱溟对于中国文化的判断，有许多是历史学家所无法赞成的，他所谓中国古人都“互以对方为重”，更多的是一种想象，其义务优先

---

① 梁漱溟：《人心与人生》，《梁漱溟全集》第三卷，第 596 页。

② 同上书，第 679 页。

③ 同上书，第 727 页。

④ 同上书，第 728—729 页。

权利即在其中自动实现的理论，也无法令人信服。不过，我们在这里主要是描述与熊十力类似的儒家社会主义的另一种形态：根据对中国社会传统伦理的上述判断，梁漱溟认为，中国要重新恢复“互以对方为重”的伦理秩序，在此基础上，“必从人类历史的自发性进入自觉性，由社会主义革命而实现共产主义的社会人生，乃见其为道德的成长期”①。尽管这一成长期将会是漫长的，但是它代表了人类的道德方向。

总而言之，梁漱溟如其他现代新儒家一样，都怀抱着道德理想主义，从“社会本位”的伦理原则出发，他赞成社会主义，拒斥资本主义。

① 梁漱溟：《人心与人生》，《梁漱溟全集》第三卷，第732页。

第五章　后启蒙时期的理想世界

20 世纪中国的思想世界，在其长达八十余年的时间里，延续着 1895 年以来的文化精神转向，因而表现出强烈的动力性追求。此种追求及其理想的秩序目标与启蒙主义有高度的相似性。前面我们已经讨论过，20 世纪 90 年代，中国思想界发生了新的转向，从主导性的社会思潮之消长而言，是激进主义开始让位于文化保守主义，它标志着“后启蒙时期”开始了。

何谓“后启蒙时代”？

20 世纪 80 年代中国曾经有一场非常热烈的“新启蒙运动”，它是以继承五四运动、新文化运动的“启蒙”为己任的，而且事实上，它也确实遵循着启蒙主义的理想。现在看来，它构成了最近几十年中国经济起飞的思想先声。但是，“新启蒙运动”由于内部的矛盾，很快演化为“启蒙反思”的主题。

最早提出“启蒙反思”口号的是哈佛大学教授杜维明。此前杜维明在中国已经以提倡儒学的第三期复兴而闻名。这种活动与他所谓“启蒙反思”构成互为表里的关系。它不但是对 20 世纪 80 年代的“新启蒙”的批评，是对五四运动的批评，也是对作为上述两者的精神来源的西方启蒙主义的批评。不过，杜教授对启蒙运动或启蒙价值的批评是相当温和的，这在他使用了一个多少有些含混的概念“启蒙心态”那里流露了出来：

> 植根于“启蒙心态”的理性精神，确为现代文明创造了许多含义深

刻的价值领域：市场经济、民主制度、科学技术、人权、个体人格的解放以及法律面前人人平等的信念，都是以理性精神为特色的西方人文主义的体现。作为五四运动的传人，我们不论对传统文化采取何种态度，都是西方启蒙的受惠者。其实，理性精神业已成为当代中国知识分子文化传统中的主流思想，这点毋庸置疑。

不过，我们应该真切地认识到“启蒙心态”只是理性精神的突出表现而已，其中因反对神学本体论而导致的人类中心主义（anthropocentrism）和因强调工具理性而产生的科学主义（scientism）都带有复杂的心理情结，常常暴露出征服的意图。以“动力横决天下”的西方潮流，虽然为人类开拓了史无前例的繁荣胜境，但也为人类甚至一切生灵带来了危机。社会达尔文主义所显示的竞争哲学，不能为21世纪提供和平互惠的生存之道已成为东西方有识之士的公论。①

杜的“启蒙反思”在中国学术界很快得到相当广泛的呼应，其中包括20世纪80年代主编过《新启蒙》、1988年发表过论文《论传统与反传统——为五四精神一辩》的王元化先生。王先生说：

我认为，今天仍须继承“五四”的启蒙任务；但是“五四”以来（不是“五四”时才有）的启蒙心态，却需要克服。我所说的启蒙心态是指对于人的力量和理性的能力过分信赖。人的觉醒，人的尊严，人的力量，使人类走出了黑暗的中世纪。但是一旦人把自己的力量和理性的能力视为万能，以为可以无坚不摧，不会受到任何局限，而将它绝对化起来，那将会产生意识形态化的启蒙心态。②

“启蒙反思”是围绕着重新理解“五四”的精神遗产和“激进主义”批判展开的，王元化曾经将其进一步具体化为四个方面的问题：

---

① 杜维明：《杜维明文集》第五卷，武汉出版社，2002年，第261页。

② 王元化：《对于“五四”的再认识答客问》，《九十年代反思录》，上海古籍出版社，2000年，第143页。

> 我认为“五四”时期所流行的四种观点是值得注意的：第一，庸俗进化观点（这不是直接来自达尔文的进化论，而是起源于严复将赫胥黎和斯宾塞两种学说杂交起来而撰成的《天演论》。这种观点演变为僵硬地断言凡是新的必定胜过旧的）；第二，激进主义（这是指态度偏激、思维狂热、趋于极端，喜爱暴力的倾向，它成了后来极左思潮的根源）；第三，功利主义（使学术失去其自身独立的目的，而作为其自身以外目的服务的一种手段）；第四，意图伦理（即在认识论上先确立拥护什么和反对什么的立场，这就形成了在学术问题上往往不是实事求是地把考虑真理是非问题放在首位）。①

像他们温文尔雅的为人一样，两位教授对启蒙价值的批判都是非常克制的，不过考虑到他们的哲学其实并不完全一致（尤其是王元化先生，他对进化论、激进主义和功利主义的批评，都基于对此类概念的社会意识及其流俗影响而展开），因而其主要指向了中国思想界的批评就具备了风气转移的标志意味。到 1997 年，远在海南岛的《天涯》杂志第 5 期发表了汪晖的《当代中国的思想状况与现代性问题》，该文最早曾以《中国的社会主义与现代性问题》为题发表在韩国《创作与批评》（1994 年，总 86 期）上，重新发表后引起了国内知识分子的广泛关注和争论。② 其中非常重要的一点，是后来被人多少有些简单化地概括为“启蒙已死”的论断。汪晖对 20 世纪 80 年代的“新启蒙主义”思潮有相当中肯的分析，在承认它对中国的改革开放的正面推动价值，现在依然是中国知识界的主要思想倾向的同时，也尖锐地断定：

> 但在迅速变迁的历史语境中，曾经是中国最具活力的思想资源的启

---

① 王元化：《对“五四”的思考》，《九十年代反思录》，第 127 页。

② 事实上，这篇文章在当时也引起了国外学术界的注意。美国的《社会文本》（*Social Text*）第 55 期以头条位置刊出了该文的英文本，日本的《世界》杂志连续三期刊出了该文日文译本。

蒙主义日益处于一种暧昧不明的状态，也逐渐丧失批判和诊断当代中国社会问题的能力。

汪晖的基本判断是，20世纪80年代的“新启蒙运动”并未完成其使命，全球化已经将资本主义生产关系带入了中国，并且“造就了它自己的代言人”，曾经显示出巨大动力性的启蒙主义命题如人的主体性、自由解放等，在新的语境中却无法应对现代性的危机。与杜、王两位先生将“启蒙反思”作为思想史的批判性回顾不同[①]，汪晖的“启蒙批判”是知识社会学和政治经济学的，因而也就更带有根本的性质。也许正是因为这一点，有人称汪晖预言了“启蒙已死”。

这多少也与国际潮流有某种配合。詹姆斯·施密特在他编的《启蒙运动与现代性：18世纪与20世纪的对话》一书导论中开头就说：

> 由于许多东西，启蒙运动已经备受责备。一些作者认为，它应该对法国革命负责，对极权主义负责，对自然只是一个要被统治、处置和开拓的对象这个观点负责。它已经以某种方式暗示了欧洲帝国主义和资本主义的某些最具威胁的方面。[②]

这里所说的，差不多在中国都可以找到对应的现象。

不过，从事“启蒙反思”的人们的主观诉求不尽相同，有的希望借此开辟儒学复兴的思想空间，有些则主张更激进的社会改革，也有持类似哈贝马斯的立场，即“现代性是一个未完成的规划”。思想史研究中热衷于分辨法

---

① 王元化的“启蒙反思”除了“五四”反思以外，另两个重点是：一，对卢梭《社会契约论》尤其是其中的“公意”说的批评，认为“这种比人民更懂得人民自己需求的公意，只是一个假象，一场虚幻。其实质不过是悍然剥夺了个体性和特殊性的抽象普遍性”。（王元化：《与友人谈公意书》，《九十年代反思录》，第92页）它的历史效果就是窒息社会生活的活力。二，对于杜亚泉的温和渐进改革的主张及其理论依据，和中西文化调和论的推介，使得杜亚泉这个在激进主义潮流中被遗忘的人物重新回到人们的视野。同时也构成了激进主义反思的另一侧面。

② ［美］詹姆斯·施密特编：《启蒙运动与现代性：18世纪与20世纪的对话》，徐向东、卢华萍译，上海人民出版社，2005年，第1页。

国式的启蒙和苏格兰式启蒙之间的差别的做法，形式上是启蒙运动的学术研究，实质上是对中国现代启蒙的理论清算。因为在这些作者看来，中国忽略了苏格兰启蒙而走了一条法国的路（卢梭批判实为对法国议会的批判），这导致了而后的诸多困境。总之，它们似乎共同标志着启蒙主义不再主导中国思想的主流。随着中国经济起飞后面临的现代性困境，追求启蒙变身为批判启蒙。基于上述现象，我觉得可以将20世纪90年代以后，称作“后启蒙时期”。

从更长的时段看，所谓“后启蒙时期”是“后经学时代”的一个阶段。冯友兰曾经将中国古代哲学分为“子学时代”和“经学时代”两大段。“后经学时代”与“经学时代”的最大差别就是，经学时代中人，以孔子之是非为是非，经典是知识的第一来源，是价值评判的根本甚至唯一标准。进入“后经学时代”以后，孔子不再是独尊的权威，经典也不再是衡量是非的唯一标准，经验作为知识的重要来源，受到充分关注。哲学上独断论受到批判，相对主义流行。另一方面，从帝制被推翻，到新的统一的民族国家之建立，又面临着政治现代化的任务。由于中国由政治精英作为价值承担者的独特传统，权力与权威的双重失序造成的价值迷失与价值冲突历时长久，变化多端而道路曲折。思想争论与权力之间复杂的关系经常让人感到扑朔迷离。中国现代化的迅猛进程和各种思想的冲突又不断消解着这些试图意识形态化的理论学说。官方的指导方针从实现“四个现代化”到提出“社会主义核心价值”，一方面表明执政党和政治家在现代化过程中的理论自觉，另一方面也表明价值问题之重要且严峻。简而言之，“后启蒙时期”不过是充满着价值冲突的“后经学时代”的一种特殊形态，它依然提示理想世界的重建是一个迫切的问题。

第一节 启蒙的遗产与反思

20世纪90年代开始，反思启蒙和反启蒙成为思想界的时尚，有些学者甚至宣布“启蒙已死”。但是“启蒙”又是所有认真思考现实生活和中国文化未来的人都绕不过的话题。事实上，无论是认真地反思启蒙，还是以反启蒙的姿态行返魅之实，都说明启蒙不仅并未死亡，而且还没有完成。我们回顾整个20世纪，尤其是20世纪的最后二十年，可以发现中国形成了一套特殊的启蒙话语，包括启蒙主义、反思启蒙或反启蒙诸多派别或倾向。在那些动态变化的语言现象中间，人们不难发现，各种竞争性的具有争议的主张互相辩难，由此推动了中国当代思想的进程。参与这个进程的人员为数众多，各个人的思想也不免前后有变。整体观之，20世纪80年代曾经出现过的“启蒙阵营”已经严重分化了；更进一步说，90年代以后，长期占据主导地位的文化激进主义，让位于文化保守主义。而随着世界性金融危机的发生和中国的崛起，文化保守主义借弥漫性的民族主义的高涨而进一步扩张。诸神纷争，文化倾向上的“三国演义”的地图已经重新绘写：

一是继续把启蒙主义看作基本价值。这不仅指在20世纪80年代“新启蒙”运动中成长起来的知识分子以此为实际追求，而且指一些有影响的学者认为，启蒙是一个未竟的事业，当代“中国最重要的问题在于没有建立起启蒙的核心价值”。

二是以反对“启蒙心态”为中心来做“启蒙反思”。80年代一些力主“新启蒙”的学者，转而提出“启蒙反思”。他们与保守主义对启蒙主义的批判在大的方向有合流之势，但是并不主张全盘否定启蒙主义的价值，因而提出了反对“启蒙心态”的口号。这个显得有些含混的概念，多少反映了该理论的近乎尴尬的困境，因而注定是一种过渡性的意见。

三是对于启蒙运动的理论清算。80年代以后文化保守主义的崛起，呈现出明晰的轨迹：从防守性地追求将儒家置身于现代多元文化之中、力主儒家传统可以成为中国现代化的重要资源，变身为努力发掘儒家传统，将其作为“对治现代化疾病”之良方；直到要求重新进入意识形态中心，并将其作为未来中国的政治设计蓝图，乃至仿效康有为将“儒教”上升为中国的国家宗教。从形态上说，经过心性儒学、生活儒学到政治儒学。由于心性儒家重建道统的迫切要求，其转变为现实的政治诉求合乎其内在的逻辑。

上述三种态度，后两者实际上构成了一种联盟，并有方兴未艾之势。因而这是具有深刻的社会生活之根的转折时代的精神转折，表明思想界的主流从“动力的追寻”，转向了“秩序的重建”。但在这种转折开始以后，并不等于“启蒙”的遗产已经完全失效，第一种态度虽然居于弱势，但启蒙主义的理想并非已经完全消失。实际上，至少相当一部分知识分子依然坚持启蒙的价值，因而“后启蒙时代”的中国思想界并非完全统一，各种各样的意见争论依然存在，它们同样构成了“启蒙话语”的一部分。本节拟以萧萐父为中心，讨论在“后启蒙时期”坚持继承启蒙遗产来思考秩序问题的这一脉思想。

一

早在20世纪80年代，作为著名的中国哲学史前辈专家，萧萐父教授的王船山哲学研究、主编的《中国哲学史》及其先导的熊十力哲学研究，不仅是当时最重要的学术成果之一，而且很大程度上引领了学术风尚。不过，在有关中国文化的启蒙问题的论争中更加引人关注的，是他所力主的“早期启蒙”说。因为他当时就提出：“在西化派‘言必称希腊’与国粹派‘言必称孔孟’的交相鼓噪下，人们必须排除干扰，探寻自己民族传统文化中‘破块启蒙，灿然皆有’（王夫之语）的活水源头。”[①]这些在萧先生的《吹沙集》《吹沙二集》《吹沙三集》中呈现为一以贯之的论述。正是在《吹沙三集》的序言中，萧萐父明确表示他反对那种视“启蒙心态”为“有问题的心态”的看法，因为他们“认为只有‘取消、解构启蒙’才能进入‘正常发展’。对此，作者未敢苟同。所以，在《吹沙三集》中作者仍然坚持早期启蒙思潮说，并进一步论述它与中国现代化的关系”[②]。作为一个中国哲学史名家，萧先生对中国哲学的历史发展有一种辩证的通观，其“早期启蒙”说自有其坚实的基础，因而在晚期的著述中再次贞定其一贯的理论：

> 坚持早期启蒙说，是为了从16世纪以来我国曲折发展的历史中去寻找传统文化与现代化的历史接合点，寻找我国传统文化的现代转化的起点。如实地把早期启蒙思潮看作我国自己文化走向现代文明的源头活

① 萧萐父：《活水源头何处寻？——关于传统文化与现代化之间历史接合点问题的思考》，《萧萐父文选（下）：呼唤启蒙》，武汉大学出版社，2007年，第38页。

② 萧萐父：《吹沙三集·自序》，巴蜀书社，2007年，第1页。

水，看作中国文化自我更新的必经历程，这样我国的现代化发展才有它的历史根芽，才是内发原生性的而不是外烁他生的……正视并自觉到明清之际崛起的早期启蒙思想是传统文化中现代化价值的生长点，是正在成为我们中国文化自我更新之体。这样我们才可能自豪地看到近代先进的中国人既勇于接受西学，又自觉地向着明清之际的早期启蒙思想认同的形象是多么光彩和大气；“外之不后于世界之潮流，内之弗失固有之血脉”是多么强的文化自信。”①

以此为导向去阅读萧先生的一系列论著，人们不难发现，围绕着“早期启蒙”说，实际上呈现了一个当代中国启蒙主义者对于中国现代文化的路向选择和全球化浪潮中中华民族的“文化自觉”的深刻思考。这些思考与20世纪80年代“文化热”中的启蒙话语有内在的连续性，但又不是曾经喧嚣一时的“荆轲刺孔子”式的情绪化诉求，而是有其坚实的历史依据和学识支持的理论。因此很能够针砭“后启蒙时代”的若干文化病症。

说到“启蒙”，我们现在通常都会引用康德在《答复这个问题：“什么是启蒙运动?”》中的说法：

启蒙运动就是人类摆脱自己所加之于自己的不成熟状态。不成熟状态就是不经别人的引导，就对运用自己的理智无能为力。当其原因不在于缺乏理智，而在于不经别人的引导就缺乏勇气与决心去加以运用时，那么这种不成熟状态就是自己所加之于自己的了。Spere aude! 要有勇气运用你自己的理智，这就是启蒙运动的口号。②

但是康德在说这些话的时候，欧洲不但已经经历了文艺复兴运动，而且发生了宗教改革；作为这一连串社会变革的重要后续运动，“启蒙”在法德两国也各有其特点。深谙文化比较研究的复杂性，萧先生并不以某个西方国

① 萧萐父：《吹沙三集·自序》，第1—2页。
② ［德］康德：《历史理性批判文集》，何兆武译，商务印书馆，1990年，第22页。

家为标准，而是将整个现代文化进步的核心和关键归结为“启蒙”。在他看来，启蒙是15世纪以来世界历史的主题。

> 启蒙的核心是“人的重新发现”，是确立关于人的尊严、人的权利和自由的人类普遍价值的公理，特别是确认每一个人都有公开地自由地运用其理性的权利，并且以人道主义原则为人类社会至高无上的原则和普世伦理的底线，反对任何形态的人的异化。在世界范围内，这一历史进程至今也没有完结。启蒙与反启蒙，人道与反人道，始终在五光十色的思想旗帜下进行着激烈的抗衡和交锋。①

简言之，在萧先生那里，所谓“启蒙”其实是以理性和人道为中心的文化现代性的理想及其逐步实现的历史。因此，它既包含了对历史进步的推动，又有对理想世界的规划。

二

前面已经说到，在主张“启蒙反思”的人中间，各人的学理主张实质上也并非完全一致。其中温和的一翼对启蒙价值的批判其实是相当克制的。譬如王元化先生就对显得含混甚至有些暧昧的“启蒙心态”一词，做了必要的澄清，使我们知道，这一类的“启蒙反思”与法兰克福学派如霍克海默的《启蒙的辩证法》的主题相类似，他们指控启蒙自身实际上也已成为一种新神话的牺牲品，工具主义把精神客体化了，由此导致了人类主体与自然客体的内外对峙。这样一种批评作为现代性研究的中心，已经并继续引发着哲学和文化的变革。

但是，20世纪90年代以来，在“启蒙反思”的旗帜下面，还有许多不同的学术路径和被学术话语掩饰着的实际诉求，尤其是与传统儒学的沉浮有着复杂的关联。从直接的形式看，80年代“新启蒙”高涨时期，儒学的声

---

① 萧萐父：《“早期启蒙说”与中国现代化——纪念侯外庐先生百年诞辰》，《吹沙三集》，第40页。

望、地位，与十年以后（“启蒙反思”时期）恰成对照。看来两者似乎形成了某种形同跷跷板的关系。事实上，这种情况在20世纪上半叶也曾经出现：五四时期当然是启蒙运动的高峰，有所谓“打倒孔家店”的说法；“五四”退潮以后，新儒家渐渐崛起。20世纪30年代，曾经有过一个短暂的“新启蒙”运动（又叫“新理性主义运动”）。不过，在民族主义高涨的形势下，它很快就销声匿迹。与此相伴的是另一种势力：儒学在那个时期有过一种复兴的现象，它既有被费正清批评过的问题，也有未被费氏所注意而被我们今天像熊十力先生、冯友兰先生那样的新儒家所关注。我们知道，在那个时代，代表启蒙理想的，无论是温和的自由主义，还是被视为主张暴力革命的马克思主义，都是被严重打压的。当然，这一状况在20世纪60年代尤其是“文革”中有了变调：随着教条主义的盛行，启蒙主义和儒学双双被打入“封资修”之列，而启蒙运动所代表的价值受到的敌视更甚于儒学，也是不言自明的事实。

这里回顾一点历史，是为了说明，我们对中国的“启蒙话语”进行分析的时候，不但要注意它背后的具体学理内涵，而且要明白言说者所主张的启蒙与其对儒学的态度的关联。这是由中国的特殊历史条件和文化传统所决定的。因为，中国的启蒙运动最初就是在对儒家意识形态的批判和反省中发轫的，这也决定了启蒙与儒学“剪不断，理还乱”的长期纠缠关系。换言之，正是在对儒学的不同认识和信念中，才充分凸显出在看似雷同的启蒙概念后面，很可能隐藏着不同的历史内容和思想目标。

因此，要理解萧先生的“早期启蒙”说，就应该深入到萧先生对于儒学的研究之中。不用说，萧先生对《周易》、王夫之、熊十力等，不仅他个人有精深独到的研究，而且很早就不惜精力去组织和推动学术界对他们的研究。譬如他发起和组织的“第一届国际周易研讨会”（1984年，武汉东湖）和“纪念熊十力百年诞辰的国际学术会议”（1985年，黄冈），都是引领学术风气的。但是，与提倡“信古”，甚至有某种儒家原教旨主义倾向的人不同，萧先生对儒学采取的是同情的理解和理性分析高度融合的态度。在《中国传统文化的现代化与西方先进文化的中国化》一文中，他明确批评了一种现象：

（我）前一段时间在成都开了一个道家和道教的会议，在会上我有

> 个发言，说这几年有一种流行的偏见，就是把中国传统文化单一化、凝固化、儒家化，乃至于按少数儒家所讲的样子道统化。我支持对于新儒家要做研究，但不应强调中国文化只是儒家，不管你赞成还是反对，应该承认还有其他几家学说。①

说这是一种启蒙主义的理性态度，是因为启蒙运动之在中国，最初就是从对礼教和政治化儒家的祛魅开始的。许多人喜欢笼统地责怪“五四”犯了“打倒孔家店”的错误。诚然，像“五四”这样酝酿了巨大的社会运动的事件，其鲁莽和流弊是显而易见的。但是新文化运动的主要思想家胡适、陈独秀、李大钊、鲁迅、周作人等，并没有像一些人所认为的那样肤浅和极端。他们最核心的宗旨只是要把孔子及其学说安放到先秦诸子之一这样一个平等的地位来看待，他们所共同反对的是将孔子视为教主、将儒家纲常伦理视为天经地义的教义和学术思想上的经学独断论。新文化运动所开启的学术主流是承认中国文化传统包含了儒释道法等多种元素，是承认一部儒学史内在地包含了多种多样的倾向和争持。孔子身后，儒分为八。思孟是儒，荀子也是儒。后儒更是分化：程朱是儒，陆王也是儒，陈亮、叶适也是儒。包括儒家在内的中国文化传统之所以有生命力，并非因为什么一线单传的少数圣贤，很大程度上是因为中国的学术传统中有兼容并包的阔大传统。包括有道家、佛教那样的异端，它们与儒家形成了复杂的融合的历史。“与此相反的，则是独尊一家的文化专制。从‘独尊儒术’直到宋明理学讲‘道统’，这是消极的一面，糟粕的一面。”②但是，这一倾向在启蒙反思和复兴儒学的旗帜下，颇有卷土重来的势头。这不能不引起像萧先生这样坚持启蒙立场的学者的批评。

一代有一代之学。区分正统和异端，本来是与君主专制政治相应的意识形态或文化策略，在漫长的经学时代，在经典诠释中通过话语权的争夺，实现文化权力与政治权力的结合，可谓题中应有之义。它在后经学时代遭受抨击，也是很自然的事情。在中国，所谓“启蒙”，某种意义上，就是面对不

---

① 萧萐父：《吹沙二集》，第43—44页。

② 萧萐父：《吹沙二集》，巴蜀书社，2007年，第38页。

管以什么名义出现的“正统”“道统”，都敢于公开和自由地运用自己的理性。中国人到底经历了启蒙，中国到底已经进入现代社会，它需要一套价值共识作为社会团结的内在核心。但是，把儒家的某个派别的思想尊为“道统”，实质上就是曼海姆所批评的从乌托邦转变为意识形态的意图与倾向。它利用20世纪80年代思想解放潮流——新启蒙——瓦解教条主义所造成的空缺，试图重返意识形态的中心，因此不但需要真正跨过“启蒙主义”，而且在理论上必须解决如何与马克思主义融合的问题，后者对中国政治的指导地位是一以贯之的；在实践上则必须真正面对中国的现实。

三

不过，我们不应该将“早期启蒙”说的意义限制在批评性上，它有更多的建设性内容，这主要展现在中国哲学史的研究，尤其是对17世纪以来启蒙主义的思想历史的描写中。萧先生像大时代的许多学者一样，有统一的“世界历史”的理想，“共殊之辩”就成为他所关注的重要话题。而他的“早期启蒙”说，正是“共殊之辩”的内在动力。萧萐父意识到：

> 一方面，现代化是世界思潮，现代文化基本上是国际性的；另一方面，每一民族的独立发展又必须探寻自己民族文化的根基，这就构成了20世纪文化发展的对立两极中必要的张力。人们在重新评估“五四”的反传统主义时，又提出了重建中国文化的“奇理斯玛”（charismas），“charismas”这个借用词，所指示的是从有生机的传统中转化出稳定而不僵化的、对于形成社会普遍信仰和价值中心具有重大意义的权威范式。这种权威在整个社会生活中具有原创力，成为传统能够创造性转化的文化的“根”，因而人们简言之为“文化寻根”。问题是“根”在何处？如何“寻根”？中国传统文化中具有原创力的质素是什么？如何重建？这就不能不涉及传统与现代化之间历史接合点的问题。①

① 萧萐父：《活水源头何处寻——关于传统文化与现代化之间历史接合点问题的思考》，《萧萐父文选（下）：呼唤启蒙》，第29—30页。

不难看出，与试图将儒学的某个学派之思想演化成意识形态的人不同，在萧萐父这样的启蒙主义者看来，中国文化传统中真正具有现代意义、能够引导秩序重建的，不是“道统”，而是从17世纪以降，从儒学大传统内部发生出来，但时断时续、曲折发展的启蒙思想。具体说来，他以为从万历到“五四”这三百年，“既体现着社会发展和人类心灵发展的一般规律，同时又因中国古代文明形成和发展的既往的特殊性而使从传统走向现代的社会发展和思想启蒙的道路具有格外‘坎坷’的中国特色”[①]。早期启蒙思想包含了个性解放的新道德、科学与民主三大主题。所谓个性解放的新道德，包括以自然人性论为出发点的理欲、情理、义利诸观念的更新和群己之辩的新论述，对于“伦理异化”提出了抗议；所谓民主是指对君主专制制度提出了批判；所谓科学则是说“纯粹的求知态度”与“缘数以寻理”的科学方法以及从“重道轻艺”向注重技术科学的转变。而这些新的价值观念的萌芽，都被近代思想家所认同与自觉继承，并且发展为接受西方现代性观念的中国土壤。

这里描写了中国哲学史和中国思想文化史的一个基本事实，即“戊戌”和“五四”这两个近代思想的高峰，它们所自觉承接的，正是明清之际那些在危难和寂寞中反省传统、创造新论的思想家的事业。把早期启蒙思想的发生理解成中国现代性的最早兴起，可以解释近代思想家为什么不断向明清之际复归，从而说明中国的现代性同样有内生性的传统资源。萧萐父从近代反观晚明以来的文化变迁，在其中发现了在正统观念之下的另一种连续性。它是现代精神传统所赖以生发的传统资源。其实，按照历史的辩证法，启蒙不是单纯的外来思想在东方的扩张，而是中国文化的转进和革命，是中华民族的“自启蒙”，因而也是最重要的文化自觉。在我们解剖现代观念的谱系的时候，可以发现在一系列已经成为社会共识的现代观念的生成史中，通常总有明清之际思想家的影子。这与现代新儒家从心性论上发现中国文化的连续性不同，它并不自认为是可以脱离历史和生活世界独自永存的原则，而且在

---

① 萧萐父：《慧命相沿话启蒙——〈明清启蒙学术流变〉导论》，《萧萐父文选（下）：呼唤启蒙》，第13页。

对它的解释中应该注意对目的论的扬弃。前者使他的哲学史研究与对社会历史和生活世界复杂变迁的研究发生紧密的联系，其中不只是逻辑上的关系，还需要研究和理解更多的世变与事变，需要洞察历史与逻辑如何统一。后者意味着，传统之所以成为传统，不仅因为古人先贤的创造，而且在于今人时贤的诠释。离开了现代诠释，就无所谓传统，或者更明确地说，就没有活的传统。事实上，对启蒙思想脉络的梳理，其本身成为一种传统。当萧先生明确地以继承梁启超—侯外庐对明清以来的思想文化史的研究，将其作为“早期启蒙”说的前驱之时，同时就通过自己的诠释使启蒙传统获得新的延展。

“早期启蒙”说将启蒙理解成中国文化自我更新的运动，本身就建立在中国文化并没有固定不变的“体”的前提之上；尽管我们在早期启蒙思想家那里可以发现更早时期的思想资源，如王夫之发挥《周易》的“人文化成”、张载的气本论等以成就其哲学——这提出了一个非常复杂的问题：是否一定要将中国文化传统归结为某一个“本质”，是否存在着这样一个亘古不变的文化本质？如果有，它是如何产生，又是如何可以保持不变的？而假如没有这样一个不变的本质或者“体”，在全球化时代我们如何强调民族文化的独特意义？在形成现代民族/革命国家的过程中，这有强烈的现实性。我们不难发现，萧先生的回答显示了明确的辩证法立场：

> 早期启蒙思潮既是中国文化的自我更新，其体其用自然是内在地统一的。这表明，中国文化之体并不是一个僵化的固定不变之体，而是历史地更新着的。用这种自我更新了的中国文化之体去接受西方的先进文化，自然不存在“中体”和“西体”之间的扞格不通，也不至于导致“中学为体，西学为用”这种体用两橛、徒使严又陵耻笑的荒谬理论。而体用两橛论者的根本失误，即在于他们为了拒斥西学，竟抛弃我们民族体用一源、不执固定之体的优秀文化传统，把中国文化之体看作固定不变之体，否认了它的自我批判、自我发展和更新。①

这意味着中国文化之“体”，是一个历史的范畴，这不仅指它的提出与

① 萧萐父：《吹沙三集》，第55页。

围绕着它的讨论所形成的话语是历史的变动的，而且指每一个时代的中国人所背负的文化传统也是在历史之中的，而不是什么超时空的存在。事实上，强调中国文化有自己的“体”和“用”，这更多的是近代以来中国人的文化自觉的表现。强调中国文化自身具有动力性，则是一种现代性的理解。从以虚静为本体到将能动性赋予本体，是一个现代性的转变。这种对动力性的追求，从少数在寂寞中苦苦思索的哲学家的著述中走出来，成为知识社会的共识，进而又变为生活世界的常态，其实只有一个世纪多一点的时间。因为近代毕竟是一个转折时期，而不是三个世纪或更长时间内无差别沿展的一个普通时刻。正是在这一转变中，以往的异端或绝学，一跃而被追溯为一种伟大运动的开端。而这正是王夫之这样的思想家一直被启蒙主义者所追随和思考的重要原因。当然，作为中外历史上的一场伟大的运动，无论是一般意义的“启蒙”，还是中国的“早期启蒙”，都不是什么终极的永恒的价值，更不能说它们提供了解决现实危机的现成方案。不过，正如章学诚所说的那样，凡成风气，必有所偏，在“反思启蒙”以至于“启蒙瓦解”成为风尚的时候，萧萐父的理论探索表示启蒙的遗产应该得到更具有辩证法意味的发挥。

四

当我们研究“启蒙的遗产和反思”的时候，需要面对现实，首先就需要恰当地估价当代中国人的精神状况，在一个比较长的历史时段中来考察民族的价值重建或理想重建问题。这一方面固然是为了更好地扩大认识的视域和语境，从而认识到此问题的长期性；另一方面也提示我们应该恰当地评价当代中国人的精神状况。我们这里用“精神”，多多少少与人类生活的“精神性”有关。“精神性”是否是英文 spirituality 的最恰当的中译，尚可讨论。英文 spirituality 意义上的“精神性”与宗教有关。我则主要指民族精神活动的创造性及其指向，包括如何处理现实世界的革新和对于理想的追求，用中国哲学的术语说，就是生命不安于物化而呈现出的一种向上的精神创造活动。在这个意义上，精神性与理想世界密切相关，它既是文化心灵的动力源泉，也是理想世界的核心。当然，一个民族的精神状态，不仅包括“精神性”，也与道德状况、文明进步、知识视域、审美趣味等相关。它们共同地体现了一个民族的价值世界或理想世界，这个理想世界是该民族安身立命之所，是人们共同的精神家园。

问题总有多个方面，可以有好坏二分，同时也会有好坏互相换位、互相渗透。总体而言，“后启蒙时期”的国人之精神性是高度活跃的，启蒙时期造成的高度动力性维持着其进步的方向，虽然独断论的意识形态依然存在，但是精神生活的创新性也不能抑制。一方面，追求富强的主题不但促使社会继续鼓励对于“力量”“规模”“速度”“新奇”的现代性追求，而且促使国家继续鼓励科学技术的创新和社会治理的创新。从知识社会学的视角看，科学技术的创新动力很大程度上需要依靠对于创造性活动的价值偏好，即需要非功利的创造精神的养成。它与富裕起来的中国社会迅速进入儿童中心主义一起，推动了中国教育对于个性自由的尊重。另一方面，很难再有哪一家学说能够长期垄断通达真理的道路，启蒙主义受到批评，但是“启蒙”又“起死回生”[①]。儒学的复兴最初是边缘的和民间的运动，现在则渐渐成为国家意志的表现。不但几大传统宗教持续复兴，而且普通人追求精神“修养”乃至“灵修”的情况也不是稀罕之物。

如果正视“后启蒙时期”的状况，那么我们会承认，在整个后经学时代，价值冲突或者说理想的冲突依然存在，有时还特别严重。任何宣告“古今中西”之争已经结束的断言，都只是表明争论用另一种方式进行。曾经有段时间，舆论不断抱怨道德沦丧，人心不古。官员与社会风气的腐败曾经给悲观的人以末世之感。对内，似乎缺少足以收拾人心、形成民族凝聚力的象征；对外，缺少面向未来（而不是沉湎于辉煌的历史）、足以怀柔远人（而不是单纯让人见而生畏）的“软实力”。

当然，令人欣慰的是，国家大力惩治腐败使得情况正在发生转折性的变化。我们同时也意识到，民族生活的精神状态，并非只要行政手段就足以振发。行政手段归根结底是一种强制力，精神生活更多地需要理性的说服力和理想的感召力，政治的合法性尚需要在理想的观照下才能充分呈现。按照

① 许纪霖：《启蒙如何起死回生：现代中国知识分子的思想困境》，北京大学出版社，2011 年。

怀特海的说法，历史的进步要依靠“那些来源于愿望又复归于愿望的明确信仰。它们的力量就是那些经过深思熟虑的理想的力量”①。同时，我们需要看到，真正改变一个时代的民族精神生活，需要“因政教则成风俗，因风俗则成心理”②的过程。如果前者是一个自下而上的或至少是水平方式的运动的话，那么后者预示着一个自上而下的或可以称为“教化”的过程。像中国这样人口众多、历史悠久、多民族共居的社会的转型，尤其需要上述两个过程之顺利对接。

四十年的经济起飞塑造了中国传奇，同时也暴露了原先就存在的若干问题，甚至使之更尖锐化了。其中之一是为人广泛诟病的“道德沦丧”，与此相关的是“信仰缺失”。我在这两个短语上都打了引号，表示我觉得这个问题尚有讨论余地。

20世纪初，梁启超就注意到中国社会进入了道德转换的时期：

> 今日正当过渡时代，青黄不接，前哲深微之义，或湮没而未彰，而流俗相传简单之道德，势不足以范围今后之人心，且将有厌其陈腐而一切吐弃之者……苟不及今急急斟酌古今中外，发明一种新道德者而提倡之，吾恐今后智育愈甚，则德育愈衰。③

所以梁启超认为需要一场“道德革命”。我个人以为，中国实际上已经经历了一场梁启超所谓的“道德革命”，传统的义利之辩、理欲之辩、天人之辩、力命之争，实际上都发生了巨大的变化，这里已经部分地实现了人们要求的传统的创造性转化（虽然此过程尚未结束，而且留下许多难题乃至弊病）。从最简单的层面看，现代中国人的成就取向已经大大增强。传统士大夫的“太上有立德，其次有立功，其次有立言”，早就变成了“立功、立言、立德”的排序方式；而君子不争和“无逸”的立身原则，也被市场经济需要的竞争精神所取代。狷者消隐，狂者进取。非如此，就无法理解中国经济起飞

① ［英］A.N. 怀特海：《观念的冒险》，第6页。

② 章太炎：《四惑论》，上海人民出版社编，徐复点校：《章太炎全集：太炎文录初编》，上海人民出版社，2014年，第470页。

③ 梁启超：《新民说·论公德》，《饮冰室全集》第六册，专集之四，第15页。

的文化动因。

在过渡时期，道德沦丧和信仰丧失的现象确实比较突出，但是我以为它之所以触目惊心，是因为它发生在政治精英和知识精英群体，就普通人民大众而言，是否更为严重，还大有讨论的余地。由于政治精英和知识精英本来应该是社会价值的承担者，但是现在价值承担与价值原则严重背离，其扩散效应就被放大了。这种放大由于现代传媒的作用而更加扩大。另一方面，当我们觉察人的道德困境的时候，我们也应该看到，就整体而言，随着城市化和社会治理的推进，特别是随着教育的普及，整个社会的文明程度正在获得提升。当然，这种提升是基于实践的（pratice-based）合理性的，表现为社会现代化与人的现代化的进步。当合理性被理解为内嵌于实践和相关能力的时候，合理性就具有形塑人格的意义。从这个意义上说，文明的进步与道德之提升间有某种正相关关系。但是，正如有人批评北大等著名高校正在培养的知识精英其实是“精于计算的利己主义者”一样，我们也可以说文明与道德之间有逆向关系。其中包括由于在“过渡时期”社会规范的转变中多种准则并行，或者转变期形成的某些灰色地带，使得善与恶无法清晰辨认所带来的道德混乱。总之，我们主张对当代社会的道德状况做更具体的分析。否则，我们无法解释一个明显的矛盾：20世纪的大部分时间里，都能听到人们抱怨道德沦丧，但是正是同一个20世纪，中国的崛起让全世界都刮目相看。我们可以把它理解为历史和价值的冲突，但这不同时还包含着两者的内在联系吗？

解决历史和价值的冲突需要厘清道德困境与信仰缺失的关系。这是一个严重的现代问题，因为信仰危机不是中国独有，现代化不但是经济全球化，而且是社会生活的祛魅化。在“后启蒙时代”，似乎有某种“复魅”的需求。宗教在全世界范围的复兴、新兴宗教的出现，都说明了这一点。但是宗教的复兴与民族主义结合，能否在根本上建立中华民族安身立命的精神家园？

谋划中华民族共同的理想世界，可以有许多进路，哲学的或世俗智慧的进路是最重要进路。与各种各样的哲学定义有所不同，熊十力说：

> 哲学者所以研究宇宙人生根本问题，能启发吾人高深的理想。须知高深的理想，即是道德。从澈悟方面言之，则曰理想；从其冥契真理、

在现实生活中而无所沦溺言之，则曰道德。①

哲学能够引导社会舆论，进而影响人的心灵。哲学家心灵的转变引导了整个民族的“心灵”。就建设现代民族的精神家园而言，启蒙主义所主张的“自觉心”是第一步。按照谭嗣同的哲学，其理想就是“通”。“仁以通为第一义……通之义，以‘道通为一’为最浑括。”“通”包括中外通、上下通、男女内外通以及人我通。以“仁”为核心的“四通”呈现为平等之“象”。②谭嗣同用哲学的话语诠释着康有为的社会理想——大同。“大同”是一个建立在现代科学与民主政治基础上的永久和平的全球化理想。继起的人文主义者则着重强调中华民族的文化自觉，他们要使被现代化进程（一种怀特海所谓的“强制力”甚至“暴力”）所打断的民族文化传统再度复兴。现在，我们大家都知道，20世纪与21世纪之交，中国哲学家已经在展望“新的轴心时代”。

世俗的智慧包括历史的智慧。儒家道家的学说尽管都有“超越的”层面、“精神性”或者蒂里希的“终极关怀”，但是，毕竟主要是世俗的智慧。中国古代数千年，“百代皆是秦政法”，王权始终大于教权。鉴于历史经验，我们有理由把理想世界的描述首先定位于政治现代化和政治文明建设的进步，它是富强以后理所当然的目标。实际上，它也应该是中国真正实现富强（而不是单纯的GDP的提高）的条件之一。

这样一个政治理想与价值世界有互为表里的关系。前面说过，社会主义核心价值观的提出，说明国家意识到理想世界需要具有某种“内核”。它既包括了人们行为的底线，又提示了理想的境界。当然它也留下了解释的多重空间，因而理论家可以大有作为。就其急迫需要解决的问题而言，首先是重建社会团结意识。先贤早就说过，“民心之涣萃，天心之去留也”。当今社会，由于贫富分化等原因，社会团结处于极大的风险之中。普遍的仇富、仇官心态表明社会面临着分裂的危险。所以，从重建民族精神共同体的角度，我们需要重建社会团结。理想的世界应该既有活力，又有高度的社会团结。活力保证其继续进步的动力不至于枯竭，社会团结表示它有稳定的秩序。

---

① 熊十力：《十力语要》，《熊十力全集》第四卷，第241—242页。
② 谭嗣同：《仁学界说》，《谭嗣同全集》，第291页。

出于一种现实感，我认为它们应该以重建“信德”为基础。但是现在我们先回去考察“后启蒙时期”最重要的现象——“大陆新儒学”的复兴。

第二节 大陆新儒学：从心性儒学到政治儒学

20 世纪 80 年代的“新启蒙运动”，以五四运动的后继者的自觉，在文化倾向上是激进主义和自由主义的联盟，同时又表现出对儒家文化尤其是其价值系统的批判。这种批判最引起争议的地方，在于它通常以“传统、现代”二分的方式讨论问题，将中国现代化“止步不前”归咎于传统文化及其核心——儒学。而处于开放条件下的儒家学者却通过批评性地利用马克斯·韦伯的理论和将“东亚四小龙”的现代化与“儒家文化圈”联结起来的论述策略，来证明儒学不仅是悠久而广大的中国古代文明之核心，而且今天依然可以为中国的现代化提供精神的基础。因此，这一轮的儒学复兴，最初的入口是“儒学是中国实现现代化的有效资源”。从这个意义上说，它们和启蒙主义有共同的目标。不过，我们知道新文化运动将“科学”和“民主”确定为现代社会的基本价值，它也被 20 世纪 80 年代的“新启蒙运动”所继承。这就迫使作为文化保守主义的儒学的复兴必须走“曲通”之路。在这一路径中人看来，科学、民主和国家现代化确实是中国人之所欲，但是中国人面临的更严重的问题是“同一性危机”，只有把中国人的安身立命问题解决好了，现代化才有其价值基础和精神动力。现代新儒家的诸位代表梁漱溟、熊十力、冯友兰以及牟宗三、唐君毅在此方面做了创造性的工作。当“主体性”这个哲学概念被置于推进个人自由和人的解放这样的启蒙主义目标之下的时候，儒学中人强调说，新儒家哲学才是真正的主体性哲学。这一系继承和发挥了宋明理学尤其是陆王心学，并实现了儒学的“动力论的变革”[①]。关于这些，我们在第四章做了大致的讨论。在那里，我们没有过多地讨论儒学在中国的新趋向。而 20 世纪 90 年代之所以可以称作“后启蒙时代”，是因为

---

① 陈荣捷：《当代唯心论新儒学》，罗义俊编著：《评新儒家》，第 420—421 页。

在“启蒙反思”的同时，儒学研究在中国（不包括港澳台）迅速升温，变身为显学，而在进入新世纪以后，关注的焦点更加集中于秩序的重建，并进而显示出“大陆新儒家”与港台新儒家既有关联又有差别的特点。

一

从方克立教授领衔“现代新儒家研究”的课题开始，由于研究者的学术背景几乎都是中国哲学，90年代中国大陆学者表现出对现代新儒家——最先是梁漱溟、熊十力等，进而主要是熊氏后学即中国港台新儒家牟宗三、唐君毅、徐复观等——的哲学形上学的浓厚兴趣，以此为题的论著为数众多，各个大学哲学系的不少研究生也以此为题做他们的学位论文。因此“后启蒙时代”儒学在中国的复兴，其最初的关注点，是现代新儒家的心性论哲学。在这派中人看来，西方哲学尤其是启蒙主义以主客二分的认识方式一味向外逐物，自然无法“见体”“得道”，这也成为西方现代性危机的根源。这样，以“儒学是中国实现现代化的有效资源”为入口的心性论儒学复兴的结论却是“儒学是对治现代性病症的良方”。中国传统哲学中间，自孔子以后，也只有思孟——陆王（或朱熹）——到现代新儒家的一线单传的“道统”。心性论儒学的最终关切当然有重建秩序的一个向度，这一点，前面我们已经讨论过。但是就其直接的形态而言，它主要走向了道德的形而上学。道德的形而上学自然也可以说从安顿“心的秩序”开始，从而为社会秩序奠定基础。

不过，在最初的新儒家研究中，心性论儒学随之受到不少批评和质疑，首先是来自外部的质疑，这一方面的批评有两种：

第一种当然是来自启蒙主义的批评。当牟宗三把儒学界定为“生命的学问”，并且说“中国文化之智慧，惟在能自生命内部以翻出心性之理性，以安顿原始赤露之生命，以润泽其才情气，并由之能进而‘以理生气’”[①]的时候，它意味着德性之确立可以保证现代社会的普遍价值之获得。这种“内圣外王”的路径，即在儒家道德的基础上“开出”科学和民主的理论，受到启蒙主义的强

---

① 牟宗三：《生命的学问》，广西师范大学出版社，2005年，第29页。

烈质疑。因为在儒学的发展史上，本来并没有西方式的科学和民主，如何能够保证“内圣”之学可以“开出”“新外王”——科学和民主？对于这样一个经验或历史的问题，港台新儒家回答以逻辑的论式：现在没有开出，不等于将来开不出！同时，新儒家所具有的文化民族主义色彩，也引起了人们的担忧或质疑。

第二种批评来自姑且称之为儒学的研究者群体。最近一轮儒学复兴最初是从学院内部发生的，即大多开始于大学中以治中国哲学或文史为业的教授们，他们未必无条件认同儒家价值，因而更多地会采取客观化或求知识的态度。与20世纪80年代对儒学的一味批评不同，他们承认新儒家哲学与实证主义哲学（包括自由主义的政治哲学）、马克思主义哲学，它们构成了20世纪中国哲学三角鼎立之势。但是新儒家心性论本质上是实践的，因而它要求人尤其是著述者本身的“躬行践履”；而且新儒家高调的道德理想主义以圣贤为理想人格，在一个没有圣贤的时代，新儒家的这套理论注定会引发人们对新儒家代表人物个人道德的品评与省察，因而产生对其现实性的疑问。他们对新儒家学术研究中价值优先的路径也提出了批评。因为按照价值优先的原则来从事学术研究，而中国传统文化又被新儒家不仅约化为儒学，甚至只是一线单传的思孟——宋明理学——现代新儒学派系，他们无法真实地认识传统文化本身的多样性与复杂性。

心性论儒学同时也引致了儒学内部的批评，这方面的批评也有两种：

第一种是同样自称“为儒学说话”的人，不过不是心性论哲学家，而是历史学家。余英时先生是其代表。1998年上海人民出版社出版了余先生的《现代儒学论》，收录了论现代儒学的七篇论文，比较集中地表达了他对儒学复兴的看法。与现代新儒家中相当一批人对“五四”激进主义的启蒙思想持全盘否定的态度不同，余先生以为其有“内在根据”。他说：“我认为儒家的合理内核可以为中国的现代转化提供重要的精神动力。然而我也不相信中国今天能够重建一个全面性的现代儒家文化……儒家在现代化的过程中怎样和西方成分互相融合和协调才是问题的关键所在。”① 他把儒学研究的注意力集中在16世纪以来，儒家如何在社会、政治、经济、伦理各方面都发生了微妙而深刻的变化，它们又如何影响了儒家在19世纪中叶以后对于西方文化

① 余英时：《现代儒学论》，第7页。

的选择与接受。换言之，余先生以马克斯·韦伯的论式来反驳马克斯·韦伯对于儒家文化缺乏动力性的结论，通过历史叙述来描写在生活世界中的儒学如何“为中国的现代转化提供重要的精神动力”。

作为历史学家，余先生对心性论儒学有许多批评。他批评新儒家“一线单传”的“道统”论，赞成钱穆先生的“整个文化大传统即是道统”论；他批评新儒家哲学论证的形而上学性质，认为“新儒家所讲的并不是普通意义的哲学，而是具有宗教性的道体，是理性和感官所不能及的最高领域”，所以最后只能求助于“体证”“证会”的神秘主义方法。这些批评已经使我们隐隐约约触摸到启蒙主义的意味，更严重的批评是：

> 根据新儒家的解释，传统儒家的“道”所完成的是道德主体的建立。新儒家则在这个基础上推陈出新，使道德主体可以通过自我坎陷的转折而化出政治主体与知性主体。这一创造性的转折便是新儒家给他们自己所规定的现代使命。很显然的，这一理论建构必须预设新儒家在精神世界中居于最高的指导地位。①

> 从新儒家第一代和第二代的主要思想倾向来看，他们所企图建立的是涵盖一切文化活动的至高无上的“教”，而不是知识性的“学”；他们决不甘心仅仅自居于哲学中的一个流派。这个“教”的地位在历史上大概只有西方中古的神学曾经取得过，中国传统的儒家都没有达到这样的地步。②

> 根据我个人的了解，新儒家的主要特色是用一种特制的哲学语言来宣传一种特殊的信仰。③

余英时先生称心性论儒家以“良知的傲慢”去对抗西方哲学“知性的傲慢”，并且其“傲慢”更胜一筹，明确表示反对心性论儒学的道德主义独断

---

① 余英时：《现代儒学论》，第216页。
② 同上书，第223页。
③ 同上书，第224页。

论。这已经涉及新儒家试图在类似宗教信仰的前提下建立新的意识形态这一问题。且不论这样的批评是否合理，或者在多大程度上是合理的，说这种批评的方式本身带有启蒙主义色彩，似乎并不为过。

第二种是这一轮儒学复兴中较为后起的，他们自称其学为“政治儒学”。蒋庆在其系列论文基础上编纂而成的《政治儒学——当代儒学的转向、特质与发展》一书，将其关于复兴“政治儒学”的主张做了比较充分的表述。其在序文中说道：

> 我认为当代新儒家“本内圣心性之学开新外王”的路向已走不通。此走不通有两点：一是儒家内圣心性之学只解决个体生命意义的问题，不解决政治制度的建构问题；二是当代新儒家把儒家的外王事业理解为开出由西方文化所揭橥的科学和民主（所谓“新外王”），如此则儒学不能依其固有之理路开出具有中国文化特色的政治礼法制度，即儒家式的外王大业。夫如是，当代新儒家有“变相西化”之嫌，当代儒学则有沦为“西学附庸”之虞……当代儒学必须转向，即必须从“心性儒学”转向“政治儒学”。因“政治儒学”是儒家特有之“外王儒学”“制度儒学”“实践儒学”“希望儒学”，中国今后具有中国文化特色之政治礼法制度当由“政治儒学”重构，而非由“心性儒学”开出。①

蒋庆认为心性儒学已经是“西化”了的儒学，因为心性儒学实际上以启蒙主义理想（科学和民主）为目标。他严厉地批评心性儒学，认为这样一种关注个人生命存在的形上学系统，呈现出极端个人化、极端形上化、极端内在化、极端超越化的倾向。这四种“极端”分别使新儒学走进四个盲点：不关注社会关系、具体现实、礼法制度和当下历史。因此新儒家尽管在建构心性论上颇有成就，但终究没有如愿开出“新外王”。

“政治儒学”对于心性论新儒家的批评几乎集中了以往人们对儒学的所有的批评。不过，以往人们对心性论儒学的批评，尽管也有激进主义和自由主

---

① 蒋庆：《政治儒学——当代儒学的转向、特质与发展》，生活·读书·新知三联书店，2003 年，第 1—2 页。

义的区别，但多少总与启蒙理想有关。而“政治儒学”的批评，其保守主义的气质更浓。它不但是历史观和文化观的逆转，而且是一种政治哲学的转向。他们认为中国文化的重建需要“复古更化”，当代中国需要用儒家的政治智慧和指导原则来转化政治现实，使未来中国的政治制度真正建立在中国自己的文化传统上。他们甚至提出要建立“通儒院”“庶民院”和“国体院”三院来分别代表“天心”“民心”和“历史文化之心”，进而解决政治的“三重合法性”。更明确些说，他们提出要建立儒教来解决中国的政治问题。尽管蒋庆试图以经今古文学之区别来划清“政治儒学”和“政治化儒学”的界限，但是在“复古更化”上，“政治儒学”似乎在儒学原教旨主义的路上走得太远了。

与“政治儒学”有所关联，2006 年干春松出版了《制度儒学》一书，批评心性儒学过于狭窄的问题依然是其起点。“‘制度儒学’是一个总括性的概念，主要关注的是儒家思想和中国制度之间的关系以及这种关系在近现代的变化，更关注儒家与未来中国制度建构的可能性。”[①] 换言之，相对于港台新儒家集中于哲学尤其是道德的形而上学，作者更关注儒家与中国传统的政治制度和社会秩序之间的关系，主张以精神理想和现实制度相结合的方式来审视儒家的本来面目和未来发展空间。“制度儒学”有相当的代表性，干春松与其他关心“制度儒学”的学者发表的一系列论著，重要的关注点之一即现代中国的社会秩序原理，研究的文献范围也发生了变化：通常不能进入港台新儒家之“道统”的康有为的价值被重新发现，公羊学被一部分年轻学者重新视为有待大力发掘其价值的重要经典。这一派学人同样认为儒家应该在未来中国的发展中发挥应有作用，不过这种作用不限于道德和价值世界，意在强调当代中国人在进行制度创新过程中，也必须充分吸收儒家的资源。

不过，同样是关心秩序重建，干春松与蒋庆仍有所不同，在评论蒋庆“政治秩序合法性的三重基础”时，干春松认为不能囿于历史文化的连续性，而将中国政治哲学的原则解释为仅仅适用于中国政治，那就不是一个普遍性的秩序原理。“因此，‘以中国解释中国’，如果将中国局限于一个特定的政治体或文化体，这本身就是对儒家普遍主义和世界主义立场的否定，因此并不是经典意义上的王道政治。而是为某种特殊的政治存在而作的辩护。正因

---

① 干春松：《制度儒学》，上海人民出版社，2006 年，第 9 页。

为如此，我更愿意将王道看作是儒家对世界政治秩序设计的一种贡献，定可以纠正以利益为基础的现代政治理念。”①

事实上，由于传统儒家或儒学本身就包含着多个向度，因此当代那些基于儒家主场或同情儒学的作者们所阐发的秩序理论自然难以完全一致。由于这些大多是 21 世纪以来面世的论著，本书在此简单地提及它们，只能满足于它的出现证实了我所说的中国现代化哲学有一个从“动力的追寻”到“秩序的重建”的二度转向，而把对中国哲学秩序观念的谱系学分析留待以后的工作去完成。

二

随着新儒家哲学成为一时之显学，当代中国的儒学复兴运动展现在哲学、史学、政治学和文化理论诸多方面，同时也在社会影响面和普通人的精神生活中提升了其实际地位。

这首先表现在如何对待“经典”的问题上。最近数年，中国高等学校在素质教育或通识教育中，越来越强调阅读中国文化的经典，尽管各地对“经典”的解释有宽窄的不同，但是孔孟和朱熹、王守仁的著作入选是很普遍的事情。因为人们现在基本形成了一个共识：儒学文献如果不独占经典的话，至少也是经典的主体。人们对经学的兴趣也比过去有所增加，由官方斥巨资支持的浩大工程“儒藏”已经进行了多年，全国有数百名研究人员参与这项工程。越来越多的高等学校建立或恢复了“孔子研究院”或者“国学研究院”，至于儒学研究的专门机构更不在少数。少数著名高校举办了吸引企业高管参加的“国学班”或“国学讲堂”。在此之前，已经有大学试办了“国学班”，招收的本科生将专修与现有人文社会科学各学科都不相同的“国学”课程。十分明显，它们的目标都是培养学术精英。

出版社和现代传媒如电视对新的文化热点表现出更高的热情，于是有类似以往的“说书”或“评书”的“百家讲坛”与出版社合作而造就的“文化明星”。出版社的热情还倾注在为儿童读经服务上面。十几年来，各种有关

---

① 干春松：《重回王道——儒家与世界秩序》，华东师范大学出版社，2012 年，第 98 页。

儿童读经的倡议和不同规模的实验曾先后出现。尽管它同时引起了很大的争议，但是，在此风气下，阅读乃至背诵儒家经典在学校教学活动中和家长督促下的课余阅读中占据了远比以往更大的份额，是毫无疑问的。

上述变化与国家意志是吻合的。进入21世纪，作为对部分著名学者呼吁“文化走出去”的回应，中国开始在世界各国成立“孔子学院”，它从推广汉语教学开始，进而注意传播中国文化。中国的新举措可以说是受到德国在世界各地举办“歌德学院”的启发，但是中国所办的“学院”以孔子为名，多少也证明了世风的转移和文化策略的改变。它在中国化的马克思主义理论中并非毫无根据，毛泽东早就说过，从孔夫子到孙中山都要“批判地继承”。另一个重要领导人刘少奇曾经将儒家的“践履功夫”吸纳为“共产党员的修养”的一部分。如今山东曲阜年年举行祭孔典礼，地方政府长官主持祭礼也是平常事情。

这些超出儒学学理的社会现象，可以大致说明后启蒙时代的儒学复兴，在其进程中与实践的关系呈递进的形态。事实上，从20世纪80年代末开始，心性论儒学打其头，以为儒学是生命的学问，强调的是儒学指出了人的实在或实存，其形而上学的走向本身是文化贵族式的。不过他们认为儒学价值“极高明而道中庸”，是在日常生活尤其是伦理生活中体现的，学理上有走向生活的内在要求。儒家价值的提倡吸引了更多的人追求儒学知识，因而儒学复兴从哲学走向历史学，这两者共同推进了儒学在社会教育中的地位。最后出现的则将儒学的实践性推广到政治制度的设置和政治生活的理想，那就是“政治儒学”和“制度儒学”。这样，“生命儒学”“知识儒学”“政治儒学”“制度儒学”的程序大致上也表现出儒学从学理探讨走向社会生活的过程，或者说，体现了儒学复兴的目标之一是重建社会秩序。

三

以上我用不多的篇幅粗略地描写了20世纪90年代以来儒学在中国复兴的大致面貌。回到开头，我在解释“后启蒙时代”的时候，曾经说儒学复兴运动在20世纪中国时断时续、经久不息。但是现在我们恐怕不能再采取叙说陈年故事的态度，而应该注意到这一轮儒学复兴的历史条件、语境和内容的特殊性。换言之，我们应该注意到最近的儒学复兴与以往的诸多不同。

第一，启蒙主义在今日世界已经受到强烈的批评。启蒙理想本身的危机和后现代主义的颠覆，使启蒙主义声名大跌。而在中国则表现为20世纪90年代以来，文化保守主义第一次转变为思想界的主流。纵观中国整个20世纪，激进主义（有时与自由主义联盟）基本上占据着思想界的主导地位，现在则发生了根本性的逆转。在激进主义的时代，儒学作为传统主义的资源，总体上是受批评的。而在强调回归传统、从传统文化中获得新的启发的年代，儒学复兴至少在社会心理的层面获得了20世纪从未达到过的高度。

第二，国际环境和中国的国际地位发生了根本性的逆转。20世纪初，是中华民族危亡最深重的时期，寻找救亡之路是当时中国诸种社会思潮的共同主题。儒学不能承担这一历史使命是社会共识。1927年以后，中国曾经有过现代化高速发展的黄金十年，它被对日战争所打断。儒学有所复兴，新儒家大多抱着为中国的“贞下起元”，为中国人安身立命而兴亡继绝的志向，所以民族主义促成了这场复兴运动。但是国民政府本来缺乏意识形态的支持，其在政治上的失败与其对儒学的利用被历史地联系在一起，而20世纪末中国之崛起已经成为世界瞩目的事件，与大国地位相匹配的民族自主意识和民族文化自豪感空前高涨。愈演愈烈的全球化浪潮又从多方面刺激民族文化的自觉。有人评论说：“中国保守主义最重要的是其政治，尤其是它与民族主义和现代性的关系。保守主义关注的不只是文化问题，更重要的是国家缔造问题。”[①] 坚持文化自主的背后是政治自主的要求，这个论断有一定道理。在中国实现富强的同时，这就更具有政治意义。

第三，意识形态的地位与作用发生了转变。20世纪的中国经历了古代经学独断论让位于各种思想自由争鸣，然后又由马克思主义取得一统地位的过程。“文革”结束以后，教条主义受到广泛的批判，中国建立起市场经济的新秩序以后，重建意识形态成为许多政治势力关注的问题。如何将中国化的马克思主义做进一步发展，需要解决马克思主义与中国传统文化连续性的关系，儒学被“再次发现”有其必然性。

---

① 冯兆基：《中国民族主义、保守主义与现代性》，《中国近代思想史研究集刊》第四辑，社会科学文献出版社，2007年，第48页。

第四，儒学本身也发生了诸多变化。譬如，第一代新儒家虽然讲“返本开新”，但是他们大多实际上是温和的进步主义者，而 20 世纪 90 年代以来，随着对启蒙主义和进步主义的批评，出现了一种盲目“信古”的倾向。与学院制度相配合，“经学研究”（主要是经学史的研究）在大学中有复兴之势。在这样的风气中，儒学研究者对于传统文化的缺陷和问题似乎缺少了当初新儒家那样的反省精神。第一代新儒家梁漱溟、熊十力等人对于宗教有相当矛盾的态度：哪怕有很深的佛教信仰，却依然坚持儒家文化与宗教的区别，甚至有时还强烈地批评宗教。而今天的儒者，却几乎不约而同地强调儒家传统的“宗教性”。不过，按照通常的说法，儒家“终极关怀”的特点是“内在超越”。而且事实上，在现代化的时代，重新创造一种宗教是否可能？它多半是某些人的热情想象而已。

儒学复兴的前景如何？这是任何一个关心当代中国儒学发展的人都希望知道的。它可能演变为国家意识形态，或者出现一个强大的儒学原教旨主义吗？还是在保持充分的现实感和开放性的过程中做出新的创造？在功利主义、消费文化和商业化盛行的时代，儒学如何既进入民间生活，又保持其传统价值理想？甚至像“儿童读经”那样的事情，在多大程度上能够改变当代中国的教育体制，而不流为一种短暂的“时尚”？所有这些都在未知的领域。但是有一点是确定的，如果 21 世纪的儒学能够真正再度复兴，如宋明理学复兴儒学一样，那首要的条件是儒学要真正具有现实感，做出了实质性的“传统的创造性转化”，然后才会真正而持久地影响到社会秩序的重构。

第三节　“主体性”及其分化与消隐

为了更全面地描述“后启蒙时期的理想世界”，我们有必要回到当代哲学的概念特征上来。这里所谓“当代哲学”是指 20 世纪最后二十年的中国哲学。它当然是整个现代哲学的一部分，不过，与 1949 年到 1978 年的三十年相比，无论就哲学著述之丰富、对外国哲学翻译介绍之迅速而广泛，还是就哲学学科建设之规模，20 世纪最后二十年都获得了前所未有的成绩。更重要的是哲学的主题也有所变化。总体上说，中国哲学以“主体性”概念的提出及其分化与消隐，浓缩地表达了从现代性追寻到现代性反省的复杂历程；与从“动力的追寻”到“秩序的重建”之转向相匹配，以哲学的形态折射了从激进主义到保守主义的思潮消涨。

一

“文革”结束以后发生的“真理标准的讨论”，在思想史上有划时代的意义。对于哲学家来说，它不但表示心灵的自由——自由思考和自由创造——是哲学的本性和达到真理的途径，而且表示生活、实践和经验是比经典、教义更为重要的知识之源泉。毋庸置疑，它促进了哲学的开展去满足现代化所必需的“动力的追寻”这样一种历史期待。马克思主义辩证唯物论的宇宙观，承认新陈代谢是永恒的规律，但在属人的世界，实践是改造世界和实现自身的动力。20世纪上半叶中国最重要的哲学流派，其实都在面对同样的问题：现代化需要激发人的主动性、积极性，社会的现代化需要现代的人。随着“实践标准”的讨论，“规律”崇拜被淡化乃至否定了，价值重建过程中主体的评判、选择和创造，开始显示出重大的意义。因此，从人与外物发生的价值关系中的主体性问题，即价值主体性上升为一般的哲学主体性探求。

在哲学家族中的不同专业领域，以实践唯物主义为中心产生了体系性的创造：李泽厚、冯契、高清海等哲学家，在复活并发展实践论传统的同时，探讨并发展了主体性的哲学理论。

第一，1979年李泽厚出版了《批判哲学的批判：康德述评》，该书很快成为畅销书。1984年再版时加上了附论《康德哲学与建立主体性论纲》。李泽厚说：

> 人性便是主体性的内在方面……康德哲学的功绩在于，他超过了也优越于以前的一切唯物论者和唯心论者，第一次全面地提出了这个主体性问题，康德哲学的价值和意义主要不在他的“物自体”有多少唯物主义的成分和内容，而在于他的这套先验论体系（尽管是在荒谬的唯心主

义框架里)。因为正是这套体系把人性(也就是人类的主体性)非常突出地提出来了。①

具体地说，是康德批判哲学关于审美中的自由感受、认识论的自由直观和伦理学的自由意志构成了主体性的三个主要方面和内容。这是从主观精神的方面(即内在的方面)诠释主体性。其实在《批判哲学的批判：康德述评》第七章，还包含从客观、物质生活进程(即外在的方面)方面进行的诠释，因此有更完整的主体性界说：

我们重视人类学本体论问题。因为它可以与以经验、语言或逻辑为本体的唯心主义对立起来，而强调人类作为本体对世界的实际征服和改造。人类学本体论即是主体性哲学。如前所述，它分成两个方面：第一个方面即以社会生产方式的发展为标记，以科技工艺的前进为特征的人类主体的外在客观进程，亦即物质文明的发展史程；另一个方面即以构建和发展各种心理功能(如智力、意志、审美三大结构)以及物化形式(如艺术、哲学)为成果的人类主体的内在主观进展。这是精神文明。两者是以前一方面为基础而相互联系、制约、渗透而又相对独立自主地发展变化的。人类本体(主体性)这种双向进展，标志着“自然向人生成”即自然的人化的两大方面，亦即外在的自然界和内在的自然(人体本身的身心)的改造变化。康德哲学的贡献在于它突出了第二方面的问题，全面提出了主体心理结构——包括认识、伦理和审美的先验性(普遍必然性)问题。②

在《主体性的哲学提纲之二》中，李泽厚又说：

“主体性”概念包括有两个双重内容和含义。第一个“双重”是：

---

① 李泽厚：《批判哲学的批判：康德述评》，人民出版社，1984年，第424页。

② 同上书，第258—259页。

> 它具有外在的工艺——社会的结构面和内在的即文化——心理的结构面。第二个“双重”是：它具有人类群体（又可区分为不同社会、时代、民族、阶级、阶层、集团等）的性质和个体身心的性质。这四者相互交错渗透，不可分割。而且每一方又都是某种复杂的组合体。①

换言之，主体性指向两个方面或向度：以科学技术为手段获得主体地位和在文化心理上的自由发展而获得主体感。无论在哪个向度上，都既有人类主体性问题，又有个人主体性问题。显而易见，主体性原则是对旧体系的一大挑战，作为主体在与客体特定关系中呈现的本质特征，主体性包含了复杂的内容，最重要的是它强调主体的自觉能动性、自主自为性、创造性。更明确些说，主体性即最广泛意义的自由。成为主体，意味着不是他人行为的对象，而是自我决定的存在。这与20世纪80年代包括“新启蒙”在内的讨论都有内在的一致性，或者说，它为“新启蒙运动”提供了哲学的辩护。因此，我们可以看到，借用康德哲学来阐发主体性，实际上集中表达了80年代中国哲学的现代性追寻。这一点，海外的研究者更早地感受到，而且他们还注意到主体性哲学和80年代的改革开放的亲和性。②

第二，从康德研究出发的主体性哲学，在当代中国马克思主义哲学的教学和研究中发生了重大的影响。在这方面，高清海最有代表性。他以为，教条化的哲学教科书体系，是与苏联和中国的计划经济体制相适应的哲学，它的根本缺陷是自然本体论的思维方式，即马克思所批评的只从客体方面而不

---

① 李泽厚:《李泽厚哲学文存》下编，安徽文艺出版社，1999年，第633页。

② 海外的研究者更早地觉察到主体性哲学和20世纪80年代的改革开放的亲和性。黄克武在《论李泽厚思想的新动向——兼谈近年来对李泽厚思想的讨论》中提及：“1992年在英国出版的*The China Quarterly*之上，有一篇Lin Min（林敏）所写的《现代性的追求：1978—1988中国知识分子之论述与社会——李泽厚的例子》(“The Serach for Modernity; Chinese Intellectual Discourseand Society，1978—1988 — the Case of Li Zehou”）……作者以为1978至1988年间，因邓小平的经济改革与相对来说较宽松的政治取向，使中国知识分子有一较自由的活动空间，对马克思主义进行反思，他认为李泽厚正是这种社会和思想状况下的代表人物。李氏的理论与中国改革过程的两个特色：一是邓小平重视经济发展的现代化方案，一是基于国家与历史文化传统认同之民族主义，有一种‘结构上的亲和性’。”（甘肃·中国传统文化研究会主办，《国学论衡》编辑委员会编：《国学论衡》第二辑，兰州大学出版社，2002年，第319—320页）

能从主观方面理解事物、现实和感性，因而缺少主体性原则：

> 唯物史观要揭示的是一种与单纯的客体过程不同的、主体活动的客观性。在客体过程中，因果律起决定作用，事物的现状为其过去所制约，是过去决定现在的过程。而在主体活动中，人的活动受目的所支配，是从目的到结果的过程。而目的指向未来，所以是一种未来支配现状的过程。同时未来又依赖于主体的选择，因此，要探求主体活动的规律，就不能不考虑主体的需求、目的、意志和能力等因素。在这个领域里，必然性不仅与偶然性相对，而且与应然性、自由性相涉，以主体的存在为基础。如果离开人的主体活动来谈历史规律，不但不能把它同自然规律区别开来，而且有可能陷入历史宿命论的危险。这样，就会在人与历史的关系上，剥夺人的主体地位，把历史规律当作暗中主宰人类一切的主体，而真正的主体——人，反而成了实现、表现这个主宰的玩偶或工具。①

20世纪80年代后期，高清海先后出版了《马克思主义哲学基础》的上下册，被认为是“哲学教科书体系改革的标志性成果，是我国突破苏联模式教科书体系的第一部著作”②。这部书按照“主体——客体——主体——主客体统一”的认识论框架来阐述马克思主义哲学，强调马克思主义哲学所实现的认识论转向，凸显了主体性原则。紧接着，1988年，高清海出版了《哲学和主体自我意识》一书，不仅继续批判素朴实在论，同时还总结西方哲学用还原论的或者本体论的思维方法寻找世界的终极本原和基础这样一种哲学传统。

高清海从对哲学教科书的改革出发，进而意识到要走出自己哲学创新的道路。他把这归结为从思维方式去重新理解马克思哲学的精神，得出“人”的观念的变革是最根本的变革，并顺此而提出了“类哲学”的设想。从某种

① 高清海、秦光涛：《主体观念在马克思主义哲学变革中的意义》，《现代哲学》1987年第1期。

② 孙利天：《高清海教授的哲学思想与当代中国哲学的发展——纪念高清海教授执教五十周年》，《社会科学战线》2002年第5期。

意义上说，高清海提出的是一种马克思主义的生命哲学。人有双重生命——“种生命”与“类生命”，前者是自然给予的，是自在的生命，服从自然法则；后者是由人创生的自为的生命，是人自我主宰、有意识的生命活动，包含了来自历史积淀的人类所共有的创造成果。正是后者，凸显了“主体”的价值和意义：

> 我们通常讲人是主体，“主体”这一概念最根本的含义，首先就是指人们对自己生命的支配活动说的，人有一个自我的生命本质，首先支配自己的本能生命活动，进而才能支配人的活动对象、人的生存环境、外部世界的存在。自为存在的生命体，就意味着人是自我创造、自我规定的生命存在，这也就是人所具有的“自由”的性质。①

第三，冯契的“智慧说”哲学创造。经过近二十年的创作，冯契提出了一个富有独创性“广义认识论”的体系，包括“智慧说三篇”和中国哲学史两种，进而突出了主体性原则。冯契先生的基本出发点是他所谓的“马克思的实践唯物主义的辩证法”②，这表明他的“智慧说”与其他模式之区别。从更宽的视野看，冯契意在突破笛卡尔以来的知识论或狭义认识的传统，弥合科学主义和人文主义的裂隙。冯契先生上接康德，提出了自己的方案。不过，与康德的二元论不同，冯契的方案是在实在论基础上建构起的广义认识论系统。它着重探索在实践的基础上通过认识世界和认识自己的交互作用，人类如何从无知到知，又“转识成智”的辩证过程及其规律；人们如何获得智慧，又在逻辑学和价值论的领域中两翼展开。一方面讨论如何化理论为方法，即通过思辨的综合和理性的直觉来转识成智；另一方面讨论如何化理论为德性，即借助自由德性来亲证智慧。

“智慧说”有十分丰富的意蕴，在努力沟通科学主义和人文主义的方向上辩证地阐释主体性是其重要的内容之一。冯契先生不赞同断然区分认识论

---

① 高清海：《高清海哲学文存·总序》，《高清海哲学文存（1）：哲学的创新》，吉林人民出版社，2005年，第10页。

② 冯契：《中国近代哲学的革命进程》，《冯契文集》第七卷，第655页。

的态度和元学的态度。所谓认识论的态度是指以往的认识论只以追求客观知识为鹄的，因而是一种单纯的理智活动。他认为“理智并非‘干燥的光’，认识论也不能离开整个的人”①。所谓整个的人，意味着整全的人格，因此应该是知情意的统一，而且认识论归根到底是指向自由的。关于这一点，汤一介先生曾经评论说：

> 冯契同志说，他把金岳霖先生的“以经验之所得还治经验”扩充为“得之以现实之道还治现实”。而这个“得之以现实之道还治现实”必须有一个主体，这个“主体”即“我”。我认为这点很重要，因为没有离开“主体”的“现实”(“现实”已不是自在的，而是为我之物了)，必须有一个主体，才可以“在认识世界和认识自己的过程中转识成智”。而“我”这个主体在现实生活中，必须是一“知识”的主体，又是一“道德”的主体。②

这意味着，在转识成智的过程中，作为知识的主体和作为道德的主体是统一的；换言之，“化理论为方法”和“化理论为德性”是统一的，天道和人道是统一的，由此才可能在自证中体认道。另一方面：

> “转识成智”，即是由“知识”领域进入“智慧”领域（境界），也就是说要由“以物观之”进入“以道观之”。由此就要超越这个作为主体的“我”，这样，作为主体的“我”必须达到“与道同体”(王弼语)的境地，才是“以道观之”。③

可见冯契哲学中的主体性，是超越了主客对立的主体性。他用认识论和历史观的统一来解释“能动的革命的反映论”，始终强调主客体的交互作用，

---

① 冯契：《认识世界和认识自己》，《冯契文集》第一卷，第6页。

② 汤一介：《读冯契同志〈智慧说三篇导论〉》，华东师范大学哲学系编：《理论、方法和德性：纪念冯契》，学林出版社，1996年，第66页。

③ 同上。

以实践为中心发展了辩证法的传统。人类在与人化的自然不断交互作用的过程中，创造价值、实现理想，同时也使主体真正有了本体的意义。从根本上说，主体应该是自由的自我。它包括“理性自明、意志自主、情感自得，三者统一于自我，自我便具有自证其德性的意识，即自由意识。自由的德性是知、意、情的全面发展，以达到真、善、美统一为其目标”。成为主体，最终是养成理想人格，即达到真善美统一的自由人格。

> 真正具有自由德性，便意识到我与天道为一，足乎己无待于外。但自我具足不是自我封闭，而正是自我超越，与时代精神为一，与生生不已的实在洪流为一。自由德性具有肯定自己又超越自己的品格。我不断地以创造性活动表现自己，把我的德性对象化——显性以弘道；而又同时从为我之物吸取营养——凝道以成德。正是在这一显性弘道和凝道成德的交互作用过程中，我以德性之智在有限中把握无限、相对中把握绝对。[①]

二

在更加广阔的层面，20世纪80年代主体性哲学与“新启蒙”的联盟，也并不等于简单地回到康德。稍加探寻，就不难发现在主体性讨论的背后有更复杂的现实内容。主体性讨论最初主要是在认识论的视域内，但是很快就逸出认识论进入存在论、价值论、历史观等广泛论域，涉及历史主体性、道德主体性等诸多问题。

在哲学诸学科中，伦理学因为其强烈的实践性而一度落后。但是随着主体性话语的繁衍，道德主体性的意义终于也凸显了。赞成者将之归结为“人的主体性是一切道德行为的原动力”。以往人们强调道德是原则和规范的总和。现在人们注意到另一个维度：“道德是人的关系、人的活动的一个方面。人有一种自我探索、自我认识、自我肯定、自我发展的强烈渴求。道德正是人探索、认识、肯定和发展自己的一种重要方式。道德从本质上说是积极创

---

① 冯契：《认识世界和认识自己》,《冯契文集》第一卷，第364页。

造的，而不是消极防范的。”①

在道德主体性上做出建设性贡献的是两类哲学家：冯契等马克思主义者和当代新儒家。

在20世纪80年代中期出版的《中国古代哲学的逻辑发展》中，冯契通过对中国古代哲学史的考察，表达了他对作为自由的善的独特见解。冯契把人的自由问题，或者说理想人格如何培养的问题，放在广义认识论中来考察，而且一再强调儒家“仁智统一”的传统，表明了他的伦理学坚持了理性主义的大道。他说：

> 道德行为，即合乎道德规范的行为，包含着三个要素：第一，道德理想表现于人的行为，在行为中具体化为处理人和人的关系的准则（规范）；第二，合乎规范的行为应该是合理的，是根据理性认识来的，因此是自觉的行为；第三，道德行为应该是自愿的，是出于意志自由的活动，如果不是出于自愿选择而是出于被迫，那就谈不上行善或作恶。②

冯契先生对道德的理解当然是规范性与主体性的统一，规范对于个人而言当然有客观性，但是此处的“规范”和自然界的规律并不完全相同。因为真正合理的道德规范本身是理想的外化，依然是人的产物，与自然规律的客观性并不依人的意志而转移明显不同。更重要的是，冯契先生坚持道德行为是人自觉自愿地遵循道德规范的行为：

> 自觉是理性的品格，自愿是意志的品格，二者是有区别的，因此在伦理学上说可以产生不同偏向。应该说，先秦儒家（孔、孟、荀）都注意到了自觉与自愿、理性与意志的统一，但是他们较多地考察了自觉原则，而较少地讨论自愿原则。儒家也重视“志”，认为道德行为要由

---

① 肖雪慧：《人的主体性是一切道德活动的原动力》，《光明日报》1986年2月3日。

② 冯契：《中国古代哲学的逻辑发展》上，《冯契文集》第四卷，第41页。

> 意志力来贯彻，而这种意志力则是凭借理性认识和进行持久的修养锻炼来培养的。所以儒家认为意志应该服从于理性，杀身成仁、舍生取义，都出于理性的自觉。这无疑是正确的，而且在历史上也起了积极的影响。不过儒家这样讲意志，注意的是意志的“专一”的品格，而对意志的“自愿”的品格，并没有做深入的考察。孔子哲学的最高原理是“天命”，他以为要“知天命”“顺天命”，而后才能“从心所欲不逾矩”。这样讲人的自由，实际上已陷入宿命论。后代的儒家正统派为了替封建专制主义辩护，更加忽视了自由是意志的自愿选择这一点，更加发展了宿命论。①

冯契指出德行应该是理性与意志的统一，理性本是主体性的一个特征，意志因为其直接的驱动性，更能体现道德行为的主体能动性和创造性。至于道德行为的目标，固然有为他人、为群体、为社会的一面，但它同时也是成就自身的过程，因此是真正的“为己”的活动，是使人之为人的实践。换言之，道德行为的最高目标是造就理想人格，达到自由境界。

“智慧说”的一个显著特点，是冯契借助中国哲学的历史资源来阐发现代理想，同时又带有强烈的现实关切。在冯契先生看来，理想人格的实现，最终应该是李大钊所说的“个性解放与大同团结的统一”，因此是在合理的群己关系中实现的德性的自证：

> 凝道而成德与显性以成道都有个“我”做主体，所以说“我者德之主”。
>
> 我是意识主体。我不仅有意识和自我意识，而且还能用意识之光来反观自我，自证“我”为德之主。这里用“自证”一词，不同于唯识之说，而是讲主体对自己具有的德性能做反思和验证。如人饮水，冷暖自知。②

---

① 冯契：《中国古代哲学的逻辑发展》上，《冯契文集》第四卷，第 41 页。

② 冯契：《认识世界与认识自己》，《冯契文集》第一卷，第 353 页。

真正能够凝道成德、显性弘道，那便有德性之智——德性之智就是在德性的自证中体认了道（天道、人道、认识过程之道），这种自证是精神的“自明、自主、自得”（即主体在反观中自证其明觉的理性、自主而坚定的意志，而且还因情感的升华而有自得的情操）。这样，便有了知、情、意等本质力量的全面发展，在一定程度上达到了真、善、美的统一，这就是自由的德性。而有了自由的德性，就意识到我与天道为一，意识到我具有一种“足乎己无待于外”的真诚的充实感，我就在相对、有限中体认到了绝对、无限的东西。①

十分明显，在冯契先生看来，道德是出于主体而又成就主体的实践活动，是个体在有限的生命中实现自身又超越自身，达到自在而自为。这样的道德主体性理论是丰满而辩证的，并且具有民族气派和民族特色。

正如我们前面一章曾经论述过的，新儒家哲学家主要以“返本开新”的方式阐释和发挥传统儒学，他们最初活跃在中国台湾和香港地区，而后渐渐影响到中国大陆学术界。道德主体性是他们关注的核心。他们最主要的代表牟宗三就用“道德的形而上学”来概括儒家哲学的内核。他以为儒家的基本理论都是为了解决这一问题：道德主体——本心、良知——如何同时又是超越的天道性体；换言之，主观的、具有创造力的、不离开实践体验的道德主体，如何同时又是自在自为的本体。

新儒家之新，其中之一就是对先秦儒学和宋明理学做新的阐释。按照刘述先的解释：

在形上学方面，宋明儒相信，人的内部有一深刻的泉源，与天相通。透过涵养功夫，把自己天生禀赋的良知良能充分发挥出来，就可以达到一种内外合一的境界。在宇宙论方面，宋明儒相信一套生生化化、纯亦不已的创造演化观。无论在自然世界或人文世界，只要把人为的障碍或反常的现象去掉，就可以体证太和。生物之中，就只有人能够提升

① 冯契：《认识世界与认识自己》，《冯契文集》第一卷，第356—357页。

到意识的层面直接体验到上天的好生之德，参天地、赞化育，体现一个丰富、饱满、创造的生命。①

可见，他们对于传统儒学从不同的侧面切入，强调了道德自由的不同侧面，同样阐述了道德主体性的立场。新儒家已经觉察到现代性的深刻危机，试图对之以心性论为内容的德性论。新儒家对现代性危机的应对，不仅是有见于现代社会普遍的物欲横流、价值迷失的危机，而且是有见于当代伦理学处于绝对主义和相对主义的两难境地：既不能用纯客观的方式来建立普遍的道德，又不愿坠入相对主义的泥淖，因而走上一条偏向主观的理路，即着重建构德性或心性主体的理论。其特点是强调人的道德自觉、自我决定、自我修养，从而实现理想人格。

与道德主体性类似的是有关历史主体性的讨论。

“历史主体性”概念的提出，所面对的是这样一种语境：历史规律具有客观必然性几乎成为一个不能怀疑的命题，而它是与历史一元论或历史决定论紧密联系在一起的。但是后来渐渐获得了一种教条主义解释，而最初给予这种教条主义理解的打击来自社会生活实践。新的政治领导采用实事求是的方针，承认我们对建设社会主义所知不多，不再奢谈普遍的历史规律，而是务实地主张“摸着石头过河”，去探索解决中国自己的迫切问题的途径。

哲学特别是科学哲学的进展也对历史必然性概念造成迂回进攻的态势。关于20世纪的科学革命，按照波普尔的说法，是非决定论从异端和反动派变成了正统。波普尔“把物理决定论称为噩梦”，因为它从根本上取消了人的创造性和自由。“我在这里提供了对世界的不同看法，根据这种看法，物理世界是个开放系统。这同把生命的进化看作尝试和排错过程的观点是一致的。它使我们合理地理解（尽管还很不充分）生物学上新奇事物的出现以及人类知识的增长和人类自由。”② 波普尔的《客观知识：一个进化论的研究》中译本出版于1987年，它的非决定论倾向并未遇到认真的挑战。

---

① 刘述先：《文化与哲学的探索》，台湾学生书局，1986年，第273—274页。

② ［英］卡尔·波普尔：《客观知识：一个进化论的研究》，舒炜光等译，上海译文出版社，1987年，第267页。

毫无疑问，哲学的上述走向，必然对被教条化了的历史决定论或历史一元论造成挑战。对于历史哲学一直抱有浓厚兴趣的金观涛，在《我的哲学探索》中说：

> 经济决定论是一种深刻的学说，正如恩格斯在马克思墓前演说中所指出的那样，在人类那错综复杂的行动和文化心理动机中发现隐藏得极深的经济因素是了不起的发现……但是当时我们已经看到，我们决不能把已经简单化为经济决定论的唯物史观和马克思主义等同起来。因为经济决定论和马克思主义主张整体地把握人类文明史是互相矛盾的。我们认为人的任何一种社会行为必然是一个包含着经济、政治和文化要素的整体，即在人类社会任何层次的需求目的中，我们必然可以同时发现文化、经济和政治的各种要素的并存和不可分割。①

金观涛本人的著作表现出明显的科学主义倾向，所以他不会简单废弃决定论，但是他在这里是用马克斯·韦伯式的历史多元论取代历史一元论。而秦晖则主要批评了以“五种社会形态说”为代表的历史决定论的旧模式。②

现在我们可以看得比较清楚，主要是由于当时的政治环境和意识形态的原因，历史必然性的批判让位于历史主体性的张扬。换言之，当时对历史主体性的张扬，其内在的冲动是历史必然性批判。自由和必然这一古老的哲学问题，在20世纪80年代的中国以历史主体性概念的形式重新演绎着，但是两者的紧张感并未消除。

对历史必然性观念的批判在20世纪90年代仍然在延续，《顾准文集》的出版及其引起读书界的注意，即是一种表现。就他与其生活的时代意识的关系而言，顾准的表现类似于东汉的王充那样的“异端”知识分子。文集收录的笔记，其主要的锋芒在批判：批判独断论（教条主义）的虚妄，求实地思考“娜拉出走以后怎样”的问题。相应地就是哲学上应该具有他所谓的“唯物论的

① 金观涛：《我的哲学探索》，上海人民出版社，1988年，第32页。
② 赵汀阳等：《学问中国》，江西教育出版社，1998年，第322页。

经验主义”，最集中的是对与历史必然性或客观规律观念相配合的目的论。作为一个“异端”思想者，顾准着意于对共产主义理想的解释：他承认“要克服异化而又反对僧院共产主义、斯巴达平等主义，这是非常非常高的理想，是一种只能在人类世世代代的斗争中无穷尽的试验与反复中逐步接近的理想”[①]。同时他又坚持马克思的“每个人的自由发展是一切人的自由发展的条件”这一理想。他反对目的论的解释，或者说反对“终极目的”之设定。因为他不仅认为它是基督教信仰的世俗化解释——在地上建立天国，而且认为人类永远也不会进入一个没有矛盾、斗争的世界。顾准自述他经过一个信仰危机及其解除的过程：

> 我不再有恩格斯所说过的，他们对黑格尔、也对过去信仰过的一切东西的敬畏之念了。我老老实实得出结论，所谓按人的本性、使命、可能和历史的终极目的的绝对真理论，来自基督教。所谓按人的思维本性、使命、可能和历史终极目的的绝对真理论，来自为基督教制造出来的哲学体系，黑格尔体系。
>
> 我也痛苦地感到，人如果从这种想象力出发，固然可以完成历史的奇迹，却不能解决“娜拉出走以后怎样”的问题。
>
> “娜拉出走以后怎样”只能经验主义地解决。[②]

不过，顾准并没有为经验主义做坚实的哲学论证。他对经验事实抱有真诚的信任，同时又拒绝必然性的概念。他认为“一切判断都得自归纳，归纳所得的结论都是相对的”[③]。这种相对性很大程度上是被主体所决定的，人的认识始终不能脱离主体的经验，“而且，近代科学鉴于观察实验的环境条件，所用工具、方法，对于实验结果都有影响，所以‘科学定义’应该是‘操作的定义’，即说明实验操作过程的那种定义。这样，就可以使‘经验’的主观影响，对于实际结果所引起的误差，都成为可以计算可以控制的”[④]。

① 顾准：《顾准文集》，贵州人民出版社，1994年，第258页。
② 同上书，第405页。
③ 同上书，第402页。
④ 同上书，第422页。

十分明显，尽管20世纪90年代的知识分子因为读出了顾准笔记中“多元主义——经验主义——民主政治——反对乌托邦”一线相连的逻辑而兴奋，我们还是应该看到顾准所说的多元主义或经验主义很难避免相对主义的困境。换言之，所谓历史主体性所强调的是，历史是人的创造，即强调人在历史活动中的主动性和创造性。那么，客观规律是否还有意义？如果我们既承认历史规律，又主张人的历史主体地位，我们应该如何理解规律和意志的关系？20世纪90年代的知识界对此并无深究。这个古老的哲学问题期待着中国哲学家提出新的解决方案。

三

综上所述，借助“主体性”概念，当时的人们首先是表达对教条化理论的批评，但是各自的具体走向其实有很大的不确定性。主体性的泛化是以牺牲主体性理论研究的进一步深化为代价的，尽管由此也推动了哲学领域的诸多进展。如果说现代性本身是自我分裂的话，那么，因为给抽象的“主体性”范畴加载了过多的内容，也注定了它的分化是不可避免的。

事实上，在李泽厚那里，已经表露出这种分化的苗头。

首先，“批判哲学”的批判在于将康德哲学中作为认识主体的人转变为实践主体的人，因此，在李泽厚那里，中心不是思维的主体性，而是实践的主体性。主体性是以实践为中心的。一方面他把康德着力于讨论的“认识如何可能”，转变为“人类社会实践如何可能”的问题，以讨论在人类心理建构中的主体性及其意义。他说：

> 如果说，黑格尔展示的是人类主体性的客观现实斗争（尽管是在唯心主义的虚幻框架里），那么，康德抓住的则是人类主体性的主观心理建构（尽管同样是在唯心主义先验论的框架里）。今天要为共产主义新人的塑造提供哲学考虑，自觉地研究人类主体自身建构就成为必要条件。①

① 李泽厚：《主体性哲学概说》，《李泽厚哲学文存》下编，第535页。

另一方面，他坚持了马克思主义的实践概念：人对客观世界的改造。他说：

> 以使用工具、制造工具的活动为特征的原始人类的实践，突破了这个限制。它不再是原来动物性既定的族类生活活动，而是在特定社会结构的制约下，通过对客观自然界种种事物日益广泛和深入的掌握，从而具有无限发展可能地去支配自然、改造自然的客观性的现实活动。这就与动物适应环境的本能性生存活动有了根本的区别。在这里，主客体之分才有真正意义。社会实践面对自然，区别于自然，利用自然本身的形式以作用于自然，使自然服务于自己。同时，它自身的存在和发展也有不同于自然的独特现象（社会发展）。这样就构成了与客体自然相对立的主体。①

可见，李泽厚试图将人对客观世界的征服与改造，和人的主观心理建构在“主体性”话语中统一起来，换言之，他试图用主体性的内外两面，将科学与人文统一起来。但是，这是非常抽象的统一。毋庸多言，人们看到的事实是，主体性的两个向度在生活世界的基础却有严重的冲突。一方面，当时就有人指出，如果在人类与自然的关系上，只是把人说成是主人，把自然说成是奴仆，人类应该征服自然，或者只肯定人类只是从自己的内在需要、内在尺度出发，就无法使人类的发展与自然界的相互作用取得和谐的统一。正是这一点，决定了20世纪90年代主流话语从主体性转向了“天人合一”论。另一方面，李泽厚本人着重在主观心理方面所作的阐发，表明“主体性”话语的进一步内转，也多少预示了人性论问题的凸显以及后来出现的唯心论的路向。

其次，在人类主体性与个人主体性之间，李泽厚最初是对前者有所偏向的。他说：

---

① 李泽厚：《主体性哲学概说》，《李泽厚哲学文存》下编，第573页。

> 不是思维的“我”，而是实践的“我”，不是任何精神思辨的“我”，而是人民群众集体的、社会的“我”，才是历史的创造者，才是客观世界的改造者，也才是科学认识的基础——这个历史的创造者、社会实践的主人翁，这个集体的“我”，才是认识的真正主体自我。只有在这个客观的自我基础上，人类主观自我一切能动认识形式才有产生的可能。①

这是在实践基础上讨论客观知识的主体性问题，是理性的主体性问题，也是科学和民主的制度建设的主体性问题。在这个维度上，即在理性主体性的维度上，主体性倾向于人类主体性，是普遍主义的主体性。但是主体性还有其他的维度。80 年代是个人主义上升的年代，追求自由选择、自我实现、自我设计、独立人格等成为时代思潮，为它们做哲学论证的只能是个体主体性。至于道德主体性和审美主体性，就更应该是个体主体性了。李泽厚着力阐发的恰恰是后者。换言之，在“主体性”中实际上包含了哲学“群己之辩”的个体化向度。个体主体性的外在向度，实际上是政治生活的民主自由要求，这在 80 年代是以较为隐蔽而曲折的方式表达的。更重要的是，李泽厚主要从内在向度讨论的个体主体性，不是理性本体，而是情感本体。②用“主体性”概念传达的哲学“理欲之辩”的非理性向度，在最近二十多年的中国社会思潮中有广泛的呼应。

有关主体性的哲学争论，特别是从个性解放、自由意志、自然情感、反对外在的权威等个体主体性和非理性的主体性方向上做理论发挥，不仅以康德哲学等德国古典哲学为重要资源，而且与“西方马克思主义”有关。研究者指出，“我们之所以对卢卡奇、葛兰西、布洛赫、萨特、马尔库塞等人感兴趣，正是因为他们把主体性问题置于马克思主义哲学的中心，并且提出了

---

① 李泽厚：《主体性哲学概说》，《李泽厚哲学文存》下编，第 579 页。

② 20 世纪 90 年代，李泽厚在与刘再复的对话中实际上承认了这一点。见李泽厚、刘再复：《告别革命》，第 184 页。

‘实践哲学’‘主体性哲学’和‘主体方法论’等主张”①。

更值得注意的是，人们特别从尼采、萨特等现代哲学家那里吸取了灵感。在20世纪80年代围绕着人的解放、人的自由等“人”的问题而出现的“尼采热”“萨特热”中，主体性哲学获得了通俗的文学化的表达。萨特吸引中国年轻读者的地方在于其强调个体的自由意志、自我选择和自我决定的行动。如在《萨特研究》②的前言中，柳鸣九说：

> 萨特哲学的精神是对于“行动”的强调。萨特把上帝、神、命定从他的哲学中彻底驱逐了出去，他规定人的本质、人的意义、人的价值要由人自己的行动来证明、来决定。因而，重要的是人自己的行动，“人是自由的，懦夫使自己懦弱，英雄把自己变成英雄”。这种哲学思想强调了个体的自由创造性、主观能动性，显然大大优越于命定论、宿命论，它把人的存在归结为这种自主的选择和创造，这就充实了人类存在的积极内容，大大优越于那种消极被动、怠惰等待的处世哲学，它把自主的选择和创造作为决定人的本质的条件，也有助人为获得有价值的本质而做出主观的努力，不失为人生道路上一种可取的动力……他无疑是资产阶级人道主义思想传统在20世纪最有创造性的一个继承者，他在本世纪资本主义社会现实荒诞的条件下，发扬了资产阶级人道主义的积极精神，追求人的真正价值，提倡人面对着荒诞的现实争取积极的存在的意义。③

如果说李泽厚当初借康德来阐释主体性原则，曾经运用了相当学术化的形式的话，80年代萨特的遭遇就颇为不同，它的理论变成了一些简单的命题，甚至只是几个概念，流行于世。类似的情形出现在“尼采热”中。1985

① 王炯华主编：《五十年中国哲学风云》，湖北人民出版社，1999年，第469页。

② 该书作为《法国现当代文学研究资料丛刊》之一，节选了萨特主要的文论和文学作品，及其他作家、评论家对萨特的一些批评。这本书1983年出版后，居然在两年内共印刷了37000册。尽管与1985年上海译文出版社出版的卡西尔《人论》一年内印数高达33万册之巨比起来，有点小巫见大巫，但是作为一本资料选集，这个印数也已经十分惊人了。

③ 柳鸣九编选：《萨特研究》，中国社会科学出版社，1981年，第4页。

年前后，尼采的许多名言如“上帝已死”“重新评定一切价值”以及“酒神精神”“超人”“权力意志”成为许多青年十分热衷的话题。它似乎可以曲折地表达当时年轻一代反传统、反权威的热情。[①] 最初的热情表现在为尼采翻案。通过研究鲁迅和尼采思想的关系来表彰尼采，是一个颇有影响的叙述策略，由此突出的正是尼采思想的批判性和启蒙意义。在这里最重要的因素是，反对传统的价值、人的解放、真实的民主，都清晰地表达了现代性追求。在如此氛围中，尼采哲学被纳入了主体性的主题。张世英说：

> 近现代西方哲学史上人的主体性的第一次解放，表现为文艺复兴时期人权对中世纪神权的斗争，第二次解放表现为18世纪末19世纪初德国古典唯心主义对机械的因果观的斗争，但从康德到黑格尔的德国古典唯心主义者都属于尼采所反对的旧形而上学者，他们以各种不同的方式只肯定了超时空的人的本质和自由，仍然压制了现实的人的自由和主体性。尼采反对超验的意志自由，但他的主体却具有创造的自由，他用强者的主体代替了中世纪的神和18世纪末19世纪初德国古典唯心主义者的超验的人的本质而成为世界的主人。在尼采看来，旧形而上学追求超时空的本体的态度，和一味追求知识和无底的真理的态度一样，不过是弱的意志和否定生活的表现。这样，尼采在西方哲学的发展史上起了转向的作用，使哲学从注意超验世界，注意真理、知识转变为倡导强者的生活方式。尼采和海德格尔关于人的自由和主体性的学说使人的主体性又一次得到解放，标志着西方近现代哲学史上的人的主体性的第三次解放斗争的开始，表现了现代西方哲学的一个重要特点。[②]

正因为此，许多普通读者特别是青年读者把尼采当作一位人生哲学家看

---

① 成芳把这一次的“尼采热”的社会历史意义归结为三条：“一是呼唤深化改革需要尼采那样重估一切价值的勇气，二是面对改革大潮需要酒神式的投入精神，三是在社会价值取向上需要尼采超人学说的超越性。”（成海鹰、成芳：《20世纪西方哲学东渐史：唯意志论哲学在中国》，首都师范大学出版社，2002年，第290页）

② 张世英：《尼采与老庄》，《学术月刊》1989年第1期。

待，“他最关心的是人生意义问题。由他所开创的从生命哲学到存在主义这个哲学流派并不试图为所有人制定一种普遍有效的人生立场，在他们看来，哲学的使命乃是投一光束于人的内心，促使每个人去发现他的真实‘自我’，去独立地探寻他的生活意义。如果要说普遍性原则，尼采只确定两点：第一要有健全的生命本能，第二要有超越的精神追求。生命哲学发挥了前者，存在主义发挥了后者”[①]。尽管西方哲学界有人认为尼采哲学的问题只是“我怎样以一个无神论者生活于世”，把尼采当作人生哲学家，还是显得简单化了。不过，如果我们没有忘记“潘晓”关于人生观的讨论[②]引发的巨大反响，就可以窥见将尼采解释为人生哲学家，是如何投合了当时强调主体性的人生论潮流。

20 世纪 80 年代，尼采和萨特被塑造成了反专制、反权威的文化英雄，争取自由的勇敢的个人主义代言人。对于尼采和存在主义者而言，主体是一种历史性的存在，它生活于此时此地，是自我拯救、自我选择、自我决定着的个体。通过尼采和存在主义，我们看到新时期哲学主体性的一个走向是个体性，这是个人主义的哲学表现；而且其主体性的内在方面凸显的并非理性，而是情感、意志、欲望、本能等非理性要素。这样来解释主体性，当然远离了理性主义的传统，因为理性主义哲学的基本前提是承认整个世界有其自身的秩序、规律和法则，作为理性的存在，人类同样应该服从这些法则。否认这一前提，去发挥“人为世界立法”，必然走向非理性主义一路。当主体性哲学从理性主体性演化为非理性主体性的时候，其实已经预示着主体性的消解。因为自我的现实同一性是主体性存在的客观条件，理性的普遍必然性可以满足超越具体时空、保持自我同一性的要求。将主体性解释为非理性的存在，如感性印象、意志、情感、欲望等，或者总称心灵，则因为它们总是纷至沓来、不断变化、互相冲突，结果主体性将不复存在。正如休谟早就说过的那样，“产生每一个实在观念的，必然是某一个印象。但是自我或人格并不是任何一个印象，而是我们假设若干印象和观念所与之有联系的一种

---

① 周国平:《尼采：在世纪的转折点上》，上海人民出版社，1986 年，第 2 页。

② 1980 年 5 月，《中国青年》刊登了署名“潘晓”的读者来信——《人生的路呵，为什么越走越窄……》，提出了“任何人，不管是生存还是创造，都是主观为自己，客观为别人”的观点，由此引发了“人生意义究竟为什么”的大讨论。

东西。如果有任何印象产生了自我观念，那么那个印象在我们一生全部过程中必须继续同一不变；因为自我被假设为是以那种方式存在的。但是并没有任何恒定而不变的印象。痛苦和快乐、悲伤与喜悦、情感和感觉，互相接续而来，从来不全部同时存在。因此，自我观念是不能由这些印象中任何一个或从任何别的印象得来的；因此，也就没有那样一个观念”[①]。个人的意志通常是矛盾的，情感的变化是每一个人都会经历的，欲望则总是互相冲突的。“恰当地说，在同一时间内，心灵是没有单纯性的，而在不同时间内，它也没有同一性。”[②]休谟所揭示的以非理性因素作为主体性的内在困难，并没有被当时的人们所注意，这多少也表现出这一思潮在考察人性的问题上，还停留在情绪化和近乎直观的水平上。

与强调哲学非理性主义相似的还有刘再复，尽管程度上有所减弱，刘再复在阐释文学主体性时，还是流露出相当明显的非理性主义。

刘再复“文学主体性”的提出显然是受到李泽厚的《批判哲学的批判：康德述评》的影响，同时在其现实性上是用以批判1949年以后愈演愈烈的教条主义理论在文学方面的种种表现，如以阶级斗争为纲、人性就只是阶级性、文学是政治的工具特别是阶级斗争的工具以及机械决定论、反映论，等等。虽然刘再复的理论相当简单，而且有些表述相当粗糙，但是他终究表达了哲学主体性与文学思潮的联动：

> 主体是在实践中建立起来的概念。人既是主体，又是客体，人作为存在是客体，而人在实践中、在行动时则是主体。人具有二重属性：一是受动性，一是能动性。人作为一种客观存在，表现出受动性，即受制于一定的自然关系和社会关系。人作为行动着的人，实践着的人，则表现出能动性，即按照自己的意志、能力、创造性在行动，支配着外部世界。我们强调主体性，就是强调人的能动性，强调人的意志、能力、创造性，强调人的力量，强调主体结构在历史运动中的地位和价值。文学

---

① ［英］休谟：《人性论》，关文运译，商务印书馆，1996年，第281—282页。

② 同上书，第283页。

> 中的主体性原则，就是要求在文学活动中不能仅仅把人（包括作家、描写对象和读者）看作客体，而更要尊重人的主体性，发挥人的主体力量，在文学活动的各个环节中，恢复人的主体地位，以人为中心、为目的。具体说来就是：作家的创作应当充分地发挥自己的主体力量，实现主体价值，而不是从某种外加的概念出发，这就是创造主体的概念内涵；文学作品要以人为中心，赋予人物以主体形象，而不是把人当作玩物和偶像，这是对象主体的概念内涵；文学创作要尊重读者的审美个性和创造性，把人（读者）还原为充分的人，而不是简单地把人降低为消极受训的被动物，这是接受主体的概念内涵。①

在反决定论的后面其实是人性论的非理性的问题，因为他基本上用深层心理学来解释文学现象和作家的创作动力，把“文学是人学”扩展为“情感主体学”。②

那么，人的情感、潜意识与理性的关系应该如何处理？情感的个人性与类的普遍性之间是否有紧张关系？人的情感与社会存在是什么关系？所有这些问题都被搁置了。相应的，在文学创作方法方面，灵感、直觉等非理性的方法受到重视。这当然是对长期教条化的僵硬理论的反驳，但是也预示了写作的个人化甚至私人化的兴起。文学关注个人情感世界，一开始具有重要的社会意义；但是循此以往，文学越来越远离宏大的社会性、政治性题材，缺乏感应现实的敏感和热情，同时也越来越失去影响社会生活的能力。

四

综上所述，进入 20 世纪 90 年代以后，原先在“主体性”话语中的哲学讨论分化出许多不同的走向，作为一个时代哲学思潮的“主体性”的追求已经不复存在，而且主体性本身面临着一个更大的解构甚至消解的危险，那来自渐渐传入的诸多“后现代”理论或后现代主义。

---

① 刘再复：《文学的反思》，人民文学出版社，1986 年，第 54—55 页。

② 同上书，第 59 页。

随着现代化的发展，对现代性的重新估价和后现代主义在西方知识界越来越成为时尚，它不能不影响到开放的中国。因此，从 20 世纪 80 年代后期开始，不仅海德格尔、库恩、哈贝马斯等被知识界看重，而且诸如德里达、福柯、利奥塔、罗蒂、弗雷德里克·詹姆逊等的著作也大量地被翻译与介绍进来。尽管这些西方思想家之间也充满着争论，但是，后现代理论日益影响中国思想的进程是一个不争的事实。在 80 年代中期以后的一段时间里，所谓西方哲学"主客二分"的思维方式和科学主义不断受到各种各样的谴责；个人主义不但从来没有获得意识形态的赦免，而且也被越来越多的现代性批判所批评。无论"主客二分"，还是科学主义、个人主义，其实都与主体性哲学脱不了干系。主体性概念本身就是以主客对立为前提的，而科学主义和个人主义不过是主体性哲学在科学和人文两大领域的经验展现。在后现代视阈下，主体性则是一个应该消失的概念。按照弗雷德里克·詹姆逊的说法，后现代的一个重要特征是个人主体性的丧失。他说后现代主义给当代文化提供了新的组成部分：

> 这个新的组成部分就是通常称作的"主体之死"，或者用较为传统的说法，是个性本身的终结，正如我们曾经说过的那样，伟大的现代主义是以个人、私人风格的创造为基础的，它如同你的指纹一般不会雷同，或如同你的身体一般独一无二。而这意味着现代主义美学以某种方式与独特的自我和私人身份、独特的人格和个性的概念有机地联系在一起，这些概念被期待产生出它自身对世界的独特看法，并铸就它自身独特的、毫无雷同之处的风格。
>
> 然而在今天，从一些截然不同的观点看，姑且不说我们这些工作在文化以及文化与形式发生变迁的领域的人，但那些社会理论家、精神分析学家，甚至语言学家，全都在考察这样一种概念，即个性和个人身份是过去的东西；旧的个体或个人主体已经"死亡"；人们甚至可能要把独特的个体和个性的理论基础描述成意识形态的。①

---

① ［美］弗雷德里克·詹姆逊：《文化转向》，胡亚敏等译，中国社会科学出版社，2000 年，第 5—6 页。

一种说法是，个人主体和个性只是以往自由竞争的古典资本主义时代的东西，它与核心家庭和资产阶级作为社会支配阶级是相应的。“但是在今天，在资本主义共同体和所谓组织化的人的时代，在商业乃至国家的官僚化和知识爆炸的时代——今天，过去的资产阶级个人主体不再存在了。”而第二种即所谓“后结构主义”则认为，“资产阶级的个人主体不仅是过去的东西，它还是一个神话：它从未真正存在过；那种自主的主体从来就没有存在过。相反，这种建构仅仅是哲学和文化的神秘化，它企图使人们相信，他们‘具有’个人主体并且拥有独特的个人身份”①。

这种观点得到中国学者某种程度的赞成，比较温和的说法是：

> 在我们公开明确地召唤主体性概念和原则的今天，西方的主体性概念和原则早已显露其弊端而成为过时的话题。西方近代哲学的主客二分式和主体性原则曾给西方人带来了高度发达的自然科学和物质文明，但伴随而来的是人的物化以及形而上学的普遍性（统一性）和确定性对个体性和差异性的压制。西方现当代哲学中一些重要思潮特别是后现代主义已看出这些弊端，而批评主客二分和主体性，甚至提出“主体死亡”的口号，企图以人与物的交融（类似中国的天人合一）代替主客二分和主体性，以差异性代替普遍性，以不确定性代替普遍性。面对这种国际思潮，中国哲学今后的发展是亦步亦趋地先补完西方近代哲学的主客二分和主体性之课，然后再走当代西方哲学之路呢，还是预为之计，走中西结合的道路呢？我倾向于后者，倾向于主客二分、主体性原则与天人合一的结合。②

这是说要经过主体性，又超越主体性，超越自我，哲学就必须从其原有的领域大步后退，回到追求心灵的自由这一目标。因为“那种以形而上

---

① ［美］弗雷德里克·詹姆逊：《文化转向》，第 6 页。

② 张世英：《中国哲学的主要特征和发展》，《哲学研究》2003 年第 7 期。

的抽象普遍性、统一性、终极性为最高原则的哲学确乎应当终结。与此相联系的是，所谓寻找最普遍的规律的哲学也应该终结。最普遍的规律可以交给科学去探讨，那是个知识问题”。认识论的主体性已经没有存在的价值，剩下的只是提高个人的道德境界问题，即只有道德主体性是还有意义的。①

在中国哲学史的领域，20 世纪 80 年代到 90 年代也有相应的转换。“新时期”之初，延续着辩证唯物主义的理路，中国古代哲学史上在“力命之争”中主张“人定胜天”的一派人物，如荀子、刘禹锡、柳宗元、王夫之、严复、章太炎等，都曾经得到很高的评价。这些人的学说虽然有很大的差异，但是在人与自然的关系上，都更强调人类的主体性，即强调通过认识自然界的规律来征服自然、利用自然、造福人类。进入 20 世纪 90 年代以后，上述哲学家明显受到冷落，与环境危机的挑战相应，在启蒙反思的潮流之下，强调中国哲学“天人合一”的传统成为一个强主题；强调中国传统哲学尤其是儒学在发挥道德主体性上的贡献，成为非常热门的话题。牟宗三所谓经过“良知坎陷”，从德性主体开出知性主体的理论不断被重复。

概而言之，20 世纪 80 年代一度出现的以“主体性”为中心的哲学潮流，在 90 年代以后，经过数度分化，很快就消隐而退入历史。

第四节　重建“信德”

我们前面曾经提及，在经历着巨大历史变迁的时代，重建秩序涉及社会团结的问题，社会团结的基础则是社会成员之间的信任。本节将展开这方面的讨论。

在中国传统文化中，“信”是支配人们道德生活的五大观念之一。这些观念被统称为礼教的核心即“五伦”或“五常”。它既是儒家所强调的“仁、

① 张世英：《中国哲学的主要特征和发展》，《哲学研究》2003 年第 7 期。

义、礼、智、信”五种“常德”之一，又是传统的“五伦”（君臣、父子、兄弟、夫妇、朋友）中间处理“朋友”关系的重要原则。显而易见，“五常”和“三纲”一起，近代以来不再具有它们在古代社会中曾经有过的高度权威，但不等于其中所有的观念都丧失了现代价值。不过，对于它们在社会生活中的现实性和可能具备的价值，今天的国人一方面表达出相当的热情，另一方面又确实并未形成高度的共识。因而如何实现传统“信德”的创造性转化尚需不断探索。本节集中于从“信”的观念讨论问题，既是因为“信德”在当代社会面临重大的缺失，又是因为这一古代“常德”的现代重建具有极大的重要性和复杂性。“信德”的合理重建离不开传统，因而本节将用较多的篇幅概要地检讨儒家经典中有关“信”的论述，通过检讨其中的复杂性来探索现代转化的空间。不过，汉语“信”字，从古到今经历了词意渐趋繁复的演变，现代汉语更多地用与“信”连缀的双声词来表示相关的意涵，就指向一种作为现代社会重要的道德原则的“信”（“信德”）而言，人们似乎更多地使用“诚信”一词，今天它已经被列入社会主义核心价值观之中。若对其做稍细致的分析，“诚信”之成立大致涉及四个“信”的细目并可以与西文的相关概念相近似：一、信用（credit）；二、信任（trust）；三、信念（belief）；四、信仰（faith）。这一方面是社会生活方式的古今之变的结果，另一方面也与现代汉语在成熟的过程中西文的翻译和融合起了重大作用有关。本节讨论的重建“信德”，即包含了上述四个维度。语词的变迁所包含的观念的分化也提醒我们，现在讨论“信德”，忽略古今差异和完全避免中西比较是不可取的。但是本节与以西文的概念为中心的方式还不相同，主要还是回到中国经典和中国语境中思考。毋庸讳言，今天讨论在中国重建“信德”，在思想学术的面向上需要深度开掘，但是直接促使我讨论这一问题的，首先是出于对现实生活的一种反思。它迫使我们回到对经典的历史诠释，以及由此而来对当代人的道德生活与政治变革、社会变迁、心灵世界等因素之间关系的触及。所以本节的讨论方式，是将诸多方面综合起来，尝试从“信”的观念史出发的路径。这意味着我们将在某种对话中进行研究：一方面考察最重要的儒家文献中（以《论语》《孟子》《荀子》和《四书章句集注》为中心）有关“信”的论述，另一方面是近代哲学家对他们的某种批评；一方面承认“信”的历史价值，另一方面不停留在观念领域对“信”的抽象肯定，而是直面当代社会“信”之实存及其多向度的要求。因此，我们面对的，既有观念之间的张力，又有观念与实在之间的张力。前者促使我们对经典做出新的哲学诠释，后者促使我们从知识社会学的角度考察重建“信德”的社会存在。

一

众所周知，从先秦开始，儒家一贯重视“信德”。我们通常将儒家经典所代表的文化意识称为“大传统”，所以中国文化的“大传统”原则上肯定“信德”是没有疑问的。不仅“大传统”的儒家如此，道家如老子似乎也赞美“信”，因而有所谓“言善信”(《老子》第八章)、“信言不美，美言不信”(《老子》第八十一章）等说[①]，而“轻诺寡信”则受到鄙视(《老子》第六十三章)。佛教将“诳语”作为一种罪孽，出家人“不打诳语”是基本的道德规范。至于民间流行的关公崇拜，游侠的一诺千金、尾生抱柱等民间故事，爱情小说中对始乱终弃行为的谴责，以及某些“儒商”(譬如晋商、徽商等）如何具有信用的历史叙述，都成为一种流行的美谈。我们的常识和民俗学都告诉我们，民间的日常生活必须产生的契约与合同后面，也需要“信”作为道德担保。[②]总之，在遵守承诺这一意义上，“信”也是“小传统”一贯高度赞扬的美德。它与“大传统”强调的某些规范尤其是“礼”或者“名教”，在后世文学作品（尤其是小说）中受到程度不等的嘲弄，形成了鲜明的对比。因此，“信”在“小传统”中的价值排序之位置，要高于在“大传

---

① 《老子》一书中对“信”的态度与儒家也有不同，类似“礼者，忠信之薄而乱之首”(第三十八章）的说法证明老子不会将“信”从属于“仁义礼智”，即在价值排序上与儒家不同。关于这个问题，包括道家在“信”的问题上的观点的复杂性，不在本节讨论的范围。

② 至于涉及债权与物权关系所产生的契约与合同，从来都是体现双方法律关系的文件，它们原则上受到法律的认可和保护。此外，“在中国传统社会，既然有与国家法规相对应的民间习惯法，也就有民间的契约与合同”(刘黎明：《中国民间习惯法则：契约·神裁·打赌》，四川人民出版社，2003 年，第 178 页)。刘著的第四章从民俗学的角度描述了传统社会中，维护这些契约与合同的有效性的力量，具体地是如何介于法律、风俗道德和神圣信仰之间展开的，所以实际上既需要信用、信任、信念，又要有信仰的力量。

统”中的“五伦”排序。简而言之，在重然诺或守信义的意义上，与世界上其他许多文化类似，“信”被视为中国文化的传统美德之一。

与此形成尖锐对比的，是当代中国人对社会生活中事实上到处遇见的诚信危机的普遍抱怨，以至于我们无须列举此类社会现象了。不但对于陌生人和公共机构的信任度甚低，若干年前曾经流行的“杀熟”，表明即使在原先信任度比较高的人群中间，也存在着信任危机。[①]由于我们的社会成员之间缺乏道德信任感，导致人际关系的紧张和个人缺乏安全感成为普遍的事实。社会学家用一个概念来描述该种状态：“塔西佗陷阱”。据中国社会科学院社会学研究所2013年发布的《中国社会心态研究报告2012—2013》(《社会心态蓝皮书》)，我国总体社会信任水平统计得分59.7分，低于60分的信任危机警戒线。更往前追溯，自20世纪70年代末以来，“信仰危机”就成为一个几乎人所共知的问题。而现在人们经常可以感受到的社会戾气，不过是从信仰危机到信任缺失的情绪化表现。

导致上述现象的原因一定是极其复杂多样的，详细地讨论它们，不是本节的宗旨，也非笔者能力所允许。按照最近以来几乎司空见惯的论调，在批评当代社会道德状况时通常出现一类最浮泛的意见，即轻易地将它归结为传统的断裂所致，按照此类逻辑，五四运动、新文化运动一定会成为信任缺失的罪魁祸首。其实这是一个大有讨论余地的问题。20世纪初，章太炎就提出：“方今中国之所短者，不在智谋而在贞信，不在权术而在公廉。”[②]更往前推，早于新文化运动的二十年，1895年严复就借朋友之口痛苦地感叹：“华风之弊，八字尽之：始于作伪，终于无耻。”[③]严复所批评的“作伪”，首先集中在科举考试中层出不穷的作弊手段，历代揭露出来的科场作弊案不过是冰山之一角；与此相关形成的政治文化才是“信德”疲敝的

---

① 郑也夫的《信任论》曾经专门用一章来讨论这个问题（见郑也夫《信任论》第十三章“走向杀熟之路”，中信出版集团，2015年，第232—260页）。从某种意义上说，该章也表达了作者的观点，即当代社会缺乏诚信有其社会制度方面的原因。

② 章太炎：《革命道德说》，《章太炎全集：太炎文录初编》，第286页。

③ 严复：《救亡决论》，《严复集》第一册，第53页。

原因。[①] 关于这个问题，后文还会有所讨论。我们这里需要强调的是，至少在 19 世纪末，“信德”在社会生活中的实在状况与其在儒家经典中所处的尊贵地位，就已经形成了明显的反差。

在严复发出其批评的声音以后一百年，1995 年，弗朗西斯·福山出版了《信任：社会德性与经济繁荣》(*Trust: the Social Virtues and the Creation of Prosperity*）一书。在亚洲金融危机爆发的 1998 年，它的中文版出版了。[②] 与儒家的“信”主要是指个人美德（私德）不同，福山的《信任》一书，将“信任”视为诚实、可靠、合作、对他人有责任感等德性的副产品 [③]，但是由于他将其放在“社会德性”(social virtues）的概念下来讨论，这就使得它接近于一个“公德”的概念。它被认为是社会的内在凝聚力，是社会合作的基础，被某些社会学家称作社会资本，可能会转变为经济繁荣的动力。福山把美国、日本和德国描绘为“高信任度社会”，人们的自发性社交比较强，能

---

① 1895 年严复将废除八股列为变法主张的首要一条，列举了八股的三大害处：一为“锢智慧”；二为“坏心术”；三为“滋游手”。第一条和第二条都与败坏“信德”有关。科举考试被八股主宰，儿童入学，对经典并不理解，大多是死记硬背。“如是数年之后，行将执简操觚，学为经义，先生教之以擒挽之死法，弟子资之于剽窃以成章。一文之成，自问不知何语。迨夫观风使至，群然挟兔册，裹饼饵，逐队唱名，俯首就案，不违功令，皆足求售，谬种流传，羌无一是。”只求能够中举做官，并不以明德新民为真实的信念。由此八股导致“坏心术”的恶果：“今姑无论试场大弊，如关节、顶替、倩枪、联号，诸寡廉鲜耻之尤。有力之家，每每为之，而未尝稍以为愧也。”即使是那些不公然作弊的，也苦于八股考试几乎要求士人无所不知。“夫无所不知，非人之所能也。顾上既如是求之，下自当以是应之。应之奈何？剿说是已。夫取他人之文词，腆然自命为己出，此其人耻心所存，固已寡矣。苟缘是而侥幸，则他日掠美作伪之事愈忍为之，而不知其为可耻。然此犹其临场然耳。至其平日用功之顷，则人手一编，号曰揣摩风气。即有一二聪颖子弟，明知时尚之日非，然去取所关，苟欲求售，势必俯就而后可。”总之，严复以为民风的“始于作伪，终于无耻”，很大程度是发源于士大夫在八股取士的政治制度下，丧失了不苟得不苟免的气概，坏了士大夫的“心术”。严复的批评自然不等于对整个科举制度的历史意义的评价，何况严复一生科举失意的挫折感在多大程度上影响了他对这一制度的评判，也应该考虑在内。近年来人们更多地意识到科举的正面价值，但是严复的描述对于晚清社会士大夫阶层在如何看待“信”，或者说士大夫阶层在“信德”的状态方面，依然不失其启发意义。

② 最初该书台湾版的书名是《诚信》。2001 年海南出版社出版的书名则为《信任：社会美德与创造经济繁荣》。

③ 福山在他后来的一本书中近一步澄清了这个概念：“有必要提醒的是，信任就其自身而言，不是一种道德品质，而是品德的副产品；只有当人们分享诚实互惠的行为标准，并在此基础上开展合作，才会产生。过分自私和投机取巧会摧毁信任。”([美] 弗朗西斯·福山：《大断裂：人类本性与社会秩序的重建》，唐磊译，广西师范大学出版社，2015 年，第 55 页）

够超越血缘或家族关系，建立大规模的现代企业；而将法国、意大利等国家和华人社会视为“低信任度社会”。华人社会的特点是，都以家庭为中心，除去家族内部，人们很难建立起信任关系。福山基于马克斯·韦伯的社会学理路，强调一个国家的现代化之实现必须具有相应的文化动力。此书主要从是否有利于合成大规模的现代企业以及所谓自愿联合的社区组织，来讨论作为一项社会美德的“信任”对于经济繁荣的作用。从传统文化的角度说，福山认为“华人有个强烈的倾向，只信赖和自己有密切关系的人，对家族以外的人则极不信任”。他借用芮定（Gordon Redding）对香港企业的研究，指出：“主要的特征是你对家人全然信任，对朋友或熟人则建立某种程度的相互依存感，为彼此互留余地，至于其他的人，你绝对不会假设他们对你存有什么好心。你有权期望陌生人表现礼节、遵从社会风俗，但是一超过这条界线，你就必须期待他们和你一样，主要维护的是自己家人的利益。对华人而言，彻底了解自己的心理动机，就是对别人的存心保持警戒，这在其他文化里就没有那么明显。”① 他甚至引用林语堂当初的说法，中国人是“一盘散沙”。这本书在中国学术界引起的讨论远远不如其《历史的终结及最后之人》所来得热烈。其实，美国社会的“信任”是否一如既往地高，其实也大有问题。事实上，福山后来对美国在内的发达国家的社会信任状态的描述也在变化，所以1999年，他又出版了*The Great Disruption*：*Human Nature and the Reconstitution of Social Order*（《大断裂：人类本性与社会秩序的重建》）一书，由于一系列后现代病高发，根据社会学家所注重的问卷调查，美国社会信任度在明显降低：“很多美国人都意识到，人们对以美国政府为首的各类机构的信任在逐步减少，到20世纪90年代降至历史低点。”公众对公司、银行、劳工或宗教组织以及媒体等机构的信任度同时在降低。“公共领域的信任变弱的同时，私人领域的信任——它是公民间形成的合作关系的副产品——也在减少。”② 尽管福山对资本主义一如既往地保持其乐观的心态，不相信资本主义会就此耗尽社会资本，并且认为20世纪90年代以后，“越来越多的证

① ［美］法兰西斯·福山：《信任：社会德性与经济繁荣》，李宛蓉译，台湾立绪文化事业有限公司，2014年，第94—95页。

② ［美］弗朗西斯·福山：《大断裂：人类本性与社会秩序的重建》，第53—54页。

据表明，大断裂已经到头，规范重塑已然开启”。具有讽刺意味的是，不到二十年，我们看到了另一幕：特朗普当选总统以来，美国媒体不断抱怨美国社会信任度的急剧降低。至于福山对华人社会的论断是否恰当，更有争论的余地。因为如何判断今日中国的民企的状态，不是可以鲁莽武断的事体。即使缺乏美国、日本、德国那样大型的私营公司，也并未妨碍中国在最近三十年的高度繁荣。总之，福山的具体判断很有争议，但是撇开其他的争论，按照人们直接的经验感受，信任危机是一个明显的事实，因为它已经浸润到经济繁荣之外了。因此，《信任：社会德性与经济繁荣》一书对中国人依然是一种必要的提醒：一个健康的现代社会，必定需要较高的社会信任关系。经济活动和其他社会活动都是如此，从人们参与政治活动的心理角度说，更是如此。“信任”本身是社会团结的文化基础。如果缺乏基本的道德信任感，就如章太炎说的，“同在一族而彼此互相猜防，则团体可以立散”。即使从“信任”一个层面考察，我们也应该明白，“信德”的重建必定涉及伦理学，但又不仅仅是伦理学的问题，更不能沦为空言的话头，那是近乎“口耳四寸之间的戏论”。因为一个民族的“信德”之兴衰，是实践哲学的问题，必定与社会生活更广阔的层面尤其是社会结构、政治文明、民族心理等有着密切的关联。

二

现在让我们带着或多或少的现实感回到儒家经典文本的解读。这自然出于今日我们的一项基本预设：重建包括“信德”在内的社会美德，不能平地起高楼，应该也可能从传统文化中获得丰厚的滋养；另一方面，儒家经典中“信”的观念，与其他许多重要观念相似，并非本然清晰无误、可以现成使用的，因而今日需要做更为详细的分析，并做某种必要的厘清、扩展和新的诠释。因为像许多重要观念一样，经典中“信”的意涵在原始儒家那里就具有了高度复杂性，它后来在长期的历史演变中自然会增加这类复杂性。由于儒家文献浩瀚如海，本节只以《论语》《孟子》《荀子》以及朱熹《四书章句集注》为对象，希望通过分析儒家最重要的经典文献，描述出儒家“信”观念史的基本脉络。

儒家首要的经典文本无疑是《论语》。根据杨伯峻先生的《论语译注》所附的《论语词典》，“信”在《论语》一书中总共出现38次，分别是在以下四层意义上使用的：一是“诚实不欺”（24次），如“与朋友交而不信乎”“主忠信”等；二是“相信”，认为可靠（11次），如“听其言而信其行”；三是“使相信”（1次），如“朋友信之”；四是形容词或副词，即“真”“诚”（2次），如“信乎，夫子不言，不笑，不取乎”。① 杨伯峻主要是从单纯训诂的方式做出的解释，平实通达者有之，但是似乎不足以展开“信”的哲学意义。

根据前述，我们第一步暂且说，孔子的“信”，主要是在“诚实不欺”的意义上的行为规范和个人德性。从消极的意义上说，是不作伪；从积极的意义上说，是要成为一个今日我们所说的“真诚”的人。尽管在《论语》中，“诚”还远非一个重要的观念。②

在第一层意义上，可以举出的例句甚多：

1. 曾子曰：“吾日三省吾身——与人谋而不忠乎？与朋友交而不信乎？传不习乎？”（《学而篇第一》）

2. 子曰：“道千乘之国，敬事而信，节用而爱人，使民以时。”（《学而篇第一》）

3. 子曰：“弟子，入则孝，出则悌，谨而信，泛爱众，而亲仁。行有余力，则以学文。”（《学而篇第一》）

4. 子夏曰：“贤贤易色；事父母，能竭其力；事君，能致其身；与朋友交，言而有信。虽曰未学，吾必谓之学矣。”（《学而篇第一》）

5. 子曰：“君子不重，则不威；学则不固。主忠信。无友不如己者。过，则勿惮改。”（《学而篇第一》）

6. 有子曰：“信近于义，言可复也。恭近于礼，远耻辱也。因不失其亲，亦可宗也。”（《学而篇第一》）

---

① 杨伯峻译注：《论语译注》，中华书局，1980年，第257—258页。以下所引《论语》内容，如无特殊说明，皆出自本书。

② 与“信”在《论语》中已经成为重要观念不同，“诚”远远没有如“信”那么重要，从使用频率看，也是显而易见的：总共只出现两次。

7. 子曰："老者安之，朋友信之，少者怀之。"（《公冶长篇第五》）

8. 子曰："十室之邑，必有忠信如丘者焉，不如丘之好学也。"（《公冶长篇第五》）

9. 子以四教：文，行，忠，信。（《述而篇第七》）

10. 子曰："狂而不直，侗而不愿，悾悾而不信，吾不知之矣。"（《泰伯篇第八》）

11.（子）曰："言必信，行必果，硁硁然小人哉！——抑亦可以为次矣。"（《子路篇第十三》）

在第二层意义上，我们可以下述为例：

1. 子曰："人而无信，不知其可也。大车无輗，小车无軏，其何以行之哉？"（《为政篇第二》）

2. 子曰："述而不作，信而好古，窃比于我老彭。"（《述而篇第七》）

3. 子曰："笃信好学，守死善道。"（《泰伯篇第八》）

4. 子曰："君子义以为质，礼以行之，孙以出之，信以成之。君子哉！"（《卫灵公篇第十五》）

5. 子张问仁于孔子。孔子曰："能行五者于天下为仁矣。""请问之。"曰："恭，宽，信，敏，惠。恭则不侮，宽则得众，信则人任焉，敏则有功，惠则足以使人。"（《阳货篇第十七》）

6. 子张曰："执德不弘，信道不笃，焉能为有？焉能为亡？"（《子张篇第十九》）

概括言之，上述"信"的语用分析告诉我们，《论语》中的"信"，一方面主要是朋友一伦的道德原则，另一方面又超出了简单的日常事务中的言行一致的规范性。由于它涉及"成人"（"成仁"）的人生大事，"信"不仅是成为君子的途径（"信以成之"）和成仁的必要标志之一（"能行五者于天下为仁矣"），而且表示对文化传统保持其执着的信念（"信而好古"）。由于"信"指向了"道"（"信道不笃"），就不仅仅是一般意义的守约，而且包含了信仰的意义。换言之，“信”不仅有存在论（“人而无信，不知其可也”）的意义，而且包含着超越的意义（“笃信好学，守死善道”）。

如果我们做一点粗略的比较的话，那么，我们会发现，与儒家一样重视“朋友”一伦的希腊哲学家亚里士多德，并没有如孔子那样注重讨论作为一种美德的“信”。在《尼各马可伦理学》一书中，亚里士多德对“友爱”做了十分详细的讨论，只将“信任”视为“友爱”的某种必要条件①；同时又对与“信德”相关的“诚实”视为一种与虚伪相对立的“具体的德性”之一。与我们一般重视的“守约”并不相同，亚里士多德要说的，“不是守约的或涉及公正与不公正的那些事务上的诚实（因为适用于这些事务的是另外一种德性），而是不涉及那些事务时一个人的出于品质的语言和行为上的诚实。这样的一个诚实的人被看作是有德性的人。因为，他在无关紧要的时候都爱讲真话，在事情重大时就更会诚实。他会拒绝不诚实的行为，认为那是耻辱，因为他以往不论后果怎样都不曾做事不诚实”②。简而言之，亚里士多德把超越具体是非和利害关系、基于“永远讲真话”的“诚实”视为一种“自由的品质”。另一方面，如果与犹太—基督教一系的观念相比较，儒家的“信”和“约”的观念，显然没有那么多的宗教或神学意味。《圣经》中的“信”，最基本的意义是“信仰”（faith），而当上帝对挪亚说“我要与你立约”的时候，这个“约”（faith），“非平等主体间的约定，乃是上帝答应挪亚及其子孙的恩典”③。后者在儒家经典中的重要性，只有“命”的概念庶几近之。

三

不过，《论语》中有关“信”的论述还需要继续深入地分析。尤其是继孔子提出“信”的观念以后，其后学对“信”的定位与解释（包括对《论

---

① “这种友爱需要时间，需要形成共同的道德。正如俗话所说，只有在一块儿吃够了咸盐，人们才能相知。而且，一个人也只有在表明了自己值得爱、值得信任之后，才会被另一个人接受为朋友。”（亚里士多德：《尼各马可伦理学》，廖申白译，商务印书馆，2003年，第234页）

② 亚里士多德：《尼各马可伦理学》，第119—120页。

③ 冯象译注：《摩西五经》，牛津大学出版社，2006年，第11页。

语》的注解）形成了“信”的观念史，将其安置在儒家思想体系中来考察，其本身还包含了一些需要进一步厘清的问题。

首先，“五伦”或“五常”可以视为儒家伦理的整体。但是“仁、义、礼、智、信”并非五种并行的德性，而是包含着鲜明的价值排序的体系。其中，即使是从孔孟使用语词的频率看，“信”也是大大低于其他伦常观念的。[①]就“五伦”中每一伦的重要性而论，毫无疑问，孔子之道的大本是“仁”，正如《吕氏春秋》称“孔子贵仁”那样，儒家伦理的核心在“仁”，这一点应该是没有疑问的。因为直至近代哲学家谭嗣同，尽管他被当代人视为近代激进主义的先驱，其主要著作也名为《仁学》。孔子后学中，孟子直接标举“仁义”[②]并将“仁”的政治意蕴扩展为“仁政”，而另一个重要儒家学派荀学则重在“礼”(《礼论篇》云：“礼者，人道之极也”)。孔子又主张“仁智统一”，儒家伦理学在整体上无疑属于理性主义的学派。所以冯契先生说儒家作为一个总体来看，共同的观点“在于强调不能离开人与人之间的伦理关系来讲‘天人之际’。就这一点说，从孔、孟、荀到程、朱、陆、王和王夫之、戴震等，都是一致的。孔子提出“仁智统一”学说，就是要在社会伦理关系中来培养理想人格”[③]。但是，以我之孤陋寡闻，似乎没有一个重要的孔子后学将“信”作为其理论的中心，并做出创造性的发明。总之，在“五伦”中，“信”的地位无疑低于其他四伦，或者说在价值排序中，单独的“信”是属于最次要的。其最主要的原因恰恰在于“信”主要是处理朋友一伦的原则，首要的原则“仁”的中心是“孝悌”，而朋友关系无疑比家庭伦理尤其是“孝悌”以及政治伦理的“忠”次要得多。

其次，在儒家道德哲学论证方面，围绕着“信”的哲学话语展开不够充

---

① 根据杨伯峻的《论语译注》所附《论语词典》的统计：在《论语》一书中，“仁”出现109次，“义”出现24次，“礼”出现74次，“知”出现116次，“信”出现38次。“信”出现的次数仅仅比“义”稍多。而这种情况在《孟子》一书中发生了变化：根据杨伯峻的《孟子译注》所附《孟子词典》的统计：《孟子》书中“仁”出现157次，“义”出现108次，“礼”出现64次，“知”出现112次，“信”出现30次。“信”不但成为垫底的，而且相对其他“四伦”出现的比例也大幅降低。

② “曰：‘何谓尚志？’曰：‘仁义而已矣。杀一无罪，非仁也；非其有而取之，非义也。居恶在？仁是也；路恶在？义是也。居仁由义，大人之事备矣’。”(《四书章句集注·孟子集注·尽心上》)

③ 冯契：《中国古代哲学的逻辑发展》上，《冯契文集》第四卷，第40页。

分。今人通常孔孟并举，孟子在哲学上的一项主要贡献是性善论。但是对“信”的概念的讨论，某种意义上说，孟子从孔子那里有所消退。在著名的“四端”说中，孟子说：“恻隐之心，仁之端也；羞恶之心，义之端也；辞让之心，礼之端也；是非之心，智之端也。人之有是四端也，犹其有四体也。”（《四书章句集注·孟子集注·公孙丑章句上》）我们发现孟子只对仁义礼智具有先天的根据做了论证，而独独缺少了对“信”的类似论证。孟子在这里论证了“人之性情，心之体用，本然全具，而各有条理如此”的同时，无疑也给坚持“五伦”的儒家后学出了一个难题。对此，程子有个解释：“四端不言信者，既有诚心为四端，则信在其中矣。”朱熹不满这个解释，进而说：“四端之信，犹五行之土。无定位，无成名，无专气。而水、火、金、木，无不待是以生者。故土于四行无不在，于四时则寄王焉，其理亦犹是也。”[①] 程子的解释意味着在儒学中有一个由“信”而“诚”的走向。关于这一点，我们后面还会有所讨论。朱熹的解释甚为经心，但是客观地看，用比喻的方式来填补一个裂隙（甚至带有某些神秘主义色彩的循环论证），很难令人满意。[②] 无独有偶，孟子另外还有两段类似的话：“孟子曰：‘仁之实，事亲是也；义之实，从兄是也。智之实，知斯二者弗去是也；礼之实，节文斯二者是也；乐之实，乐斯二者，乐则生矣，生则恶可已也，恶可已，则不知足之蹈之、手之舞之。’。”（《四书章句集注·孟子集注·离娄章句上》）“孟子曰：‘君

---

① 朱熹：《四书章句集注》，中华书局，1983 年，第 238 页。

② 冯友兰先生在《新理学》讨论“道德、人道”一章时，论及“信”，也对此有所评论：“如此说，则所谓信者即以诚行仁义礼智也。此说亦可通，但不必如此说。我们尽可取普通所谓信之意义，即此意义，即可见信之所以为常。”在冯友兰看来，社会成员之间的互信是社会之所以能够存在的必要条件，是社会之理所规定的普遍规律。“照我们的看法，凡无论何种社会，所皆须有之道德，其理可以说是为人之理所涵蕴。依照人之理者，其行为必依照此诸道德之理。不过此诸道德都是什么，则哲学不必予以肯定。程朱说五常即是人所有人之性之内容，即是人之理之内容，则对于人之理之内容，肯定过多，可以不必。”（冯友兰：《新理学》，《三松堂全集》第四卷，第 121—122 页）孟子“四端”不是一般地肯定“五伦”，而是给其中的四伦提供了哲学的根据。所以冯友兰的意见并没有对孟子何以只给四伦提出论证而缺少对“信”的论证做出解答，而是用取消问题的方式解答问题。不过问题并未因此取消，反而引出更多的问题：何谓肯定过多？哲学对具体的德目哪些应该肯定？哪些可以不予肯定？标准是什么？冯友兰没有给出解答，但是其倾向大致是诸如“信”这样与经验密切联系的道德，哲学不必给予肯定。这自然与其哲学观有关系。（冯友兰：《新理学》，《三松堂全集》第四卷，第 4—18 页）

子所性，仁义礼智根于心。其生色也，睟然见于面，盎于背，施于四体，四体不言而喻。'。"(《四书章句集注·孟子集注·尽心章句上》) 原因其实不难明白，孟子标举"仁义"，但是其伦理学强调"仁义"的核心是孝悌这样的家庭伦理。值得注意的是，在这两处，《四书章句集注》没有再出现更多的辩词。

再次，当涉及处理儒家伦理与政治的关系问题时，孔孟都表现出对"信"的另一种复杂态度。前面我们曾经引用过章太炎强调"贞信"意义的话，其实"贞信"概念在《论语》中已见端倪，如《论语》中有"子曰：'君子贞而不谅。'"(《卫灵公篇第十五》)。所以，《论语》一书中，在言行一致、重然诺这一点上与"信"意义相近的还另有词语：谅和贞。杨伯峻将其翻译为"君子讲大信，却不讲小信"，类似的还有"子贡曰：'管仲非仁者与？桓公杀公子纠，不能死，又相之。'子曰：'管仲相桓公，霸诸侯，一匡天下，民到于今受其赐。微管仲，吾其被发左衽矣，岂若匹夫匹妇之为谅也，自经于沟渎而莫之知也。'"(《宪问篇第十四》)。按照孔子的回答，对于管仲的评判应该从其政治功过上着眼，所以此处的"谅"也被朱熹解释为"小信"(《四书章句集注·论语集注·宪问第十四》)。那么什么是大信，什么是小信？孔子下面两段话可以作为回答："子张问崇德辨惑。子曰：'主忠信，徙义，崇德也。'。"(《颜渊篇第十二》) 有子曰："信近于义，言可复也。"(《学而篇第一》) 换言之，孔子的"信"是有条件的。这与他将"信"安置在"忠孝"之后，是完全一致的。这与亚里士多德所谓"不涉及对于是非和利害关系的态度，是一种自由的品质"的"诚实"，有微妙的区别。

孔子所谓"君子贞而不谅"，以及他为管仲的辩护，其实还包含了下述意蕴："信"不是一个抽象的或绝对的普遍准则，在不同的人身上可以有不同的标准。在《子路篇第十三》中有这样一段话：

> 子贡问曰："何如斯可谓之士矣？"子曰："行己有耻，使于四方，不辱君命，可谓士矣。"曰："敢问其次。"曰："宗族称孝焉，乡党称弟焉。"曰："敢问其次。"曰："言必信，行必果，硁硁然小人哉！——抑亦可以为次矣。"曰："今之从政者何如？"子曰："噫！斗筲之人，何足算也？"

对于这段话，朱熹有个注："硁，小石之坚确者。小人，言其识量之浅狭也。此其本末皆无足观，然亦不害其为自守也，故圣人犹有其取焉。"(《四书章句集注·论语集注·子路第十三》）后来孟子表达得更为直率："大人者，言不必信，行不必果，惟义所在。"(《四书章句集注·孟子集注·离娄章句下》）对于这一段话，朱熹又注曰："必，犹期也。大人言行，不先期于信果，但义之所在，则必从之，卒亦未尝不信果也。"[①]可见，不仅"信"以"义"或"孝悌"为标准，而且对"大人"或君子（政治地位的"在上者"）与"小人"或"匹夫匹妇"(政治地位的"在下者"），不应该用同一个标准去衡量"信德"。它当然也符合朱熹道义论的意图伦理原则。

孔孟的类似说法，引起了近代思想家严复、章太炎的批评。章太炎说："孔子之教，惟在趋时，其行义从时而变，故曰'言不必信，行不必果'。"[②]早期章太炎对孔子的批评主要是责难政治儒学中的"权术"，强调"确固坚厉、重然诺"之"信"在道德中的基础意义。对于一个强调真正的道德要"依自不依他"的道德理想主义者来说，章太炎的批评自有其理由。而且章太炎的批评，不是对《论语》的单纯学术研究，更多的是对社会风俗的批评。在具有"德治"传统的文化中，如果本来应该成为道德楷模的"大人"可以"言不必信，行不必果"，岂能不持续地毒化社会道德风尚？不过，如果我们对孔孟的上述言论做某种同情的理解，也许应该承认他们区分"信"在政治和道德两个实践领域中的表现和价值有所不同，还是有其客观的意义。从历史上说，"儒"最初获得政治肯定的正是其本为一种"术"，汉武帝"罢黜百家，独尊儒术"即是明证。儒家讲内圣外王，讲治国平天下，都表示其高度的政治意识。从最底线的层面说，政治实践的复杂性决定了政治家必须懂得和善于运用"权术"。它的重要性被以"智术之士"或"智术能

---

① 焦循的《孟子正义》的注解有所不同，集中在家庭伦理（义的核心）高于朋友关系，所谓"义或重于信，故曰惟义所在"，同时又承认"大人之行，行其重者，不信不果，所求合义也"。

② 章太炎：《论诸子学》，上海人民出版社编，章念驰编订：《章太炎全集：演讲集（上）》，上海人民出版社，2015 年，第 53 页。

法之士”自居的韩非做了最充分的发挥。史华兹认为，韩非的理论属于“行为科学”，在“行为主义”的假设下，形成了一种以目标为导向的动态性质（dynamic goal-oriented nature）的学说。[①]不过，韩非恰恰是另一个重要儒家荀子的学生。与后来朱熹提倡严格的“醇儒”不同，荀子提倡“通士”。如果我们不囿于道德判断来看政治实践，政治家（“从政者”）的动机与效果本来就未必能够统一。从更长程的历史视角看，一项重大的政策发生效果必然要经过许多中介，而其长期的（即使不是“最后的”）历史结果常常为始作俑者所未曾料及。换言之，即使政治家给出某种政治许诺时，其目标是明确而真诚的，但是否能如其所愿也是没有充分保证的。

其实，孔子不断地告诉“士”和“君子”们，“信”在政治上有重要的工具价值，故在“德治”的路径上有所谓“君子信而后劳其民；未信，则以为厉己也”(《子张篇第十九》)，“上好信，则民莫敢不用情”(《子路篇第十三》)。由此引导我们考察在论及“信”与政治的关系问题上，儒家更为复杂的态度。《论语》中有这么一段：

> 子贡问政。子曰：“足食，足兵，民信之矣。”子贡曰：“必不得已而去，于斯三者何先？”曰：“去兵。”子贡曰：“必不得已而去，于斯二者何先？”曰：“去食。自古皆有死，民无信不立。”(《颜渊篇第十二》)

子贡的提问是十分犀利的，孔子的回答则表现出其“信”的观念在实用理性与高严之伦理学之间的紧张。前者承认取信于民是需要条件的，用当代术语说，“足食、足兵”才具有绩效合法性；后者则强调“信”是无条件的，因而具有存在论的价值。换言之，虽然时间上，作为政治合法性的“信”是效率的历史产物，逻辑上，“信”却是政治合法性的前提，此处的“信”已经不再只是理性的判断，而是基于信念的信任。朱熹的注解尤其突出了这一点。前一句朱熹下一注云：“言仓廪实而武备修，然后教化行，而民信于我，

---

① ［美］本杰明·史华兹：《古代中国的思想世界》，程钢译，江苏人民出版社，2004年，第342页。

不离叛也。”对于后一句则注为：“民无食必死，然死者人之所必不免。无信则虽生而无以自立，不若死之为安。故宁死而不失信于民，使民亦宁死而不失信于我也。”又说：“愚谓以人情而言，则兵食足而后吾之信可以孚于民。以民德而言，则信本人之所固有，非兵食所得而先也。是以为政者，当身率其民而以死守之，不以危急而可弃也。”（《四书章句集注·论语集注·颜渊第十二》）朱熹将之引入人情与德性的分别，与朱熹一脉的宋明理学家在天理人欲之争中的主流立场是一致的。

最后，我们注意到，孔子以后，儒家“信德”话语中衍生出“诚”的讨论。《大学》在说“与国人交，止于信”（秩序上同样在君臣、夫子之伦之后）的同时，将“诚意”列为“入德之门”的八目之一，序在致知与正心之间。又云：“所谓诚其意者：毋自欺也，如恶恶臭，如好好色，此之谓自谦，故君子必慎其独也。”朱熹在此后下一注：“诚其意者，自修之首也。”（《四书章句集注·大学章句》）

我们知道，曾子以后，子思进一步发挥了“诚”和“诚意”概念：

> 凡事豫则立，不豫则废。言前定则不跲，事前定则不困，行前定则不疚，道前定则不穷。在下位不获乎上，民不可得而治矣；获乎上有道：不信乎朋友，不获乎上矣；信乎朋友有道：不顺乎亲，不信乎朋友矣；顺乎亲有道：反诸身不诚，不顺乎亲矣；诚身有道：不明乎善，不诚乎身矣。诚者，天之道也；诚之者，人之道也。诚者不勉而中，不思而得，从容中道，圣人也。诚之者，择善而固执之者也。（《四书章句集注·中庸章句第二十章》）

> 自诚明，谓之性；自明诚，谓之教。诚则明矣，明则诚矣。（《四书章句集注·中庸章句第二十一章》）

> 唯天下至诚，为能尽其性；能尽其性，则能尽人之性；能尽人之性，则能尽物之性；能尽物之性，则可以赞天地之化育；可以赞天地之化育，则可以与天地参矣。（《四书章句集注·中庸章句第二十二章》）

诚者自成也，而道自道也。诚者物之终始，不诚无物。是故君子诚之为贵。诚者非自成己而已也，所以成物也。成己，仁也；成物，知也。性之德也，合外内之道也，故时措之宜也。(《四书章句集注·中庸章句第二十五章》)

上述见于《中庸》的论述，将“诚”从孔子那里无关紧要的一个语词，提升为儒家的核心概念之一，并且被后来的儒家或儒学研究者反复讨论过。从“信”的观念史的视角看，《中庸》论“信”，在最显性的意义上，虽然依旧是处理朋友一伦的原则，同时也以隐性的方式存在于政治合法性与家庭伦理之中。但是，《中庸》论“信”之重点，并非展开“信德”所应该涉及的诸多具体行为规范之面相，避免了孔子论“信”所陷入的种种紧张，而是从“信”跳跃到“诚”，做了形而上学的提升。换言之，如果说《中庸》依然重“五伦”（包括其中之一的“信”）的话，那么它不是向下做社会学或政治学的落实，而是沿着思辨的路径向上做玄学的提升，由此展开了本体论的意义向度。此路径为孟子所延续，所以前引《中庸》中的相关段落在《孟子》一书中几乎原封不动地出现。当然，如我们前文所述，孟子对“信德”的具体规定性没有做更多的展开，对于“信德”的本体论论证也相对淡薄。当他说“恻隐之心，人皆有之；羞恶之心，人皆有之；恭敬之心，人皆有之；是非之心，人皆有之。恻隐之心，仁也；羞恶之心，义也；恭敬之心，礼也；是非之心，智也。仁义礼智，非由外铄我也，我固有之也，弗思耳也”(《四书章句集注·孟子集注·告子章句上》) 以及“君子所性，仁义礼智根于心”(《四书章句集注·孟子集注·尽心章句上》) 的时候，无疑都在强调仁义礼智的心性本体，故朱熹对后者注为：“仁义礼智，性之四德也。根，本也。”然而，对于“信德”的先天根据，虽未全然否定，却只是偶尔见到而已。[①] 在《孟子》一书中，“信”也可以理解为“实”——意味着即使出于本性自发地为善，也尚待充实而上升至神圣境界。[②]

---

① 孟子曰：“有天爵者，有人爵者。仁义忠信，乐善不倦，此天爵也；公卿大夫，此人爵也。”(《四书章句集注·孟子集注·告子章句上》)

② 浩生不害问曰：“乐正子，何人也？”孟子曰：“善人也，信人也。”“何谓善，何谓信？”曰：“可欲之谓善，有诸己之谓信。充实之谓美，充实而有光辉之谓大，大而化之之谓圣，圣而不可知之之谓神。”(《四书章句集注·孟子集注·尽心章句下》)

不过，“信”与“实”相连，“信德”话语中“信实”的意味加强了，而且孟子说：“万物皆备于我矣。反身而诚，乐莫大焉。”(《四书章句集注〈孟子集注〉尽心章句上》) 后儒沿着心学的路径，“反身而诚”意味着达到真实的存在。正如张载所云：“志仁无恶之谓善，诚善于身之谓信。”“诚”与“信”的联系也愈加自然和紧密。

思孟学派固然如此，荀子也表现出类似的状况。他在强调“故君子者，信矣，而亦欲人之信己也”(《荀子·荣辱篇第四》)，不过君子“能为可信，不能使人必信己”，“耻不信，不耻不见信”(《荀子·非十二子篇第六》) 等的同时，也从一般的“信”提升到更强调“诚”或“诚信”的概念。譬如：

> 体恭敬而心忠信，术礼义而情爱人，横行天下，虽困四夷，人莫不贵。劳苦之事则争先，饶乐之事则能让，端悫诚信，拘守而详，横行天下，虽困四夷，人莫不任。(《荀子·修身篇第二》)

> 君子养心莫善于诚，致诚则无它事矣。唯仁之为守，唯义之为行。诚心守仁则形，形则神，神则能化矣。诚心行义则理，理则明，明则能变矣。变化代兴，谓之天德。天不言而人推高焉，地不言而人推厚焉，四时不言而百姓期焉。夫此有常，以至其诚者也。(《荀子·不苟篇第三》)

我们通观《荀子》，某种意义上，其实他依然沿着孔子“君子贞而不谅”即区分大信和小信的路径，来分辨德性和境界的高低。于是我们看到这样的论述：

> 有通士者，有公士者，有直士者，有悫士者，有小人者。上则能尊君，下则能爱民，物至而应，事起而辨，若是则可谓通士矣。不下比以暗上，不上同以疾下，分争于中，不以私害之，若是则可谓公士矣。身之所长，上虽不知，不以悖君；身之所短，上虽不知，不以取赏；长短不饰，以情自竭，若是则可谓直士矣。庸言必信之，庸行必慎之，畏法流俗，而不敢以其所独甚，若是则可谓悫士矣。言无常信，行无常贞，

惟利所在，无所不倾，若是则可谓小人矣。

公生明，偏生暗，端悫生通，诈伪生塞，诚信生神，夸诞生惑。此六生者，君子慎之，而禹、桀所以分也。(《荀子·不苟篇第三》)

那些言常信，行常慎，介于盲从流俗与径行独往之间的士人，可以说是一般守信之人或者俗话所说的“老实人”，因而只具有最基本的德性，可以称为“端悫不贰”的“悫士”。而“诚信生神”，才是进贤之道。

简而言之，孔子后学共同关注的“诚”或“诚信”，使得儒家“信德”的不同层次及其重要性的等级得到区分，而它的神圣性或超越的面相得到更多的展开，因而在观念世界的深处，使得“信德”与信念乃至信仰发生了种种关联。①

四

对于儒家文献的上述简单梳理，大致可以得到如下粗浅的结论。儒家传统“信”的观念，可以从如下六个层面去做意义分析：第一，“信”是一项重要的个人美德。第二，作为个人美德，“信”主要表现在处理朋友的关系之中，其余四伦（君臣、夫子、兄弟、夫妇）虽然原则上不排斥“信”，但不是平等的个体之间的约定关系。第三，在儒家的价值优先性排序中，“信”处于较低的位置，因为必须服从孝悌的原则，所以在家族伦理中处于边缘的地位；倘若信守与朋友之约而与忠孝的责任相冲突的话，自然必须舍前者而保证后者。同时，在谨言慎行、重然诺意义上的“信”，主要表示俗话所说的“老实”。第四，“信”作为一项个人德性，既有存在论的意义，又有工具

① 20世纪30年代，在儒学复兴的潮流中，贺麟就说过“儒家所谓仁，道德意味比较多，而所谓诚，则哲学意味比较多。《论语》多言仁，而《中庸》则多言诚。所谓诚，亦不仅是诚恳、诚实、诚信的道德意义。在儒家思想中，诚的主要意思是指真实无妄之理或道而言。所谓诚，即是指实理、实体、实在或本体而言”，“诚亦是儒家思想中最富于宗教意味的字眼。诚即是宗教上的信仰。所谓至诚可以动天地泣鬼神。精诚所至，金石亦开。至诚可以通神，至诚可以前知。诚不仅可以感动人，而且可以感动物，可以祀神，乃是贯通天人物的宗教精神”（贺麟：《儒家思想的新开展》，《文化与人生》，第10页）。

性的意义——尤其在政治活动之中。第五，在实际的政治实践中，或者从政治学的角度说，“信”并非是不可变通的，因而具有“权”与“经”的两面性。第六，孔子以后，由于“诚”或“诚信”概念的阐发，“信”观念之形而上学与其“形而下”具体规定之间，前者更多地被凸显为理论的重心，它对发展儒学的心性形上学的重大贡献与社会成员之间实存的“信”的细目的肯定形成了明显的反差。

从“信”的观念史出发来考察今日的“信德”重建，自然意味着我们需要将经典诠释与对现代生活的洞察结合起来，从而才有可能实现传统的创造性转化。换言之，重建“信德”属于实践智慧的事体，完全不是只要依靠重复空洞的教条就能成就的。事实上，在经过了“三千年未有之大变局”之后来谈论中国人“信德”之重建，我们必须正面这个时代特有的复杂性，首要的就是，“信德”不再只是私德，而同时也是公德或社会美德的要求。换言之，本书讨论“信德”之重建，是着眼于私德和公德的综合，要求将私德扩充为公德，并讨论如何在一种更适合公德建设的社会环境中重建“信德”。

从历史的向度考察，古代儒学讨论“信德”的基本语境，是以农业经济为基础的宗法社会。君臣父子兄弟夫妇都是生而有之的，它们是被决定了的——如果我们不用“宿命”这个概念的话——而非个人可以选择的；唯有朋友关系尚保留了相对平等的关系，而且事实上主体间有某种选择的空间，以至于近代激进主义的先驱谭嗣同说“五伦”只要保留朋友一伦。因而朋友之间的“信”就带有守“约”的意味，而其他四伦其实对于具体的个人来说都是“命”。即使如此，在以农业经济为基础的宗法社会中，人们的生活世界就是社会学家所说的“礼俗社会”或者“熟人社会”。在“礼俗社会”中规定“信”的地位，没有脱开“人的依赖”关系。无论我们有多少说不完道不尽的乡愁，昔日的“熟人社会”早就一去不复返了。高速发展的现代化同时带来了人的高度流动性，如果将“信德”只是局限在私德的范围，自然与社会生活的变动大相径庭。

基于社会生活是观念变迁的基本动力的观点，今日重建“信德”的第一层也是最基础的观念或道德规范，就是“信用”。中国古代社会尤其是宋明以降，市场经济已经有相当的发展。但是农业社会的市场与现代社会（甚至“后现代”社会）的市场，依然有本质的差别。市场经济本质上是契约经济，每时每刻、无远弗届的交换关系通常发生在陌生人之间。是否有信用，以及信用程度如何，直接影响到市场主体之间的交换关系。互相都有高度的信用，交易成本就低；如果在经济活动中没有信用，特别是在金融几乎主宰了经济命脉的今日，个人无法生存、企业无法融资，那真是“民无信不立”了。今日消费社会中信用卡的普遍使用，使得预支、借贷等变成了每时每刻都在发生的事情，这种情况是农业社会中人完全无法想象的。我们知道，韦伯在他那本论新教伦理的名著中曾经引用富兰克林《给一个年轻商人的忠告》一文，其中最主要的一条就是“信用”。一方面“信用就是金钱”，“善付钱者是别人钱袋的主人”，它显现出工具合理性；另一方面，在新教徒那里，这句话还有其神圣性的一面，即按照“天职”的教义，“守信”是一种“责任”。我们的经济学家也早就提出：“企业不只是一座大楼，一个具有法律地位的机构，更是市场里的一组合约，包括公司与员工们的合约，与银行的合约，与股东的合约，与技术、土地、原材料、能源以及一切要素所有者的合约。企业通过市场合约来利用资源，生产出商品和服务，提供给消费者。所以，一个企业和它的企业家，最重要的也是最基本的责任就是履行与各方面的合约。”① 守约成为一种责任，就是一种“硬性的应当”，信用就是一种道德要求。如果我们承认经济生活是社会、政治、文化的基础的话，那么，显而易见的是，今天在“守约”“言必信，行必果”意义上的“信”，其价值远非传统社会显示的可以比拟。或者我们可以说，对于一个现代人的道德评判来说，“信用”具有基础的地位，并且它再也不能为“孝悌”所局限或否定；没有信用，任何高严的伦理学都将空言无补，甚至沦为伪善。

讨论信用的道德价值，是直面市场经济的现实。市场经济又是竞争经济，按照“经济人”的预设，追求利润最大化是市场主体的通则。“把资本用来支持产业的人，既以牟取利润为唯一目的，他自然总会努力使他用其资本所支持的产业的生产物能具有最大的价值，换言之，能交换最大数量的货币或其他货物。”② 对于今日消费社会的市场主体尤其是资本家，金钱早已如

---

① 周其仁：《企业最基本的责任是履约》，《人民日报》2007 年 1 月 22 日。

② ［英］亚当·斯密：《国民财富的性质和原因的研究》下卷，郭大力、王亚南译，商务印书馆，1974 年，第 27 页。

韦伯所说：昔日轻飘飘的斗篷变成了铁牢笼。因此，建立和维护信用并非一件容易的事情，尤其在中国这样一个迅速现代化的国家，新式的社会秩序尚在建构和调整之中。信用作为最常见的道德规范，可以通过两方面的力量来维系：外部的强制性要素如法律法规、舆论风尚，这两者虽然力度不同，但都有某种强制性；内部则是通过“习焉成性”，即规范内化为德性。在社会秩序调整的时代，“信用”要成为一种普遍的道德心理，“通过政教——风俗——心理”这种由外而内的方式，仍不失为一条重要的途径。

重建“信德”的第二个层面是“信任”。国内的社会学家从“Trust”的意义上给“信任”概念下定义，大致上会将其视为一种关系，即交换和交流的媒介。同时，“信任是一种态度，相信某人的行为或周围的秩序符合自己的愿望”[①]。福山的《信任》一书将“信任”视为“品德的副产品”。在中文的语境中主要指人际关系中相互的认可，超出主要局限在经济活动中的信用关系，即信任不局限在追求即时的经济效果。而且“信任”包含了信任他人和被他人信任两个向度的内涵。与专制主义政治中的“信任”（尤其是在上者如君主对臣子的信任）之单向性不同[②]，在平等主义的政治文化中，信任是一个主体间性的概念。基于信用、责任、善于合作等的信任既是一种关系，又是一种心理：能够信任人和能够取信于人都是一种道德心理，也会表现出德性的力量。一个生性纯朴实在的人，通常容易相信别人，也容易为人所相信。人与人之间少一点“机心”，合作会更容易有效。社会信任的整体水平的高低，体现的是国民道德水平。因此，我将“信任”视为“信德”不可分割的一部分。

---

① 郑也夫：《信任论》，第 14 页。

② 古代的君臣关系以“忠”为纲目，但是也有“信”或“信任”的问题，通常是何种状况？侯旭东的《宠：信—任型君臣关系与西汉历史的展开》，运用德勒兹所谓“深度描写”（thick description）的方法，认为“中国古代帝国持续存在的君臣关系可以细分为礼仪型与信—任型两类，后者亦是历史中‘结构性的存在’，围绕它反复出现的言行构成历史中最为活跃与能动的力量”（侯旭东：《宠：信—任型君臣关系与西汉历史的展开（上）》，《清华大学学报》[哲学社会科学版] 2016 年第 6 期）。文章清晰地说明，君臣之间的“信—任”，本质上是君对于近臣或宠臣的单方面意向，或者说是单方面（君）的主体性行为，所以君主对于臣子的“信任”的表现可以归结为“宠”。所以，历史文献中大量出现的“信”“信用”“信任”，乃至“尊信”“信爱”“信重”等字样，都无法与现代社会建立在相互平等基础上的“信任”相提并论。

正如理想人格和理想社会互为表里一样，信任既是社会团结的基础，信任的培养和扩大，也需要合适的社会环境。所谓信任是社会团结的基础，在现代社会就表现为社会成员之间的互信，它是民主制度的黏合剂；反过来，良好的民主和法治提供了一种支撑社会成员之间高度互信的信念：人是有尊严的。正如福山所说："未能把信任半径扩展到家庭和朋友的自然圈以外，是不良（政府）统治的后果之一。透明的法治会给陌生人之间的信任创造基础，但这种法治不是想有就有。有些政府在保护财产权或保卫公共安全方面做得不好，另一些则在对社会征税和管制的方式上表现得专断和无度"，"比较而言，一个普遍的、得到公正实施的法治，能为彼此无关的陌生人提供合力工作和解决争端的基础，从而扩大信任半径"[①]。法治中国的建设为"信德"重建提供了新的愿景。就社会信任的恢复与扩展而言，法治意味着一个社会的公共系统，尤其是权威是透明、可靠且具有自身连续性的。稳定和可靠是尊严的显现。如果我们将"君子信而后劳其民；未信，则以为厉己也"（《子张篇第十九》）、"上好信，则民莫敢不用情"（《子路篇第十三》）等中的"上"，理解为国家，而非君主个人，那么，它意味着政治的合法性来源包括国家的尊严和人民的信任两个方面，轻易或频繁改变对人民的承诺，意味着放弃国家的尊严，同时也自动地失去了人民的信任。承平时期，"治大国若烹小鲜"。在一个变革时代，则通常需要在效率与尊严之间维持某种平衡。这也就是为什么渐进式的改革代价较小，而"休克式"或"断崖式"的改革会引发信任危机。

除了政治的、法律的要素以外，重建信任的社会环境还包括文化要素。前文曾经不厌其烦地引用过《论语》论"信"的材料："人而无信，不知其可。"（《为政篇第二》）"子以四教：文，行，忠，信。"（《述而篇第七》）史传孔子有弟子三千、贤者七十。纵观《论语》，我们可以发现，孔子和他的学生之间，组成的是一个"高信任度团体"。师生之间，既有严肃的讨论、犀利的责难，又有忘情的心迹袒露和患难与共的恒心。孔子"吾与点"之叹成为多少读书人向往的境界，说明彼此信任的人际关系，是最有利于培养人的

① ［美］弗朗西斯·福山：《大断裂：人类本性与社会秩序的重建》，第 245—246 页。

德性的文化环境。在平等主义的政治文化中，信任意味着一种人格的尊重。孔子虽然有贬低“言必信，行必果”的言论，但是他所注重的信任尚不同于后来的专制政治中的君臣之间的“信—任”，关于这一点前文曾引侯旭东的研究可以说明。另一方面，“‘言必信，行必果’，对自己的言行有高度的道德责任感，是以独立人格、自由意志为前提的。叫人唯命是从，就不可能言必信，行必果”①。

关于信任与文化之间的关系，前面讨论的是文化的外部环境，而文化的内部环境则是道德主体的文化心理结构，其涉及“信德”的第三层意义：信念。社会学家注意到信任关系中存在着言与行、行与果之间的时间差，因而存在着某种不确定性。但是真正的信任就是即使存在不确定性也保持一种稳定的心理，其“信”已经超越了具体的对象。“人而无信，不知其可也。大车无輗，小车无軏，其何以行之哉？”（《为政篇第二》）“述而不作，信而好古，窃比于我老彭。”（《述而篇第七》）“笃信好学，守死善道。”（《泰伯篇第八》）孔子的这些话不妨做如此理解，这里的“信”应该转变为内在的。所谓内在的“信”，即主体拥有某些基本的信念，正是这些信念支撑了他对社会、他人的信任。黑格尔曾经分析过两种不同的信念：“个人的信念，事实上就是理性或理性的哲学从主观性出发在知识方面所要求的最后的、绝对本质的东西。但是我看必须区别开：甚么是基于感情、愿望和直观等主观的根据。一般地说，即基于主体之特殊性的信念；与甚么是基于思想的信念，即基于洞见事物的概念和性质而产生的思想的信念。前一种形态的信念，只是意见。”②信念虽然可能游动于特殊和普遍、情感与理性、意见和真理之间，但是信念之所以为信念，就因为它即使有主观性，通常也因为体现着对绝对本质的追求，成为主体的一种承诺而不会轻易改变。一个保持较高信任度因而保持较高团

---

① 冯契：《中国近代哲学的革命进程》，《冯契文集》第七卷，第162页。冯契先生是在评论严复中西比较的下面的论述时写的。严复在《原强》中曾说：“西之教平等，故以公治众而贵自由。自由，故贵信果。东之教立纲，故以孝治天下而首尊亲。尊亲，故薄信果。”冯契在批评严复美化西方自由平等的一面之同时，既承认了信任是需要政治环境的，又表达了人格尊严与自由意志与信任之间的内在关联，与亚里士多德将忠实于自己的诚实视为“自由的品质”，有内在的相似性。

② ［德］黑格尔：《哲学史讲演录》第一卷，第19页。

结程度的社会，通常共享着一套类似的文化信念，其核心则是主流的价值观念，它是该社会中人们借以彼此了解彼此沟通，并意识到自我与他者是一类、一起构成生活共同体。我一直坚持这样一个观点：有效的社会规范后面必定有一套价值观念，它是人们心悦诚服的权威，是内在的凝聚中心，是社会的精神中枢。其之所以有效，不仅指它可以让人安身立命，而且在现代社会还要足以成为经济进步的动力，必定同时具备以下条件：这套观念与变迁中的社会生活是基本适应的；它大致上是能够自洽的（不是逻辑的自洽，而是互相匹配的，即使有某种张力也不至于势不两立），所以有必要的整全性；更重要的是，这套观念一定要由这个社会的精英阶层作为其物化的承当。所以我多年以前在一篇旧文中就提出，文明社会的正常运行，必须依靠一套有效的价值系统。而“任何种类的价值，要切实有效，还需要相应的物质承担者。换言之，观念形态的价值需要物化的结构来外现，才能成为普遍有效的规范。这意味着价值与其物质承当之间必须保持相当的一致，古今中外，概莫能外”[①]。对于社会的主流价值抱有信念，并能在生活实践中规范自己言行的人们，更容易建立起彼此的信任。反过来，在此信任关系中，个体也更容易获得社会认同。因为共同的信念而自觉到自己的社会价值，由于被“承认”而自觉到自己的尊严。

与“信念”紧密相连的是“信仰”。在西文中，大致前者为“belief”，后者为“faith”。信念有主观的成分，但就其对绝对的本质的追求而言，包含了超越的向度——信仰即其重要的形式。[②] 在谈论当代社会道德问题的时候，有一种议论似乎相当流行，将中国的道德危机归因于缺乏信仰，因而有所谓“让一部分人先信仰起来”的说法。诚然，不知是否基于德国和美国历史上主要是新教国家，日本则是单一民族的岛国，福山才有意无意地认为“信

---

① 高瑞泉：《谁应对近代中国的价值迷失负责？》，《二十一世纪》1994 年 3 月号。

② 按照英国哲学家 Alan Watts 在他 *The Wisdom of Insecurity*：*A Message for Age of Anxiety*（1951）一书中的辨析，大致上可以说，这两者的区别在于：belief 是有选择的个人信条，而 faith 是无条件的信仰。宗教的 faith 正要求信徒放下个人的 beliefs。他同时又说 belief 和 faith 的区别，另外一个解释是说 faith 针对不可验证的东西，是非理性的；belief 是可以验证的、理性的，即“Faith is belief without reason. Faith is by definition，irrational（knowledge lacking reason）.Belief is a statement or idea of pre-knowledge or pre-understanding that can be verified and tested using the scientific method”。

任”作为社会美德基本上是类似基因一样与生俱来、无法改变的。[①]传统中国不是单一宗教国家，但是不等于中国没有宗教、中国人没有信仰，传统的儒释道都有信仰的成分，因而也被称作“三教”。当代中国六大宗教有大批信众，我们希望信教自由能使宗教沿着真诚的信仰走向有利于培养“信德”之路。

当我们说“信德”有信仰的维度，正常的宗教生活有利于培养“信德”的时候，也有需要正视的其他问题。前面已经说过，“信任”关系中包含了一系列必要的信念。不同的信念谱系影响着“信任”的程度和方式的差异。简要地说，比较高的信任度要求该社会成员拥有较多相同或相近的信念。过渡时期的社会之所以呈现为撕裂的状态，其深刻的原因是利益冲突和信念相悖。人的信念世界在终极意义上指向了信仰，信仰（尤其是宗教信仰）以意志专一的方式表现出排他性。因而，宗教信仰既可以使信仰者的信念更为坚定，也可能触发不同信仰者之间的冲突，后者已经为历史上的许多实事所证明。那么是否就应该强行统一？历史上不乏此类社会设计，最早的如柏拉图。正如文德尔班评论的那样，柏拉图的理想国之“整个基本思想是：只有统一的生活能使国家强盛、工作效率高；此统一的生活只能基于公民的信念一致：根据苏格拉底—柏拉图的信念，此事只有通过某种学说即科学的绝对统治才有可能。面临这最高要求，绝不能谈一切个人利益。柏拉图从这种信念出发，极端限制公民的个人自由。这样一来，《理想国》中的国家理想变成了为实现科学理论的军事国家了”[②]。在价值多元的当代世界，柏拉图的《理想国》不再是我们的理想国。更何况中国文化的历史经验之一，就是我们的前贤有足够的智慧达成“三教融合”，它表示先贤能够恰当地处理好信仰世界中的“一”与“多”的辩证关系。价值冲突和宗教分歧应该通过文明对话的方式来解决，已经是当今许多明智人士的共识，因而扩充论辩的合理性是尤其重要和紧迫的事务。因为人类几千年文明史证明的少数几条规律之一，就是观念世界不可能纯粹使用强制力来统一。另一个问题是，当我们承

---

① 我们知道，福山所宗奉的马克斯·韦伯对于西方文明（主要是指英、美、德等新教国家）与非西方文明之间在价值偏好上的区别是否具有人种学的根源，采取的是一种存而不论的态度，只在《新教伦理与资本主义精神》一书的结尾，以寥寥数笔点到为止。

② ［德］文德尔班：《哲学史教程》上卷，第 174 页。

认宗教对道德建设具有正面意义的时候，并不表示我们不赞成“非宗教即无信仰”的论式。换言之，唯物论者或者无神论者是否就表示没有信仰？我始终认为马克思所向往的一切自由人的联合体已经是许多人的信仰，而且希望信仰它的人会越来越多。在宗教特别关注的生死问题上，无神论在西学的语境中容易有非圣无法的意味，有的学人采用中国传统中“神灭论”的一脉思想为自己的信仰[①]，也说明我们传统中有值得发掘的重要资源。范缜是儒家和佛教论战中提出“性质神用”的学者。其实，从孔子“不语怪力乱神”，到张载“存，吾顺事；没，吾宁也”(《正蒙·乾称篇第十七》)，剔除其中的宿命论倾向，我们可以看到他们那种通达的态度；直到近代学者主张的“三不朽”(立德、立功、立言)更从积极的意义上可以为“信德”提供信仰的支持。所有这些正是以思想文化研究为志业的人们不可推卸的责任。

第五节　新轴心时代与世界秩序的重构

20世纪的中国哲学是在“古今中西”之争的大主题下开展的。该争论的焦点当然集中于中国道路的问题：中国如何现代化和中国要什么样的现代化。前者需要解决动力问题，后者是秩序重建问题。前一节我们讨论的是社会内部秩序重建需要稳固的社会团结，而社会团结的基本要素是基于社会成员的“信德”的信任关系。但是既然是在“古今中西”之争中讨论问题，就意味着中国人同时有相应的世界眼光。一个曾经雄居东亚的大国，在被列强长达一百年逼迫之后，一旦重新崛起，其对于未来秩序的构想，必然既关切本民族内部的社会秩序，又关系到国际关系即世界性的秩序安排。

从历史的视角看，这一问题其实存在于近现代之始终。中国革命的一大

---

① 周作人在《凡人的信仰》一文中写道：“宗教的信仰，有如佛教基督教的那一类信仰，我是没有，所以这里所用信仰一语或者有点不妥帖，亦未可知。我是不相信鬼神的存在的，但是不喜欢无神论者这个名称。因为在西洋通行，含有非圣无法的意味，容易被误解。而无鬼论者也有阮瞻在前，却终于为鬼说服，我们未必是他一派。我的意见大概可以说是属于神灭论的，据《梁书》所载其旨为形存则神存，形谢则神灭。”(周作人：《过去的工作》，河北教育出版社，2002年，第49页)

主题追求民族独立，其实就是要求打破殖民主义的世界秩序。尽管康有为的《大同书》很早就提出了中国实现民族独立以后世界秩序的蓝图，不过在大部分时间里，国人关心的更多的还是内部的秩序。对于整个世界秩序重构的关切，在20世纪晚期开始日益凸显：接近世纪之交，关于世界秩序需要重新建构的呼声不绝于耳。它是由相反相成的两个向度的趋势决定的：至少主导了两个世纪的全球化过程的西方诸国（尤其是英美）连续出现诸多不敷应对的危机，和非西方国家尤其是中国、印度等原先的欠发达国家的迅速发展（至少是经济总量的增长），以及随之而来的民族文化复兴诉求，打破了许多人一度认可的历史趋势——似乎未来世界就是或迟或早、不同程度复制西方现代性。这在两本著名的著述中有集中反映：《历史的终结及最后之人》与《文明的冲突与世界秩序的重建》。

众所周知，上述两本书都曾引起了巨大的争论，尤其是受到中国知识界的批评。中国学者主张的是“文明对话”，更欣赏费孝通先生提出的“各美其美、美人之美、美美与共、天下大同”的愿景。并且对它做了进一步的解释：“‘各美其美’就是不同文化中的人群对自己传统的欣赏。这是处于分散、孤立状态中的人群所必然具有的心理状态。‘美人之美’就是要求我们了解别人文化的优势和美感。这是不同人群接触中要求公私共存时必须具备的对不同文化的相互态度。‘美美与共’就是在‘天下大同’的世界里不同人群在人文价值上取得共识以促进不同的人文类型和平共处。”① 这是一个类似康德“永久和平”的理想。但是，21世纪的历史似乎不满足于一般的戏剧化，2016年英国脱欧，事先普遍不被媒体看好的特朗普当选美国总统，似乎突然之间使得世界失去了方向：全球化是否从此终止？全球治理等秩序还能维护吗？历史的趋向和历史的取向，都把时间维度加入到秩序的建构和维系之中，因而“秩序”不是一个固定的、平面的结构。从这个意义上说“秩序”本身可以视为一大悖论，总是处于新陈代谢之中。任何新秩序总是对以往秩序的否定，尔后又有待被更新的秩序取代。前者可以说是隐秘在复杂多变到不可胜计的力量博弈之中——近代中国哲学家如梁启超等称之为“运会”，后者则更多地表现为站在历史表层的

① 费孝通：《从实求知录》，北京大学出版社，1998年，第435页。

人们。对于今天世界秩序面临重建等局面，孙中山先生在20世纪初就预言中国将会有一个飞跃性的“突驾”，毛泽东则更是在争取中华民族自立于世界民族之林的同时，预见到20世纪中后期，世界将会发生翻天覆地的巨大变化。历史学家汤因比和池田大作对话时也有过预言：21世纪将是中国领导世界的世纪。当这些鼓舞过几代中国人的预言似乎实现的时候，中国人对于全球化的未来秩序可能提供什么更具体的方案呢？本节拟从汤一介先生晚年出版的《瞩望新轴心时代——在新世纪的哲学思考》一书出发，并做若干历史的回溯，以观察中国哲学家对新世纪的秩序的展望和愿景。[①]

一

接近世纪之交，汤一介先生多次预言：“21世纪将形成一个文化上的新轴心时代。”[②]他援引德国哲学家雅斯贝尔斯的《历史的起源与目标》中关于“轴心时代”的观念，指出：

> 从某种意义上说，当今世界多种文化的发展正是对二千多年前的轴心时代的一次新的飞跃。据此，我们也许可以说，将有一个新的“轴心时代”出现。在可以预见的一段时间里，各民族、各国家在其经济发展的同时一定会要求发展其文化，因而经济全球化将有利于文化多元化的发展。从今后世界文化发展的趋势看，将会出现一个在全球意识观照下的文化多元发展的新局面。21世纪世界文化发展很可能形成若干个重要的文化区：欧美文化区、东亚文化区、南亚文化区和中东与北非文化区（伊斯兰文化区），以及以色列和散居于各地的犹太文化，等等。这几种有着长久历史的大的文化潮流将会成为影响世界文化发展的主要动力。[③]

---

① 1993年夏季号美国《外交事务》（*Foreign Affairs*）发表了塞缪尔·亨廷顿的《文明的冲突？》以后不久，汤一介即在《哲学研究》（1994年第3期）上发表了《评亨廷顿〈文明的冲突？〉》，批评以亨廷顿为代表的美国霸权主义。

② 汤一介：《瞩望新轴心时代——在新世纪的哲学思考》，中央编译出版社，2014年，第29页。

③ 同上书，第49页。

这与20世纪晚期全球化浪潮中兴起的现代性批评有密切的关系，艾森斯塔特就发表过《迈向二十一世纪的轴心》的文章，认为源于西方近代历史的“现代性方案”是“第二个轴心时代”。余英时先生对此有了进一步的讨论，甚至提出“今后是否有第三个‘轴心时代’的出现，或者是‘第二个轴心时代’以经济全球化的方式继续，变相地支配着其他文化和民族”是一个尚待讨论的大问题。当然，余英时先生的重点是论述第一个轴心时代（他用“轴心突破”的概念）中的中西差别，尤其强调在多元文化的语境下，古代中国“轴心突破”所形成的“内向超越”（inward transcendence）的思维特色以及如何有其悠长的生命力。不过他同时也说：“从历史史实出发，我们不能不承认西方的‘现代方案’构成了19世纪和20世纪世界文化的‘轴心’。”①

汤一介先生所说的“新轴心时代”与艾森斯塔特的“第二个轴心时代”不同，不是单单指迄今为止从西欧、北美发源的强势西方文化，而是指向21世纪的世界秩序的重构。他不但从人们普遍发现的全球化带来的“地方知识”或原先处于边缘或被视为“落后的”民族文化的复兴的趋势中做出了某种预言，而且对新轴心时代之所以“新”，有更多的具体分析。他认为，新的轴心时代和公元前500年那个轴心时代有鲜明的不同：一、由于经济全球化、科技一体化、信息网路的发展把世界连成一片，“新的轴心时代的各种文化必将沿着这种已经形成的文化之间的交流和互相吸收的态势向前发展。因此，各种文化必将是在全球意识观照下得到发展的”。二、随着跨文化和跨学科研究的重要性与日俱增，“我们可以预见，在21世纪哪种传统文化最能自觉地推动不同文化传统和不同学科之间的对话和整合，这种文化就将会对世界文化的发展具有更大的影响力。21世纪的新轴心时代将是一个多元对话的世纪，是一个学科之间互相渗透的世纪，这大大不同于公元前5世纪前后的那个轴心时代了”。三、新的轴心时代的文化将不可能像公元前5世纪前后那样由少数几个伟大思想家来主导，而将由众多的思想群体来导演未来文化的发展，中国也必将出现一个新的百家争鸣的局面，出现一个文化多元并存的新格局。②

---

① 余英时：《轴心突破与礼乐传统》，《余英时文集》第八卷，第102—103页。

② 汤一介：《瞩望新轴心时代——在新世纪的哲学思考》，第29—32页。

汤先生这些论断，在 20 世纪中国学人中并非孤掌难鸣。

我们前面已经讨论过朱光潜先生在 20 世纪 30 年代将近代中国判断为“中国新文化思想的生发期”的说法。[①] 在朱光潜看来，“文化生发期”是与百家争鸣的历史机遇紧密联系在一起的，所以生发期是愈长愈好。“文化生发期”的概念和“轴心时期”，其实是类似的。而在提出的时间上，前者更为居先。与这种“文化生发期”或者（汤一介所说的）“新轴心时代”同时出现的，将是哲学上的新形式的百家争鸣。各派中国哲学都会在这一历史时期经受拷问。当然，“新轴心时代”的百家争鸣已经不局限于中国，更不局限于黄河文明，而是世界性的，或者说是全球的知识生产与流动的新秩序。哲学家与历史学家一样要鉴往知来，都是某种程度的预言家。当我们把世界秩序重构与哲学的百家争鸣联系在一起时，意味着中国哲学的当代创造，在某种意义上，都是对于前一问题的概念化回应。对于“新轴心时代”的展望，以《周易》“天下同归而殊途，一致而百虑”的胸怀观之，它只是表示汤先生所指示的全球化将带来前所未有的多元对话的局面，某种文明（包括哲学）再封闭起来独自演进的历史应该结束了。

二

人们不难发现，汤一介先生关于新轴心时代的预言，与全球化的语境密不可分。“全球化”作为对现代化历史的概念化表达，只有几十年的时间，但是，作为一种社会现象，对其时间的开端之判断与对其历史的概念化联结在一起。因此，像许多学术热点问题一样，围绕着“全球化”的本质、历史和走向等问题，学术界充满着争论。有历史学家认为，最早的一波资本主义全球化开始于五百年以前的荷兰。也有人把 16—18 世纪称为“最初的全球化”[②]。因为

---

① 朱光潜：《我对于〈文学杂志〉的希望》,《朱光潜美学文集》第二卷，第 497—500 页。

② 马克·塞尔登（Mark Selden）:《对中国研究及中国在世界上之地位的再思考——二十世纪漫长岁月中的战争、革命和全球化》。在这篇文章中，他认为 18 世纪的东亚以中国为中心，包括朝贡贸易关系在内的国际体系，不仅与布劳德（Braudel）所说的地中海世界经济同样有活力和富有，而且“以中国为中心的朝贡贸易体系提供了一个协调国际政治、经济关系的框架，而它的等级划分则将战争的可能性降到最低。对于一个在国际法理性的掩饰之下饱受滥用武力之苦的世界来说，这是一个值得引起认真思考的模式”。（高瑞泉、颜海平主编：《全球化与人文学术的发展》，上海古籍出版社，2006 年，第 111 页）

全球化在20世纪演变的一个结果，是亚洲尤其是中国正在崛起，世界秩序面临重整，知识生产的单向度的传输正在改变。最近若干年，我们又看到强烈的反全球化浪潮正以各种不同形式出现，它也必然反映到作为知识生产和传播的流向，以及对于现存秩序的态度。对于中国学者而言，全球化带来了新的世界视野和民族意识，它们既创造了新的语境，也改变了知识主体自身以及知识生产方式，更加强了后发国家或原先处于被支配地位的民族对于世界秩序的重构要求。

本书一开始就论述过，中国知识分子比较早地意识到资本主义全球化的趋势是在19世纪晚期。用梁启超、唐才常的说法，就是“西人以动力横绝五洲也。通商传教、觅地布种，其粗迹也，其政学精进不已，骎骎乎突过乎升平”[①]。毋庸讳言，中国人对19世纪资本主义全球化抱有矛盾的心态。因为全球化与中国面临“三千年未有之大变局”息息相关。在当时政治精英和知识精英的心目中，“大变局”的结果吉凶难测。这一方面固然是“大变局”集中表现为不同类型国家之间的冲突，西方文明（包括其观念）以一种强制力乃至暴力的形式出现；另一方面，曾、左、李等的判断并没有更长程的历史视野。以“后见之明”论之，他们当然不会理解这其实是“最初的全球化”的一部分。

但是，我们前面引用的朱光潜、冯契等学人显然对“大变局”导致的结果并不如此悲观，更往前推，在晚明的徐光启等，提出“会通以求超胜”，表达了在中西平等对话的过程中，我们的先贤对中国文化的生命力和竞争力有高度自信。汤一介先生在对新轴心时代的展望中，可以说上接徐光启等前贤的豁达开放态度，因而用实事求是的方式来对待中西文化的大规模相遇。换言之，与有些人认为全球化会摧毁我们的民族文化的看法不同，汤一介先生认为全球化给了中国文化复兴的某种机遇。

作为一个中国现代哲学家，汤先生坦承：中国古代确实没有古希腊那样的“哲学”，“无论是对于中国传统哲学（中国哲学史）的梳理，或是现代型中国哲学的建构，都离不开西方哲学，都是因为西方哲学的传入引起的。所

① 梁启超：《说动》，《饮冰室合集》第一册，文集之三，第39页。

以我们可以说中国哲学的建立受惠于西方”[①]。当然，作为一个儒者，汤一介一方面注意到中西差别，譬如他以为与西方哲学重在哲学知识体系的建构不同，中国古代贤哲们注重的是人生境界的追求。但是，另一方面，他又大力提倡建立中国解释学，认为也可以有中国现象学等。我以为，中国哲学史的学科会继续发展，因而其主流形态也可以有演变（譬如当下许多学人注重的是经学史研究）；中国现代哲学的建构可以有不同的流派，当然需要中国哲学的同人在建设新的哲学系统上有更多的创造。哲学理论建构也会反过来影响哲学史学科的建制。但是汤先生所说的中国哲学与西方哲学继续对话和融合的历史方向，应该是他所瞩望的新轴心时代的中国哲学发展的方向。反过来，在汤一介先生的“新轴心时代”中，构建新秩序的核心原则是由哲学提供的。

三

汤一介先生的新轴心时代的预言，与他对持续百余年的“古今中西”之争的观点有密切的关系。我们可以将“古今中西”视为近代以来从学术意义上考察各种社会思潮纷争的元问题。诸多思潮或理论派别很可能都是在此问题上各执一端，由此纷争不断。

汤一介先生认为，新轴心时代是一个会通古今精华的新时代。“近百年来，在我国一直存在的‘古今中西’之争，实际上也就是所谓‘全盘西化’和‘本位文化’之争，其中包含着把古与今、中与西对立起来的思想趋向。这种简单化地处理文化问题的思想方法，是不利于文化健康合理发展的。当前，我们应该抛弃把中与西和古与今对立起来的观点，走出‘古今中西’之争。”目标是“进入全面、深入地吸收、融合西方文化的时期。要走出‘古今中西’之争，也许应该把握两个基本观点：第一，我们应该看到中西两种文化虽有相异之处，但也有相同之处，而且即使所谓相异也可以在对话和商谈中得以调和，而做到‘和而不同’。第二，任何文化都会因其地理的、历

---

① 汤一介：《瞩望新轴心时代——在新世纪的哲学思考》，第 112 页。

史的、民族的甚至某些偶然的原因而既有其优长处，也有其短缺处，没有一种文化可以完全解决所有民族存在的问题，或者说它可以解决人类存在的一切问题”①。他进一步提出：

当今人类社会各民族、各国家大概都能从其文化传统中找到某些贡献于人类社会的资源。不过各民族、各国家都应该看到自己的文化传统只能在某些方面做出贡献，而不能解决人类社会存在的一切问题。中国的儒家哲学作为世界多种哲学的一种，我们必须清醒地给它一个适当的定位。中国哲学要想在21世纪走在人类哲学的前列，必须在充分发挥其自身哲学内在活力的基础上，排除其自身哲学中过了时的、可以引向错误的部分，大力吸收其他各种文化的先进因素，使我们的哲学“日日新、又日新”，不断适应现代社会发展的要求，在解决和平与发展问题和人类终极关切的哲学问题上做出贡献。这才是中华民族的真正福祉。②

以上这些话，大约是在十几年前写的，那么在世界情势发生巨大变化——反全球化作为一种强劲的潮流出现、民粹主义到处崛起的今天，它是否依然有效呢？我个人以为，从总的方向上看它们没有错。汤先生的论断，其思想是辩证的，其态度是真诚的，对于那些可能将中国哲学导向狭窄化的路径，这是一个有意义的提醒。作为一个中国哲学家，以会通中西的视角看新轴心时代的文明，汤一介先生大胆地提出了一个颇为新颖的看法：

我们可以把现代社会作为一个中间点，向上和向下延伸，我们可以把人类社会分成前现代社会、现代社会和后现代社会，如果用中国的“体用一源”的观点看，我们是不是可以说前现代社会是以“专制为体，

---

① 汤一介：《瞩望新轴心时代——在新世纪的哲学思考》，第37—38页。
② 同上书，第57页。

教化为用”类型的社会；现代社会是以“自由为体，民主为用”的社会；后现代社会是以“和谐为体，中庸为用”的社会？①

《中庸》讲究忠恕之道，推崇“诚”，故谓“唯天下至诚，为能尽其性；能尽其性，则能尽人之性；能尽人之性，则能尽物之性；能尽物之性，则可以赞天地之化育；可以赞天地之化育，则可以与天地参矣”(《四书章句集注·中庸章句第二十二章》)。达到“至诚”的境界，即圣人之德，足以德披天下：“万物并育而不相害，道并行而不相悖，小德川流，大德敦化，此天地之所以为大也。”(《四书章句集注·中庸章句第三十章》) 汤一介关于后现代社会“和谐为体，中庸为用”的秩序构想，似乎过于简约，如何将其解释不停留在对儒家经典的寻章摘句之中，看来尚待后学的继续努力。②

四

汤一介对于未来世界的预言是乐观的。乐观主义是近代中国哲学乃至近现代中国思想的主流。孙中山曾经劝告西方世界，中国革命的成功将不仅使得中国自立于世界民族之林，而且将有益于整个世界和平；毛泽东则期望“太平世界，环球同此凉热”。在展望未来时，还有一位哲学家对于未来社会的秩序有乐观的理想，并且依然活在当代中国人的心目中，那就是李大钊。

在新文化运动后期，李大钊接受了唯物史观，从这样的历史观中，李大钊导引出“乐天努进的人生观”，因为“我们在历史中发见了我们的世界，

---

① 汤一介：《瞩望新轴心时代——在新世纪的哲学思考》，第 123 页。

② 干春松在《重回王道——儒家与世界秩序》一书中就明确提出要从传统的“王道天下”观念中寻求其建构新的王道秩序的可能性，从而推进儒家制度的现代转化，并形成未来世界的秩序图景。以传统的创造性转化为方法，以尊重社会生活的现代变迁为前程，干春松提出了一个兼容了合理的利益原则和个人主体性以及不同民族国家的协商机制等七个要件的方案，以此作为“儒家新王道秩序的‘王道之始’”。(干春松：《重回王道——儒家与世界秩序》，第 152—153 页)

发见了我们的自己，使我们自觉我们自己的权威，知道过去的历史，就是我们这样的人共同创造出来的，现在乃至将来，亦还是如此”。从而欢天喜地地去缔造未来的“黄金世界”。

李大钊的“黄金世界”是一个怎样的理想社会呢？

李大钊从唯物史观的群众自己解放自己的观点发展到“个性解放”和“大同团结”统一的理想境界，他认定，“现在世界进化的轨道，都说沿着一条线走，这条线就是达到世界大同的通衢，就是人类共同精神连贯的脉络……这条线的渊源，就是个性解放。个性解放，断断不是单为求一个分裂就算了事，乃是为完成一切个性脱离了旧绊锁，重新改造一个普遍广大的新组织。一方面是个性解放，一方面是大同团结。这个性解放的运动，同时伴着一个大同团结的运动。这两种运动，似乎是相反，实在是相成”①。

在李大钊看来，个性解放是走向大同世界的必要环节，但不应吞并个性自由，相反却应容纳并保护着每一个人的自由发展。主张个性解放是民主主义者的通则，共产主义的理想是世界大同，很多人将两者对立，但转变为马克思主义者的李大钊依然始终坚持个性自由是不容取消的。他坚决反对独断专横和各种形式的专制主义，认为每一个体，必有其自由的领域，所以应当容许各个体的并立，而不能剥夺其自由。因为“人以个体而生存，又于种种团体而生存……个人为构成团体的要素，个人的活动为团体生活的本源”②。自由的个体之间是平等的联合的关系，基于高度的信任而形成稳定的社会团结。

这不是说李大钊幻想绝对自由的乌托邦，而是表示他不但坚决反对少数对多数民众的专制独裁，而且一贯强调在民主政治下也不应以多数或真理的名义，压服少数异己精神。他告诫人们要承认异端和个性的合法权利：“压服的事，由于强力；悦服的事，由于意志；被动的事，操之自人；自由的事，主之自我。”③必须让人心悦诚服、自觉自愿地投身解放事业，才会达到

① 李大钊：《平民主义》，《李大钊文集》下，第597—598页。

② 李大钊：《史学要论》，《李大钊文集》下，第722—723页。

③ 李大钊：《平民主义》，《李大钊文集》下，第594页。

个性解放和大同团结统一的理想。[①] 在这种理想社会中，个性是自由的，社会又是有秩序的；但秩序不是刚性的划一的规范，而是保有个性选择的自由度。他说：

> 真正合理的个人主义，没有不顾社会秩序的；真正合理的社会主义，没有不顾个人自由的。个人是群合的元素，社会是众异的组织。真实的自由，不是扫除一切的关系，是在种种不同的安排整列中保有宽裕的选择机会；不是完成的终极境界，是进展的向上行程。真正的秩序，不是压服一切个性的活动，是包蓄种种不同的机会使其中的各个分子可以自由选择的安排；不是死的状态，是活的机体。[②]

在李大钊看来，理想的社会秩序，是既有规范可以让人遵循，又保守了“宽裕的选择机会”，因而社会是开放的、流动的；同时，作为社会规范的秩序并非一成不变，而是将会继续不断进步的，因而从整体上保持着社会的活力。

如果我们将李大钊当初提出的理想世界的图景，与汤一介的“新轴心时代”“和谐为体，中庸为用”的命题联系起来，则可以获得一种新的解释：“个性解放和大同团结”的统一，才是真正意义的“和谐”；既有个性自由发展，又有社会秩序，才是真正不偏不倚之“中庸”。换言之，这样的世界既保持了进步的动力，又有其自身的秩序。

总之，未来社会的理想秩序如若是“中庸为体，和谐为用”，如若它是继“自由为体，民主为用”的现代性秩序以后才得以成立，那就意味着新时代的秩序不是历史的回流，而是朝着“个性解放和大同团结”相统一的理想境界继续往前。

---

① 在一个个性解放的社会中，高度的社会团结何以可能？它自然需要一系列必要的条件。我认为，在经历了信仰危机、信任危机等以后，实现社会团结，在当前最重要的，是重建社会成员之间的“信任”。在中国，则是如何从传统的“五常”（仁、义、礼、智、信）做创造性转化的问题。重建“信德”，就是重建社会秩序的基础，至少是其中最重要的一部分。回望本章第四节“重建‘信德’”可以大致明了本书的观点。

② 李大钊：《自由与秩序》，《李大钊文集》下，第437—438页。

征引文献举要

［德］奥斯瓦尔德·斯宾格勒:《西方的没落》，齐世荣等译，商务印书馆，1963年。

［德］黑格尔:《哲学史讲演录》，贺麟、王太庆等译，商务印书馆，1959年。

［德］卡尔·曼海姆:《保守主义》，李朝晖、牟建君译，译林出版社，2002年。

［德］康德:《历史理性批判文集》，何兆武译，商务印书馆，1990年。

［德］马克思、恩格斯:《共产党宣言》，人民出版社，1964年。

［德］马克思、恩格斯:《马克思恩格斯全集》，人民出版社，1956—1983年。

［德］马克思、恩格斯:《马克思恩格斯选集》，人民出版社，1995年。

［德］文德尔班:《哲学史教程》，罗达仁译，商务印书馆，1987年。

［德］于尔根·哈贝马斯:《现代性的哲学话语》，曹卫东等译，译林出版社，2004年。

［俄］格奥尔基·瓦连廷诺维奇·普列汉诺夫:《普列汉诺夫著作选集》，生活·读书·新知三联书店，1961年。

［法］埃利·哈列维:《哲学激进主义的兴起：从苏格兰启蒙运动到功利主义》，曹海军等译，吉林人民出版社，2006年。

［法］达尼埃尔·莫尔内:《法国革命的思想起源（1715—1787）》，黄艳红译，上海三联书店，2011年。

［法］米歇尔·福柯:《知识考古学》，谢强、马月译，生活·读书·新知三联书店，1998年。

[法]古斯塔夫·勒庞:《乌合之众》,冯克利译,中央编译出版社,2000年。

[古希腊]亚里士多德:《尼各马可伦理学》,廖申白译,商务印书馆,2003年。

[美]E.博登海默:《法理学:法律哲学及法律方法》,邓正来译,中国政法大学出版社,1999年。

[美]E.希尔斯:《论传统》,傅铿、吕乐译,上海人民出版社,1991年。

[美]T.帕森斯:《社会行动的结构》,张明德等译,译林出版社,2003年。

[美]阿里夫·德里克:《革命与历史:中国马克思主义历史学的起源,1919—1937》,翁贺凯译,江苏人民出版社,2005年。

[美]本杰明·史华兹:《古代中国的思想世界》,程钢译,江苏人民出版社,2004年。

[美]本杰明·史华兹:《寻求富强:严复与西方》,叶凤美译,江苏人民出版社,1989年。

[美]大卫·雷·格里芬编:《后现代精神》,王成兵译,中央编译出版社,1998年。

[美]丹尼尔·贝尔:《资本主义文化矛盾》,赵一凡等译,生活·读书·新知三联书店,1989年。

[美]弗朗西斯·福山:《历史的终结及最后之人》,黄胜强、许铭原译,中国社会科学出版社,2003年。

[美]弗朗西斯·福山:《信任:社会德性与经济繁荣》,李宛蓉译,台湾立绪文化事业有限公司,2014年。

[美]弗朗西斯·福山:《大断裂:人类本性与社会秩序的重建》,唐磊译,广西师范大学出版社,2015年。

[美]弗雷德里克·詹姆逊:《文化转向》,胡亚敏等译,中国社会科学出版社,2000年。

[美]格里德:《胡适与中国的文艺复兴——中国革命中自由主义(1917—1937)》,鲁奇译,江苏人民出版社,2005年。

[美]汉娜·阿伦特:《论革命》,陈周旺译,译林出版社,2011年。

[美]郝延平:《中国近代商业革命》,陈潮等译,上海人民出版社,1991年。

[美]吉尔伯特·罗兹曼主编:《中国的现代化》,国家社会科学基金“比较现代化”课题组译,江苏人民出版社,2003年。

［美］杰里·马勒:《保守主义》，刘曙辉、张容南译，译林出版社，2010 年。
［美］列文森:《儒教中国及其现代命运》，郑大华、任菁译，中国社会科学出版社，2000 年。
［美］林毓生:《中国意识的危机:“五四”时期激烈的反传统主义》，穆善培译，贵州人民出版社，1986 年。
［美］罗伯特·道尔:《论政治平等》，张国书译，台湾五南图书出版股份有限公司，2009 年。
［美］乔万尼·萨托利:《民主新论》，冯克利等译，上海人民出版社，2009 年。
［美］塞缪尔·P. 亨廷顿:《变化社会中的政治秩序》，王冠华等译，生活·读书·新知三联书店，1989 年。
［美］斯蒂芬·杰·古尔德:《自达尔文以来:自然史沉思录》，田洺译，生活·读书·新知三联书店，1997 年。
［美］田浩:《功利主义儒家:陈亮对朱熹的挑战》，姜长苏译，江苏人民出版社，1997 年。
［美］王德威:《被压抑的现代性:晚清小说新论》，宋伟杰译，北京大学出版社，2005 年。
［美］魏斐德:《历史与意志:毛泽东思想的哲学透视》，郑大华等译，贵州人民出版社，1994 年。
［美］亚历克斯·卡里尼克斯:《平等》，徐朝友译，江苏人民出版社，2003 年。
［美］约翰·塞尔:《心灵、语言和社会——实在世界中的哲学》，李步楼译，上海译文出版社，2001 年。
［美］詹姆斯·施密特编:《启蒙运动与现代性:18 世纪与 20 世纪的对话》，徐向东、卢华萍译，上海人民出版社，2005 年。
［挪威］奎纳尔·希尔贝克:《多元现代性:一个斯堪的纳维亚经验的故事》，刘进、王寅丽、翁海贞译，上海人民出版社，2014 年。
［日］沟口雄三:《中国前近代思想之曲折与展开》，陈耀文译，上海人民出版社，1997 年。
［英］A.N. 怀特海:《科学与近代世界》，何钦译，商务印书馆，1959 年。
［英］A.N. 怀特海:《观念的冒险》，周邦宪译，贵州人民出版社，2011 年。

［英］戴维·米勒:《布莱克维尔政治学百科全书》，韦农·波格丹诺编，邓正来译，中国政法大学出版社，1992 年。

［英］弗里德利希·冯·哈耶克:《法律、立法与自由》，邓正来等译，中国大百科全书出版社，2000 年。

［英］赫伯特·斯宾塞:《社会静力学》，张雄武译，商务印书馆，1996 年。

［英］赫胥黎:《进化论与伦理学》，《进化论与伦理学》翻译组译，科学出版社，1971 年。

［英］霍布豪斯:《自由主义》，朱曾汶译，商务印书馆，1996 年。

［英］卡尔·波普尔:《客观知识：一个进化论的研究》，舒炜光等译，上海译文出版社，1987 年。

［英］罗杰·史库顿:《保守主义》，王皖强译，台湾立绪文化事业有限公司，2006 年。

［英］罗素:《西方哲学史》，何兆武、李约瑟译，商务印书馆，1988 年。

［英］汤因比等:《历史的话语：现代西方历史哲学译文集》，张文杰编，广西师范大学出版社，2002 年。

［英］休谟:《人性论》，关文运译，商务印书馆，1996 年。

［英］亚当·斯密:《国民财富的性质和原因的研究》，郭大力、王亚南译，商务印书馆，1974 年。

［英］以赛亚·伯林:《现实感：观念及其历史研究》，潘荣荣、林茂译，译林出版社，2004 年。

［英］约翰·伯瑞:《进步的观念》，范祥涛译，上海三联书店，2005 年。

艾思奇:《艾思奇全书》，人民出版社，2006 年。

蔡元培:《蔡元培哲学论著》，高平叔编，河北人民出版社，1984 年。

蔡元培:《蔡元培全集》，高平叔编，中华书局，1989 年。

陈独秀:《陈独秀著作选》，上海人民出版社，1993 年。

陈旭麓:《陈旭麓学术文存》，上海人民出版社，1990 年。

陈寅恪:《陈寅恪集·寒柳堂集》，陈美延编，生活·读书·新知三联书店，2001 年。

成海鹰、成芳:《20 世纪西方哲学东渐史：唯意志论哲学在中国》，首都师范大学出版社，2002 年。
邓小平：《邓小平文选》，人民出版社，1994 年。
杜国庠：《杜国庠文集》，人民出版社，1962 年。
杜维明：《杜维明文集》，武汉出版社，2002 年。
杜亚泉：《杜亚泉文存》，许纪霖、田建业编，上海教育出版社，2003 年。
杜亚泉：《一溪集：杜亚泉的生平与思想》，许纪霖、田建业编，生活·读书·新知三联书店，1999 年。
冯契：《冯契文集》，华东师范大学出版社，2016 年。
冯友兰：《三松堂全集》，河南人民出版社，2001 年。
冯兆基：《中国民族主义、保守主义与现代性》，《中国近代思想史研究集刊》第四辑，社会科学文献出版社，2007 年。
高清海：《高清海哲学文存》，吉林人民出版社，2005 年。
高瑞泉主编：《中国思潮评论（第四辑）：自由主义诸问题》，上海古籍出版社，2012 年。
高瑞泉、颜海平主编：《全球化与人文学术的发展》，上海古籍出版社，2006 年。
龚自珍：《龚自珍全集》，上海人民出版社，1975 年。
龚自珍：《龚自珍全集》，王佩诤校，上海古籍出版社，1999 年。
顾肃：《自由主义基本理念》，中央编译出版社，2003 年。
顾准：《顾准文集》，贵州人民出版社，1994 年。
郭湛波：《近五十年中国思想史》，上海古籍出版社，2005 年。
何信全：《儒家与现代民主——当代新儒家政治哲学研究》，台湾“中研院”中国文哲研究所，2004 年。
贺麟：《文化与人生》，商务印书馆，1988 年。
贺麟：《五十年来的中国哲学》，商务印书馆，2002 年。
侯外庐主编：《中国近代哲学史》，人民出版社，1978 年。
侯外庐主编：《中国思想通史》，人民出版社，1995 年。
胡适：《胡适全集》，安徽教育出版社，2003 年。
黄克武：《一个被放弃的选择——梁启超调适思想之研究》，台湾“中研院”近代史研究所，1994 年。

黄克武:《自由的所以然：严复对约翰弥尔自由思想的认识与批判》，台湾允晨文化事业有限公司，1998年。

黄克武:《近代中国的思潮与人物》，九州出版社，2013年。

黄俊杰:《东亚儒学视域中的徐复观及其思想》，台湾大学出版中心，2009年。

蒋庆:《政治儒学——当代儒学的转向、特质与发展》，生活·读书·新知三联书店，2003年。

金观涛:《我的哲学探索》，上海人民出版社，1988年。

金雁:《倒转“红轮”：俄国知识分子的心路回溯》，北京大学出版社，2012年。

金岳霖:《论道》，商务印书馆，1987年。

康有为:《康有为大同论二种》，朱维铮编，生活·读书·新知三联书店，1998年。

康有为:《康有为全集》，中国人民大学出版社，2007年。

李大钊:《李大钊文集》，人民出版社，1984年。

李世涛主编:《知识分子立场——激进与保守之间的动荡》，时代文艺出版社，2000年。

李泽厚:《批判哲学的批判：康德述评》，人民出版社，1984年。

李泽厚:《李泽厚十年集：中国现代思想史论》，安徽文艺出版社，1994年。

李泽厚:《李泽厚哲学文存》，安徽文艺出版社，1999年。

梁启超:《饮冰室合集》，中华书局，1989年。

梁漱溟:《梁漱溟全集》，山东人民出版社，1989年。

刘梁剑:《汉语言哲学发凡》，高等教育出版社，2015年。

刘少奇:《刘少奇选集》，人民出版社，2004年。

刘述先:《文化与哲学的探索》，台湾学生书局，1986年。

刘述先:《论儒家哲学的三个大时代》，香港中文大学出版社，2007年。

刘再复:《文学的反思》，人民文学出版社，1986年。

柳鸣九编选:《萨特研究》，中国社会科学出版社，1981年。

鲁迅:《鲁迅全集》，人民文学出版社，1981年。

罗义俊编著:《评新儒家》，上海人民出版社，1989年。

毛泽东:《毛泽东选集》，人民出版社，1991年。

牟宗三:《智的直觉与中国哲学》，台湾商务印书馆，1971年。

牟宗三：《中国哲学的特质》，上海古籍出版社，1997 年。

牟宗三：《中国哲学十九讲》，上海古籍出版社，1997 年。

牟宗三：《中西哲学之会通十四讲》，上海古籍出版社，1997 年。

牟宗三：《心体与性体》，上海古籍出版社，1999 年。

牟宗三：《生命的学问》，广西师范大学出版社，2005 年。

欧阳哲生：《严复评传》，百花洲文艺出版社，2010 年。

钱基博：《经学通志》，岳麓书社，2010 年。

钱穆：《国史大纲》，商务印书馆，1996 年。

钱穆：《中国近三百年学术史》，商务印书馆，1997 年。

孙中山：《孙中山全集》，广东省社会科学院历史研究室、中国社会科学院近代史研究所中华民国史研究室、中山大学历史系孙中山研究室合编，中华书局，1981 年。

谭嗣同：《谭嗣同全集》，蔡尚思、方行编，中华书局，1981 年。

汤一介：《瞩望新轴心时代——在新世纪的哲学思考》，中央编译出版社，2014 年。

王国维：《王国维全集》，谢维扬、房鑫亮主编，浙江教育出版社、广东教育出版社，2010 年。

王炯华主编：《五十年中国哲学风云》，湖北人民出版社，1999 年。

王元化：《九十年代反思录》，上海古籍出版社，2000 年。

王中江：《进化主义在中国的兴起：一个新的全能式世界观》，中国人民大学出版社，2010 年。

吴丕：《进化论与中国激进主义 1859—1924》，北京大学出版社，2005 年。

萧公权：《中国政治思想史》，辽宁教育出版社，1998 年。

萧萐父：《吹沙二集》，巴蜀书社，2007 年。

萧萐父：《吹沙三集》，巴蜀书社，2007 年。

萧萐父：《萧萐父文选（下）：呼唤启蒙》，武汉大学出版社，2007 年。

萧欣义编：《儒家政治思想与民主自由人权》，台湾学生书局，1988 年。

熊十力：《熊十力全集》，湖北教育出版社，2001 年。

徐复观：《学术与政治之间》，台湾学生书局，1980 年。

徐复观：《徐复观文存》，台湾学生书局，1991 年。

徐复观：《徐复观文集》，李维武编，湖北人民出版社，2002 年。

许纪霖:《启蒙如何起死回生：现代中国知识分子的思想困境》，北京大学出版社，2011 年。
薛福成:《薛福成选集》，丁凤麟、王欣之编，上海人民出版社，1987 年。
严复:《严复集》，王栻编，中华书局，1986 年。
杨伯峻译注:《孟子译注》，中华书局，1960 年。
杨伯峻译注:《论语译注》，中华书局，1988 年。
姚奠中、董国炎:《章太炎学术年谱》，山西古籍出版社，1996 年。
殷海光:《中国文化的展望》，上海三联书店，2002 年。
余英时:《现代儒学论》，上海人民出版社，1998 年。
余英时:《士与中国文化》，上海人民出版社，2003 年。
余英时:《余英时文集》，沈志佳编，广西师范大学出版社，2014 年。
张岱年:《张岱年全集》，河北人民出版社，1996 年。
张灏:《烈士精神与批判意识》，新星出版社，2006 年。
张灏:《危机中的中国知识分子：寻求秩序与意义》，新星出版社，2006 年。
张灏:《幽暗意识与民主传统》，新星出版社，2006 年。
章太炎:《章太炎全集》，上海人民出版社，2014—2017 年。
郑观应:《盛世危言》，华夏出版社，2002 年。
郑也夫:《信任论》，中信出版集团，2015 年。
周辅成编:《西方伦理学名著选辑》下卷，商务印书馆，1987 年。
周国平:《尼采：在世纪的转折点上》，上海人民出版社，1986 年。
周作人:《雨天的书》，岳麓书社，1987 年。
周作人:《过去的工作》，河北教育出版社，2002 年。
朱伯崑:《易学哲学史》，华夏出版社，1995 年。
朱光潜:《朱光潜美学文集》，上海文艺出版社，1982 年。
朱熹:《四书章句集注》，中华书局，1983 年。
朱熹:《朱子全书》，朱杰人等编，上海古籍出版社、安徽教育出版社，2001 年。

索　引

（以汉语拼音为序）

后记

本书的初稿是我承担的上海市哲学社会科学规划课题“动力与秩序——中国哲学的现代追求与转向”的成果，在提交结项审核时，以“优秀”等级获得通过。受此激励，复检视成稿，因有所增删而延宕年余，最后以《动力与秩序——中国哲学的现代追寻与转向（1895—1995）》为题，交广西师范大学出版社出版。如题所示，本书研究的时段主要集中在1895年到1995年的一百年，就我个人而言，意在撰写一部以现代社会发展和合理建构原理为中心问题的20世纪哲学观念史；该问题是由对“动力”和“秩序”两大观念之诸种不同解释，及其相互关系的变动曲线而凸显的。更明确些说，本书着重描述了中国哲学自晚清以来，在知识界高度分化的历史条件下，如何形成以对“动力”的追求为主流话语，到20世纪晚期又如何转向对“秩序”的关怀为焦点的总体图景，并将它们安置在社会哲学的视野下予以分析。即不但注意到人们对“动力”的广泛追求，而且追问“动力”如何可能；不但注意人们对“秩序”的关怀和设计之“应然”，而且发掘各种“秩序”设计方案之“所以然”，追问它们如何可能变身为“实然”；从而展现中国现当代哲学的一个重要而复杂的面相。

生活洪流如不废之江河，毫不间断地叩问着哲学家们，这固然决定了哲学不会终结，然而研究当代哲学史的著述却不得不在某一节点上止步。21世纪以来，论述“秩序”——尤其是世界秩序——的议论可谓夥矣，尽管证明了中国哲学在20世纪晚期以来的“转向”是一个显见的事实，但是由于大部分相关论著出版的时间，已经超出当初课题设计的时段限制，于是我不得不割爱，无法对它们一一具体讨论。从理论综合的条件说，中国哲学关于现代社会的秩序理论似乎尚需在更充分的对话中发育和成熟，它既需要合宜的语境，也需要学者们有更强的哲学自觉。我在简约地评述了最有代表性的著作并在末章扼要表达我个人的理论意趣以后，准备将综合性的研究留待日后进行。同时，我相信如此重要的问题，一定会吸引更多时贤予以关注和研究，或可静俟高明之作面世。

从我起意撰写本书，到近日看完校样，蓦然间六稘有半已然逝去。写作的过程历时劳心既久，受嘉惠于各方亦厚。本项研究得到中央高校基本科研经费华东师大精品力作项目（2018ECNUJP007）和华东师范大学哲学系的资助。《华东师范大学学报》编辑部的胡岩副编审予我多方协助，使我从诸多事务中得到解脱。华东师范大学哲学系两位博士研究生陈小阳、谢牧夫热心校订书稿、核对注释引文，陈小阳还做了全书索引。在此，我谨向他们以及未来一切有耐心阅读本书的读者一并表示诚挚的谢意。任何批评意见都不仅会被视为对这册小书的鼓励而受到热忱的欢迎，也可以佐证社会生活共同体的命运值得人们更多的关注。

高瑞泉

已亥年大暑后三日识于沪上寓所

图书在版编目(CIP)数据

动力与秩序:中国哲学的现代追寻与转向:1895—1995/高瑞泉著.—桂林:广西师范大学出版社,2019.11
(高瑞泉作品系列)
ISBN 978-7-5495-9333-0

Ⅰ.①动… Ⅱ.①高… Ⅲ.①哲学-研究-中国-近现代 Ⅳ.①B25

中国版本图书馆 CIP 数据核字(2019)第 220885 号

出 品 人:刘广汉
责任编辑:刘孝霞
助理编辑:罗泱慈
装帧设计:李婷婷　王鸣豪

广西师范大学出版社出版发行
(广西桂林市五里店路 9 号　　邮政编码:541004
网址:http://www.bbtpress.com)
出版人:张艺兵
全国新华书店经销
销售热线:021-65200318　021-31260822-898
山东鸿君杰文化发展有限公司印刷
(山东省淄博市桓台县寿济路 13188 号　邮政编码:256401)
开本:690mm×960mm　1/16
印张:23.25　字数:357 千字
2019 年 11 月第 1 版　2019 年 11 月第 1 次印刷
定价:78.00 元